LES ALIMENTS
QUI GUÉRISSENT

Couverture

- Conception graphique:
  Katherine Sapon
- Illustration:
  P. et G. Pusztaï inc.

DISTRIBUTEURS EXCLUSIFS:

- Pour le Canada et les États-Unis:
  LES MESSAGERIES ADP*
  955, rue Amherst, Montréal H2L 3K4
  Tél.: (514) 523-1182
  Télécopieur: (514) 521-4434
  * Filiale de Sogides Ltée

- Pour la Belgique et le Luxembourg:
  PRESSES DE BELGIQUE
  96, rue Gray, 1040 Bruxelles
  Tél.: (32-2) 640-5881
  Télécopieur: (32-2) 647-0237
  Télex: PREBEL 23087

- Pour la Suisse:
  TRANSAT S.A.
  Route du Grand-Lancy, 2, C.P. 125, 1211 Genève 26
  Tél.: (41-22) 42-77-40
  Télécopieur: (41-22) 43-46-46

- Pour la France et les autres pays:
  INTER FORUM
  13, rue de la Glacière, 75624 Paris Cédex 13
  Tél.: (33.1) 43.37.11.80
  Télécopieur: (33.1) 43.31.88.15
  Télex: 250055 Forum Paris

LES ALIMENTS
QUI GUÉRISSENT

JEAN CARPER

**Traduit de l'américain
par Katia Holmes et Joëlle Pépin**

Données de catalogage avant publication (Canada)

Carper, Jean

   Les aliments qui guérissent

   Traduction de: The food pharmacy.
   Comprend des références bibliographiques.

   ISBN 2-7619-0879-1

   1. Herbes — Emploi en thérapeutique.
2. Aliments naturels — Emploi en thérapeutique.
3. Aliments crus — Emploi en thérapeutique.   I. Titre.

RM666.H33C3714 1990   615'.321   C90-096086-8

Édition originale: *The Food Pharmacy*
Bantam Books
(ISBN 0-553-05280-2)
© 1988, Jean Carper

© 1990, Les Éditions de l'Homme
Division de Sogides Ltée
Pour la traduction française

Bibliothèque nationale du Québec
Dépôt légal — 1ᵉʳ trimestre 1990

ISBN 2-7619-0879-1

INTRODUCTION

Pendant des milliers d'années, la nourriture a été considérée comme un médicament doté de grands pouvoirs. Au cours du siècle dernier, elle a cependant été supplantée par les produits pharmaceutiques, auxquels étaient prêtées des vertus magiques. C'est ainsi que nous avons oublié une grande partie des connaissances que nous avions héritées de nos ancêtres en matière d'utilisation de l'alimentation à des fins thérapeutiques. Il est vrai que la vieille idée selon laquelle chaque aliment possède des propriétés pharmacologiques particulières, que l'on peut exploiter afin de s'assurer une bonne santé, peut sembler plutôt folklorique dans un XXe siècle qui exige des preuves scientifiques rigoureuses. Un préjugé qui ne tient pas, cependant, dès que l'on y regarde de plus près.

J'ai été stupéfaite de constater que, partout dans le monde, les scientifiques découvrent constamment dans nos aliments de nouveaux médicaments tout à fait efficaces. Certains d'entre eux contiennent des substances chimiques capables de soulager et de prévenir beaucoup de nos maux. Le fait m'a été confirmé par les quelque trois cents médecins et hommes de science, tous experts en la matière, que j'ai consultés pour écrire ce livre, et corroboré par la lecture de plus de cinq mille articles et publications scientifiques. En tant que journaliste spécialisée dans les questions médicales et diététiques, la question du rapport entre la nourriture et les maladies me passionne depuis fort longtemps déjà. C'est ainsi qu'en 1985 j'entrepris des recherches afin de voir quelle était la position de la science moderne à ce sujet, et quelles données tangibles on avait déjà rassemblées en matière de pharmacologie alimentaire. «Aliment» s'entendant ici non dans le sens de plantes ou de substances végétales exotiques, mais dans son sens général de «nourriture quotidienne».

Mes investigations m'amenèrent à faire les constatations suivantes:
• Les aliments contiennent des agents pharmacologiques.
• Ces agents agissent sur l'organisme comme un médicament.

- La nature des aliments ingérés influence la santé de nos cellules.
- La tradition populaire en matière de diététique est riche d'une sagesse qu'on peut maintenant vérifier scientifiquement.
- S'inspirant de cette tradition populaire, certaines sommités scientifiques se sont attelées à l'étude des corrélations existant entre certains types d'aliments et certains types de maladies. Ils ont également découvert que les aliments possèdent d'étonnantes propriétés pharmaceutiques.
- Certains médecins et scientifiques «prescrivent» certains aliments compte tenu de leurs nouvelles connaissances (des mécanismes) de la maladie.
- Ces nouvelles données scientifiques sur les pouvoirs thérapeutiques des aliments permettent à tout un chacun de gérer sa propre santé.
- En modifiant légèrement son régime alimentaire — par exemple en consommant plus d'aliments connus pour leurs effets bénéfiques (plutôt qu'en se préoccupant constamment de ce qui peut faire du mal) —, on peut arriver à prévenir et à soulager tant les maladies aiguës que chroniques, comme les infections, les troubles cardiaques, l'hypertension ou l'hypotension, le cancer, la constipation et autres troubles gastro-intestinaux, les ulcères, l'arthrite, les maladies cutanées, les céphalées, l'asthénie et l'insomnie.
- Bref, une passionnante révolution a commencé, bouleversant les conceptions scientifiques mondiales sur l'alimentation et ses pouvoirs thérapeutiques. Ces nouvelles découvertes dans le domaine de la pharmacologie alimentaire sont de nature à provoquer un grand bouleversement dans nos habitudes alimentaires et dans nos mentalités. Elles nous prouvent qu'il est possible d'utiliser la nourriture comme moyen de prévention de la maladie.

Il n'y a pas de précédent historique: c'est la première fois que les hommes de science collaborent dans une investigation aussi passionnante visant à trouver une explication chimique au rôle primordial de la nutrition sur la santé de l'être humain. Ce qui passa longtemps pour du charlatanisme, du folklore ou une hérésie médicale fait à présent l'objet d'études très sérieuses: un courant scientifique s'oriente vers une théorie selon laquelle les aliments constitueraient en fait notre pharmacopée la plus riche et la plus complexe. Une gigantesque pharmacie offrant une gamme étendue de médicaments en vente libre, grâce aux mystérieux desseins de la nature.

Nous avons là affaire à une pharmacopée alimentaire d'une variété et d'une complexité inimaginables: des produits naturels faisant effet de laxatifs, de tranquillisants, de bêtabloquants, d'antibiotiques, d'anti-coagulants, d'antidépresseurs, d'antalgiques, d'hypocholestérolémiants, d'anti-inflammatoires, d'hypotenseurs, d'analgésiques, de décongestionnants, d'antiacides, d'expectorants, de remèdes contre le mal de mer, de l'air et de la route, d'agents anticancéreux, d'antioxydants, de contraceptifs, de vasodilatateurs et de vasoconstricteurs, d'agents anticarieux et anti-ulcérations, d'insulino-régulateurs. Et la liste est loin d'être complète...

Ces découvertes ont été corroborées par différentes équipes de chercheurs du monde entier. Toutes les études montrent que les aliments et leurs composants fondamentaux agissent de la même manière que les médicaments modernes — avec des résultats parfois aussi bons, voire supérieurs — et sans effets secondaires. Prenons un exemple: quand les antibiotiques n'arrivent pas à guérir une plaie, on y parviendra presque toujours avec du sucre. Le yogourt a la particularité de renforcer les fonctions immunitaires mieux que n'importe quel médicament créé à cet effet; il guérit plus vite la diarrhée que n'importe quel antidiarrhéique classique et renferme des antibiotiques plus puissants que la pénicilline. Pour élever le taux de cholestérol HDL (le «bon cholestérol»), les oignons sont plus efficaces que la plupart des médicaments normalement prescrits en cardiologie, y compris les plus récents médicaments miracle. Les préparations à base d'ail sont comparables à l'aspirine pour entraver la formation de caillots sanguins susceptibles d'entraîner crises cardiaques et congestions cérébrales. Le poisson (et tout particulièrement le maquereau) réduit aussi bien une légère hypertension que la plupart des diurétiques. Le gingembre est plus efficace que la dramamine pour éliminer le mal de mer, de l'air et de terre. Deux cuillerées de sucre au coucher auront autant d'effet qu'un somnifère. Le vin rouge est à peu près aussi efficace que la pénicilline pour combattre les bactéries.

Cette étude globale sur les pouvoirs thérapeutiques des aliments est une entreprise très lourde et très sérieuse, à telle enseigne que des autorités scientifiques et médicales lui consacrent leur attention et leurs efforts. Il en ressort déjà un remarquable corpus de nouvelles connaissances sur les propriétés préventives et curatives des aliments ordinaires dans le cas de nombreuses maladies. De telles études débouchent sur l'extraction et la synthèse des principes actifs naturels des aliments, afin de les utiliser, sous des formes concentrées, dans un but thérapeutique.

Ce qui est intéressant, c'est qu'une bonne partie de ces données est déjà à notre disposition, dans *La Pharmacologie alimentaire*, livre que j'ai écrit après deux années d'enquête. Cet ouvrage ne ressemble à aucun autre livre consacré à l'alimentation ou à la nutrition, dans la mesure où il fait état de connaissances radicalement nouvelles. Ces connaissances concernent l'importance de l'alimentation pour la santé et non pas la simple valeur nutritive des aliments, que la tradition nous a déjà enseignée.

En résumé, *Les Aliments qui guérissent* vise les buts suivants:

- attirer votre attention sur les nouvelles investigations en cours sur les effets pharmacologiques des aliments;
- vous tenir au courant de quelques-unes des découvertes les plus spectaculaires en la matière;
- vous présenter certains des mécanismes grâce auxquels les aliments exercent leurs pouvoirs thérapeutiques;
- vous fournir les données les plus complètes possibles sur la pharmacologie des aliments, avec preuves scientifiquement acceptables à l'appui, et sur leurs diverses utilisations thérapeutiques.

Une somme d'informations neuves et vitales destinées à guider vos choix dans la grande pharmacie des aliments, afin que votre nourriture vous aide à être en meilleure santé, à vous sentir mieux dans votre peau et à vivre plus longtemps.

MISE EN GARDE

- Il est tout à fait déconseillé de consommer un seul aliment ou d'avoir recours à un seul type d'alimentation, à l'exclusion de tout autre, dans le but de prévenir ou de traiter une maladie donnée ou de conserver sa santé; à moins que ce ne soit sur la recommandation expresse de votre médecin, qu'il serait de toute façon bon de consulter avant d'entreprendre un traitement médical ou un régime alimentaire. Les données présentées dans ce livre ne sont pas des conseils médicaux et n'ont pas été envisagées dans cet esprit. Les différents types d'aliments dont nous disposons nous apportent diverses substances, connues ou inconnues, qui sont indispensables à notre santé; c'est pourquoi il est essentiel d'avoir un régime varié si l'on veut conserver sa santé, ou la retrouver.

PREMIÈRE PARTIE

La nouvelle frontière alimentaire

L'AIL ET AUTRES MERVEILLES DOUÉES DE PROPRIÉTÉS MÉDICINALES

Que votre nourriture vous serve de médication
Et vos médications de nourriture.
Hippocrate.

L'odeur d'ail qui assaillait le Dr Vincent F. Garagusi lorsqu'il entrait à l'Hôpital universitaire de Georgetown était à la limite du supportable. Et pourtant, tout était parti d'une idée à lui. Il y avait de l'ail partout: de l'ail macérant dans des boîtes de Pétri*, de l'ail écrasé, des gousses évidées, de l'ail plein les poubelles. L'odeur d'ail était si violente qu'elle vous mettait les larmes aux yeux et qu'elle envahissait tout, empuantissant les laboratoires cliniques où l'on procédait aux analyses de sang et d'urine pour y déceler des maladies, s'insinuant jusque dans la salle d'attente destinée aux patients.

Qui aurait pu en vouloir aux infirmières de se demander parfois si ce médecin de renom, cet expert en antibiotiques, n'avait pas perdu la boule? Quel rapport y avait-il entre l'ail et le serment d'Hippocrate? L'ail n'était-il pas ce truc qui permet de repousser les vampires et qui donne une haleine d'enfer? Quoi qu'il en fût, il donnait mauvaise haleine à l'hôpital tout entier...

«Pouah!» s'exclama le Dr Garagusi, directeur du Service des maladies infectieuses de l'hôpital et professeur à l'École de médecine de l'Université de Georgetown, après avoir évoqué cette aventure. «C'était vraiment épouvantable, n'est-ce pas, Ed?» Ed, alias Edward C. Delaha, microbiologiste en chef de l'hôpital, s'était vu investi du rôle

---

* Boîte de verre ou de plastique utilisée en bactériologie pour les cultures sur des milieux solides. *(N.D.É)*

15

de pourvoyeur. C'était lui qui était chargé d'acheter des montagnes d'ail au supermarché, de les passer à la moulinette et de les servir aux bactéries. Celles-ci trouvèrent le festin si violemment relevé qu'elles y laissèrent leur peau sans autre forme de procès.

«Quelle puanteur, en effet, opina Ed, mais *c'est justement* le principe odorant de l'ail qui a tué les bactéries. Touchées par l'extrait d'ail, celles-ci se sont pratiquement dissoutes sous nos yeux, dans les boîtes de Pétri.» C'était incroyable à voir, même pour deux spécialistes de la lutte antibactérienne. Les Chinois avaient raison, s'était dit le Dr Garagusi.

Pour le Dr Garagusi, tout avait commencé un peu de la même façon que pour la plupart des autres chercheurs dans d'autres pays: le déclic initial peut être provoqué par une interrogation d'ordre intellectuel, l'observation d'un phénomène inhabituel ou le fait d'être exposé à des idées venues de cultures différentes. Ensuite on se passionne pour le mystère qui entoure les éventuels pouvoirs préventifs ou curatifs des aliments. La plupart de ces chercheurs, qui avaient eu une formation médicale occidentale classique, avaient donc appris à s'en remettre à la magie de la pharmacopée des médicaments de synthèse. Et voilà que tout à coup, pour toutes sortes de raisons, ils essayaient de pénétrer les secrets de cette pharmacie inhabituelle qu'est notre régime alimentaire, une telle recherche leur apportant des informations susceptibles de remettre en question les médicaments modernes et l'impact quelque peu erratique qu'ils ont sur notre corps.

En réalité, le fait que l'on ne se soit pas donné la peine de réfléchir à tout cela un peu plus tôt témoigne d'une superbe arrogance intellectuelle. Imaginons un instant les progrès qui auraient pu être réalisés! En moins de cinquante ans, les cerveaux de nos chimistes ont réussi à produire des médicaments étonnants, capables de sauver des vies humaines, en découvrant de nouvelles manières d'organiser et d'enchaîner les molécules. Et l'on reste sans voix devant les effets que ces créations peuvent avoir sur notre physiologie. Alors pourquoi devrait-on s'étonner que des chercheurs se penchent sur les créations d'un vieux cerveau cosmique qui a passé des centaines de milliers d'années à assembler des substances chimiques en de mystérieuses configurations et à les introduire dans les plantes et autres aliments dont nous nourrissons notre corps, jour après jour?

Nous ne parlerons pas ici des plantes médicinales au sens strict, les simples, mais de ces conglomérats de substances chimiques se trouvant dans les légumes, les fruits, les céréales, les graines, les fruits secs, le poisson, les viandes, les œufs et autres produits naturels. Bref, de tout ce qui définit à chaque instant la nature de notre complexe biologique.

Manger: la plus fantastique de toutes les expériences pharmacologiques du monde.

DE L'AIL DANS LE CERVEAU

Un article qui figurait dans le *Chinese Medical Journal* attira un jour l'attention du Dr Garagusi. Des médecins chinois de la province de Changsha, dans l'impossibilité matérielle et financière de se procurer de l'amphotéricine, un antibiotique, eurent recours à une pratique traditionnelle consistant à administrer de l'ail à leurs malades. Ils traitèrent ainsi des patients atteints d'une infection grave, la méningite à *Cryptococcus*, en leur faisant ingérer et en leur injectant de l'ail. Onze des seize personnes ainsi traitées devaient survivre, ce qui donnait un taux de réussite de 68 p. 100. Pas mal du tout. Et même formidable si l'on considère qu'il s'agit là d'une infection affectant la moelle épinière et le cerveau que même des antibiotiques puissants ne peuvent pas toujours juguler, car ils n'arrivent pas à traverser la barrière hémato-encéphalique pour s'attaquer aux bactéries. Ce qui voulait dire que l'ail — ou tout au moins certains de ses constituants chimiques — avait réussi à suivre le flux sanguin ou le liquide rachidien pour s'introduire dans le cerveau et y détruire les bactéries. Et tout cela sans effet secondaire important, comparativement aux antibiotiques classiques.

Intrigué, le Dr Garagusi consulta la documentation médicale et y apprit que l'ail était utilisé autrefois dans le traitement de la tuberculose, qui est une infection fongique tout comme la méningite à *Cryptococcus*. En fait, avant l'ère des antibiotiques artificiels, l'ail constituait le remède souverain contre la tuberculose. Au début du siècle, le chef d'un sanatorium de Dublin fit état des résultats remarquables obtenus avec des traitements à l'ail, qui était ingéré, inhalé ou appliqué en pommades sur la poitrine du malade. Il signalait un pourcentage appréciable de guérisons. À peu près à la même époque, un médecin new-yorkais procéda à une étude sur l'efficacité comparative de cinquante-cinq modes de traitement de la tuberculose; il en conclut que c'était l'ail qui remportait la palme.

Ayant étudié l'histoire de la médecine, le Dr Garagusi savait aussi que l'ail avait toujours eu la réputation d'être une panacée. Les Égyptiens, par exemple, lui rendaient un culte. Pline l'Ancien, l'administrateur romain naturaliste du Ier siècle de notre ère, recommandait l'ail pour soixante et une maladies. Et comme si on ne se trouvait pas là en assez illustre compagnie, il faut encore noter qu'en 1858 Louis Pasteur mit un morceau d'ail dans une boîte de Pétri et constata que les bactéries environnantes étaient bientôt détruites.

Les chercheurs qui examinent les effets de l'ail sur le sang se sont rendu compte depuis longtemps qu'il pouvait abaisser la tension artérielle et s'attaquer aux caillots sanguins. Le Dr Garagusi savait évidemment que les chercheurs de l'Université George Washington avaient confirmé la présence dans l'ail de substances chimiques éclaircissant le sang. On trouve d'ailleurs dans la littérature médicale de nombreuses études faisant état des pouvoirs antibiotiques de l'ail, qui sont principalement attribués à l'allicine, cette substance chimique qui est génératrice de l'odeur spécifique de cette plante. Un récent regain d'intérêt pour l'ail a incité les scientifiques à étudier cette plante et ses effets particuliers, certains de ces chercheurs espérant pouvoir en isoler les principes actifs pour en faire des produits pharmaceutiques.

Cela dit, l'expérience qui eut lieu à Georgetown était un peu spéciale. Le Dr Garagusi s'intéressait en effet particulièrement à un type de bactéries fongiques, les mycobactéries. On n'avait jamais mis en présence cette famille de bactéries avec de l'ail; aucune expérience sérieuse de cet ordre n'avait été faite en laboratoire. Les chercheurs se demandaient comment les bactéries réagiraient devant les menaces de mort que leur enverrait l'ail. Ce n'est pas parce que l'ail peut décimer une famille de bactéries qu'il aura les mêmes effets sur l'ensemble des bactéries.

Garagusi et Delaha n'ignoraient pas que ces microbes fongiques sévissent de plus en plus en milieu humain. La tuberculose progresse aux U.S.A., affectant souvent ceux qui ont été touchés par le sida. Une des infections qui profite de l'état de moindre résistance des victimes du sida pour les attaquer est un germe fongique connu sous le nom de *M. avium*, qui n'a été observé antérieurement que chez les oiseaux. Les infections d'origine fongique ont doublé ou triplé aux États-Unis au cours des cinq dernières années. Personne ne pouvait en expliquer les raisons, mais toujours est-il que Garagusi et Delaha voyaient passer entre leurs mains de plus en plus de prélévements sanguins infectés par ces souches de bactéries fongiques. Pour en revenir à l'ail, il était évident que si celui-ci s'avérait aussi efficace contre ces champignons que le rapport chinois le prétendait, cela valait sûrement la peine de pousser les recherches un peu plus avant.

Le Dr Garagusi avait donc très envie de voir ce qui allait arriver lorsque ces bactéries fongiques mortelles se trouveraient en contact intime avec l'ail.

C'est ainsi que le chef du prestigieux laboratoire de l'hôpital de l'Université de Georgetown se mit à acheter des quantités astronomiques d'ail au supermarché du coin.

Vous connaissez déjà la suite de l'histoire et son dénouement: l'ail et son instinct assassin mirent en plein dans le mille. Delaha avait d'abord pelé dix têtes d'ail et les avait passées à la moulinette. Il avait ensuite extrait de la pulpe d'ail son principe actif, l'allicine, pour arriver enfin, après plusieurs manipulations, à former un extrait d'ail congelé. Il avait ensuite disposé trente souches de dix-sept espèces de bactéries dans des boîtes de Pétri stériles et y avait introduit de l'extrait d'ail à divers degrés de concentration. (Parallèlement, on avait installé le même nombre de boîtes de Pétri avec les mêmes bactéries, mais sans ail.)

Il ne restait dès lors aux chercheurs qu'à attendre de voir si les bactéries allaient ou non se développer. Celles qui avaient été placées dans les boîtes sans ail proliférèrent à qui mieux mieux, tandis que celles qui se trouvaient nez à nez avec l'extrait d'ail se recroquevillaient et mouraient sans s'être reproduites. L'ail eut des effets dévastateurs, à des degrés divers, sur toutes les souches de bactéries fongiques observées, y compris celles qui provoquent la tuberculose. Il se révéla en fait particulièrement puissant contre les bactéries de la tuberculose, mais moins efficace contre les bactéries *aviaires*.

Un point pour la médecine traditionnelle et pour tous ces médecins d'antan qui eurent recours à l'ail pour combattre la tuberculose!

Mais la science moderne ne se contente pas de telles constatations. Même si des scientifiques tels que le Dr Garagusi ne contestent pas un seul instant le fait que les aliments aient des effets biologiques sur l'organisme, la question reste entière: comment diable agissent-ils? Et jusqu'où va leur efficacité?

Comment l'ail s'y prend-il pour mener à bien son œuvre de destruction? Que se passe-t-il exactement au niveau des cellules des bactéries pour qu'elles cessent de se développer? Comment l'allicine, cette substance chimique odorante, exhalée par l'ail coupé, avait-elle ce pouvoir bactéricide, reitérant le scénario qui lui avait déjà permis de tuer les cellules bactériennes dans le corps et le cerveau des Chinois atteints de méningite?

Pour le Dr Garagusi, c'était dans ces termes-là qu'il fallait poser le problème, et c'était cela même qui lui donnait tout son intérêt.

Il se disait que l'ail procède de la même manière que les antibiotiques classiques soit en déchirant les parois des cellules des mycobactéries, soit en faisant dépérir leurs enzymes jusqu'à ce qu'elles meurent littéralement de faim.

Le Dr Garagusi n'est pas différent de tous ces chercheurs et médecins de par le monde qui se posent les mêmes questions — souvent pour les mêmes raisons — sur les propriétés préventives et curatives inhérentes aux aliments. C'est parce que les recherches qui se font dans ce domaine ne sont pas des entreprises rares et isolées que j'ai cru bon d'en parler ici.

Les recherches sur l'ail n'occupent qu'une petite fraction du temps de Garagusi, le reste étant consacré aux tâches quotidiennes inhérentes à la direction d'un grand laboratoire d'analyses diagnostiques. Les recherches parallèles sont ce que l'on appelle généralement des recherches de «contrebande». On entend par là qu'elles ne sont financées par aucun budget et qu'elles se font pendant les heures de loisir du chercheur. Il s'agit cependant là d'une pratique très répandue dans les milieux universitaires. On constate néanmoins un effort important de la part de la lourde machine gouvernementale des États-Unis et d'autres pays pour stimuler la recherche d'antidotes diététiques à nos maladies.

Il s'agit là d'une nouveauté de taille, d'un événement déterminant.

Élaborer une pharmacologie alimentaire n'est pas un passe-temps insignifiant. Il s'agit d'une recherche essentielle dans laquelle s'est engagée toute une partie de l'élite scientifique.

RETOUR VERS LE FUTUR

Les événements récents sont très logiques, du point de vue de l'histoire. La nouvelle vague scientifique ne fait que remettre l'alimentation à la place primordiale qui était la sienne en médecine, après un bref intervalle de domination quasi monopolistique des produits pharmaceutiques. Il y a fort longtemps que la profession médicale entretient avec les aliments une relation privilégiée, comme en attestent des textes d'ordonnances gravés sur pierre ou tracés sur papyrus, dont certains remontent à quatre mille ans avant Jésus-Christ. Ces documents répertorient les aliments comme remèdes à de nombreuses maladies communes. Hippocrate, le père de la médecine moderne, proclama le caractère indissociable de la médecine et de l'alimentation. Le grand médecin-philosophe juif du XIIe siècle, Maimonide, a inclus dans son traité sur l'asthme des recettes de bouillon de poule comme remède à ce mal. (Certaines de ces recettes restent scientifiquement valables de nos jours.) Depuis quarante siècles, les cultures orientales considèrent également qu'il est impossible de dissocier la médecine de la nutrition. En fait, la tendance moderne à établir une ligne de démarcation stricte entre la nourriture et les médicaments est un phénomène tout à fait récent et étonnamment bref, si on le replace dans une perspective historique. En gardant ce fait présent à l'esprit, on comprendra un peu mieux ce qui se passe et on sera peut-être enclin à faire preuve d'une humilité salutaire. Comme le fait remarquer le Dr Irwin Ziment, professeur de médecine au Collège médical de l'UCLA (Université de Californie à Los Angeles): «On a principalement utilisé la nourriture comme remède jusqu'au XIXe siècle, jusqu'à l'apparition de l'industrie pharmaceutique moderne.» Le Dr Ziment, qui est lui-même convaincu que les aliments sont des médicaments très puissants, considère que la tendance actuelle est un retour aux conceptions traditionnelles reconnaissant les propriétés thérapeutiques de la nourriture.

Il y a trois raisons à l'engouement actuel des scientifiques pour la pharmacie alimentaire, qui se manifeste en particulier aux États-Unis et dans d'autres bastions traditionnels de la médecine occidentale. La première est la pénétration des idées scientifiques venues d'autres cultures, et en particulier de l'Extrême-Orient; la seconde tient au regain général d'intérêt pour tout ce qui est «naturel» (médecine holistique, aliments diététiques, etc.); et la troisième découle des progrès spectaculaires de la connaissance scientifique sur le rôle du régime alimentaire sur la maladie.

Les scientifiques occidentaux sont en train de découvrir que les cultures anciennes renfermaient de nombreuses vérités. Au cours des dix ou quinze dernières années, l'héritage de pays lointains, comme la Chine, a eu le temps de profiter un peu à nos chercheurs. Ce n'est donc pas par hasard que le respect dû à la médecine traditionnelle s'est accru. Il est indéniable que les scientifiques du monde entier, et surtout les Chinois, les Japonais, les Thaïlandais, les Indiens et même les Soviétiques et les Européens de l'Est, sont beaucoup plus enclins qu'auparavant à reconnaître ce que la médecine doit aux thérapeutiques basées sur les plantes. Ils reconnaissent volontiers les propriétés thérapeutiques des aliments et font même preuve d'un enthousiasme lyrique lorsqu'il est question des vertus curatives d'un ingrédient aussi simple que le bon vieux thé.

LE CAS DU «FACTEUR» THÉ VERT

Pour beaucoup de scientifiques de haut vol, il est tout à fait évident que la tradition populaire fait bon ménage avec la science moderne. C'est ainsi qu'en 1985 quelques scientifiques de renom appartenant à l'Institut national de génétique du Japon, publièrent un article au titre exotique: «Le Cas du «facteur» thé vert». C'était une étude assez exceptionnelle sur un principe actif extrait de feuilles de thé vert japonais. Ce principe, nommé «le gallate épigallo-catéchine», s'utilise dans les tests de laboratoire sur cultures pour contrecarrer l'action des substances chimiques carcinogènes. L'article contenait notamment un paragraphe signalant que «depuis quatre mille ans, le thé vert est considéré en Chine comme un médicament naturel». Ses auteurs ne mirent pas en doute certains rapports cliniques faisant état d'une action bénéfique du thé vert sur les vaisseaux sanguins, dans la lutte contre le cancer, et dans l'accroissement de la longévité.

L'important n'est pas tellement de savoir si le thé *a réellement tous ces effets* — bien qu'il y ait effectivement pas mal d'indices militant dans ce sens; ce qui est vraiment important, c'est que des scientifiques de premier plan soient désormais prêts à considérer l'idée qu'il *puisse en être ainsi.*

En s'intéressant à la pharmacie alimentaire, les scientifiques ne font, dans une large mesure, que renouer avec la tradition populaire ancienne et contemporaine.

LA SIGNATURE SEXUELLE DE L'HUÎTRE

Quand on examine la sagesse ancienne en termes de connaissances scientifiques modernes, on risque parfois de tirer des conclusions prématurées. C'est ainsi qu'il existe un concept très ancien qui s'appelle la «doctrine des signatures». À en croire un historien de la médecine, le Dr Benjamin Lee Gordon, dans son livre *Medicine Throughout Antiquity* (La médecine dans l'Antiquité, 1949): «Cette doctrine constitue vraisemblablement le premier système thérapeutique de l'histoire de la médecine.» Des traductions de textes médicaux datant du VIIe siècle avant Jésus-Christ montrent que les guérisseurs assyro-babyloniens se basaient sur cette doctrine pour choisir leurs remèdes.

Cette doctrine est d'une simplicité séduisante: elle part du principe qu'à chaque partie du corps correspond une partie de la nature. Ce concept découle lui-même d'une ancienne croyance selon laquelle l'«infiniment petit», ou microcosme, serait un reflet direct de l'«infiniment grand», ou macrocosme. Ainsi devrait-on retrouver dans la nature l'homologue de chacune des parties de l'anatomie humaine.

Le défi que doit relever l'homme dans son combat contre la maladie consiste à être assez avisé pour trouver la contrepartie naturelle qui lui permettra de se guérir. «Pour faciliter nos recherches, écrit le Dr Gordon, le Créateur a marqué tous les objets qui sont thérapeutiques pour l'humanité, leur donnant une ressemblance de forme, de couleur, de structure, ou simplement symbolique, avec la partie malade de notre corps. Ce qui veut dire que, si l'on avait la jaunisse, on pourrait par exemple la traiter avec un mélange confectionné à base de grenouille jaune que l'on aurait préalablement éviscérée. Pour traiter les rougeurs sur la peau il suffirait de confectionner une substance à base de sang animal ou de jus de fruits rouges. L'hépatique trilobée, dont les feuilles sont en forme de foie, serait tout indiquée pour le traitement des troubles hépatiques. En médecine orientale traditionnelle, la racine de ginseng est considérée comme un tonique pour l'ensemble du corps, une source de vitalité et de longévité, car on lui trouve une ressemblance avec le corps humain, avec une tête, un tronc, des bras et des jambes. La racine de ginseng a toujours été la plus prisée de toutes les plantes médicinales chinoises depuis l'Antiquité; elle est hautement appréciée en tant qu'élixir de vie.

Venons-en maintenant aux huîtres. C'est en fait le Dr Harold Stanstead de l'Université du Texas qui les mit un jour en vedette. Depuis des siècles, on attribue aux huîtres des vertus aphrodisiaques: on voit en elles une source de vitalité sexuelle et de fécondité. Mais comment peut-on expliquer cette propriété? Pourquoi les huîtres seraient-elles une nourriture aphrodisiaque? Le Dr Stanstead, l'un des spécialistes du zinc, déclarait qu'il n'avait pas beaucoup réfléchi à la question, mais que la réponse qui lui venait le plus logiquement à l'esprit était la suivante: «Les huîtres ressemblent à des testicules humains.»

L'histoire en serait normalement restée là, si ce n'était que les huîtres contiennent effectivement la plus forte concentration de zinc que l'on puisse trouver à l'état naturel. Celle-ci est très supérieure à celle de n'importe quel autre aliment. Quatre-vingt-cinq grammes d'huîtres crues renferment soixante-trois milligrammes de zinc, contre seulement trois milligrammes pour la même quantité de foie de bœuf, une autre source de zinc concentrée. D'après les experts, il est difficile d'avoir suffisamment de zinc dans l'organisme, sauf si l'on consomme des huîtres.

Que se passe-t-il chez les hommes qui ne reçoivent pas une quantité de zinc suffisante? Ils n'atteignent pas leur maturité sexuelle: leurs testicules s'atrophient. Quant aux hommes qui ont eu un développement normal, mais qui souffrent de carences en zinc, ils n'arrivent pas à produire assez d'hormone mâle, la testostérone, et de sperme, et risquent de devenir stériles ou impuissants. Le Dr Ananda A. Prasad, un chercheur de la Wayne State University de Detroit qui fait autorité sur ce sujet, estime qu'une carence en zinc, même légère, peut suffire à entraîner une baisse spectaculaire des concentrations de testostérone et de spermatozoïdes, ce qui entraîne la stérilité. On découvrit également, dans le cadre d'une autre étude, qu'un groupe d'hommes impuissants à qui l'on avait administré du zinc avaient réagi très favorablement au traitement: ceux-ci avaient retrouvé presque immédiatement leur vigueur sexuelle. Aphrodisiaque, «doctrine des signatures» ou simple coïncidence?

Bien que, de par nos sensibilités d'occidentaux modernes, nous soyons enclins à voir dans le concept des «signatures» quelque chose d'incroyablement primitif, il est indéniable que pendant des milliers d'années les hommes qui croyaient à cette doctrine se sont gavés de zinc pour accroître leurs chances de réussite en matières de sexe et de reproduction.

Malgré cela, l'homme moderne s'est longtemps entêté à considérer la tradition populaire comme un fatras de superstitions, un bêtisier sans rime ni raison, jusqu'au jour où quelqu'un lui a expliqué de manière plausible pourquoi l'ancien système était efficace. Les intuitions du Dr Garagusi au sujet de l'ail et le fait qu'il ait rejoint les conclusions de ses plus éminents confrères du passé allaient s'avérer insuffisants pour convaincre: faute de comprendre les effets que les aliments produisent sur le corps au niveau le plus élémentaire, c'est-à-dire cellulaire, on aura toujours l'impression qu'il s'agit de concepts un peu obscurs. C'est en formulant des théories et en rassemblant des données concrètes que l'on peut faire sortir le débat du ghetto des remèdes populaires et du charlatanisme.

C'est la compréhension des mécanismes grâce auxquels la nourriture agit sur la physiologie humaine qui différencie nos connaissances actuelles en matière de nutrition des connaissances empiriques, héritées de la tradition populaire.

UNE GRANDE RIPAILLE DE PLANTES

S'il est une industrie qui a allègrement sauté le pas séparant la tradition populaire de la science biologique pure et dure, c'est bien l'industrie pharmaceutique, avec ses quarante-six milliards de dollars de chiffre d'affaires annuel. La découverte et la synthèse de nouveaux médicaments fort efficaces à base de plantes confirment que la médecine populaire est loin d'être du charlatanisme.

La plupart de nos médicaments les plus utilisés viennent des plantes. Dans les facultés de pharmacie, il existe un domaine d'étude particulier qu'on appelle la «pharmacognosie», qui est consacré à la recherche de produits naturels. On procède à des études scientifiques sur la tradition populaire d'utilisation des plantes, tant à l'heure actuelle que dans le passé, en Chine, en Afrique et en Amérique latine. Lorsque les chercheurs rencontrent des données qui semblent probantes, ils essaient d'identifier, puis de synthétiser les agents chimiques qui entraînent les effets constatés. Parfois, on copie la structure moléculaire de la substance découverte et on fabrique une version artificielle du produit pur, que l'on vend ensuite sous forme de médicament fabriqué à partir de doses concentrées du produit synthétisé.

Le Dr Norman Farnsworth, qui a consacré toute sa vie à ces recherches, dirige le programme de recherche pluridisciplinaire en sciences pharmaceutiques de la Faculté de pharmacie du centre des sciences de la santé de l'Université de l'Illinois, à Chicago, où il a mis sur pied une base de données informatiques appelée *Napralert* qui contient quelque cinquante mille références d'aliments et de leurs agents chimiques.

D'après lui, la médecine populaire a bien souvent raison, comme le prouve le fait que près de 25 p. 100 des médicaments prescrits dans le monde sont fabriqués à base de substances végétales naturelles. Ce chercheur a réalisé une étude portant sur cent quarante médicaments purs préparés à partir de quatre-vingts espèces de plantes, pour en conclure qu'il existait un lien solide entre eux et les remèdes populaires. Dans 74 p. 100 des cas, on utilise l'agent chimique purifié pour traiter exactement les mêmes troubles que ceux que la plante correspondante était censée guérir en médecine populaire.

Nous avons une formidable dette envers les plantes. C'est au XVIe siècle que des hommes de science prirent pour la première fois une plante pour en faire dégorger un agent chimique, en l'occurrence l'acide benzoïque. En 1804, le pavot à opium nous donna la morphine.

Par la suite, la pharmacologie végétale prit sa vitesse de croisière. La médecine occidentale contemporaine compte sur les structures qu'elle a volées aux plantes pour produire ses principes actifs les plus courants: l'acétyldigoxine, l'allantoïne, la bromeline, la codéïne, la digitoxine, le L-Dopa, la leurocristine, la papaïne, la physostigmine, la pseudoéphédrine, la quinine, la réserpine, la scopolamine, la strychnine, la théophylline et la xanthotoxine. Sans parler des remèdes végétaux plus communs comme le camphre, le menthol et la capsaïcine, ainsi que de tous les médicaments en vente libre et qui sont fabriqués à partir d'extraits végétaux, comme par exemple les pruneaux, qui sont vendus comme laxatifs.

Malgré, tout, seule une faible portion — de 6 à 10 p. 100 — des deux cent cinquante mille espèces de plantes qui poussent sur la surface de la terre a déjà fait l'objet d'investigations, comme le constate le Dr Farnsworth, qui ajoute: «Et le bon sens suggère que, si l'on a pu tirer tant de remèdes bénéfiques de quatre-vingt-dix espèces végétales, il reste encore de par le monde un énorme gisement d'agents pharmaceutiques toujours inexploité.»

Il est indéniable que les végétaux, y compris ceux qui font partie de notre alimentation, sont pharmacologiquement actifs. Le fait que nous en tirions des extraits pour fabriquer nos médicaments le prouve.

UN PETIT POIS PARTICULIÈREMENT COMPLIQUÉ

Il se passe souvent des choses bizarres lorsqu'on arrache un corps chimique pur à la pharmacopée naturelle: il n'a plus les mêmes propriétés pharmacologiques que l'extrait de plante dont il provient. Un extrait est tout simplement une substance provenant d'une plante broyée qui garde l'intégrité de sa structure chimique. Prenons par exemple pour acquis que les petits pois sont un contraceptif masculin (il existe en fait des raisons concrètes de le croire). On commence par isoler l'agent chimique, présent dans les petits pois, censé enrayer la sécrétion de spermatozoïdes. Mais on se rend compte ensuite, lors des tests, que ce corps chimique seul ne stérilise pas aussi bien, et de loin, les animaux testés que les petits pois dont ils étaient nourris. Prenons un autre exemple, donné par le Dr Farnsworth: «Supposons que l'on fasse un extrait à partir d'une plante dont les gens se servent généralement comme remède à l'insomnie. L'extrait végétal brut injecté à des animaux de laboratoire les fera dormir. Si l'on essaie ensuite d'isoler les composants du produit et que l'on en trouve dix, il se peut fort bien que cinq d'entre eux seulement puissent provoquer le sommeil chez l'animal ou chez l'être humain, tandis que les cinq autres les maintiendront à l'état de veille. Que la plante induise le sommeil ou non dépend des proportions dans lesquelles elle contient ces composants, et de leurs interactions.»

Le Dr Walter Mertz confirme ces dires à propos des vitamines et des minéraux. On peut toujours essayer de mélanger des nutriments pour imiter un aliment, mais ce mélange reste insatisfaisant. «Nous connaissons la teneur en zinc du lait humain, qui convient parfaitement au développement harmonieux des bébés. Si l'on incorpore la même quantité de zinc à un lait pour bébé fabriqué en laboratoire, on constatera que ces derniers se développent moins bien qu'avec du lait maternel. Les produits se ressemblent, le principal critère de fabrication d'un aliment pour bébé étant qu'il soit aussi proche que possible du lait maternel. Il y a donc une grande similitude entre ces produits et le lait maternel et, pourtant, la présence de zinc ne suffit pas à faire du lait artificiel un aliment identique au lait humain, dans lequel il doit y avoir quelque chose qui renforce l'efficacité du zinc. Mais nous ne savons malheureusement pas ce que c'est.»

Dans le même ordre d'idées, on ne peut pas non plus définir les agrumes uniquement par leur teneur en vitamines. En 1985, des chercheurs canadiens publièrent une étude réalisée avec beaucoup de soin sur des patients atteints d'un cancer à l'estomac. Ils arrivèrent à établir le fait que si l'ingestion quotidienne de vitamine C (par doses de 1 000 mg) prévenait effectivement le cancer de l'estomac, on avait *deux fois moins* de risque de se voir atteint de cette forme de cancer en buvant chaque jour quelque 8 à 10 cl de jus d'orange frais (ne contant au demeurant que 37 mg de vitamine C), que dans le premier cas.

Cette constatation se vérifie également pour les fibres. On peut extraire de la pectine des pommes et la faire ingérer à des animaux afin d'abaisser leur taux de cholestérol. Mais on obtiendra des résultats bien inférieurs à ceux que donne la véritable pulpe du fruit. On constate le même phénomène avec les haricots: le métabolisme intestinal sera différent selon que l'on aura mangé des haricots ou ingéré les fibres un peu caoutchouteuses que l'on en extrait. Ce qui veut dire que la forme sous laquelle se présente un aliment a son importance. Le son brut affecte le corps d'une tout autre manière que le son en mouture fine. Et il en est de même pour les nutriments pratiquement identiques que contiennent les pâtes et le pain, qui ont pourtant des effets radicalement différents sur les sucres du sang et sur l'insuline. Voilà encore un élément qui étonne les chercheurs et auquel ils n'ont pas trouvé d'explication.

L'étonnante palette chimique de la nourriture humaine est infiniment plus complexe et plus insondable qu'une simple collection de nutriments ou de composants susceptibles d'être répertoriés. La principale préoccupation du Dr Mertz, qui travaille dans ses laboratoires du ministère de l'Agriculture des États-Unis (USDA), est de faire progresser l'étude de chacun des nutriments. Il ne perd néanmoins pas de vue ce qu'il peut y avoir d'étroit et de dangereux à vouloir trop se polariser — parce que c'est dans l'air du temps — sur un nutriment isolé plutôt que sur un aliment dans son intégrité naturelle. Ceux qui pensent qu'ils peuvent remédier à la pauvreté de leur régime en prenant des vitamines et des oligo-éléments ne se rendent pas compte que c'est là faire insulte à la complexité de l'univers. Chaque aliment représente à lui seul une vaste usine chimique comprenant quelque dix mille éléments, sinon davantage.

Pendant toute la première moitié du siècle, les scientifiques avaient pris l'habitude d'ignorer les aliments complets au cours de leurs recherches sur chaque élément nutritif. Cette tendance est en train de se renverser: ce sont maintenant les aliments eux-mêmes qui sont devenus le principal centre d'intérêt, au lieu des nutriments que l'on s'était surtout attaché à étudier jusqu'à aujourd'hui.

«Une polarisation excessive sur les nutriments procède d'une démarche qui est non seulement peu scientifique, mais aussi potentiellement dangereuse, déclare le Dr Mertz. Les aliments sont plus qu'une simple source de nutriments. Nous commençons à réaliser que des aliments composés des mêmes nutriments peuvent avoir des effets tout à fait différents sur la santé.»

Ce même auteur apprécie la sagesse scientifique qui se dessine derrière bon nombre de recettes de bonne femme. Dans son article publié dans le *Journal of the American Scientific Association* de juillet 1984, il note: «La vieille croyance selon laquelle l'ail et l'oignon seraient bons pour la circulation du sang se voit confirmée par les expériences récentes qui montrent les effets hypocholestérolémiants (réducteurs du cholestérols) et anticoagulants des extraits de ces plantes. Le rapport, jamais prouvé, entre la consommation de yaourt et la longévité est quasiment établi depuis que de récentes expériences sur des animaux ont démontré que ceux qui avaient mangé du yaourt résistaient mieux que les autres aux infections.»

Faut-il vraiment s'intéresser aux traditions populaires en matière d'alimentation? Cela ne fait aucun doute.

«Je crois que c'est grâce à l'expérience de nos aïeux que nous avons appris à reconnaître ce qui était bon ou mauvais pour notre santé dans les aliments. De telles connaissances sont précieuses. Les récits de nos grands-mères n'étaient pas des contes de fées ou des radotages de bonnes femmes. Ils représentaient la quintessence d'une sagesse vieille de plusieurs siècles, qu'on se transmettait de génération en génération. Nous commençons seulement à en entrevoir l'explication scientifique.»

Le Dr Mertz concède qu'il est nécessaire pour la recherche scientifique de «disséquer» les aliments pour en distinguer les différents nutriments afin d'en étudier leurs effets sur le métabolisme et la santé et d'évaluer les besoins que nous en avons. Mais il s'empresse d'assortir ce constat d'une mise en garde: «Une telle démarche présente le risque de substituer à l'expérience historique que nous nous sommes forgée en matière d'alimentation une connaissance scientifique parcellaire des nutriments.» Le Dr Mertz a, quant à lui, déjà choisi son camp.

Les scientifiques, qui ont longtemps vu dans les aliments de simples collections de nutriments, s'emploient à présent avec la dernière énergie à explorer leur complexité pharmacologique.

AU-DELÀ DES VITAMINES ET DES MINÉRAUX

Il ne suffit pas de connaître la teneur des aliments en protéines, en lipides, en glucides, en vitamines et en minéraux. On a également trouvé dans ceux-ci des «facteurs alimentaires, des facteurs X, des composants nutritifs, des véhicules, des démutagènes, des antimutagènes, des anticarcinogènes, ainsi que des constituants diététiques secondaires». La mystérieuse complexité de la vie végétale et animale est en train de se révéler aux chimistes, aussi sûrement que ne l'avaient fait les secrets de la vie dans les laboratoires de Watson et de Crick*. En étudiant la composition des aliments, on découvre de nouveaux secrets de longue vie et de santé. Il ne s'agit certes pas d'une entreprise aussi romantique que celle de la découverte de l'ADN, mais il se pourrait bien qu'elle ait la même portée en ce qui concerne les découvertes concernant la santé et la longévité.

---

* Prix Nobel pour la découverte de l'ADN.

Les nouveaux composants alimentaires récemment mis en évidence sont distincts des nutriments; la plupart ne possèdent aucune valeur nutritive, quoique dans certains cas — assez rares —, comme celui de la carotène, ils soient doués d'effets nutritifs et thérapeutiques propres. On les trouve généralement en quantité infinitésimale. Bien qu'ayant un rôle physiologique, ces constituants alimentaires secondaires ne sont probablement pas essentiels au maintien de la vie: vous ne mourrez pas sur-le-champ si vous en êtes privé. Personne n'est jamais mort d'une carence d'allicine. Cependant, ces mystérieux composants diététiques sont capables d'influencer de manière subtile, mais radicale, les mécanismes physiologiques qui sont la clé d'une vie plus longue et d'une bonne santé. Il est possible que certains d'entre eux aient effectivement des vertus thérapeutiques, mais il semblerait que, dans l'ensemble, ils aient pour rôle de prévenir la longue et persistante dégénérescence des tissus qui débouche sur des maladies chroniques comme le cancer, les maladies cardiaques, l'arthrite, le diabète, ainsi que sur des dérèglements intestinaux et neurologiques — bref, sur les maux qui nous menacent le plus et que nous devenons de plus en plus impuissants à traiter efficacement. À la différence des drogues modernes dont les effets sont très précis, il est vraisemblable que les substances médicinales contenues dans les aliments sont des antidotes permanents contre ce processus de dégradation cellulaire cumulative qu'on désigne du nom de «maladie».

Notre corps est à tout moment le siège d'une immense guerre chimique et biologique qui se déroule dans nos cellules. Une maladie est essentiellement un ensemble de dysfonctionnements cellulaires, une accumulation d'événements cellulaires qui se conjuguent en un phénomène général affectant l'ensemble du corps. Bien que l'on ne perçoive pas la maladie avant d'en remarquer les symptômes, ceux-ci n'apparaissent en fait que parce qu'un nombre suffisant de cellules a déjà perdu la bataille que leur livrent les forces du mal. C'est ce perpétuel combat pour la domination de chaque cellule qui détermine l'amélioration, le statu quo ou la détérioration de notre santé.

Les agents chimiques alimentaires qui ont une action pharmacologique offrent une protection à chaque cellule individuelle en coupant la route à ses ennemis à l'un ou l'autre des différents carrefours biologiques qu'ils doivent traverser. Que l'on soit en train de combattre une infection, l'arthrite, le cancer, les troubles cardiaques, le diabète, les ulcères ou même la dépression ou la fatigue, c'est toujours la même guerre: on livre bataille dans des lieux invisibles en repoussant les myriades de petits assauts portés contre chacune de nos cellules, et le succès dépend d'une activité biologique que nous sommes encore à mille lieues de saisir.

Les scientifiques commencent à comprendre que les aliments et les agents chimiques qu'ils contiennent sont capables d'influer, au niveau cellulaire, sur les maladies.

THÉORIES NOUVELLES SUR LE POUVOIR DES ALIMENTS

C'est grâce aux possibilités offertes par la technologie contemporaine que nous avons pu adopter cette nouvelle manière de considérer les aliments: nous sommes maintenant en mesure de détecter les agents chimiques contenus dans ceux-ci, même en quantité infinitésimale, et de tester leur activité biologique. Mais si nous pouvons le faire, c'est également grâce aux nouvelles connaissances dont nous disposons sur les mécanismes fondamentaux de ces agents chimiques, qui leur permettent d'exercer leur effet sur les maladies. Nulle science n'est capable de progresser au-delà de ses capacités technologiques. C'est pourquoi bon nombre de nouvelles découvertes sur le potentiel des aliments n'ont pu se faire que ces dernières années. Il existe à présent un appareil de chromatographie qui est d'une précision telle que son inventeur l'a décrit dans ces termes: «Si vous jetez un morceau de sucre dans un réservoir d'eau, il me suffira d'analyser quelques gouttes de cette eau pour vous dire la nature des produits chimiques que ce morceau de sucre contient, et en quelle quantité.» Cela veut dire qu'il est possible de mesurer pratiquement n'importe quel composant d'un aliment, même s'il s'agit de quantités infinitésimales. Les scientifiques sont également en mesure de suivre la circulation des agents chimiques dans le corps et d'analyser les mécanismes fondamentaux de la vie, comme par exemple l'activité des enzymes. On dispose également de méthodes de test beaucoup plus rapides pour le dépistage de l'activité antibiotique et anticarcinogène des agents chimiques.

Les progrès qui ont été réalisés en même temps dans la connaissance des mécanismes internes de la maladie sont porteurs de promesses pour l'avenir: peut-être pourra-t-on parvenir à maîtriser les aspects destructeurs de l'activité cellulaire. Les scientifiques qui s'aventurent dans les méandres de ces théories se retrouvent souvent tout aussi étonnés qu'un Jules Verne découvrant les abîmes sous-marins.

Les impressions que ressentent ceux qui pénètrent dans le monde du Dr Seuss ou dans l'univers fantastique du *Voyage imaginaire* de l'Epcot Center, où d'étranges créatures fantasmagoriques ne cessent d'apparaître à chaque détour du chemin, sont tout à fait similaires à celles d'un Jules Verne. Dans le royaume libre de l'hypothèse médicale, les théories ne cessent de voler dans tous les sens, de se télescoper, de s'unir, de s'accoler les unes aux autres en assemblages bizarroïdes, pour repartir ensuite, chacune vers son petit bonhomme de destin.

Tant dans la recherche pharmaceutique classique que dans le nouveau domaine de la pharmacologie alimentaire, on s'efforce de garder présente à l'esprit cette vision kaléïdoscopique de l'incessante bataille que l'organisme humain doit livrer contre la maladie. C'est ainsi qu'on sait par exemple qu'une bonne part de l'activité cellulaire est gouvernée par la présence de récepteurs situés à la surface des cellules. On peut les imaginer sous la forme de pistes d'atterrissage parfaitement conçues où d'autres molécules et cellules viendraient se poser et s'emboîter, dans une géométrie parfaite — un peu à la manière d'un cube Rubik ou d'un vaisseau spatial venant s'accrocher à une station orbitale. Ces récepteurs n'accueillent que les entités biologiques qui possèdent une forme d'amarrage adéquate. Plus il y aura correspondance de formes, mieux l'accrochage se fera, mieux les entités biologiques pourront accomplir leur mission d'interaction biologique.

Quantité de réactions moléculaires et cellulaires dépendent de l'existence de sites récepteurs, de leur disponibilité et de leur efficacité, et c'est cela qui détermine notre état de santé. Si la nature a créé de tels récepteurs, ce n'était pas pour les beaux yeux des microbes, mais afin de permettre aux hormones, aux enzymes et aux autres substances vitales d'entrer en interaction avec les cellules. Mais il se trouve que les bactéries et les virus se sont montrés eux aussi très malins et ont réussi à développer des dispositifs d'amarrage qui leur permettent d'avoir également accès aux sites récepteurs afin de s'y amarrer. Faute de tels dispositifs, les bactéries ne sont pas capables de détruire les parois des cellules, et les virus ne peuvent s'insinuer dans des cellules saines et les capturer afin d'accomplir leur grand rituel de destruction/duplication.

Les enzymes, ces catalyseurs sans lesquels aucune réaction chimique ne peut se faire, doivent également atterrir sur les récepteurs et s'y arrimer afin de pouvoir déclencher les processus physiologiques qui conviennent. Si vos cellules hépatiques ont trop peu de récepteurs capables de pomper et d'évacuer le «mauvais» cholestérol* du sang, ou si ces récepteurs ne fonctionnent pas adéquatement, il y aura excès de molécules de cholestérol, qui se baladeront dans le sang et finiront par s'échouer sur les parois des artères, rendant le terrain propice aux troubles cardiaques. Ce sont des travaux définissant l'importance des récepteurs dans le processus de métabolisation du cholestérol qui valurent, en 1985, un prix Nobel aux docteurs Michael S. Brown et Joseph L. Goldstein de l'Université du Texas.

Tout ce qui concourt à empêcher ou à favoriser l'amarrage sur les récepteurs aura forcément une influence sur les processus biologiques. Supposons, par exemple, que l'on puisse instaurer un «blocus des récepteurs» en introduisant entre le récepteur et le dispositif d'amarrage un élément qui les empêcherait de s'emboîter. C'est un concept que les compagnies pharmaceutiques étudient très sérieusement dans le but d'essayer de créer des médicaments plus efficaces, et en particulier des produits capables de combattre les quelque deux cents virus de la grippe qui continuent à défier toute tentative de traitement. Si l'on pouvait trouver une substance qui vienne obstruer le site récepteur, on empêcherait ainsi les microbes de venir s'arrimer aux cellules saines et de les détruire. On pourrait aussi placer des appeaux dans le système. Il existe en effet des produits, dont certains figurent dans nos aliments, qui ont des récepteurs si semblables à ceux des cellules humaines que les microbes s'y laissent prendre et vont s'accrocher à eux plutôt qu'à nos fragiles cellules, pour ensuite quitter notre corps en emportant leur proie... Toute l'opération se déroulant sans aucun dommage pour l'organisme.

Les scientifiques en savent de plus en plus long sur le comment et le pourquoi de la circulation sanguine. Ils ont défini les mécanismes complexes de la coagulation, qui font intervenir des cellules en forme de disque, appelées plaquettes, qui ne vivent que de cinq à dix jours, ainsi que le mécanisme de dissolution des caillots sanguins (le système fibrinolytique) qui fonctionne, lui, en permanence. Toute intervention sur la propension du sang à coaguler peut avoir de profondes répercussions sur la sensibilité d'un sujet aux maladies

---

* Le «mauvais» cholestérol est le cholestérol LDL, c'est-à-dire le cholestérol lié aux lipoprotéines de faible densité, en anglais *low density lipoprotéins*, d'où l'abréviation LDL.

cardiaques et aux congestions cérébrales. Les chercheurs se sont en effet rendu compte que certains virus et éléments carcinogènes auxquels nous sommes tous exposés ne nous affectent que s'ils ont été préalablement activés ou stimulés dans notre organisme. La possibilité d'intervenir par le biais de la nourriture pour empêcher une telle activation ouvre des perspectives nouvelles et donne l'espoir d'arriver un jour à combattre les maladies chroniques ou aiguës. On peut ainsi contribuer à manipuler les processus biologiques de tous ordres en se servant de certains produits, dont bon nombre se trouvent déjà dans les aliments, pour favoriser ou supprimer l'action des enzymes.

Ces dernières années, la médecine a fait un grand bond en avant en reconnaissant l'extraordinaire pouvoir de substances hormonales appelées prostaglandines, qui jouent souvent un rôle d'éminence grise en manipulant, dans l'ombre, un incroyable ensemble de processus biochimiques. Ces prostaglandines sont, entre autres, responsables de la douleur, des inflammations, des troubles cutanés, du ralentissement du débit sanguin et de la stérilité. D'autres groupes de prostaglandines, en revanche, sont capables de protéger l'estomac des substances chimiques qui lui sont nuisibles et de nous éviter des problèmes intestinaux. Il est certain que tout ce qui peut affecter l'activité de ces prostaglandines, comme c'est le cas de certains aliments, aura d'importantes répercussions sur la santé. En outre, des découvertes récentes, très intéressantes, ont montré que les agents chimiques alimentaires étaient capables de s'insinuer dans le cerveau et de taquiner les neurotransmetteurs, affectant ainsi notre état d'esprit et notre humeur.

Certaines théories, parmi les plus étonnantes que l'imaginaire médical ait en réserve, s'accordent à trouver des racines communes à des maladies très diverses et en déduisent qu'un aliment donné serait peut-être susceptible d'aider à combattre différents maux. Il semblerait qu'il existe des rapports bizarres, voire même une base commune entre des maladies qui semblent entièrement différentes les unes des autres. Les chercheurs du Centre médical de l'Université de New York ont rassemblé tout un ensemble de données indiquant que les maladies cardiaques seraient en fait une forme de cancer, ou tout au moins qu'il était possible que ces deux troubles affectent simultanément nos artères. Le Dr Arthur Penn, de l'Université de New York, et certains de ses confrères ont trouvé des signes d'activité cancéreuse dans les plaques prélevées dans les artères de leurs patients à l'occasion de pontages coronariens. Il est vraisemblable que l'existence d'une activité tumorale dans les artères puisse prédisposer à l'accumulation de cholestérol sur leurs parois ce qui précipiterait par la suite l'apparition de l'artériosclérose, caractérisée par l'obstruction des artères et leur durcissement. Passons à une autre hypothèse: il se pourrait que les forts taux d'insuline se trouvant dans le sang des diabétiques soient de nature à endommager les parois artérielles, ce qui contribuerait à expliquer pourquoi les diabétiques sont tellement prédisposés aux troubles cardio-vasculaires. Enfin les protéases, qui représentent un groupe d'enzymes particulièrement dynamiques, pourraient former une sorte de mécanisme général d'activation du cancer et d'un grand nombre d'agents infectieux. Certains inhibiteurs contenus dans les aliments seraient capables de désamorcer les protéases.

Il se pourrait que les virus constituent le lien invisible entre toutes sortes de maladies présentant des symptômes très différents. Le nom de virus évoque surtout pour nous ces horribles bestioles qui nous infligent des maladies infectieuses à caractère aigu, comme le rhume, la grippe ou la variole. En réalité, on les trouve dans bon nombre de maladies chroniques, dont le cancer, l'artériosclérose et l'arthrite, et ils jouent un rôle important dans les maladies du système immunitaire comme le diabète insulino-dépendant, le lupus érythémateux dissé-miné, la sclérose en plaques et la myasthénie grave. Certains cher-cheurs croient que les virus contribuent à déstabiliser le système immunitaire ou à «exciter» des facteurs pathologiques qui seraient autrement restés inactifs. En contrepartie, certaines substances alimen-taires sont capables de renforcer les défenses immunitaires.

Il existe une théorie assez répandue qui attribue en partie le vieillissement du corps et sa sensibilité au cancer aux problèmes cardio-vasculaires et à d'autres maladies chroniques, au fait que des particules «chargées» se promèneraient un peu partout dans le corps, détruisant les parois cellulaires et l'ADN, c'est-à-dire le matériau géné-tique qui se trouve dans les cellules. Pour reprendre la description qu'en fait le journaliste médical Larry Thompson dans le *Washington Post*, ces *radicaux libres* mènent une course infernale dans le corps: «Comme s'ils participaient à un concours de démolition moléculaire. Ils se trémoussent et bondissent en tous sens à l'intérieur des cellules, endommageant au passage toutes les molécules. Ces radicaux sont capables de neutraliser les enzymes, les hormones, ainsi que les protéines et les graisses se trouvant dans les membranes cellulaires.» Ces radicaux libres attaquent le corps sans relâche, infligeant aux cellules et aux organes des dégâts irréparables, et instaurant ainsi ce processus de désintégration que nous appelons le vieillissement.

L'œuvre de destruction de ces radicaux libres semant si bien la pagaille est cependant retardée par les antioxydants, ces bons charognards chimiques qui se baladent eux aussi dans le corps à la poursuite des assaillants. Le corps est capable de produire lui-même des antioxydants et l'on en trouve aussi dans de nombreux aliments; ces substances protègent les cellules de la destruction et des modifications aberrantes qui débouchent sur le cancer.

De nouvelles et fantastiques découvertes, tant en ce qui concerne les mécanismes invisibles de la maladie que l'action thérapeutique des aliments, concourent à donner un regain de validité et de dynamisme à la pharmacologie alimentaire.

CES PETITS VEINARDS DE VÉGÉTARIENS

C'est en partie grâce à ces nouveaux progrès de la science que l'on assiste actuellement à un changement d'attitude impressionnant en ce qui concerne la nourriture et l'influence que celle-ci peut avoir sur la santé. Après une évolution initiale presque insensible, on s'oriente vers un renversement spectaculaire des positions, au départ très négatives. Forts des succès qu'ils ont obtenus en laboratoire, les scientifiques sont les premiers à pouvoir témoigner du fait que l'alimentation, qui peut parfois provoquer de terribles maladies (comme les congestions cérébrales induites par un régime trop riche en graisses), est également capable de les soulager et de les prévenir. S'il y a de grands méchants loups dans nos aliments, on y trouve aussi de galants chevaliers prêts à venir à notre rescousse. Si bien que la tactique consistant à enrôler ces derniers est en passe de se généraliser et de devenir une méthode permettant de remédier aux ennuis auxquels on peut s'attendre des premiers. Nous ne sommes plus pieds et poings liés devant nos agresseurs. Nous apprenons à organiser ces batailles cellulaires qui se déroulent en nous, afin de nous émanciper quelque peu de la tyrannie des maladies chroniques.

De nombreux experts sont maintenant sûrs que l'on peut se servir de certains aliments, ainsi que des produits de synthèse, pour éliminer les effets nocifs d'autres aliments. Ces aliments sont des antidotes qui peuvent nous protéger, ne serait-ce qu'en partie, contre les dangers auxquels nous exposent notre environnement et notre style de vie. On sait par exemple que de nombreux aliments contiennent des mutagènes qui dégradent les cellules génétiques, induisant ainsi des cancers. Mais parallèlement, certains scientifiques, surtout japonais, ont mené des tests exhaustifs démontrant que les aliments renferment également de puissants antimutagènes capables de neutraliser la menace du cancer. Les études japonaises ont permis de découvrir que le brocoli, le poivre vert, l'ananas, l'échalote, la pomme, le gingembre et l'aubergine étaient tous «remarquablement efficaces» pour empêcher les mutations cellulaires génératrices de cancer. Le chou-fleur, le raisin, les patates douces et les radis furent jugés «d'une efficacité modérée». Il existe bien sûr des gens qui, par un heureux hasard, jouissent déjà des bienfaits de «ces trésors pharmacologiques imprévus».

Le cas des végétariens en est la meilleure illustration. On constate que le cancer, les troubles cardiaques, les congestions cérébrales et les autres maladies chroniques ont une incidence plus faible chez eux que parmi les personnes ayant un régime carné. Au départ, on a tenté d'expliquer ce phénomène par le fait qu'ils consommaient moins de graisses saturées. Puis on s'est orienté vers une autre théorie selon laquelle leur forte consommation d'aliments riches en fibres pourrait contrebalancer certains effets des graisses. Jusqu'au jour où l'on commença à comprendre que certains aliments avaient peut-être tout ce qu'il fallait pour s'opposer à ces assauts contre nos cellules qui nous font déraper vers la maladie: en effet, les légumes et les fruits, frais et secs, ainsi que tous les autres produits végétaux comestibles contiennent des agents dotés d'un pouvoir pharmacologique protecteur, les «composants diététiques secondaires».

Ce concept est en train d'acquérir une telle crédibilité que certains scientifiques entrevoient déjà un avenir dans lequel les aliments seraient spécialement choisis et prescrits dans le but précis d'améliorer très sensiblement la santé des gens. Le Dr David Jenkins, professeur à l'Université de Toronto et l'un des meilleurs experts en matière de diététique et de diabète, considère les aliments comme des médicaments qui se seraient un peu trompés de vocation: «En pharmacologie, on parle souvent en termes de thérapeutique globale. Et on n'a pas encore compris que c'est exactement le mode d'action de certains de nos aliments qui nous offrent d'ores et déjà une thérapeutique globale de leur cru.» Cette méconnaissance est, d'après le Dr Jenkins, attribuable au fait que nous ne savons pas encore faire un usage précis et scientifique des aliments. «Mais cela viendra, dit-il, au fur et à mesure que nos connaissances s'enrichiront.»

Il est un fait que prescrire des aliments a encore un petit parfum de révolution...

«Révolution ou évolution. Car tout ce que nous faisons à l'heure actuelle, c'est adopter un mode de pensée qui a été celui de tous les pharmaciens pendant des siècles, et de l'appliquer à la nourriture. Je veux dire par là que la nourriture est un médicament que nous prenons tous les jours. Il faut donc qu'on en trouve les effets pharmacologiques afin de pouvoir ensuite les utiliser dans le sens de nos besoins et de notre bien-être, comme nous le faisons déjà avec nos médicaments», conclut le Dr Jenkins.

Le monde des affaires envisage déjà un brillant avenir pour la pharmacie alimentaire. Certaines compagnies analysent et testent les produits alimentaires pour mettre en évidence leur potentiel spécifique sur le plan de la santé. D'autres incorporent des additifs pharmacologiques dans certains produits alimentaires. C'est ainsi qu'une brasserie récupère ses résidus d'orge et en fait une farine destinée à réduire le cholestérol, que l'on ajoutera aux céréales ou au pain. Dans les milieux universitaires, certains scientifiques envisagent d'extraire des agents anticancérigènes d'aliments comme les graines de soja pour les ajouter à du lait. Le Dr James Tillotson, responsable de la recherche dans une compagnie où l'on accorde une forte priorité à l'étude du jus de canneberges (airelles), pense qu'un jour viendra où le gouvernement exigera un étiquetage alimentaire indiquant non seulement les nutriments que contient chaque aliment, mais aussi son effet global sur la santé, évalué à partir d'une étude sérieuse de ses propriétés pharmacologiques.

Actuellement, nous en sommes tous à piocher à l'aveuglette dans la pharmacie alimentaire sans savoir très bien quels résultats escompter. À l'avenir, nous apprendrons sans doute à évaluer très précisément les réactions biochimiques que chaque aliment peut déclencher dans notre organisme, si bien que la pharmacologie alimentaire appliquée nous deviendra aussi familière que la pharmacologie tout court. Tout cela est encore loin, bien entendu, mais c'est en tout cas l'horizon passionnant vers lequel de nombreux experts orientent leurs investigations dans le domaine de la pharmacie alimentaire.

La boucle est bouclée: une bonne partie de la sagesse dont la médecine populaire était le légataire s'est trouvée vérifiée par de nouvelles études sur l'action biochimique des aliments. Ces études ont donné raison à la tradition. En conséquence, nous pouvons désormais prendre la pharmacie alimentaire beaucoup plus au sérieux que nous ne l'avons fait jusqu'à aujourd'hui et nous servir de nos connaissances pour veiller utilement à notre santé.

Notre manière de considérer la nourriture est en train de subir une véritable révolution. Et quelle merveilleuse révolution! En suivant les traces d'Hippocrate, nous commençons enfin à comprendre que les aliments sont des médicaments dotés d'un grand pouvoir.

DEUXIÈME PARTIE

Comment les aliments combattent les maladies

DOUZE ENQUÊTES SCIENTIFIQUES

Est-il prouvé que les aliments sont capables d'agir aux niveaux les plus élémentaires de l'organisme afin de nous conserver en bonne santé? Les résultats obtenus n'ont cessé de le démontrer, par le biais d'une véritable avalanche de faits qui sont souvent autant le fruit du hasard que des recherches. Dès que les mécanismes secrets de la nutrition se révèlent, on se rend compte que les aliments possèdent un potentiel tout aussi illimité qu'indéniable. Nous allons à présent passer douze cas en revue. Ceux-ci vous diront comment des scientifiques, qui se sont avérés être de véritables pionniers en la matière, ont réussi à mettre en évidence et de façon précise les moyens par lesquels les aliments combattent la maladie, de la lutte antivirale à la guerre contre le cancer.

Ces quelques études de cas ne représentent en aucune manière une investigation exhaustive de tous les mécanismes pharmacologiques sous-tendant l'action des aliments, mais elles en illustrent de manière spectaculaire l'extraordinaire diversité: les aliments ont en effet mille façons d'affecter les processus cellulaires pour damer le pion à la maladie. À la faveur des tribulations des chercheurs, on découvre le potentiel extrêmement varié de la pharmacie alimentaire. On s'aperçoit que les aliments sont capables d'agir comme anticoagulants, solvants des caillots sanguins, réducteurs du cholestérol, expectorants, inhibiteurs des prostaglandines (comme l'aspirine), agents anticancéreux, antioxydants, antibiotiques et antiviraux, renforçateurs du système immunitaire et manipulateurs d'anticorps. Les contes de bonnes femmes se voient élevés au rang de données scientifiques, ouvrant ainsi de nouvelles perspectives sur notre façon de considérer la nourriture et l'influence qu'elle peut avoir sur notre santé.

1.

LE CHAMPIGNON CHINOIS:
OU COMMENT ÉCLAIRCIR LE SANG

Pour le Dr Dale Hammerschmidt, cette aventure fut à l'opposé d'une histoire à faire tourner les sangs. En fait, tout a commencé par un événement des plus ordinaires. Il faut savoir qu'il arrive parfois au Dr Hammerschmidt, en dehors de ses fonctions d'hématologue et de professeur à l'École de médecine de l'Université du Minnesota, de cuisiner un *mapo tofou* des plus assassins: il s'agit là d'un plat originaire de la province chinoise du Setchouan également connu sous le nom de *Pâté de soja de la petite mère au visage grêlé*. C'est un plat salé, pimenté, sucré et aigre. Assez pour vous mettre la gorge en feu, vous tirer des larmes et, comme devait le découvrir le Dr Hammerschmidt, pour provoquer d'étranges réactions au niveau du sang. Mais il lui fallut plusieurs jours pour commencer à comprendre ce qui se passait.

Le Dr Hammerschmidt procédait ce jour-là à une expérience qu'il avait déjà faite plusieurs fois sans aucun problème. Il s'agissait de prelever du sang à des patients atteints de leucémie myélogène et de voir comment certaines cellules cancéreuses, nommées basophiles, réagissent au contact de plaquettes sanguines saines. (Les plaquettes sont des fragments de cellules en forme de disque qui jouent un rôle dans le processus de coagulation sanguine.) Cette expérience était destinée à fournir des indications sur la manière dont le corps est détruit par le cancer.

Ce jour-là, le Dr Hammerschmidt prit ses propres plaquettes sanguines comme «cibles», comme il le fait souvent, les sachant saines et non contaminées par des médicaments antiplaquettaires, comme l'aspirine. Mais il ne tarda pas à constater que quelque chose

44

clochait très sérieusement. Ses plaquettes n'avaient pas du tout la réaction attendue face aux cellules leucémiques: en réalité, elles n'étaient même pas normales; les quelques tests auxquels il les soumit le prouvèrent. En poussant son examen plus avant, il vit cependant que *le nombre* de ses plaquettes, indice classique de leucémie, était normal. Seule la réaction des plaquettes était aberrante. Deux jours plus tard, il constata que ses plaquettes sanguines étaient redevenues normales.

Alors qu'il se creusait la tête pour essayer de résoudre cette énigme, le docteur se souvint qu'il avait saigné ce matin-là, et beaucoup plus qu'à l'accoutumée, après s'être coupé légèrement en se rasant. Normalement, quand on se coupe, les plaquettes accourent dare-dare sur le lieu de la coupure, comme de véritables bataillons d'intervention, et s'agglutinent pour colmater la brèche. Le fait qu'il ait saigné plus facilement et plus longtemps semblait indiquer que quelque chose avait inhibé le processus normal d'agrégation des plaquettes et, par ce fait même, leur propension à provoquer la coagulation. Mais qui diable était responsable de cela? Puisqu'il ne pouvait s'agir d'un médicament, peut-être cela provenait-il d'un aliment qu'il aurait mangé. Il se rappela que la veille au soir il avait peut-être abusé d'un de ses plats préférés, le *mapo tofou* du Setchouan. Était-ce ce mets qui avait liquéfié son sang?

Avec la démarche caractéristique d'un scientifique, il invita quelques-uns de ses collègues à un dîner d'un genre particulier, puisqu'il s'agissait d'une expérience contrôlée. Les convives qui allaient servir de témoins à l'expérience se virent servir du porc à la sauce aigre-douce, tandis que les autres, les cobayes au rang desquels se trouvait le Dr Hammerschmidt, mangeraient du *mapo tofou* préparé exactement de la même façon que le fameux jour précédant la découverte. Quelques heures après le festin, tout le monde donna de son sang. Comme il fallait s'y attendre, ceux qui avaient dégusté le porc à la sauce aigre-douce avaient des plaquettes qui réagissaient normalement, alors que les plaquettes provenant des quatre mangeurs de *mapo tofou* ne semblaient guère enclines à s'agglutiner. Les cellules ne sécrétaient pas les substances habituelles, comme la sérotonine et l'adénosine diphosphate (ADP), qui provoquent normalement l'arrivée massive de toutes les plaquettes, qui se précipitent toutes vers le même point, où elles s'agglutinent dans une joyeuse débauche de gluante camaraderie.

Décidés à trouver la cause précise de ces phénomènes, le Dr Hammerschmidt et ses collègues soumirent systématiquement chaque ingrédient du *mapo tofou* à des tests. Dans des tubes à essai contenant des plaquettes normales, ils introduisirent des extraits de gingembre, de pâté de soja, d'«oreille d'arbre» (un champignon noir poussant sur les arbres, *mo-er* en chinois) et de *sar quort*, un légume apparenté au radis, également connu sous le nom de *jicama*, et que le Dr Hammerschmidt avait utilisé au lieu de châtaignes d'eau. Quand on vit enfin ce qui se passait, on constata que deux aliments étaient coupables d'action anticoagulante: le champignon «oreille d'arbre» et le *sar quort*.

L'étape suivante, qui permettrait de vérifier ces constatations, fut l'ingestion des substances incriminées. Le Dr Hammerschmidt et ses confrères absorbèrent 400 g de *sar quort*. Résultat: un fameux malaise gastrique, mais pas de dysfonctionnement des plaquettes. Et c'est là que le mystère s'épaissit, ou plutôt se liquéfia... En effet, après une pause adéquate, les chercheurs avalèrent 70 g de *mo-er*, le champignon dit «oreille d'arbre». On enregistra, lorsque leur sang fut analysé, trois heures plus tard, un tracé complètement plat et inerte là où l'on constate habituellement un accroissement d'activité important au niveau des plaquettes.

C'est que lesdites plaquettes n'étaient guère en état de s'agglutiner: on ne releva en effet aucune émission mesurable de sérotonine, la substance qui les fait adhérer les unes aux autres. Ainsi le champignon noir, qui entre dans la composition de tant de recettes de cuisine mandarine ou du Setchouan, et que les cantonnais appellent le *mok yhee*, avait-il affirmé et révélé les pouvoirs dont l'avaient gratifié les dieux. Ces plaquettes réagissaient pratiquement comme celles qui ont été en contact avec de l'aspirine, bien connue pour ses effets de liquéfaction du sang. *Le champignon noir était donc bel et bien un anticoagulant!*

Pour plus de certitude, le Dr Hammerschmidt testa sept échantillons d'«oreille d'arbre» achetés dans différents supermarchés chinois. Tous éliminèrent, quoique à des degrés divers, toute velléité d'agrégation que les plaquettes auraient pu avoir. En revanche, un essai réalisé avec un champignon américain ordinaire, du type de ceux que l'on trouve partout dans les supermarchés, fut sans aucun effet sur l'agrégation des plaquettes. Il n'y avait que les champignons chinois qui exerçaient cette action.

Intrigué, le Dr Hammerschmidt poursuivit ses recherches et découvrit que ce champignon noir géant jouissait d'une formidable réputation: il avait depuis longtemps une place dans la tradition médicale populaire chinoise. Qui plus est, les effets qu'on lui attribuait correspondaient à ceux qui avaient été enregistrés en laboratoire. Certains Chinois de Taïwan et de Hong-Kong installés à Minneapolis déclarèrent simplement que le *mo-er* était «bon pour la santé» ou «vous aidait à vivre plus longtemps». D'autres firent état d'utilisations précises, par exemple pour guérir les maux de tête ou pour prévenir les thromboplébites consécutives à un accouchement. Une dame déclara: «Ça rend le sang plus liquide.»

Poursuivant ses investigations, le Dr Hammerschmidt découvrit que le *mo-er* est réputé, comme tonique, pour favoriser la longévité, comme l'écrit Florence Lin dans son *Manuel de la cuisine végétarienne chinoise*. À Minneapolis, certains herboristes chinois recommandent le *pei-mo-er*, un champignon blanc également parasite des arbres, à titre de traitement après une crise cardiaque. Le *Manuel du médecin aux pieds-nus*, quant à lui, déclare que le *mo-er* est indiqué pour la dysménorrhée (troubles menstruels).

Le Dr Hammerschmidt prit beaucoup de plaisir à rédiger son article sur la question. Il y mentionna — et l'hypothèse est séduisante — que le faible taux de troubles coronariens enregistré dans certaines régions de la Chine pourrait être lié à un régime alimentaire basé sur des ingrédients qui entravent l'agrégation des plaquettes. Il s'agissait là non seulement des champignons noirs, mais aussi des échalotes et de l'ail (tous deux également réputés pour leur pouvoir anticoagulant), qui concourent à conserver le sang liquide et à éviter tout risque de formation de caillots. C'est vraisemblablement la propriété anticoagulante de ce champignon qui lui a valu d'être révéré comme tonique favorisant la longévité. Le Dr Hammerschmidt ne parvint cependant pas à identifier le puissant principe chimique responsable de cette propriété contenu dans les «oreilles d'arbre» de l'Orient.

Quand on publie un article dans un journal scientifique réputé dans le monde entier, on peut s'attendre à ce que des chercheurs éminents prennent connaissance de vos travaux. C'est ainsi que l'aventure de Hammerschmidt intéressa particulièrement deux chercheurs de pointe de l'Université George Washington, qui avaient déjà isolé un principe actif présent dans l'ail et dans l'oignon et capable d'inhiber l'agrégation des plaquettes. Il est évident qu'ils se ruèrent sur le champignon noir. Ils arrivèrent rapidement à isoler un agent chimique anticoagulant contenu dans le *mo-er* noir, appelé l'adénosine: il s'agissait en fait du même produit présent dans l'ail et dans l'oignon. Il ne fait pas l'ombre d'un doute, expliqua le Dr John Martyn Bailey, professeur de biochimie à l'Université George Washington, que l'adénosine se trouvant dans ces aliments joue le rôle exact d'un anticoagulant, à peu près comme l'aspirine.»

Il est également indéniable que l'«oreille d'arbre» noire affecte très subtilement le sang de ceux qui la consomment, même en petite quantité; il en résulte une modification de la nature des réactions cellulaires qui est censée *avoir un effet profond, définitif, sur le processus même de la maladie*. Bon nombre de résultats d'études montrent que les plaquettes hyperactives ont trop facilement tendance à s'agglutiner, ce qui donne un sang épaissi et d'un débit ralenti, la formation de caillots et, en conjonction avec le cholestérol, de couches de débris identifiables, qui se présentent sous forme de «plaque» et encombrent les parois des artères et des vaisseaux cérébraux. C'est ainsi que les anticoagulants véhiculés par la nourriture pourraient peut-être contribuer à *prévenir* le rétrécissement des artères, l'épaississement du sang et le ralentissement de la circulation, ainsi que la formation de caillots — bref, tout ce qui cause les crises cardiaques et les congestions cérébrales. Et, malgré tout, le *mo-er* a des effets si discrets et si modérés que ses propriétés n'auraient sans doute pas été découvertes si ce champignon n'avait pas modifié le sang de quelqu'un d'assez avisé pour s'en rendre compte.

«Si cette découverte a été un sacré coup de veine dû au hasard, la présence dans certains aliments d'anticoagulants comme l'adénosine n'en était certes pas un. Les tests ont révélé que l'adénosine que contient le *mo-er* ne peut expliquer que 60 p. 100 de son action anticoagulante», déclare le Dr Hammerschmidt. Il veut dire par là que ce champignon renferme d'autres agents qui éclaircissent le sang et qu'on n'a pas encore identifiés. C'est ainsi que, si on se mettait à chercher systématiquement, on trouverait sans doute des quantités d'autres aliments qui apportent dans notre système circulatoire d'invisibles anticoagulants non décelés intimant aux plaquettes l'ordre de s'abstenir de ces accumulations obscènes qui précipitent notre dégradation et notre déclin physique. De tels aliments pourraient nous aider à éviter les crises cardiaques et les congestions cérébrales avec autant d'efficacité que l'aspirine ou les anticoagulants que l'on prescrit généralement — et ce avec beaucoup moins d'effets secondaires.

Le Dr Hammerschmidt mitonne toujours son *mapo tofou*, et ce mets continue à lui «éclaircir» le sang, conformément à ce qu'ont répété pendant des siècles les médecins orientaux du temps jadis, bien avant que quiconque ait jamais entendu parler d'un agent chimique nommé adénosine ou de particules sanguines qu'on appelle plaquettes.

LE MAPO TOFU DU Dr HAMMERSCHMIDT
(POUR ÉCLAIRCIR LE SANG)[1]

100 g d'oreilles d'arbre séchées (*mo-er* ou champignons noirs d'arbre)
250 ml d'eau bouillante
Un morceau de gingembre frais d'environ 10 cm
5 échalotes émincées (mettre de côté une échalote émincée: elle sera utilisée séparément)
225 g de porc ou de bœuf haché
2 c. à table de sauce de soja
1 c. à thé d'huile de sésame
1 c. à table d'alcool de riz chinois ou de xérès de cuisine
8 gousses d'ail, ou plus
6 châtaignes d'eau (optionnel)
2 c. à thé de maïzena
50 ml d'eau froide
6 morceaux de pâté de soja frais
1 c. à table de maïzena
6 c. à table d'huile d'arachide
1 1/2 c. à thé de piment fort séché, en flocons
1 c. à table de piment fort, en pâte
1 c. à thé de sucre cristallisé
3 c. à thé de sauce de soja
125 ml d'eau
1 1/2 c. à thé de piments du Setchouan, grillés et hachés
1 c. à thé d'huile de sésame
1 c. à thé de sel, ou au goût.

Placez les champignons noirs dans un petit bol et versez-y la tasse d'eau bouillante. Laissez-les tremper pendant une quinzaine de minutes, jusqu'à ce qu'ils deviennent mous et gélatineux.

Pelez le gingembre et émincez-le en tout petits morceaux à peu près de la taille du bout soufré d'une allumette.

Prenez le porc haché et ajoutez-y une cuillerée à table de gingembre émincé, une cuillerée à table d'échalote émincée, ainsi que

1. Extrait du *Manuel de cuisine setchouanaise de madame Chiang,* de E. Schrecker, J. Schrecker et J. F. Chiang (Édité par Harper & Row, New York, 1976, édition révisée en 1987, pp. 220-224.

la sauce de soja, l'huile de sésame et le vin. Mélangez bien et laissez reposer pendant environ une demi-heure.

Pelez l'ail et hachez-le grossièrement. Mélangez-le ensuite au gingembre que vous aviez préalablement haché, émincez le tout très finement et malaxez ce mélange jusqu'à ce qu'il prenne une consistance de pâte épaisse. (Cela vous prendra quelques minutes, mais Mme Chiang insiste sur le fait que plus l'ail et le gingembre auront été finement hachés, plus le résultat final sera intéressant.)

Ôtez la peau foncée qui recouvre les châtaignes d'eau puis émincez-les en petits morceaux à peu près de la taille du bout soufré d'une allumette.

Prenez un petit bol, délayez-y la maïzena avec l'eau (froide), et mettez-le de côté.

Coupez les morceaux de pâté de soja en cubes d'environ 1 cm de côté.

Égouttez les champignons, rincez-les, puis examinez-les un par un pour en enlever les petites saletés. Ensuite, émincez-les en petits morceaux de la taille du bout soufré d'une allumette.

Quand tout sera prêt, juste avant de vous mettre à cuisiner votre plat, versez la maïzena (préalablement délayée dans de l'eau) dans la viande que vous avez préparée; mélangez bien.

Faites chauffer votre poêle, ou votre wok, à feu assez vif pendant environ 15 secondes, puis versez-y l'huile d'arachide. Dès que vous verrez apparaître les premières petites bulles et une très légère fumée, l'huile sera à bonne température pour la cuisson.

Une fois l'huile à bonne température, jetez-y rapidement l'ail et le gingembre et faites-les sauter en remuant vivement à feu moyen pendant environ 30 secondes. Pour que vos ingrédients ne collent pas et ne brûlent pas, ramenez-les sans arrêt des flancs de la poêle vers le centre, sans cesser de remuer.

Continuez à remuer tout en ajoutant le piment séché, la pâte de piment, les châtaignes d'eau et les champignons noirs. Faite revenir le tout, en remuant vivement, pendant 30 secondes.

Ajoutez la viande et n'arrêtez pas de remuer pendant sa cuisson, en faisant particulièrement attention de bien détacher les morceaux de viande qui auraient tendance à se coller les uns aux autres.

Quand la viande a cuit pendant à peu près une minute et qu'elle a perdu sa couleur rosâtre, ajoutez le pâté de soja et l'échalote émincée, et faites sauter le tout en remuant vivement pendant environ 45 secondes. Versez le sucre et faites encore sauter le mélange pendant 30 secondes.

Versez la sauce de soja et l'eau, attendez qu'ils bouillent, puis laissez cuire à feu modéré pendant deux minutes.

Ajoutez les piments du Setchouan et remuez vivement.

Évaluez la quantité de jus qui se trouve dans la poêle: si le mélange vous semble un peu liquide, vous allez devoir y ajouter la maïzena diluée que vous avez préparée. Mais s'il n'est pas trop liquide, n'en ajoutez pas.

Si vous jugez qu'il convient d'ajouter la maïzena, faites attention de bien la remuer avant de la verser dans la poêle; ensuite, continuez à remuer tous les ingrédients sur un feu modéré jusqu'à ce que votre sauce devienne transparente et un peu plus épaisse.

Versez l'huile de sésame dans la poêle et incorporez-la soigneusement aux autres ingrédients, en mélangeant bien. Juste avant de servir, goûtez pour vous assurer que ce soit assez salé. Votre plat devrait avoir un goût assez fort et bien prononcé, avec une très légère note sucrée. Si vous avez salé, mélangez bien le sel, puis servez.

2.

DES OIGNONS POUR LE CŒUR

Ne parlons pas du fait que les oignons sont utilisés depuis cinq mille ans pour guérir pratiquement tous les maux possibles et imaginables. À quoi bon mentionner aussi qu'ils ne figurent dans aucune des listes d'anticoagulants reconnus par la Food and Drug Administration ou par l'Association des médecins américains (American Medical Association). Et qu'importe enfin que les oignons ne fassent pas partie des sujets brûlants discutés dans les congrès de cardiologie. Mais si vous vous étiez trouvé à la place du cardiologue Victor Gurewich, peut-être vous seriez-vous laissé aller à l'inspiration que peut susciter un papyrus égyptien.

Professeur de médecine à l'Université Tufts, le Dr Gurewich était passablement découragé par les résultats des analyses de sang de ses patients après une crise cardiaque. La plupart présentaient de très faibles niveaux de cholestérol HDL (lipoprotéine de haute densité). Il s'agit là du «bon» cholestérol, celui qui fonctionne un peu comme charognard du sang, capturant le «mauvais» cholestérol pour l'emporter dans le foie, où il est détruit. Quand on a un taux de cholestérol HDL élevé, on est protégé des ravages habituels du cholestérol ordinaire, et en conséquence des crises cardiaques. Si bien que certains experts considèrent le taux de cholestérol HDL comme l'un des indicateurs décisifs de la prédisposition aux accidents cardiaques. Ainsi un taux réduit de HDL indique-t-il un haut risque de troubles coronariens.

Il n'en demeure pas moins qu'il est très difficile de faire grimper le niveau de HDL chez ceux qui souffrent de maladies cardiaques. Et le Dr Gurewich et son équipe se donnaient beaucoup de mal pour en arriver à pas grand-chose. «C'est à ce moment-là qu'un type de mon labo, originaire de Pologne, où la tradition des remèdes naturels est plus vive qu'ici, nous suggéra d'essayer les oignons», raconte le Dr Gurewich. Au hasard de ses lectures, Gurewich était tombé sur des articles ayant trait à la tradition populaire. Il y avait en particulier un papyrus égyptien qui recommandait les oignons. «Je me suis dit que si ce papyrus avait survécu pendant deux mille ans, c'était peut-être parce qu'il était porteur d'un message d'une certaine validité. C'est ainsi que nous avons annoncé à nos patients que nous allions leur faire manger des oignons.»

On ne peut pas dire que prescrire des oignons fasse vraiment partie des habitudes des meilleurs cardiologues américains. Cela dit, le Dr Gurewich, directeur du laboratoire des recherches vasculaires de l'Hôpital Sainte-Élisabeth de Boston, avait des références médicales impeccables à son actif; il savait fort bien que l'oignon avait des effets bénéfiques sur le sang et que son usage avait en outre le gros avantage de ne pas entraîner les effets secondaires graves que présentent souvent les médicaments.

Les patients se mirent donc à déguster quotidiennement un oignon cru de taille moyenne. Par la suite, certains préférèrent prendre leur dose de jus d'oignon en gélules…

Normalement, le cholestérol réagit rapidement aux médicaments et aux changements de régime alimentaire. En l'occurrence, un mois s'écoula, puis un autre, sans résultats. Certains patients commençaient à ne plus avoir le cœur au ventre, si l'on peut dire. Puis un beau jour, on reçut les premiers résultats de labo indiquant une sensible augmentation du taux de HDL dans le sang, taux qui ne fit d'ailleurs que croître et embellir. «On obtint des résultats spectaculaires», raconte le Dr Gurewich. Si l'on considère le groupe de patients qui avaient été soumis à la thérapeutique de l'oignon, tous avaient au départ des taux de HDL en perte de vitesse et inférieurs à 20 p. 100, alors que la norme est d'au moins 25 p. 100. Après le traitement à l'oignon, on enregistra une augmentation moyenne de 30 p. 100 du taux de HDL de ces patients, qui se retrouvèrent pour la plupart avec des taux normaux. Les oignons ne parvinrent pas toujours à *abaisser le cholestérol* total contenu dans le sang, mais ils déclenchèrent d'importantes modifications des proportions du «mauvais» cholestérol par rapport au «bon», remplaçant une bonne partie du cholestérol nocif, le LDL (lipoprotéines de faible densité), par du cholestérol HDL, qui a la faculté de protéger le cœur. En d'autres termes, les oignons avaient appuyé sur un bouton biologique qui avait ordonné au corps de produire plus de HDL.

Il apparut cependant clairement au départ que l'élévation du HDL était très spectaculaire chez certains, environ un patient sur quatre, alors qu'elle était pratiquement insignifiante chez d'autres, et ce pour des raisons mystérieuses. Un des patients du groupe dont le taux de HDL n'avait pas augmenté subit même une crise cardiaque, alors que les oignons produisaient de remarquables améliorations du profil sanguin chez les autres malades en doublant, voire en triplant leur taux de HDL. On rapporte, par exemple, le cas d'un homme de trente ans, issu d'une famille sujette aux problèmes cardiaques, qui était arrivé avec un très faible taux de HDL, de l'ordre de 15 p. 100. Après un traitement à l'oignon, son taux de cholestérol HDL bondit à 30 p. 100 et conserva ce niveau pendant un an. C'est alors qu'il partit en voyage d'affaires de trois mois au Mexique et qu'il arrêta de manger des oignons. À son retour, quand il se rendit au laboratoire pour son analyse de sang, on constata que son taux de HDL était anormalement bas, soit de 15 p. 100, celui-là même qu'il avait avant le traitement à l'oignon. Dès qu'il reprit le traitement, son taux de HDL grimpa à nouveau. Il devait rester à ce niveau, tant que son sang recevrait les agents chimiques de l'oignon régulièrement.

Le Dr Gurewich considère que son expérience avec les oignons a très bien réussi. À telle enseigne que les oignons font maintenant partie du traitement de ses patients souffrant de troubles cardiaques, dont 60 à 75 p. 100 peuvent selon lui s'attendre à une nette amélioration de leur taux de HDL. Qui plus est, il s'est aperçu que même la moitié d'un oignon cru de taille moyenne (50 g) a autant d'effet qu'un oignon entier.

Mais comment ce bulbe miraculeux agit-il pour faire fabriquer au corps plus de cholestérol HDL, réussissant là où les meilleurs cerveaux des laboratoires pharmaceutiques avaient généralement échoué? Le mystère reste entier. «Nous n'en savons tout simplement pas assez sur la synthèse des HDL et sur ce qui les régule pour pouvoir ne serait-ce que deviner le mécanisme par lequel elles agissent sur le corps», déclare le Dr Gurewich. Dans son laboratoire, il s'est d'ores et déjà attelé au problème de l'identification de l'agent chimique naturel responsable d'un tel miracle, et avec ses techniciens il est parvenu à identifier quelque cent cinquante substances différentes contenues dans les oignons. Mais le Dr Gurewich n'en sait toujours pas plus long sur le sujet qui l'intéresse: «Nous ignorons encore quel est celle qui fait grimper le taux de HDL.»

On connaît toutefois certaines des caractéristiques de l'oignon. Ainsi, la cuisson réduit considérablement son potentiel chimique. Les oignons très cuits, devenus mous et sans saveur, restent pratiquement sans effet sur le cholestérol HDL. Le principe actif de l'oignon est aussi celui qui lui donne son goût très prononcé. On obtient les meilleurs effets avec les oignons blancs ou jaunes, les plus forts; les oignons roses, plus doux, donnent des résultats nettement moins bons. Plus le goût de l'oignon est fort, plus le taux de HDL s'élève.

Mais cette histoire d'oignon ne s'arrête pas là. Selon le Dr Gurewich, l'oignon renferme un puissant mélange de substances chimiques qui ont les effets d'une chimiothérapie complexe sur le système cardio-vasculaire. Les oignons, dit-il, contiennent un produit dont on sait qu'il fait baisser la tension artérielle. Comme le champignon noir chinois, *le mo-er*, l'oignon contient de l'adénosine et probablement d'autres composants chimiques censés empêcher l'agglutination des plaquettes sanguines. Autre effet important: l'oignon agit sur une autre fonction sanguine, en ce sens qu'il dynamise le système fibrinolytique du corps, celui qui a pour tâche de dissoudre les caillots sanguins. Ce pouvoir solvant des oignons n'est pas, lui, détruit par la chaleur, précise le Dr Gurewich. Ce qui veut dire que les oignons, tant crus que cuits, contiennent des produits chimiques favorisant la dissolution de caillots sanguins.

Or, il se trouve que cette activité anticoagulante est d'une importance beaucoup plus critique qu'on ne l'avait supposé jusqu'à présent. Le célèbre Institut Framingham, dans le Massachussets (Framingham Heart Study) a publié les résultats de travaux récents démontrant que les hommes dont le sang contient des taux élevés de fibrinogène — qui constitue la substance de base des caillots — sont beaucoup plus exposés que les autres aux risques de crises cardiaques et de troubles coronariens. Les chercheurs en concluent que trop de fibrinogène dans le sang peut s'avérer aussi dangereux que l'hypertension. Or, les oignons s'attaquent au fibrinogène.

Autre découverte intéressante: les aliments qui activent le système fibrinolytique et contribuent à détruire le dangereux fibrinogène peuvent également compenser certains effets nocifs des aliments gras qui endommagent les artères.

Un repas riche en graisses ralentit la circulation sanguine de façon mesurable; il provoque également une augmentation du fibrinogène favorisant la coagulation et un ralentissement de l'activité fibrinolytique. Le sang coagule plus vite et les taux de cholestérol augmentent.

C'est en 1966 qu'un chercheur indien du K. G. Medical College de Lucknow, le Dr N. N. Gupta, signala pour la première fois à l'attention de la communauté scientifique que l'oignon était capable de *compenser* en partie les altérations qu'une alimentation riche en graisses peut entraîner dans le sang. Il effectua des prélèvements sanguins sur un groupe d'hommes, d'abord à jeûn, puis quelques heures après un repas composé à 90 p. 100 d'aliments gras: du beurre, de la crème et des œufs. Il fit ingérer ensuite à son groupe-témoin une cinquantaine de grammes d'oignons frits, après quoi on fit une troisième prise de sang. L'oignon s'avéra un antidote puissant: non seulement le niveau de cholestérol baissa après son ingestion, mais les oignons empêchèrent aussi les graisses de favoriser, comme elles le font d'habitude, les différents processus menant à la formation de caillots sanguins: agglutination des plaquettes et formation de fibrinogène, la substance responsable de la coagulation. Les oignons se révélèrent particulièrement efficaces pour activer le mécanisme fibrinolytique du corps.

Une série d'études réalisées par la suite corrobora ces résultats en démontrant que l'oignon, aussi bien bouilli que cru, séché ou frit était capable de débarrasser le sang des substances nocives qui s'y accumulent, conséquence d'une alimentation riche en graisses. C'est pour cela que la tranche d'oignon sur le hamburger ne doit pas être écartée, de même que les oignons accompagnant le steak.

Les scientifiques se sont bien sûr efforcés de rechercher les principes actifs de l'oignon (et de son proche cousin, l'ail) qui sont capables de modifier si considérablement le sang. On en a déjà identifié quelques-uns. En 1975, une équipe de cardiologues et de biochimistes de l'Université de Newcastle, en Grande-Bretagne, réussit à isoler plusieurs produits chimiques contenus dans l'oignon et favorisant la dissolution des caillots. On administra à des êtres humains des doses de l'un de ces produits, la cycloalline, pour constater qu'elle avait effectivement stimulé l'activité fibrinolytique.

Parallèlement, les scientifiques ont essayé de suivre l'étonnant itinéraire qu'emprunte l'oignon — principalement ses agents chimiques qui éclaircissent le sang — pour exercer son activité pharmaceutique. Ce qui nous ramène à l'équipe de recherche de l'Université Washington qui avait identifié l'adénosine comme étant l'agent anticoagulant du sang présent dans le champignon noir, «l'oreille d'arbre» du Dr Hammerschmidt.

Il faut tout d'abord savoir que l'École de médecine de l'Université de George Washington est l'un des plus grands centres où l'on étudie l'une des classes d'agents biologiques les plus intéressants que l'on ait découverts depuis des années: les prostaglandines. Mises en évidence en 1964, les prostaglandines occupent à présent le devant de la scène de la biochimie médicale. Il s'agit d'hormones aux propriétés diverses, que l'on a nommées ainsi parce que c'est dans la prostate qu'on les découvrit en 1930. Mais il fallut près de trente ans pour que les techniques chimiques aient suffisamment progressé et se soient assez affinées pour pouvoir isoler les prostaglandines et les mesurer, car elles ne sont présentes dans les tissus qu'en quantités infimes.

Ces substances chimiques ont de multiples facettes: elles ont une multitude d'effets sur les fonctions physiologiques. Imaginons que l'on cherche la cause ultime des réactions biochimiques qui se produisent dans le corps, et que l'on ouvre une série de boîtes gigognes pour y trouver cette cause, on découvrirait sans doute qu'une des plus petites boîtes de la série est étiquetée «prostaglandine». Ces produits chimiques président aux interactions complexes qui déterminent la vie des cellules. Les prostaglandines jouent le rôle de messager intracellulaires et intercellulaires: chuchotant sans cesse quelques instructions, déclenchant l'émission ou la suppression de telle ou telle substance chimique mystérieuse. Ce qui explique que l'immobilisation de ces messagers chimiques puisse avoir d'énormes conséquences sur l'organisme. C'est ainsi par exemple que la recherche sur les prostaglandines a permis aux scientifiques de comprendre pourquoi l'aspirine avait certains effets. Cette substance supprime en effet les sécrétions de certaines prostaglandines responsables du déclenchement de processus tels que l'inflammation, la douleur et l'agglutination des plaquettes sanguines. En fait, l'aspirine empêche les cellules de produire une prostaglandine A nommée thromboxane, qui donne l'ordre aux plaquettes de s'agglutiner. C'est ce raisonnement qui permet de penser que l'aspirine, en éclaircissant le sang, peut contribuer à prévenir les congestions cérébrales et les crises cardiaques, comme le font également certains composants de l'oignon.

C'est précisément ce que découvrirent les Drs Jack Y. Vanderhoek, Amar Makheja et John Martin Bailey, les as de la biochimie qui forment l'équipe de recherches sur les prostaglandines de l'Université George Washington. Le Dr Bailey explique comment ils procédèrent: «Nous avions lu des études disant que l'oignon et l'ail prévenaient la coagulation. Et comme nous nous intéressions nous-mêmes à l'effet des prostaglandines sur l'agrégation des plaquettes sanguines, nous nous sommes demandés si les extraits d'ail et d'oignon pouvaient empêcher aussi bien l'agglutination des plaquettes que la synthèse de la prostaglandine qu'elles contiennent et qui s'appelle la thromboxane. Nous avons constaté que l'oignon et l'ail avaient effectivement ces deux effets simultanés.» C'était bien là la preuve que, quand les plaquettes n'arrivaient pas à s'agglutiner, c'était parce qu'elles ne produisaient pas la thromboxane qui leur en aurait normalement donné l'ordre.

Affinant leur analyse du processus chimique en cause, ces chercheurs découvrirent que, pour empêcher la fabrication de cette prostaglandine, les essences d'oignon et d'ail inhibaient l'action des enzymes qui déclenchent habituellement la production de la prostaglandine. C'est ce qui explique, selon eux, l'un des modes d'action de l'oignon comme anticoagulant qui peut protéger le cœur.

Dans ces conditions-là, il n'est évidemment pas étonnant qu'en France, à une certaine époque, on ait eu coutume de donner de l'ail et de l'oignon aux chevaux afin de dissoudre les caillots qui pouvaient se former dans leurs pattes. Ce qui est plus surprenant, en revanche, c'est que cette pratique ne soit pas utilisée plus souvent pour traiter les humains, dont un nombre de plus en plus considérable succombe aux maladies cardio-vasculaires. L'expérience peu orthodoxe du Dr Gurewich, parallèlement à toutes les recherches sur l'ail et l'oignon menées dans d'autres pays, montre qu'un aliment peut réussir là où les remèdes pharmaceutiques classiques ont échoué. Il n'existe qu'un seul médicament anticholestérol (gemfibrozil) qui puisse élever le taux de HDL de manière significative, et ce seulement de 10 p. 100 en moyenne. Comme l'affirme le Dr Gurewich, les oignons constituent un puissant remède cardiaque polyvalent, ce qui confirme la valeur de la tradition populaire en prouvant que la consommation d'oignons est beaucoup plus qu'une simple question de goût.

3.

L'ORGE, L'AVOINE ET LE SECRET DES VÉGÉTARIENS

Si l'on comptait des vampires dans les rangs des scientifiques spécialisés dans la pharmacie alimentaire, ils iraient sûrement rendre visite chaque nuit à quelque végétarien dont ils suceraient le sang afin de découvrir ce qui en fait un cas si particulier dans le domaine de la santé. Il est indéniable que les végétariens l'emportent haut la main sur les carnivores quand il s'agit d'échapper à des maladies chroniques comme les troubles cardiaques, les congestions cérébrales, le diabète, l'hypertension et certains cancers. Dans le cadre d'une étude cardiologique publiée dans le *British Medical Journal* du 6 juillet 1985, on a suivi pendant sept ans un groupe de onze mille végétariens et carnivores et constaté un taux de mortalité beaucoup plus faible chez les végétariens. Si l'on en croit les experts qui voient là l'effet d'un régime alimentaire et non d'un style de vie plus décontracté, cette faible mortalité pourrait s'expliquer de deux façons: grâce à l'élimination de la viande du régime alimentaire (qui crée des risques) et/ou grâce à la consommation de végétaux.

Les légumes renferment-ils des facteurs spécifiques capables de rendre l'organisme moins vulnérable à la maladie? On peut tenter de répondre à la question en considérant les signes physiologiques qui distinguent les végétariens du reste de la population. C'est dans ce but que des végétariens déclarés ont accepté de se laisser garder et piquer le bras, afin de laisser leur sang se répandre dans d'innombrables éprouvettes destinées aux essais en laboratoire. Les tests prouvèrent indiscutablement qu'il existait une différence entre végétariens et carnivores: les premiers présentent des taux de cholestérol beaucoup

59

plus faibles que les seconds — en particulier en ce qui concerne le LDL, le «mauvais» cholestérol —, ce qui, comme on le sait, réduit considérablement les risques de crises cardiaques. D'autant plus que certaines découvertes récentes et spectaculaires ont démontré que l'on peut même arriver à déboucher des artères endommagées en abaissant le taux de cholestérol nocif, le LDL, et en élevant celui de HDL, qui est bénéfique.

Depuis des années, les scientifiques sont à la recherche d'une théorie globale permettant d'expliquer comment les légumes contribuent à diminuer le taux de cholestérol dans le sang. Ils ont deux théories tout à fait passionnantes: l'une est issue des recherches sur l'orge, l'autre se rapporte à l'avoine.

Le Dr Asaf Qureshi et un petit groupe de scientifiques travaillant à l'Unité de recherches sur les cultures céréalières du ministère de l'Agriculture américaine de Madison, dans le Wisconsin, ont la conviction que l'orge constitue la réponse à l'énigme végétarienne. Et cela ne surprend pas le Dr Qureshi, qui fut directeur de recherches de ce laboratoire et qui est maintenant conseiller indépendant. Il est vrai que dans son pays natal, le Pakistan, l'orge jouit d'une très ancienne réputation de cardio-protecteur. «Mon père était médecin et il disait toujours qu'il était très rare que ses patients, originaires de petits villages du Pendjab et gros mangeurs d'orge, aient des maladies cardiaques, rapporte le Dr Qureshi, et maintenant je comprends pourquoi.» D'après ce chercheur, certains produits présents dans de nombreux végétaux, dont l'orge, agissent comme des médicaments extrêmement efficaces capables d'empêcher la production de cholestérol par le foie. «Nous pensons que c'est en grande partie à cela que l'on peut attribuer le fait que les végétariens ont beaucoup moins de troubles cardiaques que les autres: c'est comme s'ils suivaient constamment un régime destiné à réduire leur taux de cholestérol.»

Cette théorie repose sur une idée qui sort un peu des sentiers battus, à savoir qu'en protégeant les gens des excès de leur propre foie, on contribue à leur épargner des troubles cardiaques. On est loin d'avoir pris conscience du fait que *c'est la synthèse hépatique* qui est le principal responsable de la production de cholestérol dans l'organisme, *et non la consommation d'aliments riches en graisses et en cholestérol.* Lorsqu'on arrive à réduire la production de cholestérol par le foie, on constate généralement un abaissement du taux de mauvais cholestérol sanguin, et les risques cardiaques diminuent en conséquence. Comme le foie envoie moins de cholestérol dans le sang, les cellules qui ont besoin de cholestérol LDL croient, à tort, qu'il en manque, elles se mettent donc à le pomper plus avidement.

C'est ainsi que fonctionne la lovastatine, l'un des derniers médicaments de pointe récemment mis sur le marché pour le traitement des maladies cardiaques: il bloque une enzyme du foie qui stimule la sécrétion de cholestérol LDL. Ne serait-ce pas fantastique que la nature fût assez prévoyante pour nous fournir, par le biais de notre alimentation, des régulateurs chimiques qui, comme ce médicament, seraient capables de minimiser cette capacité qu'a le foie de produire du cholestérol nocif? C'est le genre de réflexion que se firent les scientifiques du Wisconsin.

Cette passionnante enquête démarra en 1977, quand le Dr Qureshi décida de tester le cholestérol de poulets nourris à l'avoine, au maïs, au blé, au seigle ou à l'orge, afin d'observer leurs rythmes de croissance. Il eut un jour l'idée de faire faire des analyses de sang, bien que cela n'ait pas été prévu dans le cadre de cette expérience, et il bénit aujourd'hui ce jour où il fit couler ce sang sacrificiel. En étudiant les résultats des taux de cholestérol des poulets nourris au maïs, le Dr Qureshi ne remarqua rien qui sortît de l'ordinaire. Les taux s'avéraient légèrement plus faibles chez les poulets nourris au blé et au seigle, et encore plus chez ceux nourris à l'avoine. Mais, ô divine surprise, chez les poulets élevés à l'orge, le cholestérol avait diminué comme une peau de chagrin: il était tombé à 76 mg pour 100 ml, ce qui représente près de la moitié du taux relevé chez les poulets nourris au blé. Les poulets mangeurs d'orge étaient de vraies stars qui auraient pu poser pour les affiches d'une association pour la bonne santé cardiaque des volailles. Il y avait donc, dans l'orge, une substance capable d'empêcher la production de cholestérol.

Au départ, les scientifiques pensèrent que l'ingrédient magique était la fibre. De nombreuses études ont en effet montré que les fibres alimentaires, solubles et un peu collantes, abaissent le taux de cholestérol dans le sang. Mais, après avoir nourri les poulets avec des grains d'orge dont on avait ôté la fibre, on constata à nouveau une baisse spectaculaire du cholestérol chez les volatiles. On comprit que l'on était sur la trace d'un nouvel élément de la pharmacopée alimentaire, un puissant produit anticholestérol.

Pour les chercheurs, le secret devait sûrement tenir à un blocage du processus de synthétisation du cholestérol par la foie, imputable à des enzymes «paresseux». Tout se passait comme si l'usine était fermée pour cause de grève. Les enzymes n'assemblaient plus les

chaînes moléculaires formant une substance qui s'appelle acide mévalonique et qui se transforme en cholestérol. La production de cholestérol dans le foie dépend du bon enchaînement des réactions de vingt
agents chimiques. Or, l'un des éléments qui joue un rôle-clé dans les
premières étapes du métabolisme du cholestérol est justement l'acide
mévalonique. Comme le note le Dr Warren C. Burger, l'un des fonda-
teurs de l'équipe de recherche: «Si l'on élimine l'enzyme réductase
HMG-GoA, ou qu'on l'inhibe partiellement, elle ne produit pas d'acide
mévalonique qui est, lui, responsable de la production de cholestérol.»
    Cela veut-il dire que la synthèse du cholestérol dans le foie dimi-
nue? Oui.
    Les scientifiques se lancèrent alors dans une grande débauche
d'expériences pour s'assurer que les résultats précédents n'avaient pas
été que des heureux hasards. On recommença à nourrir des poulets au
maïs, au blé, au seigle, à l'avoine ou à l'orge, tout cela pour aboutir,
une fois de plus, aux mêmes résultats. On tira même sur le budget
pour étendre l'expérimentation à deux douzaines de porcs, qui ont un
système cardio-vasculaire assez semblable au nôtre, et l'on constata
que l'orge provoquait une chute de leur taux de cholestérol de l'ordre
de 18 p. 100.
    La conclusion s'imposait: ces aliments (il ne s'agissait pas de la
fibre seule) contenaient une substance — on n'avait pas encore la
moindre idée de ce que c'était à ce moment-là — qui désactivait
l'enzyme requise pour faire du foie une usine de cholestérol dynamique et performante. Et, qui plus est, ce produit réduisait la propension à fabriquer le cholestérol LDL qui détruit les parois artérielles,
sans pour autant toucher au HDL (qui participe à l'élimination du
mauvais cholestérol) dont le niveau restait inchangé.
    Quelle était donc la cause de ce mécanisme?
    Après de nombreuses tentatives, souvent frustrantes, d'extraction
du principe pharmaceutique de l'orge, on arriva enfin à un résultat. En
1983, le Dr Qureshi réussit à isoler un ingrédient actif de l'orge (ainsi
que du blé, de l'avoine et du seigle) qui inhibait effectivement la faculté de synthèse du cholestérol par le foie. Ce produit, appelé toco-
triénol, reçut le nom d'«inhibiteur 1» dans le jargon de l'équipe des
chercheurs du Wisconsin. La Fondation de recherche des diplômés de
l'Université du Wisconsin (WARF, Wisconsin Alumni Research
Foundation) déposa un brevet, dans l'espoir que cet agent chimique
deviendrait un médicament anticholestérol promis à un bel avenir
financier. Par la suite, les chercheurs du Wisconsin devaient égale-

ment découvrir dans ces mêmes grains d'orge, de seigle et d'avoine l'«inhibiteur 2», un triglycéride, et l'«inhibiteur 3». Ces substances sont présentes dans le grain même, mais les plus fortes concentrations se trouvent dans les huiles que contient la balle des grains, c'est-à-dire dans ce qu'on appelle les fibres. Simple coïncidence? La fibre ne serait-elle qu'un véhicule neutre chargé de produits anticholestérol formidablement efficaces? Serait-ce pour cela que les céréales et les légumes riches en fibres, comme on dit, abaissent le taux de cholestérol dans le sang? Et cela non pas parce que la fibre possède des propriétés physiologiques propres, mais parce qu'elle sert d'enveloppe aux agents chimiques réducteurs du cholestérol. C'était en tout cas l'avis du Dr Qureshi. Mais d'autres chercheurs pensent que certains types de fibres réduisent le cholestérol, ce qui expliquerait le secret des végétariens.

Le moment est venu de vous présenter le Dr James Anderson, un homme qui jouit d'une grande réputation à la Faculté de médecine de l'Université du Kentucky. Le «Dr Fibre», comme on l'appelle, a passé une dizaine d'années à tenter de découvrir le principe pharmacologique des aliments riches en fibres, qu'il recommande d'ailleurs très chaudement aux diabétiques pour réduire leur hyperglycémie, et à tout le monde pour se prémunir contre la véritable «épidémie» de troubles cardio-vasculaires qui sévit actuellement. Le Dr Anderson soutient que la fibre alimentaire possède ses propres propriétés pharmacologiques — indépendamment de celles des autres agents chimiques qu'on trouve dans les plantes — et que certains types de fibres seraient également capables de réduire la synthèse du cholestérol par le foie. Selon lui, la fibre, qui ne se trouve que dans les plantes, donne l'avantage aux végétariens en matière de santé.

Le point de vue du Dr Anderson n'est en réalité que la version américaine modérée d'une idée qui circule en Angleterre depuis le début des années 70. Certains médecins britanniques, dont le Dr Denis Burkett, partent de l'hypothèse que, les carences en fibres représentant l'une des principales causes des maladies contemporaines, l'ingestion de fibres peut guérir ou prévenir pratiquement tous les maux, y compris le diabète, les coronaropathies, l'hypertension, l'obésité, les hémorroïdes, les varices, les diverticules, les hernies hiatales, les calculs biliaires, la constipation, la maladie de Crohn, l'appendicite et le cancer, en particulier celui du côlon.

Ce n'est certes pas la première fois que l'humanité entend ce refrain.

Le végétarisme — et donc les fibres, quoique l'on n'eût pas employé un tel vocable à l'époque — remonte à la Grèce antique. Au XIXe siècle, aux États-Unis, Sylvester Graham, le prédicateur végétarien qui nous a légué le «Graham cracker», fit l'apologie de la fibre, y voyant la principale raison qui faisait que les légumes, les fruits, les légumes secs et les céréales étaient bons pour la santé. Il s'appuyait sur des recherches sur la fibre menées par un physiologiste respecté, William Beaumont, qui, en 1833, avait vanté les mérites du «lest alimentaire, presque aussi nécessaire à tout régime que les nutriments». À l'époque, les recettes de pain de Graham faisaient rage parmi ceux qui s'intéressaient à la fibre.

Ce qui fait rage aujourd'hui, ce sont les muffins au son d'avoine.

Le Dr Anderson en vint à s'intéresser à l'avoine parce qu'il avait remarqué qu'il se passait quelque chose d'étonnant quand les diabétiques mangeaient des aliments riches en fibres: non seulement leur hyperglycémie diminuait et leur insuffisance en insuline s'améliorait, mais on voyait également chuter leur taux de cholestérol et leur hypertension. Cependant, leurs triglycérides — un autre type de graisse — augmentaient, ce qui était préoccupant. C'est alors qu'une idée remarquable germa en lui. Il avait jusqu'alors supposé que la réduction spectaculaire du taux de cholestérol et de l'hypertension s'expliquait par le fait que, lorsqu'on augmente la proportion des glucides dans le régime alimentaire, on est amené à diminuer d'autant la consommation de graisses. En effet, la quantité globale de calories qu'une personne donnée est capable d'absorber n'est pas extensible indéfiniment; si donc on a un plus fort apport calorique en glucides, on mangera forcément moins de graisses. Sachant que le cholestérol diminue quand on réduit la consommation de graisses, et notamment de graisses animales saturées, Anderson ne s'était pas posé trop de questions, bien que les taux de cholestérol des diabétiques aient baissé beaucoup plus que ce à quoi l'on aurait pu normalement s'attendre consécutivement à une suppression de graisses dans le régime alimentaire. C'est alors qu'il comprit. Eurêka! Et si c'était la fibre qui était responsable de la baisse du taux de cholestérol, et non la diminution de l'absorption de graisses? Dans ce cas-là, on devrait pouvoir manipuler les fibres de façon à obtenir des baisses encore plus fortes, et peut-être même à éliminer les triglycérides et le cholestérol LDL, nuisible pour les artères, tout en stimulant le «bon» cholestérol HDL.

Le Dr Anderson s'intéressa alors à un produit figurant dans des aliments pour animaux. Il avait essayé le son de blé, mais le résultat n'avait guère été probant. (Il s'avéra en fait que le son de blé n'abaissait pas le taux de cholestérol). C'est alors qu'il avait pensé aux Hollandais qui travaillent dans les meuneries. À en coire certaines études venues de Hollande, il n'était pas rare que ces gens-là avalent des quantités phénoménales de porridge — de six à sept bols par jour. Or, il se trouve qu'ils jouissent d'un taux de cholestérol exceptionnellement faible. Le Dr Anderson savait que l'avoine contenait une fibre gélatineuse assez différente de celle du blé. «On s'en rend bien compte quand on fait du porridge: le truc qui colle à la casserole est justement cette fibre», explique le Dr Anderson. (L'avoine est très riche en fibres solubles, et le blé en fibres insolubles.) Mais il fallait manger des tonnes de porridge! Le Dr Anderson se dit alors qu'il pourrait sûrement obtenir de meilleurs résultats avec le son d'avoine, cette fibre concentrée qui reste une fois qu'on a tamisé la farine d'avoine. Il se procura donc du son d'avoine. Après quelques recherches, une compagnie en trouva dans son usine de préparation d'aliments pour animaux, et elle fit livrer à la Faculté de médecine de l'Université du Kentucky un baril d'une cinquantaine de kilos de son d'avoine. Cela se passait en 1976.

Une fois que le Dr Anderson eut précisé son plan d'action, il constata que son baril lui permettait de préparer cinq cent trente-trois doses de son d'avoine. En l'espace de quelques semaines, il en avait lui-même consommé trente-cinq. Comme beaucoup de ses confrères, l'intérêt qu'il portait à ses recherches s'accompagnait aussi d'une motivation plus personnelle. Son taux de cholestérol, qui avait poussé une pointe jusqu'à 300, était à ce moment-là à 285. Il se mit à surveiller son régime d'un peu plus près et à déjeuner tous les matins d'un porridge préparé avec 85 g (poids sec) de son d'avoine. (Plus tard, il apprit à faire des muffins au son d'avoine.)

«En l'espace de cinq semaines, mon taux de cholestérol chuta de 110 points, passant de 285 à 175. À ma connaissance, j'étais le premier être humain à manger du son d'avoine dans le but délibéré de faire baisser son cholestérol. Le type qui fit mon analyse de sang au labo de l'université vint m'en apporter les résultats en personne, tant il était stupéfait. Il voulait savoir ce que j'étais en train de manigancer.»

Comme le montrèrent d'autres expériences auxquelles on procéda par la suite, le son d'avoine agissait justement sur le type de cholestérol qu'il fallait. «Sur les quatre premières personnes qui nous servirent de cobayes, on observa que le son d'avoine avait entraîné une diminution de 58 p. 100 du «méchant» cholestérol LDL, tandis que, et ce fut vraiment une surprise pour nous, le taux de HDL doublait pratiquement (il augmenta de 82 p. 100). On avait donc bien assisté à une réduction élective des LDL, avec une élévation des HDL. Nous nous sommes alors dit que c'était vraiment quelque chose de fantastique, tout à fait ce qu'il nous fallait pour combattre les maladies cardiaques.»

Au cours des quelques années qui suivirent, le docteur fit manger du son d'avoine, parfois sous la forme de muffins, à des centaines de gens qui virent leur cholestérol diminuer de 20 p. 100 en moyenne. Et cela même quand ils ne réduisaient pas leur consommation de graisses. Le Dr Anderson essaya aussi les légumes secs, également très riches en fibres solubles, avec des résultats tout aussi spectaculaires. La fibre était donc un hypocholestérolémiant.

Il est sûr que les chercheurs pourraient consacrer toute leur vie — comme beaucoup le font d'ailleurs — à tenter de percer les machinations de cette substance qu'on appelle la fibre, ou le lest d'éléments bruts indigestes.

De prime abord, la fibre n'a rien de particulièrement excitant, mais ce sont les conséquences physiologiques de son absorption qui sont extraordinaires. Ayant échappé à la décomposition par les acides gastriques, les particules de fibre arrivent dans le côlon, et c'est là que l'affaire se corse. En réalité, le destin de la fibre détermine le vôtre: à brève échéance, avec les selles, mais aussi à longue échéance, pour ce qui est des risques de cancer du côlon. La fibre se répartit un peu partout dans le gros intestin, se mélange aux autres produits indigestes, et elle est livrée aux attaques d'une multitude de bactéries. Ces microbes dévorent littéralement le matériau fibreux, le décomposant en substances chimiques élémentaires par le biais de ce qui s'appelle le processus de fermentation. De ce festin de microbes découlent toutes sortes de déchets métaboliques ayant des effets physiologiques, parmi lesquels se classent les gaz et toute une kyrielle d'acides gras volatiles à chaîne courte, qui jouent un rôle actif dans le métabolisme.

Les scientifiques éprouvent une grande curiosité à l'égard de ces acides gras à chaîne courte qui, absorbés dans le côlon, se diffusent ensuite dans tout le corps. Certains s'implantent directement dans le foie. On pense qu'ils sont doués d'un énorme potentiel de régulation des fonctions menacées par le cholestérol et le cancer. L'un de ces acides, le propionate, a été testé par le Dr Anderson sur des rats. Ceux qui avaient bu de l'eau contenant du propionate avaient moins de cholestérol dans le sang et dans le foie. Le Dr Anderson en déduisit que, après quelques trafics et manipulations chimiques, au cours du métabolisme, la fibre se décompose en propionate et réduit la production de cholestérol par le foie (à l'instar des agents chimiques de l'orge du Dr Qureshi). Le Dr Anderson pense que c'est par ce biais que les haricots abaissent le taux de cholestérol. En revanche, quoique l'avoine contienne les mêmes quantités de fibre soluble, elle n'a pas du tout la même action. L'avoine abaisse le cholestérol en évacuant les acides biliaires qui se trouvent dans l'intestin et qui, autrement, seraient transformés en cholestérol.

Naturellement, les fibres ont aussi pour effet de produire des selles plus volumineuses et d'accélérer leur passage dans l'intestin. C'est d'ailleurs la principale raison pour laquelle on pense que les fibres préviennent le cancer du côlon. Les carcinogènes sont plus diffus dans une selle volumineuse, et ainsi ils touchent moins les parois du côlon. Certains scientifiques estiment aussi que les fibres végétales ou leurs métabolites agissent comme des médicaments anticancéreux, par exemple en participant à la régulation des concentrations des œstrogènes qui peuvent provoquer l'apparition des cancers du sein.

Cependant, on se pose encore la question à savoir quel est le type de fibre qui produit des selles plus volumineuses et plus molles. Dans le côlon, les fibres absorbent l'humidité, c'est pourquoi les médecins ont cru pendant longtemps que les selles les plus volumineuses étaient dues aux fibres végétales les plus absorbantes. C'est ainsi que, dans les essais sur les laxatifs préparés à base de fibres, on s'attacha surtout à tester leur capacité d'absorption d'eau. Mais les importants travaux de recherche menés par l'un des plus éminents spécialistes mondiaux dans le domaine des fibres, le Dr John H. Cummings du Centre de nutrition clinique Dunn, à Cambridge, en Grande-Bretagne, devaient montrer que les choses ne se passaient pas ainsi. Le Dr Cummings démontra que lorsqu'on prend différents aliments écrasés, qu'on en retire les parois cellulaires pour les mettre en présence d'eau, elles présentent des pouvoirs d'absorption pouvant varier de un à dix. C'est ainsi que 1 g de substance des parois cellulaires de la pomme de terre, de la banane ou du son ne peut absorber que 3 g d'eau alors que 1 g de fibre de concombre, de carotte ou de laitue pourra en absorber jusqu'à 24 g. Logiquement, la laitue devrait donc être un laxatif fantastique, et le son beaucoup moins efficace. Or, bien que le son n'absorbe pas beaucoup d'eau dans un tube à essai, c'est lui qui produit le plus gros volume de selles; grâce à cette action, il reste le meilleur produit diététique qu'on connaisse pour prévenir la constipation et tous les troubles qui en découlent.

Le Dr Cummings découvrit également que l'activité des fibres pouvait aussi dépendre d'un agent chimique nommé pentose. Il constata en effet que, lorsqu'on consomme les fibres qui sont les plus riches en pentose, un sucre présent dans les parois cellulaires, les selles sont plus volumineuses. Ce n'est donc pas par hasard que le son de blé, le meilleur laxatif naturel, soit riche en pentose.

Il existe de nombreuses façons d'expliquer pourquoi les végétariens sont moins prédisposés aux maladies chroniques que les individus ayant d'autres modes d'alimentation. Il semble maintenant pratiquement sûr que les fibres végétales et certains produits complexes qui se trouvent dans les plantes agissent de la même manière que les médicaments les plus récents et les plus élaborés en diminuant la production de cholestérol par le foie et en débarrassant le sang de son cholestérol. Le Dr Qureshi pense que ses découvertes sur l'orge ne représentent pas un aboutissement, mais un début. À ses yeux, la nature dispense généreusement ses trésors en mettant le royaume végétal à la disposition de tout le monde. On a décelé la présence d'agents chimiques qui enrayent la fabrication du cholestérol par le foie dans l'ail, l'écorce d'orange, le ginseng, l'anis, l'huile essentielle de citronnelle, la luzerne, l'huile d'olive, la bière (de houblon), le raisin, le vin, le lait, le yogourt et, cela va de soi, l'orge, le seigle, l'avoine et les haricots. Et qui plus est, on n'en est qu'aux balbutiements de la science en la matière.

La morale de l'histoire n'est pas seulement que les végétariens jouissent du privilège d'une bonne santé, mais qu'en mangeant des végétaux, y compris des céréales, ils absorbent des produits pharmacologiquement actifs qui font office de médicaments naturels, maintenant leur cœur et leur système cardio-vasculaire au meilleur de leur forme, éliminant le mauvais cholestérol, optimisant le fonctionnement de leur digestion, et rendant leur organisme moins sensible à certains cancers.

LES MUFFINS AU SON D'AVOINE
ET AUX RAISINS SECS DU DR ANDERSON
(POUR FAIRE BAISSER LE CHOLESTÉROL)

625 ml de son d'avoine
2 c. à thé de succédané de sucre roux
125 ml de raisins secs
1 c. à table de levure en poudre
1/2 c. à thé de sel
250 ml de lait écrémé
Environ 100 g de succédané d'œufs
1 c. à table d'huile végétale

Préchauffez votre four à 220 °C (425 °F). Graissez (seulement le fond) 10 moules à muffin de taille moyenne, ou doublez-les de moules à gâteau en papier. Mélangez les raisins aux ingrédients secs. Ajoutez-y le lait écrémé, le succédané d'œufs et l'huile, et mélangez le tout jusqu'à ce que les ingrédients secs soient légèrement humidifiés. Remplissez vos moules aux trois quarts. Faites cuire à 220 °C pendant 17 minutes, ou jusqu'à ce que les muffins soient bien dorés. Vos 10 muffins sont prêts à être dégustés.

4.

LA THÉRAPEUTIQUE YIN-YANG
AUX PIMENTS

Si vous avez un rhume, allumez un bon feu dans l'estomac. Cette idée
un peu folle nous vient d'un concept de la médecine antique: l'équilibre des contraires. En médecine gréco-romaine, par exemple,
n'importe quel médecin digne de ce nom savait que, lorsqu'on souffrait
de flegme, caractéristique des «maux froids», le traitement de choix
devait être chaud. La thérapeutique orientale traditionnelle, qui se
fonde sur les principes du yin et du yang, préconise le recours à des
épices piquantes, yang, qui brûlent pour soigner les maladies respiratoires, qui sont froides et yin. L'idée qu'un principe, apparemment si
peu scientifique, pouvait avoir une certaine validité, piqua la curiosité
d'un théoricien de la médecine contemporaine, également expert en
pharmacie. Elle devait l'entraîner dans des recherches passionnantes
sur les piments.

Le Dr Irwin Ziment est originaire de Grande-Bretagne, un pays
dont la cuisine a la juste réputation d'être fade et terne, ce qui est absolument inadéquat pour les Anglais en raison de l'humidité du climat de
leur pays. Le Dr Ziment considère donc ces deux facteurs, le régime et
le climat, comme les causes principales — auxquelles vient s'ajouter la
cigarette — de la bronchite chronique qui sévit de manière pratiquement endémique chez les sujets de Sa Gracieuse Majesté. Il raconte
qu'il fut un temps où la bronchite était tellement répandue en Grande-
Bretagne qu'on l'avait surnommée «la maladie anglaise».

Le Dr Ziment vit à présent en Californie, où la nourriture est loin
d'être terne, rehaussée comme elle l'est par différentes touches exotiques; les sauces mexicaines pimentées, le wasabi japonais (cette sorte

de moutarde de raifort vert et très fort que l'on sert avec le sushi et le sashimi), les piments du Setchouan, les plats indiens au curry, très relevés, et les spécialités thaïlandaises qui vous font pleurer à chaudes larmes. Selon lui, tout cela est très bon pour les poumons. Les maladies pulmonaires n'ont effectivement qu'une assez faible incidence dans les pays où la cuisine est très relevée. Les recherches faites par le Dr Ziment ont révélé que les Mexicains vivant aux environs de Los Angeles, bien que fumeurs invétérés, présentaient moins de troubles respiratoires que les autres habitants de la région, et que, s'il leur arrivait d'avoir une bronchite chronique, ils avaient besoin de moins de soins. Pourquoi? Parce que leur nourriture est très relevée. C'est la raison pour laquelle le Dr Ziment conseille à ses patients atteints de troubles pulmonaires, comme l'emphysème ou la bronchite chronique (si ces patients n'ont pas l'habitude de manger épicé) soit de faire au moins un repas bien relevé par jour, soit de boire un verre d'eau additionné de dix à vingt gouttes de sauce Tabasco, ou encore de grignoter des piments. À ceux qui ont un rhume ou un mal de gorge, le Dr Ziment recommande de moudre la valeur d'une cuillerée à thé de raifort, de le mettre dans un verre d'eau chaude, d'y ajouter un peu de miel et de boire le tout bien mélangé. On peut aussi prendre un bouillon de poule, bien corsé à l'ail, auquel on aura ajouté une bonne dose de poivre rouge ou noir. C'est *le* traitement *idéal*, qui l'emporte haut la main en efficacité sur tous les autres remèdes contre le rhume.

Le Dr Ziment est professeur de médecine à la Faculté de médecine de l'Université de Californie — l'un des établissements de formation médicale les plus prestigieux de tout le pays — ainsi que chef de clinique et directeur du service de thérapeutique respiratoire au Centre médical Olive View, à Los Angeles. Il fait également autorité en matière de médication pulmonaire et il est l'auteur de plusieurs manuels de référence sur la question, notamment *Respiratory Pharmacology and Therapeutics* (Pharmacologie et thérapeutique respiratoires). Lorsque l'on demande à cette sommité s'il ne trouve pas bizarre de prescrire des piments à ses malades, il répond que les siècles d'utilisation qu'ils ont à leur crédit en font un remède plus fiable que bon nombre de médicaments qu'on trouve habituellement en pharmacie, et dont les bienfaits thérapeutiques ne reposent même pas sur l'ombre d'une preuve, sans parler de leurs effets secondaires.

En fait, la passion de Ziment pour les piments est le fruit d'une odyssée intellectuelle vécue à la faveur des recherches qu'il fut amené à faire pour écrire ses manuels. Il commença par reconstituer l'histoire médicale des expectorants. Les expectorants sont des produits qui aident à faire remonter le flegme, ou mucus, qui congestionne les poumons. Les expectorants qui sont délivrés sur ordonnance sont des agents thérapeutiques d'une importance cruciale dans le traitement des broncho-pneumonies obstructives chroniques.

Quand le Dr Ziment commença à s'intéresser de près à la question, il se rendit compte qu'il existait «une convergence d'idées, à l'échelle internationale, sur les médicaments expectorants». Et, à sa grande surprise, ce consensus remontait très loin dans le temps. «Ce qui m'impressionna, raconte-t-il, c'est de voir que la plupart des pharmacopées classiques, tant en Europe qu'en Orient, mentionnent les épices et l'ail au rang des expectorants. Cela revient si souvent que la validité de ce point de vue ne peut être mise en doute. Un deuxième point s'imposa également à moi comme une évidence: les agents chimiques que contiennent ces épices sont pour la plupart très semblables aux produits chimiques utilisés de nos jours pour fabriquer les expectorants pharmacologiques classiques.»

Pour le Dr Ziment, il est hors de doute que l'utilisation des aliments épicés dans le traitement des maladies pulmonaires remonte a l'Antiquité. Il a découvert que les traités de médecine de l'Égypte ancienne recommandaient la moutarde comme thérapeutique respiratoire. Hippocrate, quant à lui, prescrivait le vinaigre et le poivre pour faciliter la respiration. Le grand médecin romain Galène préconisait l'ail pour calmer les douleurs thoraciques. Au Moyen-Âge, la moutarde servait de potion contre l'asthme, la toux et les congestions de poitrine. Maimonide, le célèbre médecin juif du XIIe siècle, expert en matière d'asthme, recommandait que celui-ci fut traité au bouillon de poule relevé, ce remède servant à «décrocher le flegme des poumons et à l'en éjecter». En 1802, Herberden, médecin anglais de renom, recommandait entre autres l'ail et les graines de moutarde pour soigner l'asthme. La médecine orientale se sert des poivrons, du poivre noir, de la moutarde, de l'ail, du curcuma et d'autres épices pour traiter les rhumes, la sinusite, la bronchite et l'asthme. Les Russes utilisent le raifort pour combattre le rhume.

Le Dr Ziment constata que ces remèdes de bonne femme, tout comme nos médicaments modernes, avaient tous le même effet: ils agissaient sur le mucus présent dans les poumons et en facilitaient l'évacuation. Chez les personnes qui n'ont pas de difficultés respiratoires, le transit du mucus dans les poumons se fait généralement de manière si subtile et si discrète qu'elles ne se rendent même pas compte de ce processus de nettoyage constant: le mucus est rejeté hors des poumons, vers l'arrière-gorge, où il est avalé. Tout le long des voies respiratoires, sont disposés des cils qui déplacent régulièrement le mucus, comme les rames synchronisées de millions de petits rameurs, se raidissant et exécutant un rapide mouvement de balayage vers le haut, puis repartant vers l'arrière. Ces mouvements ont pour effet de faire remonter le mucus et de l'expulser hors des bronches. Tout se passe bien tant que le mucus reste assez liquide pour que les cils soient en mesure de le chasser vers le haut.

Dans les cas de bronchite chronique — souvent causée par la cigarette —, le mucus s'épaissit, devient collant et surabondant, et il obstrue les voies respiratoires. Les cils, également handicapés par la maladie, n'ont plus la force de chasser les sécrétions vers le haut. Le mucus s'accumule et stagne dans les voies respiratoires rétrécies, ce qui a pour effet d'irriter les poumons, de causer la toux et, à la longue, de déclencher une infection. Il y a alors inflammation des voies respiratoires et difficulté à respirer. À moins d'arriver à expulser tout ce mucus en toussant ou en crachant, les poumons ne seront pas à même de résister longtemps à une telle surcharge.

C'est pourquoi la bonne consistance des sécrétions et leur évacuation régulière sont capitales pour le bon fonctionnement des poumons. Les anciens avaient découvert que certains aliments épicés renfermaient ce qu'on appelle des agents *mucocinétiques* (qui déplacent le mucus). Ces aliments éclaircissent le mucus, en régularisent le flot et le propulsent vers l'extérieur des poumons. On dit également des médicaments modernes qui favorisent l'évacuation du mucus des voies respiratoires qu'ils sont «muco-cinétiques».

Les épices fortes liquéfient donc les sécrétions pulmonaires, qui peuvent dès lors être expulsées normalement ou par la toux. Comme les médicaments modernes, les épices agissent d'une bonne douzaine de manières différentes. Le mécanisme le plus commun, selon le Dr Ziment, consiste en un système de communication directe qui s'établit entre l'estomac et les poumons. Lorsqu'il faisait ses recherches historiques, le Dr Ziment a été frappé par le fait que les remèdes respiratoires les plus souvent prescrits étaient également des émétiques, c'est-à-dire des substances qui, à forte dose, provoquent le vomissement. Prenons par exemple l'*ipéca*: à dose réduite c'est un vieux remède classique contre la toux, l'un des plus anciens médicaments pour le traitement de l'asthme, qui accroît la production de mucus dans les poumons. Aujourd'hui on l'emploie aussi à forte dose dans les cas d'empoisonnement pour provoquer le réflexe de vomissement.

Le Dr Ziment explique ce qui se passe dans ces termes: un aliment épicé touche un «bouton récepteur» dans l'estomac. Ce «bouton récepteur» émet un signal; le nerf pneumogastrique transmet le message au cerveau qui le répercute sur les poumons: les glandes bronchiques se mettent alors à déverser des flots de liquide aqueux. Et, étant donné qu'il y a aussi toute une série de nerfs situés sur le trajet bouche-estomac, le même réflexe stimule les glandes qui font couler le nez et les yeux. C'est pourquoi, ajoute le Dr Ziment, «le raifort, le poivre ou un plat relevé vous nettoient le nez et les sinus en un tournemain». L'arrivée soudaine des liquides dans les poumons entraîne une certaine liquéfaction du mucus et incite les glandes à produire un mucus moins collant, qui peut couler plus facilement. Quand des aliments épicés et aromatiques, et en particulier ceux de la famille du piment fort, entrent en contact avec l'estomac, ils déclenchent un déluge de «larmes» intérieures qui purifient le système, décongestionnent le nez et les poumons, nettoient les sinus et évacuent les substances qui créent l'irritation des voies respiratoires. «Je pense que les aliments épicés sont bons pour toutes les maladies où les sécrétions qui tapissent les voies respiratoires sont plus épaisses que la normale, conclut le Dr Ziment, et cela est valable aussi pour la sinusite, pour un rhume générant d'épaisses sécrétions que pour une bronchite chronique.»

Les aliments épicés et relevés peuvent avoir sur la bronchite, un effet aussi bien préventif que curatif. Le Dr Ziment croit que, si beaucoup de gens en arrivent au stade de bronchite grave, c'est en partie parce qu'ils n'aiment pas manger épicé. Dès que ces mêmes patients acceptent de manger des aliments pimentés, on constate des effets parfois très tangibles. Ziment leur recommande de commencer par une dizaine de gouttes de sauce Tabasco dans un verre d'eau ou de jus de tomate, et, s'ils le tolèrent, de passer à vingt. De nombreux patients s'aperçoivent que cela leur permet de se débarrasser beaucoup plus facilement du mucus, qu'ils crachent en toussant.

Cette sauce pimentée renferme de la capsaïcine, une substance qui brûle la bouche et qui est probablement à la base du processus de nettoyage pulmonaire. Le Dr Ziment note que la capsaïcine est un dérivé d'un des éléments de base de la structure chimique d'un médicament qui s'appelle la *guaïfenesine*. Le Répertoire des médicaments à l'usage des médecins (*Physicians' Desk Reference*) classe la guaïfenesine dans la catégorie des expectorants et signale qu'elle intervient à titre de principe actif dans près de soixante-quinze médicaments, en vente libre ou sur ordonnance: sirops antitussifs, comprimés contre le rhume et expectorants.

Mais le raifort, le curry et l'ail ont essentiellement les mêmes effets, s'empresse-t-il d'ajouter. Tous ces aliments ont également un effet émétique et déclenchent des sécrétions bronchiques.

L'un des remèdes préférés du Dr Ziment pour les affections pulmonaires est l'ail, qu'il considère comme un médicament naturel étonnant contre le rhume. Il fait remarquer que l'allicine, qui donne à l'ail sa saveur particulière, est le proche cousin chimique d'un médicament qui s'appelle carboxyméthylcystéine, très utilisé en Europe, où on le prescrit pour régulariser le flux du mucus. D'après Ziment, l'ail serait un décongestionnant encore plus efficace quand on le combine avec de la vitamine C, car celle-ci a pour effet de décomposer l'allicine. Une telle constatation justifie à ses yeux, sur le plan pharmacologique, l'utilisation de l'ail (suractivé par de la vitamine C) comme agent mucolytique naturel. Pour en maximiser les effets, il recommande de consommer des gousses d'ail telles quelles, ou de les ajouter à une soupe après avoir passées rapidement au four micro-ondes les gousses entières. Ceci permet d'éviter que l'allicine ne se décompose en alisine qui a, elle, d'autres propriétés thérapeutiques. (La conversion en alisine se fait très rapidement dès que l'on coupe ou que l'on écrase l'ail.) La moutarde, autre expectorant traditionnel, contient également de l'isothiocyanate d'allyle, semblable à l'allicine de l'ail.

Les aliments relevés et épicés exercent d'autres effets bénéfiques sur les poumons. Une étude a permis d'établir qu'en donnant de la capsaïcine à des rats avant de les exposer à la fumée de cigarette, on arrivait à «enrayer l'œdème des voies respiratoires et la constriction des bronches induits par la fumée de cigarette et autres substances irritantes». Qui plus est, ajoute le Dr Ziment, on dispose de plus en plus d'éléments permettant de penser que les lésions pulmonaires, y compris l'emphysème, seraient dues en partie à des radicaux libres, ces molécules d'oxygène hyperactives qui déchirent littéralement les parois cellulaires, mais qu'on peut juguler à l'aide du sulfhydril provenant des agents chimiques contenus dans certains aliments, comme l'ail. «Si cette théorie se confirme, dit Ziment, peut-être l'ail pourra-t-il contribuer à prévenir l'emphysème ou les lésions causées par la bronchite, en agissant comme un antioxydant neutralisant les radicaux libres.» C'est peut-être pour cette raison qu'une prestigieuse revue médicale suggérait dans son récent éditorial que l'on ajoute de l'ail dans les cigarettes...

Le Dr Ziment prescrit donc de manger des aliments épicés et relevés si on a le rhume, des troubles sinusaux, les poumons congestionnés, de l'asthme, une bronchite ou de l'emphysème. Son bouillon de poule est un remède moderne qui s'inscrit dans le sillage des traditions.

LE BOUILLON DE POULE À L'AIL DU DR ZIMENT (POUR SOIGNER LE RHUME ET LA TOUX)

Environ 700 ml de bouillon de poule
1 tête d'ail
5 brins de persil émincés
6 brins de cilantro émincés
1 c. à thé de piment jaune
1 c. à thé de feuilles de menthe émincées
1 c. à thé de feuilles de basilic émincées
1 c. à thé de poudre de curry

Pelez les gousses d'ail et ajoutez-les aux autres ingrédients dans une casserole sans couvercle. Faites bouillir, puis laissez mijoter pendant environ une demi-heure. La cuisson terminée, on peut soit passer le bouillon à la passoire pour en enlever les solides, soit moudre l'ail et les herbes pour les remettre ensuite dans le bouillon. (Il est d'ailleurs préférable de moudre toutes les herbes avant même de les ajouter au bouillon de poule en début de cuisson.)

Mode d'emploi: on peut inhaler les vapeurs que dégage le bouillon pendant sa cuisson. Ensuite, on peut diviser le bouillon en quatre ou huit portions égales, à consommer au début du repas, de une à trois fois par jour. Libre à chacun d'accommoder le mélange à son goût en y ajoutant par exemple des carottes, du laurier, des piments séchés en flocons, etc... Au départ, on jugera peut-être plus opportun de diluer un peu le mélange, jusqu'à ce que l'on s'habitue à cette thérapeutique.

UN «PLUS» POUR CEUX QUI SURVEILLENT LES CALORIES

Les aliments épicés et pimentés vous donneront de surcroît un «plus» inattendu: une accélération de la vitesse de votre métabolisme, et votre organisme brûlera alors plus rapidement les calories. On sait

que certains composants alimentaires ont pour effet d'accélérer le métabolisme, ce processus qui génère de la chaleur et brûle des calories.
Dans un test fait sur douze volontaires, des chercheurs britanniques
constatèrent que l'ajout de 3 g de sauce de piment fort et de 3 g de
moutarde jaune ordinaire (soit environ les trois cinquièmes d'une cuillerée à thé de chaque) avait causé une accélération de 25 p. 100 en
moyenne du métabolisme des sujets qui brûlèrent environ quarante-
cinq calories de plus que d'habitude dans les trois heures qui suivirent le
repas. L'une des personnes se prêtant à l'expérience brûla 10 p. 100 de
calories de plus que la moyenne, soit soixante-seize sur un petit déjeuner de sept cent soixante-six calories auquel on avait ajouté des ingrédients pimentés.

5.

LES GRANDES DÉCOUVERTES
SUR LE POISSON

Quiconque sait ce que le mot «santé» veut dire sait aussi que la graisse est son principal ennemi. On nous a dit et redit qu'un excès de graisse pouvait obstruer nos artères et les durcir, ce qui a pour conséquence désastreuse d'empêcher l'arrivée du sang au cerveau et de nécroser cette boule de muscles trépidants qu'on appelle le cœur. On révise actuellement les données acquises sur le mécanisme complexe qui fait que les graisses contenues dans les aliments sont transformées au cours du métabolisme en une kyrielle de messagers qui délivrent leurs instructions à toutes les cellules, entretenant ainsi des processus pathologiques. Ces révisions donnent souvent lieu à d'importantes et stimulantes remises en question des idées anciennes. Il se pourrait en effet que ce soient la composition chimique des graisses et leur emplacement dans l'organisme qui déterminent l'état satisfaisant ou lamentable des artères et soient à l'origine d'autres catastrophes. Il existe différents types de graisses; celles d'origine marine sont tout à fait étonnantes.

Imaginez un instant que les graisses que vous ingérez aient des effets incroyables, qu'elles constituent un médicament doté d'un pouvoir pharmaceutique tel qu'il annihile les conséquences nuisibles de dizaines de maladies de toutes sortes. C'est précisément l'hypothèse qui est actuellement envisagée par des scientifiques du monde entier, dont les projets sont financés par les millions de dollars que l'Institut national de la santé de leurs pays respectifs leur verse sous forme de bourses de recherche.

Peu importe si, de prime abord, l'idée qu'un seul médicament puisse soigner toute une série de maladies, de l'arthrite jusqu'au psoriasis, semble tout à fait charlatanesque et constitue une pure antithèse du modèle classique d'une pharmacopée respectable renfermant des agents chimiques précis chargés d'éliminer certains symptômes eux aussi bien précis. C'est la découverte des prostaglandines, ces extraordinaires messagers cellulaires, qui a chamboulé les conceptions étriquées pour déboucher sur des idées révolutionnaires en ce qui concerne les propriétés de la pharmacie alimentaire et, en particulier, d'un aliment donné.

Il n'y a pas longtemps on aurait été taxé de démence scientifique si on avait osé croire qu'il existait un aliment — et qui plus est un aliment aussi ordinaire que le poisson — capable d'enrayer un tel éventail de processus pathologiques sans liens apparents. Il s'agit là d'une découverte stupéfiante: il existe un rapport très étroit entre les fonctions vitales de notre organisme et les caractéristiques physiologiques des créatures marines, ces anciens compagnons de voyage dans le long périple de l'évolution qui font à présent partie de notre alimentation.

La nourriture que nous offre la mer est différente de celle qui nous vient de la terre. Les plantes marines — à savoir les algues et le phytoplancton — que mangent les poissons dont nous nous nourrissons n'ont pas la même composition chimique que les graines et les céréales issues du sol. Lorsque nous mangeons du poisson, il se produit en nous des modifications qui affectent les mécanismes internes de notre organisme, influant sur la circulation du sang, la constriction des artères, la capacité de réparation de nos cellules et le fonctionnement de notre système immunitaire. Les huiles de poisson s'insinuent dans nos parois cellulaires, un peu à la manière d'envahisseurs ataviques, modifiant la composition élémentaire de notre organisme.

Toutes ces huiles sont ensuite dévorées par les enzymes présents dans le corps; il en résulte toute une série de réactions chimiques qui génèrent une activité quasi pharmaceutique, pratiquement identique à celle de médicaments d'usage courant comme l'aspirine, les stéroïdes, les analgésiques, les diurétiques, les antihypertenseurs et les anticoagulants. Les déchets métaboliques des huiles de poisson ont des conséquences déterminantes, quoique subtiles, sur le bon ou le mauvais état de notre santé, et ils interviennent en fait directement dans les mécanismes qu'on retrouve à la base d'un grand nombre de maladies. La conclusion s'impose d'elle-même: la nourriture venue de la mer est un remède très vieux et puissant que l'on a trop longtemps négligé: un moyen de combattre la maladie par des voies que les scientifiques commencent à peine à découvrir.

Tout a commencé il y a une vingtaine d'années, à partir de quelques réflexions un peu hasardeuses sur un phénomène médical assez bizarre survenu en milieu esquimau. C'est en 1950 qu'on fut confronté à un paradoxe embarrassant: les Esquimaux ne présentaient pratiquement pas de troubles cardiaques, alors que leur régime alimentaire était très riche en lipides, puisqu'ils se nourrissaient principalement de graisse de baleine et de chair de phoque. Ils avaient des taux de cholestérol assez élevés — surtout les Esquimaux d'Alaska — à peine moins élevés que le taux des Américains, des Danois et de tous ceux qui mouraient de crises cardiaques un peu partout. En bref, ces Esquimaux ne constituaient vraiment pas des modèles parfaits pour une compagnie chargée de la prévention des maladies cardiaques et recommandant un régime pauvre en graisses et le maintien d'un faible taux de cholestérol.

Les statistiques hospitalières du Groenland, entre 1950 et 1974, montrèrent que seuls trois Esquimaux, sur une population de mille huit cents sujets, étaient morts à la suite d'une crise cardiaque. Pour une même population, on pourrait s'attendre à trouver quarante cas de décès chez les Danois, et cent chez les Américains. Ces mêmes statistiques révélèrent également que les Esquimaux étaient épargnés par d'autres maux qui assaillent l'homme moderne: le psoriasis, l'asthme bronchique, le diabète, les ulcères d'estomac, les maladies rénales, la sclérose en plaques, l'arthrite et quelques autres maladies du système immunitaire.

Incapables d'ignorer plus longtemps un tel paradoxe, quelques esprits curieux commencèrent à s'interroger sur une particularité que les médecins avaient déjà décelée dans le sang des Esquimaux, il y a cinq cents ans: celui-ci n'est pas gluant et ne coagule pas aussi facilement que le nôtre. C'est la raison pour laquelle un Esquimau saigne plus longtemps quand il se coupe. Or, le même phénomène a été observé chez des familles de pêcheurs japonais qui sont également rarement victimes des troubles cardiaques. Cette constatation suffisait à indiquer clairement à certains scientifiques que, si le taux de cholestérol est un indice important de l'état de santé cardio-vasculaire d'un individu, il n'est cependant *pas le seul*. Il existe d'autres facteurs qui peuvent s'avérer tout aussi critiques, voire plus cruciaux encore, pour prévenir les crises cardiaques et les congestions cérébrales.

Ainsi, tandis que la croisade anticholestérol continuait à motiver le gros des troupes des années 50 jusqu'aux années 80, certains chercheurs trouvèrent plus satisfaisant de mener des travaux parallèles, qui ne s'attardaient pas sur la seule question du cholestérol, mais s'intéressaient plutôt à un sujet plus mystérieux: Pourquoi ces terribles débris qui forment la plaque viennent-ils dénaturer les parois artérielles? Pourquoi les artères s'obstruent-elles soudain, en un spasme mortel? Pourquoi les cellules se précipitent-elles les unes vers les autres pour former des caillots qui empêchent le sang de couler? Du fait qu'ils avaient adopté une nouvelle manière d'aborder les troubles cardiaques, ces chercheurs se mirent d'accord sur une théorie globale qui permettait d'expliquer comment les graisses d'origine marine préservaient en réalité les Esquimaux — et certains autres des artères en capilotade, et peut-être aussi de bien d'autres maux.

La chance des Esquimaux tient au fait qu'ils absorbent des quantités phénoménales de cette huile qui ne se trouve que dans le poisson et les fruits de mer. Chaque jour, ils avalent quelque 370 g de poisson, forgeant des chaînes de molécules d'acides gras appelés *oméga-3* à cause de leur structure chimique. À titre de comparaison, la graisse ou l'huile provenant des plantes terrestres ou des animaux qui s'en nourrissent est composée d'acides gras de type oméga-6, qui se décomposent différemment dans le corps.

Pour ce qui est de vos cellules, ce que vous mangez détermine ce que vous êtes. Si vous mangez beaucoup de poisson, vos cellules seront gavées d'oméga-3, alors que si vous vous nourrissez surtout d'aliments provenant de la terre, elles regorgeront d'oméga-6. Lorsque les omégas-6 dominent, comme c'est généralement le cas dans l'organisme de la plupart des Occidentaux dont le régime est surtout fait d'aliments «terrestres», ils suscitent une agitation frénétique parmi les cellules qui se mettent à déverser les excès de prostaglandines hyperactives et d'autres hormones du même genre qui sèment la pagaille dans l'organisme.

L'explication théorique est la suivante: sous l'effet d'une production excessive de prostaglandines et d'autres messagers hormonaux du même genre, nommés leucotriènes, les cellules reçoivent l'ordre d'effectuer une multitude de réactions chimiques compliquées qui prennent les traits de diverses maladies. Il est sûr que lorsque la proportion de prostaglandines et autres leucotriènes est adéquate, ils peuvent se conduire très décemment et susciter des réactions favorables à la santé. Mais dès que leur nombre est trop élevé, ils peuvent faire de terribles ravages dans l'organisme, déclenchant une véritable folie dans les cellules, qui se mettent à former des caillots de sang inutiles, à contracter et à dilater les vaisseaux sanguins et les bronches de manière totalement erratique, à créer des spasmes cardiaques, à envoyer des bataillons d'anticorps à l'attaque de tissus parfaitement sains et à déclencher des inflammations destinées à repousser des menaces inexistantes. Bref, lorsque le mode d'action des prostaglandines et des autres messagers cellulaires devient chaotique, ces substances peuvent être à l'origine de toutes sortes de processus pathologiques.

Mais d'où viennent donc les dangereuses hordes de prostaglandines? Des chercheurs suédois firent grandement avancer la médecine en découvrant en 1965 que les prostaglandines étaient faites d'un acide gras, appelé acide arachidonique. Les graisses insaturées, provenant des végétaux d'origine terrestre, ou de la chair d'animaux en ayant été nourris, sont transformées dans le corps en acide arachidonique. Par la suite, les enzymes viennent encore modifier cet acide, donnant naissance à ces agents physiologiques extrêmement puissants, les prostaglandines et les leucotriènes.

Il est évident que si on arrive à réfréner cette tendance anarchique de l'acide arachidonique à se transformer en prostaglandines qui génèrent des maladies, on interrompt illico le processus pathologique: les symptômes disparaissent, ou n'apparaissent même pas. Comment peut-on y parvenir? Les chercheurs estiment qu'en mangeant des produits de la mer on injecte une plus grande quantité de graisse oméga-3 dans les cellules, où elle prévient les éventuelles destructions que pourrait entraîner un excès de graisse oméga-6 à l'origine de l'acide arachidonique. Une plus grande quantité d'oméga-3 dans l'organisme permet de neutraliser la tendance chaotique des oméga-6. Les oméga-3 s'insinuent à l'intérieur des parois cellulaires, déplaçant au passage les oméga-6 d'origine végétale, par trop zélés, et allant même parfois jusqu'à s'installer sur les récepteurs des prostaglandines dont ils bloquent l'accès. Ainsi, les oméga-3 parviennent à ralentir le processus permettant aux acides gras d'origine terrestre, les oméga-6, de déclencher l'énorme «machine arachidonique» pour lui faire débiter un trop grand nombre de prostaglandines, qui peuvent être nocives. Les oméga-3 sélectionnent également leurs cibles: ils peuvent réduire la surproduction de «mauvaises» prostaglandines, tout en favorisant l'apparition des «bonnes».

Il semblerait que la plupart des Esquimaux sont actuellement en très bonne forme et très bien protégés contre les maladies chroniques, grâce à une consommation régulière d'aliments leur apportant l'extraordinaire graisse oméga-3 qui empêche l'acide arachidonique de se métamorphoser en substances puissantes et dévastatrices. Bien que leur régime riche en graisse marine ne favorise guère un très faible taux de cholestérol, il crée cependant un environnement cellulaire peu propice aux autres graisses qui ne sont plus en mesure de déclencher des troubles cardiaques ou autres maladies chroniques. Le cas des Esquimaux montre bien que toutes les graisses ne sont pas forcément mauvaises pour la santé.

Bien que cette histoire de poisson ait été suivie de très près, et depuis longtemps, par une poignée de scientifiques, elle n'a remué les foules que très récemment. C'est dans les années 70 qu'on se mit à étudier les mécanismes fondamentaux qui pourraient expliquer le pouvoir des produits de la mer et qu'on déboucha sur toute une série de découvertes concernant les mille et une fourberies des prostaglandines, et la manière de les maîtriser.

Voilà comment on pourrait présenter la chose: les huiles de poisson oméga-3 ressemblent beaucoup à l'aspirine (ainsi qu'à d'autres agents anti-inflammatoires comme les immuno-régulateurs et les anticoagulants). Bien qu'on ait recours à l'aspirine depuis la Grèce antique, ce n'est qu'en 1971 que John Vane, qui devait plus tard recevoir un Prix Nobel, en découvrit le mécanisme thérapeutique. L'aspirine bloque les enzymes génératrices des prostaglandines qui sont responsables de maux et douleurs en tous genres. Il va de soi qu'une telle découverte suscita un vif intérêt dans la communauté scientifique.

En revanche, personne ne prêta la moindre attention à la communication que fit un jeune chercheur du Michigan, un an plus tard, lors d'un symposium scientifique tenu à Vienne, et dans laquelle il expliquait que certains composants de l'huile de poisson agissent exactement de la même manière que l'aspirine. En étudiant divers acides gras, il avait constaté que la graisse polyinsaturée connue sous le nom d'oméga-3 empêchait elle aussi l'acide arachidonique de générer des prostaglandines. Aux yeux de Williams Lands, ce docteur ès sciences devenu professeur de chimie biologique à l'Université de l'Illinois à Chicago, cette constatation avait des effets très clairs: l'absorption des oméga-3 présents dans le poisson pouvait elle aussi inhiber la production de prostaglandines, entraînant vraisemblablement des effets biologiques encore incalculables. Lands était donc le premier à donner une indication fondée sur des preuves sérieuses de la manière dont l'huile de poisson pouvait agir sur la biologie humaine. Mais ses remarques «tombèrent complètement dans le vide», dit-il. À l'époque, rares étaient ceux qui saisissaient ce que les huiles de poisson et l'aspirine pouvaient bien avoir en commun. L'idée était tout simplement trop en avance sur son temps.

Cependant, plusieurs découvertes devaient relancer les recherches dans ce sens: en 1975, on découvrit les tromboxanes, prostaglandines qui ordonnent aux cellules sanguines de s'agglutiner en dangereux trombus obstruant les vaisseaux sanguins, et, en 1979, les leucotriènes, messagers cellulaires contribuant à régulariser les processus immunitaires et à juguler l'inflammation.

C'est en 1977 que deux chercheurs danois, Jorn Dyerberg et Hans Olaf Bang commencèrent leurs travaux, à présent réputés, sur les Esquimaux. Ils analysèrent le sang de sujets esquimaux, pour confirmer qu'il était très liquide, et qu'il renfermait un taux de «mauvais» cholestérol, LDL, plus bas, et un taux de «bon» cholestérol, HDL, plus élevé que ce que l'on rencontre normalement. Ils attribuèrent ces différences à un régime alimentaire riche en poisson. Des chercheurs de l'Université de l'Oregon administrèrent à un groupe d'Américains six cuillerées à soupe et demie d'huile de saumon par jour: ils observèrent une légère diminution du cholestérol, une forte chute des triglycérides et une durée de saignement prolongée, passant de sept à dix minutes.

Le Dr Lands poursuivit ses recherches. Pendant trois semaines, il donna à des chiens, à des chats et à des souris, de l'huile de poisson provenant d'une sorte de hareng riche en oméga-3. Il obtint des résultats spectaculaires: réduction du nombre de crises cardiaques, de thromboses et de lésions artérielles. Par exemple, un vaisseau sanguin obstrué entrave la circulation du sang — ce qui entraîne des lésions inévitables — mais l'huile de poisson limitait considérablement ces lésions. Chez les chats, les huiles de poisson limitèrent les lésions cérébrales provoquées par l'attaque. Chez les chiens auxquels on avait administré de l'oméga-3, on n'enregistra qu'une lésion de 3 p. 100 du muscle cardiaque au lieu des 25 p. 100 enregistrés chez ceux qui n'avaient pas reçu de l'oméga-3. Une explication possible: les huiles de poisson rendent le sang moins visqueux, si bien qu'il coule plus facilement. On peut également observer un phénomène très intéressant: les parois des cellules gorgées d'oméga-3 sont plus souples que les autres. Ces cellules-là changent donc de forme plus facilement que les autres, et elles peuvent donc mieux se glisser à travers les capillaires rétrécies, pour continuer à fournir de l'oxygène aux tissus. C'est le genre de gymnastique qui peut vous sauver la vie si vos vaisseaux sanguins se sont légèrement rétrécis, comme c'est le cas chez la plupart des individus plus âgés.

Il est indiscutable que les huiles de poisson peuvent nous protéger des thrombus, ces caillots qui entravent la circulation du sang et l'empêchent d'irriguer les tissus en leur fournissant l'oxygène vital. En guise d'expérience préliminaire, le Dr Lands prit lui-même une cuillerée à soupe d'huile de poisson, matin, midi et soir, pendant un mois, et il constata que son sang coagulait beaucoup moins qu'avant, et qu'il était donc moins vulnérable aux caillots qui provoquent les thromboses assassines. Ces constatations furent corroborées par de nombreuses autres études, notamment japonaises. Au Japon, les individus pour qui la pêche est à la fois un gagne-pain et un moyen de remplir quotidiennement leur assiette ont un sang qui a une moindre tendance à coaguler que celui de leurs compatriotes qui vivent dans les terres.

Le Dr Lands estime que les prostaglandines et les leucotriènes ont également une part de responsabilité dans la formation des plaques artérielles et dans l'apparition de l'angine de poitrine et des spasmes vasculaires qui constituent l'une des principales causes de décès. C'est ainsi qu'on s'est rendu compte qu'un groupe de prostaglandines, les thromboxanes en l'occurrence, étaient susceptibles de causer la constriction des vaisseaux sanguins entraînant des vasospasmes coronariens et l'angine de poitrine. On soupçonne également ces messagers intracellulaires d'influencer l'adhérence des cellules aux parois artérielles. Ces cellules accrochent au passage le cholestérol qui circule dans le sang, grossissant ainsi la quantité de débris qui viennent boucher les artères. C'est en entravant tous ces processus générateurs de troubles cardiaques que les aliments d'origine marine pourraient bien concourir à sauver bon nombre de vies.

Le fait que la consommation de poisson, même en petites quantités, puisse offrir une protection contre les maladies cardio-vasculaires constitue maintenant une donnée crédible; à telle enseigne que toutes les grandes revues médicales du monde se sont fait l'écho de cette thèse, qui se voit sans cesse corroborée par les résultats de nouvelles études. C'est grâce à trois articles parus dans la prestigieuse revue, le *New England Journal of Medicine*, en mai 1985, que cette idée a conquis son aura de respectabilité médicale. Ce sont des chercheurs néerlandais qui lâchèrent la plus grosse bombe en publiant une étude montrant que, parmi un groupe d'hommes habitant la petite ville hollandaise de Zutphen et observés sur une période de vingt ans, ceux qui avaient pour habitude de manger au moins 30 g de poisson par jour présentaient un taux de mortalité suite à des maladies coronariennes de plus de 50 p. 100 moins élevé que ceux qui ne consommaient pas de poisson. Pour l'équipe de recherches menée par Daan Kromhout, docteur ès sciences de l'Institut de médecine sociale de l'Université de Leiden, cela voulait dire que le simple fait de manger du poisson, ne serait-ce qu'une ou deux fois par semaine, peut aider à la prévention des maladies cardiaques!

Un peu partout dans le monde, les scientifiques se sont engagés dans ce grand mouvement de recherche sur l'huile de poisson, et particulièrement au Japon, en Allemagne fédérale et au Danemark. Mais, comme le dit Lands, le pionnier en la matière, il semblerait que les oméga-3 ne soient en fait que la partie visible de l'iceberg. Lands et d'autres chercheurs ont en effet commencé à s'intéresser à tout ce dont sont capables ces descendants anarchiques de l'acide arachidonique. Si les huiles de poisson, et plus précisément — comme on le suppose — le composant oméga-3, sont capables d'intervenir de manière aussi considérable dans le mécanisme fondamental des maladies cardiaques, ne se pourrait-il pas qu'elles aient des répercussions simultanées sur d'autres processus pathologiques, du fait qu'elles enrayent le moteur des prostaglandines?

Que les imaginations s'activent!

Le cancer, l'asthme, la polyarthrite rhumatoïde, le lupus, le psoriasis, les allergies, les troubles inflammatoires du système immunitaire, les maux de tête, l'hypertension et la sclérose en plaques sont autant de maladies imputables à un hyperdynamisme de la production de prostaglandines. Voilà qui ouvre des horizons fantastiques: en mettant un frein à la formation des prostaglandines, les huiles de poisson pourraient s'assurer la maîtrise des mécanismes métaboliques générateurs de maladie. L'Institut national de la santé des États-Unis a pris conscience de cet immense potentiel et finance actuellement des recherches sur l'effet des huiles de poisson sur les maladies dans lesquelles interviennent les prostaglandines.

Selon les recherches actuelles, les oméga-3 se sont avérés remarquablement efficaces, tant chez les animaux que chez les humains, pour combattre les nombreuses maladies imputables aux prostaglandines. (On en trouvera le détail dans la section «Poisson», page 330).

On n'avait encore jamais rien vu d'aussi spectaculaire que ces huiles de poisson sur la scène de la médecine diététique. S'agirait-il d'une panacée? On ne le sait pas encore. Les experts soulignent cependant qu'il est important d'établir une distinction entre leurs effets possibles. Préventifs ou curatifs? Une fois qu'une maladie chronique s'est installée ou qu'elle en est arrivée à un stade avancé, on peut effectivement douter que le poisson ou ses huiles oméga-3 soient en mesure de renverser la tendance, quoiqu'ils puissent éventuellement arrêter l'évolution de la maladie. En d'autres termes, les aliments qui nous viennent de la mer n'ont peut-être pas les effets de puissants médicaments, capables de *remédier* aux dégâts causés par des décennies d'assauts portés contre nos cellules. Mais peuvent-ils *prévenir* les maladies? «Cela est fort probable», déclare le Dr Alfred D. Steinberg, expert en matière d'arthrite de l'Institut national de la santé. «Prévenir l'apparition d'une maladie et la traiter une fois qu'elle s'est déclarée sont deux choses bien différentes.» Il souligne, à titre d'exemple, le fait que certains médicaments n'ayant pas le pouvoir de guérir une maladie donnée peuvent cependant en *prévenir* l'apparition. Il se pourrait que la graisse d'origine marine rentre justement dans cette catégorie des remèdes prophylactiques naturels.

Le Dr Lands conclut en disant qu'il ne s'agit pas du tout de faire du poisson un remède universel. Pour lui, manger régulièrement du poisson permet d'enrayer les attaques que les prostaglandines hyperactives ne cessent de livrer contre nos cellules; ces assauts qui, au fil des années, finissent par générer des symptômes de maladies chroniques. L'avenir du traitement des maladies chroniques est justement la prophylaxie, et non la thérapeutique curative. Le Dr Lands exprime ainsi le fond de sa pensée à ce sujet: «De nombreuses maladies chroniques sont consécutives à l'accumulation des outrages subis par le corps, au fil des ans. Si l'on prévient au jour le jour ces aggressions aux effets cumulatifs en freinant les attaques incessantes des prostaglandines — par exemple en s'imbibant les tissus de ces huiles de poisson, les oméga-3, qui jouent un rôle d'antidote — il est fort possible que l'on arrive à éviter quantité de maladies chroniques.» C'est là, selon lui, le véritable message à retenir de ces importantes découvertes faites autour du poisson.

6.

Y A-T-IL UN LIEN ENTRE LE CANCER ET LE CHOU?

Imaginez que vous êtes le destin et que vous vous promenez dans la pharmacie de la nature à la recherche d'un produit capable de combattre l'un des pires fléaux du monde: le cancer. Vous viendra-t-il un seul instant à l'idée de choisir le chou? Ou le brocoli? Ou les choux de Bruxelles? Ou le chou-fleur? Sans compter tous leurs cousins qui appartiennent, comme eux, à une famille de végétaux officiellement répertoriés sous le nom de brassica, mais que l'on a baptisé jadis «cruciféracées», sans doute parce que leurs fleurs à quatre pétales rappelaient à nos ancêtres un crucifix.

À vrai dire, il fut un temps où l'idée même d'une telle perspective eût paru totalement saugrenue aux yeux de la plupart des gens.

Il y a seulement vingt-cinq ans, le simple fait de suggérer la possibilité d'enrayer le cancer à l'aide de la diététique confinait à l'hérésie médicale et relevait de la démence. Aujourd'hui, les scientifiques savent que les molécules des composants des aliments jouent un rôle important dans ces terribles guerres qui se livrent dans nos cellules. Ces composants alimentaires peuvent avoir plusieurs effets anticancéreux: ils sont capables de capturer et d'anéantir tous les radicaux libres des molécules d'oxygène qui rôdent un peu partout dans l'organisme en y semant la destruction cellulaire et le cancer; ils incitent les enzymes à déclencher des systèmes très subtils d'évacuation des carcinogènes présents dans le corps; ils sont également en mesure d'intercepter les messagers prêts à exciter les substances oncogènes situées dans les noyaux cellulaires et responsables du déclenchement du cancer.

À en croire les propos tenus aujourd'hui par les scientifiques, les produits alimentaires seraient capables de faire échec au cancer, et ce pratiquement à n'importe quel stade de son évolution: depuis le stade initial où une cellule est touchée par un agent cancérigène jusqu'aux différents stades de développement des tumeurs. En fait, il est probable qu'en raison de la combinaison bien particulière de composants qui caractérise chacun d'eux, certains aliments aient des effets spécifiques sur des endroits précis de notre organisme; ce qui signifie que, comme les médicaments, chaque aliment aurait la faculté de protéger certains organes des assauts du cancer. Dans le domaine de cette terrible maladie, qui reste une des zones obscures de la médecine, les spécialistes commencent à faire preuve d'une grande ouverture d'esprit: ils en sont même à envisager la possibilité de prescrire des régimes anticancéreux, ou d'autres mesures préventives, en fonction de la tendance de certains individus à souffrir de cancers particuliers.

Les efforts de consolidation de la forteresse biologique contre les attaques du cancer représentent la seule arme possible contre cette calamité inscrite dans la destinée de certaines personnes. Une telle tentative résume la réaction courageuse de l'homme devant cette plaie du XXe siècle imputable à l'ignorance, à la négligence et, pour certains, tout simplement à une pure malchance génétique. Toutefois, les manipulations chimiques complexes et mystérieuses auxquelles se livrent certaines substances alimentaires nous offrent une petite planche de salut: elles peuvent atténuer les répercussions nocives de la pollution de l'air, de la terre, des aliments, de l'eau et de nos corps, dont sont responsables certains produits chimiques qui altèrent les cellules vivantes et les transforment en tumeurs malignes. Puisque nous sommes soumis à un bombardement incessant de carcinogènes, pourquoi ne pas nous regorger d'anticarcinogènes qui deviendraient en quelque sorte des policiers constamment en alerte, prêts à affronter les dangereux produits chimiques qui nous envahissent et à leur mettre la main au collet pour les bouter hors de notre corps avant qu'ils n'aient le temps d'endommager nos cellules de manière irréversible? Nous avons bien recours à la chimiothérapie, à posteriori, pour détruire des cellules cancéreuses déjà formées, alors pourquoi ne pas mettre en œuvre une *chimioprophylaxie*, en nous servant délibérément et de manière contrôlée de certaines substances — y compris celles dont les aliments sont riches — capables de contrer les effets des poisons carcinogènes qui nous attaquent de toute part? Il s'agirait là d'une action à priori, à laquelle on aurait recours avant même que le cancer ait pu déclencher son œuvre de destruction.

Le mérite de cette fantastique idée revient au Dr Lee Wattenberg, professeur de pathologie à la Faculté de médecine de l'Université du Minnesota. À la fin des années 60, le Dr Wattenberg a entamé des travaux d'expérimentation compliqués et souvent ennuyeux qui l'amenèrent à définir les mécanismes par le biais desquels les produits chimiques présents dans de simples légumes, comme le chou et le brocoli, parvenaient à atteindre les cellules vivantes pour y combattre le cancer. Le Dr Wattenberg se trouve en quelque sorte au centre d'une constellation grandissante de scientifiques à la recherche de moyens permettant d'ériger des systèmes de protection contre le cancer à l'intérieur de notre organisme.

Le chou n'avait pas la vedette au départ; c'est pourtant ce légume qui devait bientôt exciter les imaginations et rendre crédible ce qui n'était jadis qu'une idée saugrenue.

C'est tout à fait par hasard que les découvertes du Dr Saxon Graham, épidémiologiste de premier plan et titulaire de la chaire de médecine préventive et sociale à l'Université de l'État de New York, à Buffalo, apportèrent de l'eau au moulin du Dr Wattenberg.

Vers le milieu des années 70, le Dr Graham et ses collaborateurs établirent un questionnaire auquel ils soumirent deux cent cinquante-six patients de sexe masculin, atteints de cancer du côlon, ainsi que sept cent quatre-vingt-trois autres hommes pris au hasard dans le même groupe d'âge et ne souffrant pas de cette maladie. On demanda à chaque personne d'évaluer la fréquence mensuelle de sa consommation de dix-neuf sortes de légumes, dont le chou cru haché en salade, les tomates, la laitue, les concombres, les carottes, les choux de Bruxelles, le brocoli, les navets et le chou-fleur.

Ceux qui avaient fait état de la plus forte consommation de légumes étaient aussi ceux chez qui on constatait les plus faibles risques de cancer du côlon. En fait, les risques baissaient parallèlement à l'augmentation de la consommation de légumes. Un individu qui mangeait n'importe lequel de ces légumes plus de deux fois par jour était deux fois moins exposé au cancer du côlon que celui qui n'en consommait jamais ou moins de vingt fois par mois. Il était particulièrement frappant de remarquer que ces légumes provoquaient ce que l'on appelle une «relation dose-effet»: plus on en ingérait, plus l'effet thérapeutique était important. Or, ce genre de réaction, assez proche de celle des médicaments, plaît particulièrement aux scientifiques, car elle indique qu'on est en présence d'une découverte fiable, et non d'une coïncidence. C'est ainsi que, lorsqu'on teste des médicaments, on s'attend à constater des «relations dose-effet» quantifiables, sans lesquelles on peut douter de la fiabilité du produit considéré. Voilà qui explique l'enthousiasme du Dr Graham et de ses confrères quand ils se rendirent compte que leur expérience collait de si près à un schéma de «relation dose-effet».

C'est alors qu'ils décidèrent d'examiner séparément chacun des légumes choisis pour leur expérience. À la surprise générale, c'est le chou qui prit la vedette et, qui plus est, reproduisit presque parfaitement un schéma de «relation dose-effet». Conclusion: en mangeant du chou plus d'une fois par semaine, on diminue d'un tiers les risques de cancer du côlon. En d'autres termes, un plat de chou par semaine peut réduire de 66 p. 100 le risque de cancer du côlon, et, même en ne mangeant du chou que toutes les deux ou trois semaines, le risque ne diminue pas moins de 40 p. 100. On constata également que la choucroute et la salade de chou cru haché favorisent cette même «relation dose-effet» de protection contre le cancer du côlon.

Le Dr Graham écrivit un article de synthèse sur ses travaux qui fut publié dans le numéro de janvier 1979 de l'*American Journal of Epidemiology*. Il se trouve que cette parution coïncida avec un congrès national de diététique et de cancérologie qui devait réunir ce mois-là à New York un grand nombre de scientifiques. Tout le monde fut stupéfait de la découverte du Dr Graham. Mais c'est le lien qui existait entre ses travaux et les révélations, encore récentes, du Dr Wattenberg qui devait permettre d'en mesurer toute la portée et d'en confirmer l'importance.

Depuis le début des années 70, le Dr Wattenberg avait procédé à des expériences sur des rats et des souris: il les nourrissait de petites quantités de légumes crucifères (chou, brocoli, chou de Bruxelles, chou-fleur et navet) et leur injectait des carcinogènes bien connus pour voir s'ils développeraient des cancers ou si, au contraire, leurs organes présenteraient des modifications métaboliques capables d'enrayer l'apparition de cette maladie. Nombreux furent les animaux qui ne contractèrent pas de cancer: ils étaient protégés par les légumes qu'ils avaient ingérés. Les confrères de Wattenberg restèrent néanmoins sceptiques.

C'est dans un article publié dans le numéro de mai 1978 de la revue *Cancer Research* que le Dr Wattenberg devait expliquer très clairement l'importance de ces expériences. Il avait réussi à extraire des légumes crucifères une substance nommée «indole» qu'il avait fait absorber à ses animaux en guise de «hors-d'œuvre» chimioprophylactique, avant de leur administrer les produits cancérigènes. Les composants bruts du chou s'étaient révélés efficaces comme antidote à la formation des cancers.

Le degré de protection assuré par les indoles était impressionnant. Plus de 91 p. 100 des rats à qui on avait inoculé des carcinogènes chimiques et qui n'avaient pas reçu d'indoles furent affectés par le cancer des mamelles; ce pourcentage tomba à 21 p. 100 chez les rongeurs qui avaient reçu des indoles.

Le Dr Graham ainsi que tous les autres spécialistes travaillant dans le même domaine furent frappés par le parallèle qu'on pouvait établir entre ses propres découvertes, concernant des humains, et celles du Dr Wattenberg, s'appliquant aux animaux. En outre, le Dr Wattenberg fournissait une explication scientifique parfaitement logique du rôle physiologique puissant que le chou était susceptible d'avoir sur les mécanismes du cancer. Le message était clair et il trouva un immense écho dans la communauté des spécialistes du cancer. Les recherches sur les rapports entre le cancer et la diététique prirent un nouveau départ, avec pour mots d'ordre: «cruciféracées» et «chimioprophylaxie», lancé par le Dr Wattenberg. L'Institut national du cancer consacre aujourd'hui des millions de dollars à l'étude des cruciféracées et invite les scientifiques à solliciter des bourses de recherche dans ce domaine.

Le Dr Wattenberg poursuivit ses travaux dans le but d'essayer de comprendre les tours de passe-passe accomplis par les composants du chou dans la lutte contre le cancer, et de tenter de découvrir un potentiel similaire dans d'autres aliments. Ses travaux, et ceux d'autres scientifiques, devaient démontrer que les produits chimiques contenus dans les aliments ont toutes les chances de pouvoir intervenir dans le lent processus de développement du cancer, avec sa longue période d'«incubation» de vingt à quarante années, voire même plus.

Dans le premier stade du cancer, les cellules subissent la phase de «déclenchement» quand leur matériel génétique, l'ADN, se voit altéré par les coups que lui portent des carcinogènes comme les radiations ionisantes, la fumée de cigarette, les pesticides et certains facteurs génétiques encore inconnus. Une fois que les cellules ont subi cette mutation initiale, elles sont susceptibles de commencer à se diviser de manière anarchique, à proliférer et à s'agglomérer pour former ces signes avant-coureurs du cancer qu'on appelle les lésions précancéreuses et qui dégénèrent ensuite en tumeurs malignes. Cette division cellulaire aberrante et le rythme de son évolution sont conditionnés par la présence de facteurs propices, ou «activateurs». La fumée de cigarette, par exemple, est un des activateurs classiques du cancer. Il faut comprendre que le développement du cancer est un processus de long cours, jalonné par de nombreux stades. C'est pour cette raison qu'en l'entravant à quelque stade que ce soit on peut arriver à en retarder, voire à en arrêter, la mortelle évolution.

C'est exactement ce que font les «constituants diététiques secondaires» — pour reprendre la terminologie du Dr Wattenberg — contenus dans les aliments. Certains sont capables de stopper le cancer dès son apparition dans les cellules. Si un produit chimique alimentaire adéquat, ou un de ses dérivés, se trouve là au moment où un carcinogène s'apprête à harponner une cellule, il peut fort bien sauver cette cellule vierge du viol et lui épargner la dégradation de son ADN: le cancer est ainsi tué dans l'œuf, au tout premier stade de son développement. Certains composants alimentaires fonctionnent comme des antioxydants qui vont à la chasse aux activateurs du cancer et les capturent. Ils détruisent alors ces promoteurs de dégâts à grande échelle et empêchent ainsi la formation des métastases qui causent la prolifération du cancer dans tout l'organisme. Certains aliments représentent même un fantastique «système de sécurité»: ils ont la faculté de produire à la fois des bloqueurs actifs au stade initial et des inhibiteurs efficaces à un stade d'évolution très avancé. Ainsi, si la première brigade n'arrive pas à désarmer complètement les carcinogènes envahisseurs, d'autres forces prennent le relais pour ralentir l'évolution mortelle de la maladie.

Les expériences méticuleuses menées le Dr Wattenberg lui ont permis d'établir de façon très précise l'un des fantastiques itinéraires empruntés par les substances chimiques alimentaires qui triomphent du cancer. De nombreux agents alimentaires anticancéreux, au rang desquels se trouvent le chou et ses cousins, déploient leurs forces par l'intermédiaire de l'extraordinaire système de désintoxication du corps. C'est en fait grâce à ce système de défense, qui élimine les éléments étrangers et nuisibles à l'organisme — et que l'on n'apprécie pas à sa juste valeur — que nous pouvons manger des plantes depuis des siècles. Ce système de défense laisse en effet passer les nutriments tout en rejetant ce que les plantes peuvent contenir de moins bénéfique. Ce système sert aussi à amortir les assauts de ces carcinogènes modernes auxquels nous nous trouvons quotidiennement exposés, comme les polluants de l'air, les pesticides, les produits chimiques industriels et les substances qui contaminent nos aliments. En fait, la manière dont fonctionne ce système de désintoxication peut avoir une grande influence sur notre résistance au cancer. L'intensification de l'activité de certains enzymes, ainsi que les processus métaboliques complexes qu'ils déclenchent, ont pour effet de chasser les produits chimiques dangereux hors du corps. Le Dr Wattenberg déclare: «Un renforcement de l'activité de ce système pourrait accroître la capacité de l'organisme à supporter les effets néoplasiques qu'entraîne l'exposition à des carcinogènes chimiques.»

Une conclusion s'impose: certains aliments, comme le chou, semblent avoir la faculté de faire passer notre système de désintoxication à une vitesse supérieure. Les composants du chou, parmi lesquels les indoles et des produits chimiques répondant au nom farfelu de «dithiolthione», ont une très forte influence sur les enzymes qui déterminent la vitesse de fonctionnement du système de désintoxication. En agissant sur les enzymes, on provoque une accélération du système de désintoxication, qui inonde alors l'organisme de molécules du nom de glutathione (une substance naturellement présente dans le corps et qui est capable de détruire les toxines) et d'enzymes qui font adhérer le glutathione aux molécules carcinogènes. Imaginez une grande salle de bal bondée où se bousculeraient des molécules d'ADN et de glutathione. C'est alors qu'arrive un grand méchant carcinogène hyperactivé. S'il prend pour partenaire une molécule d'ADN, il risque d'y avoir du grabuge. Mais qu'il en vienne à danser avec une molécule de glutathione, il y a beaucoup de chances pour que le couple soit victime d'une réaction chimique: le carcinogène sera neutralisé. Il est bien évident que plus il y a de molécules de glutathione dans les tissus, plus il est mathématiquement probable qu'elles rencontrent la molécule carcinogène et la détruisent, l'ADN — si important pour nous — restant inchangé. C'est pour cela que négliger de maintenir dans l'organisme un niveau important de molécules de glutathione, prêtes à intervenir dans les recoins les plus obscurs de notre corps, pourrait bien revenir à signer notre arrêt de mort.

Le Dr Wattenberg et certains de ses confrères ont fait mille fois la preuve expérimentale qu'en nourrissant des animaux avec des choux et autres cruciféracées, on accélérait leur mécanisme de désintoxication. Même topo d'ailleurs si on leur donne des substances chimiques brutes extraites du chou. Dans les deux cas, il y a beaucoup moins de risques que les animaux soient frappés par le cancer une fois exposés à des carcinogènes chimiques.

Le Dr Thomas Kensler, professeur associé de toxicologie à la Faculté d'hygiène et de santé publique de l'Université John Hopkins, a quant à lui administré de l'aflatoxine, qui est un puissant carcinogène, à ses animaux de laboratoire, en administrant préalablement à une partie d'entre eux une dose de dithiolthione. Il a ensuite examiné les cellules des animaux qui avaient reçu du dithiolthione et y a trouvé deux fois plus de gluthatione et dix fois plus d'enzymes, qui font adhérer le glutathione aux carcinogènes, que chez les autres animaux. Il a également constaté que les dégâts causés par l'aflatoxine s'accrochant à l'ADN étaient de 90 p. 100 inférieurs à ceux relevés chez les sujets n'ayant pas ingéré de dithiolthione. Il y avait donc moins d'altérations cancéreuses affectant les cellules et, au bout du compte, beaucoup moins de tumeurs. Pour reprendre les paroles du Dr Kensler: «Les dithiolthiones sont tout aussi efficaces que n'importe quel autre agent anticancéreux déjà connu. C'est vraiment spectaculaire.»

Les expériences du Dr Wattenberg sur les animaux lui ont permis de prouver que les cruciféracées, crues ou cuites, et les substances chimiques qu'elles renferment, ont un effet stimulant sur l'activité des enzymes qui effectuent la désintoxication de l'organisme. Mais, comme il le fait remarquer, certains indoles du chou n'ont de pouvoir protecteur que s'ils se trouvent dans le corps *avant* l'arrivée du carcinogène. Si l'indole arrive sur les lieux *après le début de l'attaque des cellules par le carcinogène*, il semble que ses pouvoirs soient plus limités. En revanche, les isothiocyanates, qui sont d'autres substances chimiques extraites des cruciféracées, se sont montrés capables d'enrayer le cancer du côlon chez les rats, une semaine après leur avoir inoculé un agent cancérigène. Il semblerait que, pour pouvoir entretenir des barrières biologiques contre le cancer, les cellules aient besoin d'un apport régulier de substances alimentaires appropriées, prises à faibles doses.

Des Norvégiens ont également procédé à des études particulièrement intéressantes sur les signes précancéreux observés dans le côlon de sujets mangeurs de légumes crucifères et d'autres qui n'en consommaient pas. Les résultats impressionnants qu'ils ont recueillis ne font que consolider les arguments en faveur du chou et de ses cousins. D'après les médecins, le cancer du côlon se développe à partir de petites grosseurs appelées «polypes» ou, à un stade plus avancé, «adénomes». Ces tumeurs bénignes ne deviennent pas toutes cancéreuses, mais puisqu'elles peuvent être à l'origine des cancers du côlon et du rectum, il est sûr que si l'on pouvait arrêter leur apparition, ou tout au moins leur développement, on éliminerait du même coup le risque de cancer du côlon.

En 1986, des scientifiques norvégiens qui travaillaient sur les rapports entre l'alimentation et le cancer examinèrent des personnes indemnes de tout symptôme cancéreux, afin de découvrir si l'on pouvait déceler dans leur côlon des signes de polypes. Ils soumirent d'abord cent cinquante-cinq hommes et femmes, âgés de cinquante à cinquante-neuf ans, à examen sigmoïdoscopique (insertion d'un instrument lumineux dans le côlon), afin de déceler d'éventuels polypes ou adénomes et d'en mesurer la taille et l'étendue. Après quoi les chercheurs demandèrent aux participants de noter scrupuleusement tout ce qu'ils mangeraient au cours des cinq jours suivant l'examen.

Il se trouve que soixante-huit personnes, soit près de la moitié du groupe, présentaient des polypes. Mais, là où l'histoire devient tout à fait étonnante, c'est qu'on constata que les membres du groupe qui *ne présentaient pas de signes précancéreux* dans le côlon étaient aussi ceux dont *la plupart des calories provenaient de cruciféracées* — chou, brocoli, chou-fleur et chou de Bruxelles — légumes qui ont également plus de fibres que les autres. Les légumes crucifères semblaient avoir à la fois empêché la formation de dangereux amas cellulaires et limité l'évolution des anomalies s'il y en avait malgré tout. Le Dr Geir Hoff, du Service médical de Telemark Sentralsjukehus de Skein, en Norvège, qui dirigea l'équipe de recherche, rapporte que les patients chez qui l'on trouva les adénomes les plus volumineux — plus de 5 ml de diamètre — et les plus anormaux étaient aussi ceux qui consommaient le moins de cruciféracées.

L'Institut national du Cancer accorde au chou, et à tous les autres légumes crucifères, un place prépondérante dans la lutte contre le cancer du côlon, mais aussi contre ceux de l'estomac. Un rapport interne de l'Institut notait en 1987 que, sur sept études épidémiologiques importantes du type de celle du Dr Graham, six avaient conclu que les sujets qui consommaient plus de cruciféracées étaient moins exposés au risque de cancer du côlon. Ces études, réalisées en Israël, en Grèce, au Japon, en Norvège et aux États-Unis, faisaient toutes amplement référence au chou, mentionnant également le chou-navet, la choucroute, les choux de Bruxelles et le brocoli.

Certaines études faites sur d'autres échantillons de population allongent encore la liste des maux dont la grande famille des cruciféracées pourrait nous protéger: cancer du poumon, de l'œsophage, du larynx, du rectum, de la prostate et de la vessie.

Jusqu'où peut-on aller dans ce sens? Le Dr Wattenberg est d'avis qu'on pourrait extraire et synthétiser certains des produits chimiques contenus dans les cruciféracées et administrer ces extraits aux personnes à haut risque de cancer, par exemple celles qui se trouvent professionnellement exposées à des produits chimiques cancérigènes.

Il serait déraisonnable d'ignorer le message très convaincant qui nous vient des laboratoires et des universités: les personnes qui mangent une plus grande quantité de légumes du type de ceux que l'on sait saturés de substances anticancérigènes, sont beaucoup moins susceptibles de contracter le cancer que d'autres. À l'époque romaine, on était enclin à mettre ces convictions en pratique de manière plutôt radicale; c'est ainsi que des citoyens en vinrent un beau jour à bouter les médecins hors de la cité et qu'ils vécurent ensuite en très bonne santé, en mangeant du chou. Une fois de plus, la science rattrape la tradition populaire...

LES DOUZE CRUCIFÉRACÉES ANTICANCÉREUSES

Tous ces légumes présentent des fleurs à quatre pétales dans lesquelles les botanistes virent une ressemblance avec un crucifix; d'où leur qualificatif de «crucifères» et leur nom «cruciféracées». Toutes ces plantes renferment les mêmes produits chimiques capables de s'opposer à la destruction des cellules par les carcinogènes: brocoli, chou, chou de Bruxelles, chou-fleur, chou frisé, chou-navet, cresson, moutarde, navet, radis, raifort et rutabaga.

7.

UN REMPART DE NOIX ET DE GRAINES

S'il vous arrive d'aller déjeuner avec le Dr Walter Troll, il vous entraî-
nera sûrement dans un petit restaurant spécialisé dans les salades, où
vous pourrez vous bourrer de pois chiches, un de ses mets préférés. Il
est moins friand de graines de soja bouillies — bien qu'il leur doive sa
célébrité parmi ses collègues —, car il ne les trouve pas très flatteuses
pour le palais. Sa femme lui fait quelquefois du gâteau au tofu qui,
d'après lui, aurait un peu le goût d'une tarte tatin à l'ananas. C'est lors
d'un voyage au Japon que le Dr Troll et son épouse rencontrèrent des
spécialistes de la recherche sur le cancer qui leur donnèrent quantité
de tuyaux pour accommoder les graines de soja. Il est vrai que les
Japonais sont les plus grands consommateurs de soja du monde, bien
que l'essentiel de la récolte de ces graines se fasse aux États-Unis.
Comme le souligne ironiquement le Dr Troll, «ce sont nos graines de
soja qui constituent probablement l'une des raisons pour lesquelles les
Japonais sont généralement moins sensibles au cancer que nous». (À
la notable exception du cancer de l'estomac cependant, qu'il croit
imputable à l'habitude japonaise de manger trop d'aliments salés.)

Le Dr Troll, professeur de médecine de l'environnement à l'Université de New York, essaie de promouvoir la consommation de haricots, de riz, de légumes secs et de noix de toutes sortes depuis 1969,
date à laquelle il fit une découverte historique sur un groupe de
composants appelés «inhibiteurs des protéases», qui se trouvent en
abondance dans les graines et les noix de toutes sortes. Il soutient que
ces composants contribuent à vaincre le cancer en s'immisçant dans
les activités de certains «fonctionnaires» installés dans notre corps,
entre autres les oncogènes, et de certains enzymes nommés «protéases» qui peuvent favoriser l'apparition du cancer.

À en croire le Dr Troll, voilà ce qui se passe quand on vient de faire un repas composé de pois chiches (le scénario est le même pour tout autre légume sec: riz, noix de toutes sortes, maïs ou céréales): les pois chiches descendent dans l'estomac, puis s'introduisent dans l'intestin où ils sont dépouillés de leur enveloppe externe et réduits en petits morceaux par les sucs gastriques. Mais, à l'intérieur des pois chiches, il existe des molécules indestructibles, les inhibiteurs des protéases, qui survivent dans l'intestin. Le Dr Troll sait de quoi il parle: ayant rendu ces molécules radioactives pour en suivre les pérégrinations dans les entrailles d'animaux de laboratoire, il avait pu constater «qu'elles en ressortaient intactes».

Les inhibiteurs des protéases n'ont pas été créés pour notre plaisir ou notre sécurité, mais pour garantir la perpétuation des espèces végétales. C'est à cause des inhibiteurs des protéases, par exemple, que les insectes ne peuvent pas se nourrir de graines, et que les oiseaux, s'ils en mangent, ne peuvent les digérer, et donc les détruire; la graine émerge intacte des fientes d'oiseaux, prête à germer. À l'heure actuelle, on a déjà identifié huit sortes d'inhibiteurs de protéases différents, présents dans des «graines-aliments», y compris des tubercules, comme les pommes de terre.

D'après le Dr Troll, nous avons une multitude de bonnes raisons de souhaiter la présence masquée de ces inhibiteurs de protéases dans notre organisme, à commencer par le fait — vérifié — qu'ils surveillent et peuvent enrayer l'activité des protéases, qui ont la très mauvaise habitude de déclencher et d'activer les processus cancéreux. Les protéases, en général, sont des enzymes qui décomposent les protéines et effectuent certaines fonctions biologiques normales comme la digestion des protéines. Cependant, certaines protéases se font également l'auxiliaire des cellules cancéreuses auxquelles elles apportent leur appui. Étant donné que les cellules cancéreuses sont des intruses, elles ne jouissent pas à leur arrivée de la protection que le corps accorde naturellement aux cellules normales. C'est pourquoi elles s'empressent d'exploiter les protéases afin de proliférer. Prenons l'exemple du collagène, protéine qui constitue un matériau robuste garantissant l'élasticité des parois cellulaires et des organes. Pour se disséminer dans l'organisme, les cellules cancéreuses doivent briser ces parois. Pour ce faire, il est probable qu'elles enrôlent les protéases nommées «collagénases» pour tomber à bras raccourcis sur le collagène et pouvoir ensuite pénétrer dans les cellules. Il est évident que si les inhibiteurs de protéases se trouvent sur les lieux du crime, ils s'efforceront de mettre un frein aux menées cancéreuses des collagénoses.

En outre, le Dr Troll a découvert que les inhibiteurs de protéases avaient un large spectre d'activités anticancéreuses; ils pouvaient même manipuler le mécanisme qui régularise les puissants et turbulents oncogènes. Les oncogènes ont été récemment découverts par les spécialistes de la recherche sur le cancer. On les considère comme l'une des principales clés du processus cancéreux. Les oncogènes habitent — généralement de manière très pacifique — dans toute cellule normale. Mais, qu'ils subissent une mutation spécifique, les voilà qui se transforment en gènes du cancer et incitent les cellules à proliférer sauvagement jusqu'à former une tumeur. «Tant que l'oncogène n'est pas activé, il ne fait aucun mal», explique le Dr Troll. On connaît à présent une centaine d'oncogènes différents. D'après le Dr Troll, ce sont eux qui amènent les cellules sur la pente fatale menant au cancer et qui en favorisent la longue et lente progression.

Les inhibiteurs des protéases, exerçant également une fonction antioxydante, sont capables de faire obstacle à ce qu'on appelle les radicaux libres, ces molécules surchargées d'oxygène, hyperdynamiques et touche-à-tout, qui viennent ravager les cellules. Le Dr Troll décrit les inhibiteurs de protéases comme étant des «parapluies protecteurs» qui combattent le processus cancéreux pratiquement à chaque pas de son évolution, lui interdisant la poursuite de l'œuvre de destruction perpétrée contre l'ADN, inversant même parfois ce processus en affamant les cellules cancéreuses complètement formées ou en les détruisant purement et simplement.

Mais ce qui intéresse le plus le Dr Troll dans les inhibiteurs de protéases, c'est leur aptitude à intercepter le cancer au moment le plus critique, à savoir lorsqu'il contamine les cellules (c'est-à-dire lorsqu'il endommage, leur ADN) de façon à les inciter à proliférer de façon aberrante. «Si nous pouvions empêcher la prolifération, cela ne serait déjà pas si mal», déclare le Dr Troll, qui pense qu'il est déjà trop tard pour que l'on réussisse à enrayer la contamination initiale de la cellule par le cancer. «Nous sommes probablement tous plus ou moins contaminés du fait de notre exposition aux carcinogènes qui se trouvent partout dans notre environnement.» Le Dr Troll mise plutôt sur nos chances d'arriver à empêcher nos cellules contaminées de se diviser de manière anormale et de proliférer pour former des masses malignes; il s'agit donc de bloquer le long déroulement du processus cancéreux, après les premiers dégâts infligés aux cellules, mais avant que la tumeur n'échappe à tout contrôle.

Et c'est précisément là qu'interviennent les oncogènes. Le Dr Troll estime que les oncogènes activés ont à la fois le pouvoir de modifier l'ADN et de déclencher la prolifération cellulaire qui débouche sur le cancer. Dans le cadre de l'une de ses expériences, le Dr Troll et son collègue de l'Université de New York, Seymour Garte, prélevèrent dans l'ADN des cellules cancéreuses provenant d'une vessie humaine un oncogène qu'ils placèrent au milieu de cellules normales, lesquelles s'empressèrent «de se diviser pour former une espèce de machin néoplasique». Mais lorsqu'on fit intervenir dans le même procédé quatre sortes d'inhibiteurs de protéases, on n'observa aucune modification de nature cancéreuse.

Cela signifie-t-il que les inhibiteurs de protéases empêcheraient l'activation de l'oncogène qui, alors, ne déclencherait plus de processus cancéreux?

«Tout à fait, répond le Dr Troll. Il se peut fort bien que les oncogènes ordinaires soient nécessaires à la croissance des cellules comme des tumeurs. C'est ainsi que, si on les neutralise en les désactivant d'une manière ou d'une autre au moment stratégique, il ne pourra pas y avoir de développement tumoral.» En théorie, c'est comme cela que les inhibiteurs de protéases arrivent à stopper, à différents stades, l'évolution de bon nombre de cancers.

Le Dr Troll est convaincu que les inhibiteurs de protéases auraient la faculté de ralentir la progression de cancers très avancés, un peu à la façon dont procède la chimiothérapie, mais de manière beaucoup plus précise et moins toxique. Il pense que si on enrichit ses cellules en inhibiteurs de protéases en mangeant des aliments qui en contiennent en abondance, on peut enrayer la progression du cancer, tant que la tumeur maligne reste confinée au site initial et qu'elle ne s'est pas disséminée en formant des métastases. Évidemment, «dès qu'il y a métastases, l'intervention par les moyens diététiques arrive trop tard, reconnaît-il. Mais avant cela, elle peut être tentée.»

Un autre chercheur de pointe en matière d'inhibiteurs de protéases, le Dr Ann Kennedy, de l'École de santé publique de Harvard, est arrivé à une remarquable découverte: elle a constaté que les inhibiteurs de protéases placés dans des cultures tissulaires étaient capables de *réparer* les dégâts initialement causés aux cellules au moment de leur contamination par le cancer. Or, il s'agit là d'une chose que les scientifiques avaient jusqu'alors jugée tout à fait impossible. L'opinion généralement partagée par les scientifiques est la suivante: une fois que l'ADN d'une cellule qu'on pourrait comparer à une bande originale portant son code génétique a été altéré par un agent cancérigène, le message destucteur laissé par ce dernier sur la «bande» ne pourra plus jamais être effacé. Il y restera enregistré de manière indélébile, attendant la suite des événements — comme par exemple l'arrivée d'agents carcinogènes — pour accélérer le mouvement dans le sens d'une tumeur maligne. Cependant, le Dr Ann Kennedy devait découvrir lors d'expériences en éprouvettes que l'introduction d'inhibiteurs de protéases au sein de cellules qui ont déjà subi des dégâts induits par des carcinogènes avait pour effet de ramener lesdites cellules à la normale: elles fonctionnaient ensuite comme si leur ADN n'avait jamais été agressé. En réalité, les inhibiteurs de protéases réussissaient à réparer les dégâts causés au système génétique. Qui plus est, même après la disparition des inhibiteurs, les cellules restèrent normales sans retourner à leur état précancéreux, et sans réagir à des stimulations tentant de les faire proliférer anormalement pour déclencher un processus cancéreux.

Voici quelques exemples qui expliqueront l'enthousiasme des chercheurs en ce qui concerne les pouvoirs anticancéreux des substances chimiques contenues dans les aliments.

Des expériences en laboratoire ont prouvé que les inhibiteurs de protéases pouvaient retarder la croissance des cellules cancéreuses du sein et du côlon chez les humains. Quand on nourrit des animaux avec des composants de la graine de soja, on constate un arrêt de l'évolution des cancers des mamelles, de la peau et du côlon. Des souris à qui l'on injecte des inhibiteurs des protéases survivront à des irradiations qui, autrement, les tueraient. Les graines de soja, riches en inhibiteurs de protéases, arrêtent les cancers spontanés du foie chez les souris. De même, si l'on badigeonne leur peau de substances carcinogènes, les souris ne seront pas affectées par la maladie si l'on a préalablement ajouté à la solution des inhibiteurs de protéases. C'est là la découverte passionnante que fit le Dr Troll un beau jour de 1969, un jour qu'il «n'oubliera jamais», et qui devait déclencher une série d'études scientifiques sur les inhibiteurs de protéases.

C'est grâce à une expérience, devenue par la suite classique, que le Dr Troll et ses collègues arrivèrent à démontrer l'aptitude des composants de la graine de soja à combattre le cancer des mamelles chez les animaux. Plusieurs groupes de rats, sur qui l'on fit ces expériences dès leur naissance, furent soumis à des régimes alimentaires différents, dont l'un fait de graines de soja. À l'âge de deux mois, ces mêmes rats furent exposés à des rayons X de 300 rd. Parmi les rats nourris au soja, 40 p. 100 furent atteints d'un cancer des mamelles, par rapport à 70 p. 100 des rats qui avaient été élevés avec une pâtée ordinaire.

Le Dr Kennedy, quant à elle, démontra que ces mêmes agents alimentaires avaient un effet inhibiteur puissant sur les cancers de la bouche chez les hamsters. Ayant également ajouté des extraits de graines de soja à la nourriture de souris, son équipe et elle se rendirent compte que les légumes secs enrayaient le cancer colorectal. Le Dr Kennedy est à présent convaincue que les inhibiteurs de protéases sont en mesure de combattre tous les cancers, sauf celui de l'estomac.

On dispose actuellement de beaucoup de données, élaborées à partir de cas humains, qui autorisent à penser que la consommation de graines comestibles peut nous aider à nous mettre à l'abri du cancer. Pelayo Correa, du Centre médical de l'Université de l'État de Louisiane, de la Nouvelle-Orléans, procéda à une étude impressionnante grâce à laquelle il releva les habitudes alimentaires et les taux de cancer des populations de quarante et un pays. Il devait constater une chose frappante: les pays qui présentaient les plus faibles taux de cancer du côlon, du sein et de la prostate étaient ceux où la consommation de riz, de maïs et de haricots étaient les plus fortes. Les gros mangeurs de haricots, de riz et de maïs étaient en outre moins prédisposés à des accidents coronariens. Selon le Dr Troll, bon nombre de données théoriques montrent que les inhibiteurs de protéases aident à régulariser la coagulation sanguine, ce qui peut réduire les troubles cardio-vasculaires. D'autres chercheurs, qui avaient observé que chez les femmes dont le régime incluait plus de céréales et de haricots on trouvait moins de cas de cancer du sein, de l'utérus et des ovaires, avancèrent l'hypothèse suivante: les graines comestibles compensaient partiellement les effets nocifs des régimes riches en graisses qui semblent favoriser l'apparition de ces cancers hormonodépendants.

Les aliments contenant des inhibiteurs de protéases peuvent également faire office de rempart contre les virus. Et ce pour la simple et bonne raison que certains virus doivent être activés avant de pouvoir s'amarrer aux cellules humaines et devenir infectieux. Il se trouve que le pancréas est partie prenante dans cette entreprise, puisqu'il produit des protéases qui arrivent dans les voies gastro-intestinales où elles vivent en grandes colonies. Quoique ces enzymes aient pour tâche d'assurer la bonne marche d'un bon nombre de fonctions métaboliques, elles peuvent aussi avoir une action sur les virus. Un virus peut très bien «dormir» très longtemps dans les voies gastro-intestinales ou respiratoires, ou même dans un mouchoir en papier. Mais qu'un beau jour toutes les conditions favorables soient réunies et qu'il vienne à rencontrer une protéase, tout se passera comme dans *La Belle au bois dormant:* ils tomberont dans les bras l'un de l'autre et s'embrasseront. Le virus, ramené à la vie, pourra commencer à se reproduire.

Il semble logique, dans ces conditions-là, d'essayer de neutraliser la fonction d'activation de ces protéases de charme: les virus resteraient ainsi englués dans leur somnolence et ne constitueraient plus un danger. Ainsi, les virus ne seraient plus activés et ne pourraient plus s'accrocher aux cellules; ils se retrouveraient emportés à travers l'intestin, pour finir dans un égout.

En fait, ce que nous venons de décrire correspond tout à fait à la manière dont fonctionnent les inhibiteurs de protéases: ils annihilent la faculté des protéases d'activer les virus. En utilisant une métaphore, on pourrait dire qu'un inhibiteur peut empêcher une particule virale d'ôter son manteau de protéines. Par ailleurs, tant qu'il porte ce manteau, le un virus est incapable d'envahir une cellule et de lui injecter son matériau génétique. Si l'on arrive à empêcher le virus de se dévêtir, il ne parviendra pas à accéder au mécanisme génétique et, par conséquent, ne pourra pas se reproduire. La cellule restera saine et sauve, car, à la différence de la bactérie, le virus est incapable d'assurer seul sa reproduction. Pour pouvoir propager l'infection, le virus doit pénétrer à l'intérieur de la cellule saine, s'emparer de son système génétique et s'en servir pour se reproduire en lui faisant fabriquer de nombreuses répliques du virus initial.

Il est désormais indiscutable que les inhibiteurs des protéases du type de ceux qu'on a trouvés dans les aliments, et en particulier dans les graines de soja, peuvent désamorcer les virus. Des chercheurs de la Faculté de médecine de l'Université John Hopkins ont mélangé des rotavirus humains qui causent la diarrhée et des troubles gastro-intestinaux, à plusieurs sortes d'inhibiteurs de protéases, puis ils les ont laissés incuber dans des cellules humaines. Il s'est avéré que toutes ces substances inhibitrices avaient réussi à dominer les virus. Les composants des graines de soja, en préparations très concentrées, parvinrent à annuler l'activité virale pratiquement à 100 p. 100. Il n'y eut pas le moindre petit menuet d'amour entre les enzymes-protéases et les virus, parade amoureuse qui, seule, aurait pu leur conférer le pouvoir d'envahir les cellules.

Lorsque des chercheurs donnèrent des constituants de la graine de soja à des souris auxquelles ils avaient inoculé un virus, beaucoup moins de petits rongeurs furent touchés par la maladie, et ceux qui en furent atteints s'avérèrent beaucoup moins contagieux que d'habitude. Détail intéressant: si l'on n'administrait qu'une seule dose, assez réduite, de constituants de la graine de soja, les résultats n'étaient probants que si ces substances avaient été prises *avant* l'inoculation du virus. Elles jouaient donc le rôle d'une sorte de hors-d'œuvre antiviral. Mais si ces composants étaient donnés aux animaux après inoculation du virus, à hautes doses et à plusieurs reprises, ils arrivaient à juguler assez bien l'infection dont souffraient les souris.

Étant donné que les virus qui ont besoin d'être activés par les protéases pour devenir dangereux sont nombreux, les inhibiteurs de protéases qui ont la faculté de s'interposer dans ce mécanisme de base peuvent avoir une action très efficace contre une grande variété de virus. À titre d'exemple, voici quelques virus qui sont incapables d'agir s'ils ne sont pas passés par le rituel de l'activation: les myxovirus, qui appartiennent au groupe important des virus qui provoquent la grippe et les oreillons; les rétrovirus, qui interviennent dans la leucémie; les coronavirus qui causent les infections respiratoires, et les poxvirus qui déclenchent la variole.

Non seulement les inhibiteurs de protéases d'origine naturelle arrivent à désarmer les virus, mais ils sont en outre beaucoup plus sûrs que les médicaments antiviraux dont on dispose actuellement. Il existe encore peu de produits pharmaceutiques spécialement conçus pour combattre les virus, et les quelques médicaments existants agissent sur les acides nucléiques qui se trouvent au cœur même du mécanisme génétique de la cellule. On craint d'ailleurs qu'ils ne dérangent le bon déroulement de la synthèse des acides nucléiques dans les cellules normales, ce qui entraînerait à la longue des lésions cellulaires, voire même le cancer. Les chercheurs expliquent qu'en revanche les substances alimentaires qui bloquent les enzymes ne touchent pas au noyau cellulaire, mais interviennent dans le processus de décomposition des protéines qui permet aux virus de se frayer un passage à travers les parois cellulaires. Ainsi, le mécanisme thérapeutique qu'offre la nature est-il beaucoup plus doux et plus sûr que son homologue synthétique.

Certains prétendent que les inhibiteurs de protéases pourraient bien être eux-mêmes dangereux, à quoi les partisans de ces substances répliquent que de telles craintes sont dénuées de tout fondement. On pourrait alléguer que, à très fortes doses, les inhibiteurs seraient éventuellement susceptibles de retarder la croissance, surtout chez les animaux. Certaines expériences ont également démontré que ces composants pourraient favoriser le développement du cancer du foie chez les rats. Mais, à en coire le Dr Troll, on ne détecta absolument aucun signe néfaste chez des singes biologiquement proches de nous à qui l'on avait donné des inhibiteurs de protéases. En outre, ces mêmes agents n'entraînèrent pas non plus le moindre cancer, de quelque type qu'il soit, chez des souris, des porcs ou des singes.

On trouve des inhibiteurs de protéases un peu partout dans le règne végétal, et il est indéniale qu'ils constituent des médicaments dotés de grands pouvoirs. Il est également certain qu'on les retrouve dans les voies gastro-intestinales, et, qu'au moins chez les animaux, ils ont des effets anticancéreux à différents endroits du corps. Dans le cadre des expériences scientifiques, on constate que les inhibiteurs de protéases neutralisent les oncogènes, générateurs de cancer, et les virus. Il n'est pas nécessaire d'avoir une imagination débordante pour conclure que ces inhibiteurs constituent un argument de plus pour manger des légumes afin de s'assurer d'une bonne santé...

OÙ TROUVER LES AGENTS ANTICANCÉREUX DU DR TROLL

Cherchez d'abord les inhibiteurs de protéases dans les légumes secs. Vous les trouverez sous leur forme la plus concentrée dans les graines de soja et les pois chiches. D'autres aliments qui en sont riches sont les fèves, les haricots de lima, le tofu (pâté de soja), les pois à œil noir, les haricots rouges, les flageolets, les pois, les lentilles et les haricots mung. Toutes les graines alimentaires contiennent des inhibiteurs de protéases à des degrés divers de concentration: c'est le cas des noix de toutes sortes (les cacahuètes, les noix proprement dites, les noix de pécan, etc...), des tubercules (pommes de terre, patates douces, taro), et des céréales (orge, blé, avoine, seigle, riz, maïs et sorgho).

Bien que les inhibiteurs soient plus fortement concentrés dans les graines alimentaires, on en trouve aussi en grande quantité dans l'aubergine, et à dose moyenne dans les épinards, les brocolis, les choux de Bruxelles, les radis, le concombre et l'ananas. Un chercheur de renom de l'État de Washington a récemment découvert que 50 p. 100 des protéines contenues dans une tomate verte s'y trouvaient sous la forme d'inhibiteurs de protéases, dont la quantité diminue au fur et à mesure du mûrissement de la tomate. En vérité, peu d'aliments ont été analysés du point de vue de leur teneur en inhibiteurs de protéases, si bien que les chercheurs ne savent pas quels sont ceux qui pourraient s'avérer être de riches sources de tels composants.

De nombreux types d'inhibiteurs de protéases survivent à la cuisson et à d'autres modes de préparation culinaire; c'est ainsi qu'on en a relevé des quantités importantes dans des graines de soja cuites, dans le tofu (pâté de soja), et même dans le pain, en particulier dans le pain complet. Le Dr Troll note cependant que la cuisson détruit grandement les inhibiteurs contenus dans les pommes de terre. Elles sont donc une bien meilleure source d'inhibiteurs de protéases si on les consomme *crues*.

8.

À LA RECHERCHE DU MYSTÉRIEUX «FACTEUR CAROTTE»

Cela semble trop farfelu pour être vrai: des quantités infinitésimales de composants, semblables à des médicaments, contenus dans les carottes et autres légumes du même groupe auraient la faculté d'aider des cellules endommagées à résister à des assauts qui, autrement, finiraient par provoquer des tumeurs malignes. Et pourtant c'est vrai. On a consacré, ces dernières années, des millions de dollars à la recherche sur le cancer et utilisé des quantités incroyables de matière grise pour tenter d'apporter une réponse à une question presque ridicule: comment est-il possible que la carotte, le petit c, arrive à combattre cette épouvantable peste moderne qu'est le grand C, autrement dit le Cancer? Il se trouve que la réponse et les conséquences qu'elle entraîne sont loin d'être ridicules. Aussi étonnant que cela puisse paraître, l'épidémie de cancer déclenchée par cette folie humaine qu'est le tabagisme et par la pollution de l'environnement peut être en partie combattue par un simple rituel: mâcher, avaler et digérer chaque jour de petites quantités de plantes de couleur orange foncé ou vert foncé.

Alors que l'expérimentation sur les autres composants végétaux est faite sur des animaux ou dans des tubes à essai, l'essence de carotte est déjà largement testée *sur des humains* comme un antidote possible au cancer. Si les aliments sont de véritables fourre-tout renfermant des substances chimiques capables de s'opposer au cancer de façon générale, il semblerait que le «facteur carotte», quant à lui, intervienne dans les phases ultérieures du processus cancéreux, c'est-à-dire au stade de prolifération de cette terrible maladie. Il paraît également que la pigmentation orange de la carotte joue un rôle particulier dans la lutte contre les cancers spécifiquement liés au tabagisme. Ce «facteur carotte» n'est d'ailleurs pas confiné aux seules carottes. Bien que la famille chimique des carotènes, ou caroténoïdes, doive son nom aux carottes, ce pigment se retrouve dans tous les légumes de couleur orange ou verte (de la chlorophylle verte recouvre l'orange ou le rouge).

C'est un caroténoïde synthétique, le bêta-carotène, abondamment présent dans les carottes à l'état naturel, que des chercheurs subventionnés par l'Institut national du cancer ont administré en gélules à plusieurs groupes de personnes dans l'espoir d'arrêter le processus cancéreux. Mais comment tout cela a-t-il commencé? Et pourquoi? Tout simplement parce que, au départ, quelqu'un a remarqué que les gens qui mangeaient des carottes et d'autres légumes riches en caroténoïdes étaient moins prédisposés au cancer que d'autres. Il était donc du devoir de la science d'essayer de transformer les pouvoirs de ces aliments en réalité pharmaceutique.

Cela n'a pas été chose facile que d'essayer de percer les mystères du facteur carotte: les chercheurs se sont embarqués dans un long périple plein de détours et de surprises, et l'on est encore bien loin d'être sorti du bois.

En réalité, il ne s'agissait pas, au départ, de carottes, mais de foie, ou tout au moins d'une sorte de vitamine A que l'on trouve dans le foie. Il faut noter ici un point d'une importance cruciale: la vitamine A se présente sous deux formes: le rétinol préformé, issu de produits animaux comme le foie et le lait, et le carotène végétal qui est converti dans le corps en rétinol assimilable. C'est en 1967 que des chercheurs de l'Institut national du cancer découvrirent que la vitamine A provenant du rétinol d'origine animale avait le pouvoir de damer le pion au cancer des voies respiratoires chez des hamsters. Sans perdre de temps, ces chercheurs en conclurent qu'ils étaient sur la trace d'un éventuel antidote au cancer.

Cette découverte devait trouver une confirmation fracassante dans la montagne de données qui ne cessaient d'affluer, provenant d'études établissant une corrélation entre des taux de cancer élevés et des régimes pauvres en vitamine A. C'est, en effet, au cours des années 70 que quinze études venant d'Israël, de Norvège, du Japon, de Chine, de France, d'Iran et des États-Unis démontrèrent que les populations dont le régime alimentaire comporte un plus grand nombre d'aliments riches en vitamine A courent moins de risques d'avoir des cancers de l'estomac, du poumon, de l'œsophage, du côlon, du rectum et de la vessie. Un indice capital se dégageait de cette constatation, mais on ne fut pas en mesure de l'interpréter correctement à ce moment-là: on retrouvait toujours en haut de la liste des aliments antidote du cancer les légumes de couleur orange foncé et vert foncé. Ces légumes ne furent considérés à l'époque que comme de simples usines à vitamine A, ne possédant aucun autre pouvoir particulier, et on les fourra tout bonnement dans le même sac que les aliments contenant des vitamines A d'origine animale.

Personne ne tiqua. Du point de vue scientifique, cette théorie tenait parfaitement debout: selon toute vraisemblance, la vitamine A régularisait le processus de différenciation cellulaire — celui même qui fait défaut en cas de cancer. En outre, la vitamine A jouait un rôle protecteur sur les cellules épithéliales des muqueuses externes et internes du corps, sur la peau, les poumons et la gorge, en fait sur toutes les régions que les aliments riches en vitamine A semblent protéger du cancer.

C'est alors que les chercheurs s'aperçurent que les résultats des études sur les animaux étaient équivoques. De faibles taux de vitamine A dans le sang ne correspondaient pas forcément à des situations à haut risque de cancer. C'est ainsi que, sous le coup d'un bombarde-ment de données contradictoires, la théorie de l'efficacité de la vita-mine A dans la lutte contre le cancer ne put tenir debout.

Entre-temps, le nombre des études faisant ressortir le rôle antican-céreux des légumes vert foncé et orange foncé n'avait pas diminué; au contraire, on en voyait sans cesse apparaître de nouvelles. Les cher-cheurs se grattaient la tête, ne sachant plus à quel saint se vouer, jusqu'au jour où, en 1981, Richard Peto et son équipe de l'Unité de recherche sur le cancer du Fonds de recherche impérial sur le cancer, d'Oxford, en Angleterre, publièrent un article assez provoquant dans la revue *Nature*. Peto donnait une solution à l'énigme en révélant que c'était le bêta-carotène — substance qui *se transforme* en vitamine A — et non la vitamine A qui se trouve à l'état préformé dans les aliments d'origine animale — qui pourrait faire échec au cancer. Voilà qui conférait enfin à certains légumes et à certains fruits leur statut privilégié dans l'arsenal de la lutte contre ce fléau.

La communauté scientifique poussa un grand soupir de soulage-ment lorsqu'elle découvrit cette thèse. Les légumes et les fruits sont en effet bourrés de caroténoïdes, une famille comprenant quelque cinq cents composants. Environ 10 p. 100 d'entre eux, dont le bêta-carotène, sont transformés dans l'organisme en vitamine A utile. La superstar de tous ces caroténoïdes générateurs de vitamine A est sans conteste le bêta-carotène, dont on trouve de fortes concentrations dans les carottes, les patates douces, les courges, les épinards et le chou frisé. Une grande partie de la population mondiale (si l'on excepte les États-Unis) tire 90 p. 100 de sa vitamine A de ces végétaux, les légumes verts à feuilles en étant la plus grande source en Asie.

Étant donné qu'on y voyait un peu plus clair du côté du «facteur carotte», les recherches se poursuivirent de manière fructueuse et parfois assez spectaculaire. C'est une étude publiée dans *The Lancet* en 1981 par le Dr Richard Shekelle, épidémiologiste de renom professant à l'Université du Texas, qui devait faire le plus de bruit. Elle démontrait clairement que c'était le bêta-carotène et non la vitamine A qui offrait une grande protection contre le cancer du poumon. Depuis 1957, les chercheurs de l'équipe avaient suivi deux mille patients de sexe masculin atteints de cancer du poumon et avaient fait des relevés de leur consommation de quelque cent quatre-vingt-quinze aliments. On déboucha sur la conclusion suivante: «Un régime relativement riche en bêta-carotène peut réduire le risque de cancer du poumon *même chez des personnes qui auraient fumé pendant de longues années.*» Les hommes qui avaient surtout consommé des aliments à faible teneur en carotène présentaient *sept fois* plus de risques de contracter un cancer du poumon que ceux qui avaient bénéficié d'un régime riche en carotène. À la suite de quoi le Dr Shekell n'hésita pas à recommander de manger la valeur d'une demi-tasse de carottes par jour pour mieux prévenir le cancer du poumon.

Le bêta-carotène étant une substance pratiquement non toxique qu'on connaît depuis longtemps et qu'on utilise couramment en dermatologie, ce fut un jeu d'enfant que de le tester sur des animaux de laboratoire. Il donna des résultats sensationnels. Ainsi, le Dr Eli Seifter, professeur de biochimie à l'École de médecine Albert Einstein de New York, et ses collègues donnèrent de très fortes doses de bêta-carotène à des rats pendant les deux à neuf semaines qui suivirent leur exposition à des carcinogènes. Dr Seifter dit que le bêta-carotène agit un peu comme une sorte de «pilule du lendemain matin». On s'est en effet rendu compte que cette substance enraye l'apparition et le développement des tumeurs. En général, plus on l'administre tôt, plus ses effets sont puissants, mais il y a de toute façon un sursis d'environ cinq à six semaines pendant lesquelles le bêta-carotène peut agir de deux manières différentes: en empêchant «les dernières étapes qui précèdent l'apparition d'une tumeur, et/ou en enrayant les étapes initiales de développement de la tumeur». En fait, en utilisation combinée avec la radiothérapie, le bêta-carotène a quasiment fait disparaître des tumeurs complètement développées. Ce qui corrobore des données rassemblées en épidémiologie selon lesquelles les aliments contenant du bêta-carotène pourraient, on ne sait trop comment, limiter les dégâts causés à l'organisme par les attaques répétées des carcinogènes comme la fumée de cigarette.

Micheline Mathews-Roth, de la Faculté de médecine de Harvard, et le Dr Andrija Kornhauser, de la Food and Drug Administration (Organisme de surveillance des aliments et des médicaments) ont publié, chacune de leur côté, des études dont les résultats sont frappants: leurs travaux ont en effet démontré que des animaux de laboratoire soumis à des rayonnements ultraviolets ne contractaient pas de cancers de la peau si on leur faisait préalablement ingérer de fortes doses de bêta-carotène.

Devant le nombre toujours plus grand de données qui semblaient confirmer que le bêta-carotène pourrait effectivement intervenir de manière positive dans cette tragédie humaine qu'est le cancer, c'est en 1982 que l'Institut national du cancer mit sur pied un vaste programme d'expérimentation sur des sujets humains. Le plus connu de ces programmes de recherche est celui que dirige le Dr Charles Hennekens de l'École de santé publique de Harvard: vingt-deux mille médecins vont absorber quotidiennement, pendant cinq ans, une gélule remplie, soit de bêta-carotène, soit d'un placebo (une substance inerte), afin de déterminer si le bêta-carotène peut effectivement prévenir tous les types de cancer. On a également prévu des tests spécifiques destinés à juger de l'efficacité du bêta-carotène sur certains cancers précis: six études portent sur le cancer du poumon, dont une de très grande envergure en Finlande et une autre en Chine, deux sur le cancer du côlon, deux sur celui de l'œsophage (dont une importante en Chine), et trois sur les cancers de la peau. Les résultats de ces études devraient être communiqués à la communauté scientifique entre les années 1990 et 1992.

En attendant, les informations sur le bêta-carotène continuent d'affluer, en mêlant de bonnes nouvelles à de nouveaux mystères. Un des problèmes qui hantait les chercheurs était l'absence de rapport systématique entre la quantité de vitamine A dans le sang et les taux de cancer. Or, dans le cas du bêta-carotène, cette corrélation existe bel et bien! Il semblerait que, moins il y a de bêta-carotène dans nos veines, plus notre risque de cancer du poumon sera grand. Une étude publiée en 1987 dans le *New England Journal of Medicine* par feu le Dr Marilyn Menkes, de l'École d'hygiène et de médecine publique de l'Université John Hopkins, devait faire date: elle y montrait le funeste lien qui existe entre un faible taux de bêta-carotène dans le sang et l'apparition du cancer du poumon, neuf ans après le début d'une observation.

Cette chercheuse et son équipe utilisèrent des échantillons de sang qu'ils avaient prélevés et analysés en 1974, dans le cadre de l'étude sur le bêta-carotène. En 1983, ils réussirent à retrouver les donneurs et constatèrent que quatre-vingt-dix d'entre eux avaient des cancers du poumon. On compara alors le taux de bêta-carotène présent dans le sang des cancéreux avec celui des donneurs du même groupe qui n'avaient pas été atteints de ce même cancer. Il en ressortit très nettement que de faibles quantités de bêta-carotène dans le sang laissent présager l'éventualité d'un cancer du poumon. Ceux qui présentaient les plus faibles taux de bêta-carotène étaient 2,2 fois plus exposés au risque de cancer du poumon que ceux chez qui on en avait relevé les plus fortes quantités. Et, détail frappant, un faible taux de bêta-carotène dans le sang était lié de façon spectaculaire au carcinome épidermoïde bronchique — une sorte de cancer cutané affectant la muqueuse interne des poumons —, la forme de cancer qui tue le plus de fumeurs. Les individus qui avaient le moins de bêta-carotène dans le sang présentaient *quatre fois* plus de risques d'être frappés par l'un des cancers qui guettent les fumeurs que ceux qui présentaient les plus forts taux de bêta-carotène. Le sang illustre fidèlement les quantités de bêta-carotène que nous avons absorbées.

Le Dr Menkes avait calculé qu'en accroissant la consommation d'aliments riches en bêta-carotène on pourrait arriver à prévenir de quinze à vingt mille décès annuels dus au cancer du poumon.

Et de combien faudrait-il augmenter la consommation journalière de carotène pour y parvenir? Selon les estimations, environ la quantité de bêta-carotène contenue dans une carotte.

Une carotte?

Eh oui!

On commence à se rendre compte des pouvoirs du «facteur carotte». Ceux-ci semblent s'affirmer surtout dans la lutte contre les cancers de l'épithélium, et en particulier ceux du poumon. À une étonnante unanimité, les chercheurs ont tous reconnu l'efficacité du carotène naturel contre le cancer du poumon. Dix des onze études épidémiologiques réalisées un peu partout dans le monde ont démontré que les fruits et les légumes de couleur orange foncé ou à feuilles vert foncé renferment *quelque chose* que les chercheurs identifient généralement comme étant le bêta-carotène, et que cette substance réduit très substantiellement les risques de cancer du poumon. Ces risques sont multipliés par deux ou par trois chez ceux qui ne mettent guère d'aliments riches en carotène dans leur assiette. Il semblerait qu'une alimentation apportant beaucoup de carotène protège les non-fumeurs de la catastrophe, de même que les anciens fumeurs repentis et, à un degré très limité, ceux qui fument encore. Cependant, à chaque congrès scientifique, les chercheurs proclament haut et fort que l'action bénéfique du bêta-carotène est tout à fait insignifiante par rapport au pouvoir écrasant qu'a la cigarette de précipiter les cellules dans les griffes du cancer. Un régime n'est qu'un paravent bien léger si l'on considère le potentiel carcinogène que représente l'habitude de se remplir les poumons de fumée...

Il se pourrait que la consommation d'aliments riches en carotène puisse également contribuer à prévenir une autre forme de cancer spécifique des fumeurs, celui du larynx, surtout durant la période critique qui suit l'abandon de la cigarette. Voilà ce que déclarait à ce propos Dorothy Mackerras, de l'École de santé pbulique de l'Université du Texas, à Houston: «Il semblerait que, une fois que l'on a arrêté de fumer, le carotène aide à la remise en état du larynx, si bien que l'on a moins à redouter ce cancer.» Mackerras a en effet constaté que, parmi les fumeurs qui avaient renoncé au tabac de deux à dix ans auparavant, ceux qui n'absorbaient pas beaucoup d'aliments riches en carotène avaient cinq fois et demie plus de risques de contracter un cancer du larynx que ceux qui en consommaient beaucoup. En revanche, le bêta-carotène ne protégeait que les *ex-fumeurs:* il n'arrivait en effet pas à intercepter la fumée cancérigène envahissant les cellules du larynx. Autre point intéressant: Mackerras constata que l'absorption de comprimés de vitamine A — faits de rétinol — n'offrait aucune protection.

Quelle est donc la source ou la nature de ces pouvoirs des caroténoïdes, et en particulier du bêta-carotène? Comment fonctionnent-ils? Comment arrivent-ils à combattre avec précision le cancer à l'intérieur même des cellules? C'est là que de nouvelles découvertes nous apportent des surprises, porteuses de promesses inespérées pour notre santé. On avait supposé, au départ, que c'était la conversion du bêta-carotène en vitamine A qui en faisait un antagoniste du cancer. Or, l'histoire est à la fois beaucoup plus compliquée et beaucoup plus passionnante. Il s'avère en effet que, à la différence de la vitamine A ordinaire, le bêta-carotène est un anti-oxydant, ce qui fait de lui une véritable machine de guerre, prête à débusquer les carcinogènes et à les réduire en bouillie. Le bêta-carotène est capable d'annihiler les dangereuses molécules d'oxygène hyperactif qui se baladent partout dans notre corps et y sèment la destruction. Ce qui revient à dire que l'effet d'antioxydant protecteur des cellules du bêta-carotène est indépendant du petit numéro de caméléon qu'il effectue en se transformant en vitamine A.

Cette découverte a ouvert la voie vers de nouveaux horizons, encore plus vastes. Le fait que le bêta-carotène soit un anti-oxydant élargit la gamme de ses possibilités pharmaceutiques au-delà même de la protection contre le cancer, lui conférant toutes les propriétés physiologiques propres aux anti-oxydants. De nouveaux éléments d'information laissent entendre que le bêta-carotène aurait effectivement «des effets immunologiques très variés», selon les dires du Dr Norman Krinsky, professeur de biochimie et de pharmacologie à la Faculté de médecine de l'Université Tufts et autorité reconnue en matière d'antioxydants. Les chercheurs ont en effet constaté que cette substance stimulait la production des cellules T qui sont spécialisées dans la lutte contre les infections de toutes sortes. Des chercheurs japonais ont également souligné que le bêta-carotène contribue à prévenir le cancer, tant d'origine virale que chimique, en «améliorant le système de surveillance immunitaire», c'est-à-dire en assurant une meilleure immunité tissulaire contre le cancer. En tant qu'anti-oxydant, le bêta-carotène devrait aussi avoir un effet protecteur sur le système cardio-vasculaire, un rôle anti-inflammatoire et même antisénescent.

Tout cela signifie également que le bêta-carotène ne peut plus être considéré comme le seul, voire même comme le plus puissant agent anticancéreux contenu dans les aliments riches en carotène comme les carottes, les épinards, le chou frisé et les patates douces. Il semblerait que pratiquement tous les caroténoïdes soient des anti-oxydants, à des degrés divers. Le Dr Krinsky a procédé à des tests sur la canthaxanthine, un caroténoïde végétal qui ne s'apparente absolument pas à la vitamine A. Il a pu constater lorsqu'il a placé cette substance dans des tubes à essai, qu'elle empêchait les cellules de devenir cancéreuses et que, administrée à des animaux, elle bloquait le développement des tumeurs; elle agit donc de la même manière que le bêta-carotène. Le Dr Krinsky attribue les effets anti-oxydants des caroténoïdes à des pouvoirs chimiques non encore identifiées et qui ne doivent rien à la vitamine A. Ce qui veut dire que le bêta-carotène n'aurait pas le monopole de l'action anticancéreuse.

D'autres experts ont même fortement l'impression que ce n'est pas le bêta-carotène, mais d'autres caroténoïdes se trouvant dans certains aliments qui constituent les principaux agents anticancéreux. Selon le Dr Frédéric Khachik, du ministère de l'Agriculture des États-Unis (United States Department of Agriculture), les analyses des aliments dont les études épidémiologiques montrent qu'ils sont le plus souvent liés à de faibles risques de cancer — comme le brocoli, les choux de Bruxelles, le chou, le chou frisé et les épinards — révèlent en fait qu'ils sont beaucoup plus riches en caroténoïdes autres que le bêta-carotène. Sur le total des caroténoïdes que contiennent l'épinard et le chou frisé, seuls 19 p. 100 correspondent à du bêta-carotène, ou aux autres carotènes apparentés à la vitamine A. Ce chiffre tombe à 10 p. 100 pour le brocoli et les choux de Bruxelles, et à 8 p. 100 pour le chou. En revanche, tous ces légumes à effet anticancéreux possèdent des taux exceptionnellement élevés d'un autre type de caroténoïde appelé «lutéine». Le Dr Khachik pense que le caroténoïde qui fait de ces aliments des champions de la lutte anticancéreuse serait la lutéine, et non le bêta-carotène.

Tout cela corse considérablement notre histoire de carottes! Cela voudrait dire, en effet, que la protection qu'offrent des légumes riches en caroténoïdes, comme les carottes et les épinards, ne serait pas due à un seul type d'arme anticancéreuse, le bêta-carotène en l'occurrence, mais à tout un faisceau convergent de centaines de caroténoïdes anti-oxydants qui n'ont pas encore été analysés, plus d'autres éléments actuellement non identifiés. C'est ce que le Dr Hans Stich, un spécialiste du cancer de la Colombie-Britannique, appelle «un effet de cocktail», phénomène pas encore suffisamment étudié, à son avis. La nature ne fonctionne pas à la manière des laboratoires de produits pharmaceutiques. «Il est tout à fait vraisemblable, déclare Stich, que les aliments diffusent dans l'organisme tout un ensemble chimiopréventif qu'il est impossible de reproduire en un seul médicament.» C'est pourquoi ce chercheur préfère raisonner en termes d'effets cumulatifs et utiliser un mélange constitué de bêta-carotène et d'autres anti-oxydants dont la combinaison sera plus puissante et moins toxique que lorsqu'il n'y a qu'un seul composant chimique alimentaire. Il rappelle également que, dans l'état actuel des choses, rien ne permet d'affirmer que le bêta-carotène, ou tout autre facteur du type carotte, prévient le cancer. Tout ce que nous savons, c'est que manger des fruits et des légumes semble avoir une telle action.

Ainsi, malgré tout le battage qui se fait actuellement autour d'une essence de la carotte, le bêta-carotène, il se pourrait bien que le mystérieux «facteur carotte» ne soit autre que *la carotte, le brocoli, le chou de Bruxelles, la feuille de l'épinard et du chou frisé dans leur entier...*

LES MEILLEURES SOURCES DE CAROTÉNOÏDES ANTICANCER*

Abricot
Brocoli
Carotte (riche en bêta-carotène)
Chou vert
Chou de Bruxelles
Chou frisé (le plus riche en caroténoïdes de toute sorte)
Courge (riche en bêta-carotène)
Épinard
Laitue
Patate douce (riche en bêta-carotène)
Tomate

---

* Règle: Plus le vert des feuilles des légumes ou l'orange des fruits et des légumes est foncé, plus ceux-ci sont riches en caroténoïdes.

9.

L'ÉTRANGE PROPRIÉTÉ ANTIBIOTIQUE DE LA CANNEBERGE (AIRELLE)

Le Dr Anthony Sobota, professeur de microbiologie à l'Université d'État de Youngstown, dans l'Ohio, ne cherchait certes pas la célébrité lorsqu'il tentait d'améliorer le traitement des infections des voies urinaires. Il avait soumis un certain nombre de médicaments à des tests de sensibilité pour vérifier leur nouveau mode d'action consistant non pas à tuer les bactéries, mais à les empêcher d'adhérer aux cellules de surface des voies urinaires. C'est ainsi qu'il découvrit l'«antibiotique de la canneberge»!

Traditionnellement, on jugule les infections en détruisant d'emblée les bactéries ou en intervenant sur leurs mécanismes vitaux pour les empêcher de se reproduire. Des antibiotiques comme la pénicilline suivent ce schéma typique: ils attaquent les parois cellulaires de la bactérie ou empêchent le microbe de produire les enzymes ou les acides nucléiques qui lui permettent de se disséminer un peu partout dans le corps et d'y établir des places fortes.

Depuis une dizaine d'années, les chercheurs se sont beaucoup intéressés à une autre forme de lutte contre les bactéries. Elle consiste à les empêcher de s'agripper à des cellules saines, en vertu d'une théorie selon laquelle les microbes seront incapables de déclencher des infections s'ils ne peuvent s'accrocher aux cellules. Des scientifiques suédois ont en effet découvert que les bactéries responsables des infections des voies urinaires sont particulièrement enclines à recourir à l'adhérence pour lancer leurs actions offensives; seules les bactéries qui ont réussi à s'installer sur les cellules des voies urinaires parviennent à déclencher la maladie. C'est ainsi que le Dr Sobota en vint à penser que, si l'on pouvait mettre en échec la faculté d'adhésion de la bactérie, on combattrait le processus pathologique au moment même de sa mise en marche, c'est-à-dire avant l'apparition de tout symptôme.

Il était assez facile d'en avoir le cœur net. Sobota préleva dans de l'urine d'un sujet féminin des cellules de surface de la vessie et y ajouta des bactéries qu'il avait pris soin de colorer de rouge. En observant son mélange au microscope, il put compter le nombre de bactéries teintes en rouge qui se collaient aux cellules. Les bactéries étaient mises dans les mêmes conditions que celles qu'elles rencontreraient normalement dans les voies urinaires; si elles arrivaient à s'agripper, elles essaimeraient et déclencheraient une infection.

Le Dr Sobota obtint des résultats plutôt décevants avec des doses réduites ou sublétales (insuffisantes pour tuer les bactéries) d'antibiotiques comme l'ampicilline, un cousin synthétique de la pénicilline, remèdes classiques pour traiter les infections des voies urinaires. Son microscope lui prouva que les bactéries étaient toujours là, confortablement accrochées à la surface des cellules. C'est alors qu'un de ses étudiants lui suggéra d'essayer le jus de canneberge qu'un hôpital du coin utilisait avec succès pour traiter les paraplégiques, qui sont d'une exceptionnelle sensibilité aux infections des voies urinaires.

Le Dr Sobota savait bien qu'une telle démarche n'avait rien de délirant. La littérature médicale faisait déjà référence aux canneberges en 1860. En 1923, deux médecins américains qui avaient fait manger des canneberges à des sujets humains remarquèrent chez ceux-ci une augmentation du taux d'acide hippurique — bien connu pour ses propriétés antibactériennes — dans leurs urines. Par la suite, d'autres chercheurs découvrirent que c'était l'acide quinique présent dans les canneberges qui produisait de l'acide hippurique. En 1962, un médecin du Wisconsin fit état de grands succès dans la prévention et le traitement des infections des voies urinaires grâce à l'ingestion quotidienne de 200 ml de jus de canneberge. Une femme de soixante-six ans qui souffrait depuis longtemps d'une inflammation rénale chronique (pyélonéphrite chronique) fut complètement guérie dans les huit semaines qui suivirent le début du traitement, au point que, deux ans et demi plus tard, elle continuait à prendre du jus de canneberge, convaincue que c'était le seul médicament qui lui faisait du bien. Dans le cadre d'une autre expérience, près de 70 p. 100 d'un groupe d'hommes et de femmes souffrant d'infections aiguës des voies urinaires se rétablirent après vingt et un jours d'absorption quotidienne d'environ 400 ml de jus de canneberge.

Ainsi l'expérience menée pendant plusieurs décennies amena à cette conclusion que l'effet des canneberges est dû au fait qu'elles font augmenter le niveau des acides présents dans l'urine. L'urine acidifiée agit un peu comme un antibiotique doux: elle peut tuer ou neutraliser les bactéries qui se baladent dans les voies urinaires et les infectent. C'est cette théorie due au bon sens qui, encore maintenant, donne une certaine crédibilité à l'utilisation de la canneberge comme remède dans la tradition populaire. «C'est vrai que les urologues conseillent aux gens de prendre du jus de canneberge pour prévenir les infections urinaires et les calculs rénaux. En fait, les canneberges acidifient l'urine», explique le Dr Price Stuart, président de l'Association des urologues des États-Unis.

Mais si une telle réaction biochimique est aisément vérifiable, rend-elle pour autant compte de toute la réalité? La nature pourrait fort bien s'avérer plus subtile encore: elle ne donnerait pas tort aux médecins, mais pas pour la bonne raison. Il se pourrait bien qu'il faille recourir à des mécanismes chimiques autrement complexes pour justifier la réputation légendaire de la canneberge.

C'est ce qui poussa le Dr Sobota à aller dans un supermarché pour y acheter quelques boîtes de jus de canneberge; il prit aussi des canneberges fraîches dont il fit un jus. Ensuite, il refit avec les canneberges le même procédé qu'il avait appliqué aux médicaments qu'il avait testés. Quand il regarda dans son microscope, il vit que les bactéries glissaient le long des cellules comme des gouttes d'eau ruisselant sur une surface lisse. Elles n'arrivaient plus, semblait-il, à trouver la moindre prise.

«J'avais eu beau utiliser des antibiotiques pour essayer d'empêcher les microbes de s'accrocher, les résultats étaient nuls. Lorsque j'essayai le jus, il fit place nette. J'étais époustouflé. Je n'arrivais pas à le croire.»

Le jus de canneberge s'avérait dix fois plus efficace que les antibiotiques à faible dose.

Plus le jus était concentré, plus il était puissant. Cela dit, même le jus de canneberge (airelle) qu'on trouve dans le commerce, et dont la teneur en fruits naturels est de l'ordre de 25 à 33 p. 100, s'avéra tout à fait efficace. Le principe actif du jus était si puissant que, même dilué dans cent fois son volume d'eau, il arrivait encore à neutraliser les bactéries.

Voilà comment le Dr Sobota explique ce qui a probablement dû se passer: les bactéries s'accrochent aux cellules au moyen de milliers de petits cils appelés «pili». Ces cils sont comme des tentacules qui permettent aux microbes de se lancer à l'abordage et de jeter le grappin sur la surface des cellules. Les cils et les cellules ont tous deux des récepteurs qui s'emboîtent parfaitement, comme une clé qui rentre dans une serrure. Plusieurs principes actifs présents dans les canneberges étaient venus obstruer ces récepteurs, comme si l'on bloquait le trou d'une serrure avec du chewing-gum, et l'accrochage n'avait donc pu se réaliser. Le Dr Sobota ne sait pas encore si «le facteur canneberge enveloppe la bactérie, ou les cellules, ou les deux, mais de toute façon le résultat est le même: il se produit un bloquage au niveau des récepteurs». Privées des possibilités qu'offre un ancrage sûr, les bactéries sont tout simplement éliminées du corps dans les urines.

C'était exactement ce que cherchait le Dr Sobota: un principe actif qui permet de faire échec aux bactéries d'une manière ingénieuse. Ce principe actif ne sortait pas d'un laboratoire pharmaceutique, mais d'un magasin d'alimentation.

Et si le principe actif des canneberges était détruit ou neutralisé dans les voies digestives, avant qu'il puisse agir dans le corps humain comme il le fait dans les boîtes de Pétri? Une chose était quand même sûre: le facteur canneberge était biologiquement actif. Le Dr Sobota avait non seulement testé le jus de canneberge, mais aussi — et cela avait une grande importance — l'urine prélevée chez des animaux et des humains *après* qu'ils eurent bu ce jus. Il constata que le principe actif était toujours présent et tout aussi efficace: les urines analysées, qui contenaient un niveau élevé de «facteur canneberge», se révélèrent parfaitement capables d'empêcher les sales petites bestioles de s'accrocher aux cellules. Dans un groupe expérimental, 70 p. 100 de ceux qui avaient bu environ 45 cl de jus de canneberge présentaient d'importantes quantités du fameux composant antibactérien dans leur urine. On retrouva les traces de ce principe actif dans les trois heures qui suivirent l'absorption du jus de canneberge, et il fut prouvé que son efficacité pouvait se prolonger durant douze heures, parfois quinze.

À l'heure où nous écrivons ces lignes, les chercheurs n'ont pas encore réussi à isoler et à identifier ce qui constitue le «facteur canneberge». Le Dr Sobota le cherche activement parmi les milliers de substances chimiques se trouvant dans les urines de ceux qui ont bu du jus de canneberge. Et les compagnies pharmaceutiques se disent intéressées par la perspective d'en faire un médicament dès qu'on aura identifié ce mystérieux inconnu.

Étonnant? Oui, en ce sens qu'un chercheur a enfin découvert un des surprenants moyens que la nature met à la disposition des êtres humains pour combattre les agents pathogènes, moyen grâce auquel les bactéries sont emballées dans une sorte d'enveloppe de manière à ce qu'elles ne puissent plus s'accrocher aux cellules saines. Il s'agit là d'un mécanisme que les compagnies pharmaceutiques ne se sont mises à explorer que très récemment, dans le cadre de leurs recherches pour la fabrication de nouveaux anti-infectieux synthétiques.

La présence d'antibiotiques dans certains aliments est reconnue depuis longtemps. La pénicilline, par exemple, fut découverte grâce à des moisissures qui s'étaient développées sur du pain. On constate parfois que certaines populations vivant sur des îles lointaines résistent aux antibiotiques modernes, ce qui semble indiquer que ces insulaires absorbent régulièrement de fortes doses d'antibiotiques existant à l'état naturel dans certains aliments. Et que penser de la découverte de traces de tétracycline dans les squelettes des Nubiens du Soudan qui vivaient dans les plaines alluviales du Nil vers l'an 350 de notre ère? Les anthropologues ont d'ailleurs noté que les infections étaient rares au sein de ces populations, peut-être grâce à l'absorption régulière d'antibiotiques naturels présents dans les céréales et la bière. On rapporte également une faible incidence de maladies infectieuses parmi les ouvriers qui bâtirent la pyramide de Khéops. Un anthropologue a avancé l'idée que cela était peut-être dû à leur «régime à base de radis, d'oignons et d'ail».

De nombreuses épices et herbes couramment utilisées en médecine traditionnelle sont bien connues pour leurs propriétés antibiotiques. On a recensé soixante composants chimiques différents qui sont présents dans les aliments et qui ont tous une activité antibactérienne. Parmi ces aliments on retrouve les pommes, le sarrasin, les piments, les châtaignes d'eau, les œufs, l'ail, le gingembre, le miel, le houblon, le lait, les oignons, les radis, le thé et le yogourt.

La canneberge n'est pas le seul antibiotique qui ait surgi tout à coup de la grande pharmacopée de la nature, mais il en est l'un des plus remarquables fleurons.

10.

LE VIN, LE THÉ ET LES MERVEILLEUX PHÉNOLS

Les polyphénols, médicaments naturels largement présents dans les aliments, sont dotés d'un principe biologique très actif qui leur confère des pouvoirs tout à fait extraordinaires. Les scientifiques du monde entier connaissent leur redoutable efficacité dans la lutte contre les virus et les bactéries. Les polyphénols semblent enrayer le cancer et accomplissent une multitude de fonctions concourant à renforcer le système cardio-vasculaire. Si on a, à ce jour, assez peu parlé de ces composants, ils n'en sont pas moins une des priorités du programme de recherches de l'Institut national du cancer. Les polyphénols sont des produits très actifs parmi lesquels on trouve ces substances au goût astringent appelées tanins. Ces tanins, qui jouissent depuis longtemps d'une réputation particulière, fascinent de plus en plus les scientifiques. Ils pourraient constituer, selon eux, une arme secrète contre toutes sortes de maux et, consommés à bon escient, se révéler extrêmement bénéfiques pour notre santé.

La bataille qui oppose les virus et les polyphénols, que l'on trouve en abondance dans les fruits, a suscité un certain nombre d'études mémorables au Canada. C'est dans le courant des années 70 que deux virologistes travaillant pour les services gouvernementaux s'aperçurent qu'au contact d'un extrait de fraise, un virus se trouvait complètement paralysé; c'est-à-dire qu'il n'était plus en mesure de transpercer la membrane d'une cellule saine pour y pénétrer. On sait qu'il s'introduit dans le noyau de ladite cellule pour y déposer son ADN, ce qui lui permet de prendre le contrôle de son système génétique dans le but de produire des myriades de virus avides de causer des ravages dans l'organisme. Estimant que ces faits pouvaient déboucher sur de nouveaux moyens d'enrayer les infections virales à l'aide de certains aliments, le Dr Jack Konowalchuk, aujourd'hui à la retraite, et Joan L. Speirs, de la section alimentaire du Bureau canadien des risques microbiens (Canada's Bureau of Microbial Hazards), entreprirent de tester plusieurs extraits de fruits en les utilisant contre différents virus responsables d'infections courantes.

Ayant cultivé quelques virus dans des boîtes en plastique, ils firent ensuite la liste des fruits qu'il leur faudrait acheter pour nourrir leurs petits monstres: 1 g de bleuets (myrtilles), environ 680 g de raisins noirs Ribier, une grenade, 750 g de fraises fraîches, deux paquets de 500 g de fraises congelées, non sucrées, de marques différentes, et environ 400 g de pêches, de prunes, de pommes sauvages, de canneberges (airelles) et de framboises.

Après avoir procédé à quelques manipulations chimiques destinées à purifier leurs produits, les chercheurs canadiens rassemblèrent plusieurs récipients remplis des liquides multicolores provenant des extraits des différents fruits et ils en versèrent certaines quantités dans les éprouvettes qui contenaient les virus qu'ils avaient cultivés sur des tissus cellulaires.

Vingt-quatre heures plus tard, ils inspectèrent leurs mélanges de fruits et de virus et constatèrent l'hécatombe: c'était un véritable Waterloo. Mis à part quelques rares spécimens, les virus étaient tous anéantis. Pour le Dr Konowalchuk, les substances chimiques contenues dans les fruits avaient érigé une sorte de barrière biochimique autour des virus, les empêchant ainsi de transpercer les membranes des cellules qui se trouvaient dans les cultures tissulaires. Incapables d'envahir les cellules pour y puiser leur source de vie, les virus ne pouvaient que périr.

Chose remarquable, chaque extrait de fruit avait détruit les virus. Ces extraits, qui s'étaient montrés particulièrement virulents à forte concentration, restèrent cependant efficaces à doses moins fortes. Il n'y eut pratiquement aucun poliovirus (moins de 1 p. 100) qui survécut au tête-à-tête de vingt-quatre heures passé en éprouvette avec de l'extrait de bleuet (myrtille), de pomme sauvage, de canneberge (airelle), de raisin, de prune, de grenade, de framboise ou de fraise. Et même lorsqu'on fit des dilutions (une part d'extrait pour dix volumes d'eau), pratiquement tous les virus furent mis K.O. Le moins efficace de tous les extraits fut celui de pêche; il parvint néanmoins à neutraliser près de 80 p. 100 des poliovirus.

Les chercheurs en conclurent que les «composants antiviraux de divers fruits et de plantes avaient la faculté d'agir sur les virus et les cellules réceptrices pour prévenir les infections».

Encouragés par l'ampleur des résultats obtenus, ils continuèrent leurs expériences en testant des pommes, du raisin et du vin, ainsi que dix-neuf sortes de jus de fruits et autres boissons à base de fruits achetés au supermarché. Le jus de pomme frais, le jus de raisin, le vin et le thé se révélèrent extrêmement efficaces contre les virus.

Tandis qu'ils menaient leurs expériences, les chercheurs essayaient d'identifier les principes actifs qui conféraient aux fruits leurs propriétés antivirales. C'est ainsi qu'ils acquirent la conviction que, dans le cas des pommes et des raisins, par exemple, les principes actifs se trouvaient dans la peau et dans la pulpe. Ils testèrent des dérivés purs de l'acide ascorbique, de l'acide chlorogénique, de l'acide gallique, de la vanilline, et de l'acide tannique, ou tanin (ce qui donne au thé et au vin un petit goût astringent). En fait, ces extraits étaient tous des phénols. Il s'avéra que l'acide tannique est un ennemi particulièrement coriace des virus. «Les tanins enveloppent les particules virales et les neutralisent, c'est un fait indiscutable, expliqua le Dr Konowalchuk. Il arrive quelquefois que le tanin s'interpose entre les virus et la surface des cellules, si bien que les virus ne peuvent plus y pénétrer et finissent par s'étioler et mourir.»

Les chercheurs canadiens étaient convaincus que les polyphénols, dont le tanin, étaient le principal agent antiviral et qu'on trouvait celui-ci dans le jus de raisin, le jus de pomme et le thé. Ils testèrent du tanin de raisin qu'ils avaient fait venir de la région de Bordeaux, en France, et le trouvèrent efficace contre plusieurs sortes de virus. Les vins rouges sont en effet bourrés de tanin. C'est d'ailleurs pour cela que, même si les vins blancs firent preuve d'une certaine action antivirale, les vins rouges se montrèrent de loin les plus efficaces. Par la suite, le Dr Konowalchuk analysa le contenu en tanin de certains vins, pour s'apercevoir que les vins rouges italiens en contenaient plus que leurs homologues canadiens ou français. Il procéda alors à l'analyse des raisins utilisés en Italie pour la fabrication du vin. Ce qui l'amena à découvrir que le vin rouge était beaucoup plus antiviral que le jus de raisin. «Il y avait quelque chose dans le vin qui le rendait plus efficace, mais quoi?»

Parvenus à ce stade, ces recherches commencèrent à avoir une légère odeur de soufre...

En effet, c'est une chose de dire qu'il est bon pour la santé de boire du jus de pomme et du thé, mais du vin! Est-il vraiment raisonnable de

chercher des vertus anti-infectieuses dans une boisson alcoolisée? Et
où voulaient en venir les chercheurs qui essayaient ce remède sur le
virus de l'herpès? Les journaux ne se privèrent pas d'en faire des
gorges chaudes...

En fait, le Dr Konowalchuk avait été particulièrement intrigué de
constater que le tanin arrivait à neutraliser le virus de l'herpès *simplex*
— celui qui cause des affections cutanées. «Je me suis dit: Regardons
cela d'un peu plus près. Le virus de l'herpès réagit très fort.» Un jour
où il avait constaté l'apparition de petites vésicules d'herpès sur son
visage, il y appliqua du concentré de vin rouge liophylisé dont il se
servait pour ses travaux (le résidu un peu collant que l'on trouve après
évaporation d'une petite quantité de vin contient de fortes concentrations de tanin). «L'irritation disparut instantanément. La lésion se rata-
tina et disparut elle aussi sans laisser de croûte.» L'extrait de vin avait
transpercé la peau endommagée de la lésion, puis attaqué le virus,
exactement comme cela s'était passé dans les éprouvettes. D'autres
membres du laboratoire ne manquèrent pas de venir quémander leurs
doses d'extrait de vin pour traiter leurs lésions herpétiques.

Étant donné que les virus d'une même famille ont souvent tendance
à réagir de la même façon, le Dr Konowalchuk essaya sa recette contre
le virus herpétique de type 2, celui qui affecte les parties génitales. De
concert avec un gynécologue, il organisa un travail de recherche sur un
petit groupe de volontaires atteintes d'herpès, afin de voir si les tanins à
haute concentration agissaient en application locale. Hélas, cette étude
ne devait jamais voir le jour; on laissa les raisins pourrir sur pied, si l'on
peut dire. La controverse suscitée par cette affaire fit reculer le gouvernement, qui coupa les subventions au Dr Konowalchuk. Celui-ci prit sa
retraite, ce qui ne l'empêcha pas pour autant de continuer à se servir de
vin rouge lyophilisé pour traiter ses lésions herpétiques et de se demander si les gens qui boivent régulièrement du vin rouge ne sont pas moins
sujets que d'autres aux affections virales.

Il est tout aussi probable que de nombreux phénols arrêtent le
processus cancéreux et protègent les tissus contre toutes sortes de
maux. Les phénols sont également d'excellents antioxydants: ce sont
des charognards qui fondent sur les radicaux libres, ces véritables
fléaux hyperexcités qui se livrent à un véritable saccage dans nos
cellules. À l'instar des autres anti-oxydants, les polyphénols sont des
espèces d'anges gardiens polyvalents qui protègent nos cellules des
attaques quotidiennes entraînant la dégradation du corps et générant de
nombreux symptômes pathologiques. Lorsqu'on absorbe des polyphé-

nols, c'est comme si on prenait une douche intérieure de substances chimiques favorables à la santé.

Ce sont surtout les propriétés anticancéreuses des phénols qui intéressent les scientifiques, car elles mettent en œuvre un triple mécanisme d'attaque contre le cancer. Les phénols sont en effet capables d'enrayer la formation de carcinogènes, de renforcer les défenses naturelles du système de désintoxication de l'organisme et d'arrêter le processus pathologique.

Il ne fait aucun doute que certains phénols très répandus dans les aliments ordinaires bloquent les mutations cellulaires et les cancers déclarés, que ce soit en cultures tissulaires ou sur des animaux. C'est en particulier le cas de l'acide caféique, de l'acide ellagotannique, de l'acide ferulique et de l'acide gallotannique. Le Dr Wattenberg, ce chercheur qui a découvert les propriétés anticancéreuses du chou, a également procédé à de nombreuses expériences sur les phénols végétaux et leur aptitude, en tant qu'antioxydants, à bloquer la marche du cancer. C'est ainsi qu'il découvrit que, si l'on donne de l'acide caféique ou ferulique à des souris avant de les exposer à des agents cancérigènes, l'incidence des cancers de l'estomac s'en trouve réduite de 40 p. 100. C'est en 1985 que des chercheurs japonais désignèrent un type d'acide gallotannique contenu dans le thé vert comme étant l'antimutagène naturel le plus efficace qu'ils aient jamais rencontré. Dans une série d'expériences très minutieuses, Michael J. Wargovich, de l'Université du Texas, et Harold Newmark observèrent des souris à qui l'on avait fait ingérer de l'acide caféique, ferulique et ellagotannique avant de les exposer à des cancérigènes. La destruction de noyaux cellulaires et de l'ADN constatée dans les cellules de leur côlon était beaucoup plus limitée que lorsqu'il n'y a pas ingestion de ces produits. De là est issue la thèse selon laquelle les phénols préviendraient le cancer en injectant des agents protecteurs dans les cellules, où ils protègent l'ADN et empêchent les cancérigènes d'inoculer leur poison.

Les phénols alimentaires peuvent également agir en qualité d'antioxydants pour enrayer la formation d'une des familles de carcinogènes les plus redoutables, les nitrosamines. Il y a formation de nitrosamines lorsque le nitrite ou le nitrate de sodium que contiennent les viandes séchées ou fumées entre en réaction avec les amines, ces composants qu'on retrouve pratiquement partout. C'est dans le courant des années 70 que, à l'instigation des pouvoirs publics qui craignaient les effets cancérigènes éventuels des nitrosamines contenues dans le bacon et autres viandes séchées, on entreprit toute une série de recherches visant à empêcher cette dangereuse transformation des nitrites et des amines en nitrosamines. Plusieurs chercheurs parvinrent à établir que les vitamines C et E, qui sont des antioxydants, jouaient un tel rôle. C'est à partir de là qu'on se mit à utiliser systématiquement la vitamine C dans le processus de préparation des viandes séchées ou fumées. Dans le même temps, un peu par accident, Newmark et son équipe découvrirent également que deux phénols végétaux, l'acide caféique et l'acide ferulique, «étaient aussi extrêmement efficaces pour empêcher la formation des nitrosamines; en fait, ils surpassaient même les autres produits testés, y compris les vitamines C et E».

En continuant à travailler sur cette base, le Dr Hans Stich, de l'Université de Colombie-Britannique, établit que non seulement les acides caféique et ferulique purs, mais aussi *le thé et le café ordinaires,* riches en polyphénols, bloquaient le processus de transformation des nitrites et des amines en nitrosamines carcinogènes dans les intestins et des animaux et *de sujets humains.* Continuant sur sa lancée, le Dr Stich testa également le café instantané, le décaféiné instantané, le café en grains, un thé japonais, un thé noir indien et un thé de Chine. Il put constater que, en éprouvette, tous ces produits s'opposaient au processus mutagène qui précède le cancer, et ce *à des doses correspondant à une consommation normale.*

Le Dr Stich est convaincu qu'on «sous-estime l'importance des phénols en tant qu'anticarcinogènes». Il fait remarquer que les légumes et les fruits sont plus riches en polyphénols qu'en bêta-carotène. Les fruits, en particulier, contiennent peu de bêta-carotène, mais beaucoup de phénols de différentes sortes. C'est, par exemple, le cas des pommes, qui sont particulièrement riches en phénols, mais dont on n'a jamais vraiment étudié les effets anticancéreux. La bière renferme également d'assez grandes quantités de phénols qui proviennent du houblon.

Il existe un type de tanin ou de phénol assez curieux qui se trouve à l'état concentré dans le thé, en particulier dans le thé vert, et qui s'appelle la catéchine. Le Dr Stich estime que cette catéchine du thé pourrait bien être aussi efficace que le bêta-carotène pour aider à prévenir l'apparition de cancers de la bouche chez ceux qui prisent le tabac ou le chiquent. Stich a réalisé l'extraction de la catéchine du thé vert et en a fait des gélules qu'on pourra administrer à des sujets à haut risque de cancer de la bouche afin de tester les effets prophylactiques de cette substance.

De nombreuses études, réalisées un peu partout dans le monde, ont concouru à donner aux polyphénols (et tout particulièrement à la catéchine du thé) la réputation d'être de formidables protecteurs du système cardio-vasculaire. C'est ainsi que des expériences ont montré que l'acide ellagotannique pouvait abaisser la tension des animaux et arrêter les hémorragies, tant chez les animaux que chez les humains, en accélérant la coagulation sanguine. Ce qui n'est pas surprenant quand on sait que des centaines d'expériences réalisées en Union soviétique et en Inde ont proclamé les vertus de la catéchine, qui est capable de renforcer les parois capillaires et de ralentir l'artério-sclérose. En Union soviétique, on se sert des catéchines du thé vert pour traiter les maladies dues aux «défaillances des capillaires». Les travaux des chercheurs soviétiques ont démontré qu'en administrant à des sujets témoins des polyphénols du thé mélangés à la moitié de la dose quotidienne de vitamine C habituellement recommandée, les capillaires de ceux-ci devenaient cinq fois plus résistants que ceux d'autres personnes n'ayant pas bénéficié de ce traitement. Comme le rapporte une récente étude: «Il a été démontré que les catéchines du thé étaient supérieures à n'importe quel autre médicament destiné à renforcer les capillaires.»

D'autres études ont fait ressortir le caractère anti-inflammatoire des infusions de thé. On a pu observer que le thé vert était beaucoup plus efficace que les thés noirs indiens. D'après certains travaux soviétiques, les polyphénols du thé vert contribueraient également à augmenter la résistance des animaux aux infections auxquelles on les soumet lors d'expériences de laboratoire; on s'en est servi massivement au Japon pour combattre la dysenterie.

Dans une publication récente, passant en revue l'ensemble des recherches actuelles sur les effets du thé sur la santé, Mikhail A. Bokuchava, de l'Institut Bakh de biochimie de l'académie des sciences de l'Union soviétique, a présenté un résumé global des résultats de toute une somme de travaux sur le thé, dus à deux de leurs chercheurs qui attribuent principalement les effets thérapeutiques du thé aux propriétés des catéchines qu'il contient. «Il fut prouvé que la consommation d'infusions de thé vert avait un effet thérapeutique sur les maladies infectieuses, et en particulier sur la dysenterie. L'administration d'infusions de thé vert à des patients souffrant d'hypertension fit tomber leur tension, soulagea leurs maux de tête et améliora leur état général. L'infusion de thé vert eut également une influence bénéfique sur le système cardio-vasculaire, l'équilibre hydro-électrolytique, l'hématopoïèse et les fonctions rénales... sans que l'on rencontre aucune congestion sanguine localisée due à des thromboses, et ce en dépit du fait qu'on n'avait pas utilisé d'anticoagulants...

L'introduction d'infusions de thé vert dans une thérapeutique antirhumatismale globale, pendant une crise de rhumatisme, devait en démontrer les effets favorables, autant sur l'état général et les impressions subjectives des patients que sur la résistance de leurs capillaires... et sur les processus inflammatoires. On utilisa aussi les infusions de thé vert dans le traitement de l'hépatite chronique, principalement d'origine virale et, là aussi, on en constata les effets bénéfiques... Les chercheurs en conclurent qu'une décoction de thé devrait servir de remède prophylactique dans la prévention de maladies aussi répandues que l'hypertension et l'artériosclérose. Rien d'étonnant à ce que le thé soit souvent surnommé l'«élixir de vie», a déclaré, en conclusion, le Dr Bokuchava.

OÙ TROUVER CES POLYPHÉNOLS
AUX VERTUS PROTECTRICES

Il existe tant de sortes de phénols différents (environ deux cents) ayant chacun ses effets physiologiques propres qu'il est difficile de dire quels sont les aliments susceptibles d'avoir les meilleurs effets thérapeutiques, d'autant plus qu'on ne dispose d'aucune étude exhaustive sur la teneur des aliments en polyphénols. Cependant, les quelques analyses ponctuelles qui ont été faites ont permis d'établir que les pommes, les pousses de thé séchées, les pommes de terre et le café-filtre étaient extraordinairement riches en acide chlorogénique et ont confirmé leurs propriétés anticancéreuses. Le raisin, certains types de noix et les fraises présentent une forte concentration d'acide ellagotannique, qui est un puissant antimutagène. Le vin, et surtout le vin rouge, est étonnamment riche en acide gallique. (Mais le vin contient également des substances chimiques qui pourraient éventuellement encourager les mutations cellulaires, en éprouvette.) Le son de blé et l'orge sont riches en acide férulique, un autre produit anticancéreux, comme l'ont prouvé des expériences de laboratoire. Les prunes, les cerises, les pommes, les poires et le raisin ont une forte teneur en acide cinnamique, un autre phénol dont on sait qu'il est biologiquement actif.

Le thé est une formidable réserve de ces phénols qu'on appelle la catéchine, le thé vert en étant plus de deux fois plus riche que le thé noir. Le thé vert contient de 80 à 170 mg de catéchine par gramme de thé sec, contre 30 à 70 mg pour le thé noir. Plus on laisse le thé vert infuser, plus il sera riche en catéchine. Le thé instantané est également riche en catéchine, qui sera trois fois plus concentrée dans les thés instantanés verts que dans les noirs, à en croire une étude.

11.

LA FABULEUSE HISTOIRE DU YOGOURT CONTINUE

Le Dr Metchnikoff, un scientifique d'origine russe assez connu vers la fin du XIXe siècle, était un ami intime du grand bactériologiste Louis Pasteur et le sous-directeur du prestigieux institut Pasteur, à Paris. C'est lui qui découvrit les phagocytes, ces cellules qui défendent notre corps en ingérant les micro-organismes et les particules étrangères qui l'assaillent. Cette découverte lui valut un prix Nobel qui vint couronner ses travaux d'immunologie en 1908. À sa mort, en 1916, la revue *Nature* rendit hommage au Dr Metchnikoff en qui elle saluait «une des figures les plus remarquables du monde scientifique».

On ne risquerait guère de se tromper en avançant qu'il y a sûrement fort peu de gens, aujourd'hui, qui connaissent le brillant palmarès scientifique de ce chercheur. Et pourtant, nous sommes tous des héritiers du patrimoine intellectuel qu'il nous a légué. Tout cela à cause de deux livres qu'il écrivit au début des années 1900 et qui furent très populaires *La Nature de l'homme* et *La Prolongation de la vie*. Il y présentait une théorie selon laquelle ce serait la putréfaction microbienne qui règne dans les intestins qui provoquerait la plupart de nos maladies. Selon lui, il s'agissait là d'un processus correspondant à un quasi-empoisonnement du corps dû à la dissémination des toxines qui détruisent les parois artérielles et sont cause de sénélité précoce et de mort prématurée.

Le Dr Metchnikoff était toutefois convaincu qu'il était possible de combattre ces microbes intestinaux ravageurs en les empêchant de proliférer et de sécréter leurs poisons si on faisait intervenir d'autres microbes se trouvant dans le lait fermenté ou suri, mieux connu sous le nom de yogourt. Dans *La Prolongation de la vie,* il déclarait: «Depuis des temps immémoriaux, les êtres humains absorbent de grandes quantités de microbes lactiques en consommant crues des substances telles que le lait caillé, le kéfir, la choucroute et les concombres en salaison, qui sont tous des produits ayant subi une fermentation lactique. C'est ainsi qu'ils ont, à leur insu, limité les conséquences néfastes de la putréfaction intestinale.»

Le Dr Metchnikoff et ses collègues de l'institut Pasteur entreprirent de vérifier leur théorie sur des souris à l'aide d'une sorte de lait caillé originaire de Bulgarie et nommé yogourt. Au cours de leurs recherches, ils isolèrent un microbe générateur d'acide lactique qu'ils baptisèrent du nom de *Bulgarian bacillus.* Dans le cadre de cette expérimentation, ils firent absorber à des souris de l'acide lactique, différentes sortes de microbes, et le nouveau microbe bulgare du yogourt. On constata que les souris qui avaient absorbé les bacilles bulgares du yogourt se portaient très bien: leur progéniture était plus nombreuse et elles étaient beaucoup moins sujettes à la putréfaction intestinale, signe qui donnait tout à fait raison à Metchnikoff, lequel continua à prendre tous les jours un bon demi-litre de «lait caillé». En 1900, sûr d'avoir trouvé un des secrets de la longévité, il organisa la commercialisation d'un «lait caillé», tout en refusant catégoriquement d'en tirer le moindre profit personnel.

Il eut le plaisir de s'apercevoir ensuite qu'il existait des quantités d'histoires confirmant le bien-fondé de sa foi dans les pouvoirs du yogourt. Ainsi, on racontait qu'un peu partout, en Afrique, en France, en Europe orientale et même en Amérique, les gens qui absorbaient du lait caillé jouissaient d'une longévité extraordinaire. Voici ce qu'il écrivait à ce propos: «M. Nogueira m'a écrit pour me dire son étonnement, alors qu'il séjournait dans le district de Massamades, de voir que les indigènes y semblaient si bien conservés et qu'ils présentaient très peu de signes de sénilité. (Ils consomment le lait caillé en abondance.) De même, M. Grigoroff, un étudiant bulgare qui vit à Genève, s'est montré particulièrement étonné par le nombre de centenaires que l'on trouve en Bulgarie, une région où le yogourt est une des composantes essentielles de l'alimentation.»

Oui, c'est bien au Dr Metchnikoff, ce grand immunologiste, que nous devons ces fantastiques images qui hantent encore nos mémoires: de vieux centenaires ridés parcourant les Balkans, aussi en forme que des jeunes gens et capables de nous enterrés tous grâce à leur prodigieuse consommation de yogourt. En fin de compte, l'histoire des pouvoirs du yogourt n'est pas une quelconque et fumeuse création de la tradition populaire; on la doit au génie scientifique d'un certain Metchnikoff, qui fut le premier à affirmer que l'activité bactérienne du yogourt était la clé de ses légendaires pouvoirs en matière de santé.

Aux yeux de certains de ses pairs, cette découverte n'était certes pas du niveau du reste de ses travaux. Dans la nécrologie publiée dans *Nature*, l'auteur déplorait que «sa modeste, quoique utile, incursion dans le domaine de la diététique est malheureusement — mais c'était presque inévitable — le seul et unique élément qui se soit gravé dans l'esprit de l'homme de la rue».

Peut-être cela amuserait-il l'auteur de cette nécrologie, et le Dr Metchnikoff lui-même, d'apprendre que, plus de trois quarts de siècle plus tard, les esprits scientifiques ont repris la quête des anciens secrets du yogourt et que, un peu partout dans le monde, il existe des colonies entières de rongeurs qui passent leur temps à laper, au service de la science, des océans de yogourt, de yaourt, de kéfir, de yakoult, de koumiss ou de dahi, selon les différents noms que l'on donne ici et là à ce produit. Il s'avère que le yogourt serait l'un des aliments naturels doué du plus fort potentiel pharmacologique. Et ce dans des proportions dont le Dr Metchnikoff n'avait pas idée.

Tout cela ne veut pas dire que le Dr Metchnikoff avait raison en tout. Il faut dire clairement les choses: aucune observation n'a encore été faite pendant l'espace de toute une vie sur des mangeurs de yogourt, ce qui permettrait de rassembler des faits concrets corroborant ces histoires de longévité extraordinaire. Il règne une telle pagaille dans les registres de naissances et de décès des paysans des Balkans qu'on ne dispose d'aucun élément matériel prouvant, comme le soutenaient les informateurs de Metchnikoff, qu'ils vivent plus longtemps que la moyenne des gens. En outre, si le Dr Metchnikoff voyait dans l'acide lactique le principal agent thérapeutique du yogourt, il savait qu'il existe également d'autres produits antibactériens, à l'époque encore inconnus et tout voilés de mystère. De récentes études scientifiques ont en effet établi que le yogourt renferme en abondance des antibiotiques très puissants et bien d'autres éléments favorables à la santé.

On ne sera pas surpris d'apprendre qu'une bonne partie des travaux actuels étudient les propriétés anti-infectieuses du yogourt. L'on dispose à présent de preuves indiscutables. C'est ainsi que, de 1975 à 1985, des chercheurs travaillant au ministère de l'Agriculture des États-Unis, à Beltsville, dans le Maryland, ont réalisé une étude approfondie sur la longévité et les taux d'infection de rats nourris au yogourt. Lors d'expériences récentes, un groupe de chercheurs de ce même ministère prit des rats nourris au yogourt ou au lait et leur inocula des doses massives de bactéries de la salmonelle, qui affectent également les humains. Les rats nourris au yogourt furent moins malades que ceux qui étaient soumis au régime lacté, et ils furent moins nombreux à mourir des suites de l'infection. Il était évident qu'il y avait quelque chose dans le yogourt qui les rendait plus résistants aux infections et qui les maintenait en vie plus longtemps.

Des chercheurs roumains de l'Institut de virologie de Bucarest ont récemment rapporté des faits pratiquement identiques concernant des souris à qui l'on avait injecté des doses mortelles de microbes de la grippe. Les souris à qui l'on avait administré, en même temps que le virus, une substance extraite du yogourt, survécurent beaucoup plus longtemps à cette infection et moururent en moins grand nombre que leurs congénères privées de yogourt. Dans une des phases de l'expérience, 100 p. 100 des souris exposées uniquement au virus moururent, tandis que 100 p. 100 de celles qui avaient également reçu du yogourt réussirent à survivre.

On dispose également de données démontrant que le yogourt combat aussi les bactéries chez les humains. Au début des années 60, deux gastro-entérologues de l'Institut de recherche médicale de l'hôpital Michael Reese, à Chicago, luttèrent contre une épidémie de diarrhée qui s'était déclarée dans toute la ville, au moyen d'une préparation de lactobacille *acidophilus*, l'un des types de bactéries dont on se sert communément pour faire fermenter le lait. Là où les antibiotiques classiques avaient souvent échoué, les gélules de concentré de lactobacille *acidophilus* firent merveille. Sur cinquante-neuf patients souffrant de diarrhée grave, tous sauf deux se trouvèrent soulagés pratiquement instantanément, alors qu'on comptait dans ce groupe des personnes qui avaient pris des antibiotiques et qui, en plus de leur diarrhée, souffraient — pour certains en tous cas — de maladies intestinales graves comme les diverticulites ou les colites à ulcères, sans compter quelques cas de colostomies.

On a procédé à certaines expériences dans lesquelles le yogourt a donné de meilleurs résultats que les remèdes classiques. En 1963, des médecins du Jewish Memorial Hospital de la ville de New York firent prendre à quarante-cinq enfants en bas âge, hospitalisés pour cause de diarrhée grave, 100 ml de yogourt maigre trois fois par jour. Parallèlement, un autre groupe d'enfants souffrant du même mal reçut des doses adéquates de kaopectate de néomycine. Les enfants nourris au yogourt mirent en moyenne 2,7 jours pour se rétablir, alors qu'il fallut 4,8 jours à ceux qui avaient pris le kaopectate. Le yogourt, qui contenait du lactobacille *bulgaricus* et des streptocoques *thermopilus*, se révéla deux fois plus efficace que le médicament dans l'accélération du processus de rétablissement.

Toute une série d'expériences réalisées dans les années 70 confirmèrent que le yogourt peut avoir de puissants effets sur les organismes qui séjournent dans les voies gastro-intestinales. Plusieurs études faites en Pologne, en Yougoslavie et au Japon, des pays où le lait fermenté a déjà fait l'objet de nombreuses recherches, prouvèrent que du lait contenant du lactobacille *acidophilus* soulageait les personnes souffrant de dysenterie. Ce lait parvint à guérir rapidement la moitié d'un groupe d'enfants polonais atteints de dysenterie *Salmonella*, et le tiers d'un autre groupe souffrant de dysenterie *Shigella*. Qui plus est, il n'y eut aucune rechute parmi ceux qui continuèrent à boire ce lait.

En 1975, un groupe de cinq cents militaires japonais burent tous les jours, pendant six mois, environ une tasse de yakult, une sorte de boisson au lait fermentée très populaire. On n'enregistra aucun cas de dysenterie, alors que cinquante-cinq hommes appartenant à un autre groupe de cinq cents soldats qui n'avaient pas bu de yakult, soit environ 10 p. 100, furent atteints de dysenterie.

Depuis l'époque du Dr Metchnikoff, les scientifiques ont attribué la forte activité antimicrobienne du yogourt à l'acide lactique, un sous-produit obtenu en mettant des cultures bactériennes dans du lait. Mais on sait à présent qu'il s'agit d'un processus plus complexe. Le processus de fermentation produit des antibiotiques spécifiques, tout comme le pain moisi a engendré la pénicilline.

Le Dr Khem Shahani, professeur de sciences alimentaires à l'Université du Nebraska, a passé l'essentiel de sa vie professionnelle à sonder les secrets de santé du yogourt, ce qui l'a entre autres amené à se demander comment il se fait que cet aliment serve de remède à la diarrhée depuis des siècles dans les pays du bassin méditerranéen, et que les bergers du Moyen-Orient en boivent depuis toujours une forme liquide pour prévenir les maladies intestinales. Cette quête a amené le Dr Shahani, et d'autres avec lui, à extraire du yogourt et d'autres formes de laits fermentés les agents qui agissent comme des antibiotiques afin de les étudier en laboratoire.

C'est en 1963 que le Dr Shahani parvint à isoler un antibiotique qu'il baptisa du nom d'«acidophiline», qui s'était formé sur une culture de lactobacille *acidophilus* dans un lait fermenté. Il fut immédiatement assiégé par des compagnies pharmaceutiques qui espéraient avoir trouvé là le filon d'une nouvelle pénicilline. Il finit par conclure un marché avec une compagnie qui investit beaucoup d'argent dans ce projet. L'antibiotique fut breveté, mais, cinq ans après, il n'en était toujours pas devenu l'arme magique que l'on attendait. Par la suite, le Dr Shahani découvrit un autre antibiotique dans le yogourt, qu'il appela cette fois «Bulgarican», car il s'était développé à partir d'une souche bactérienne de lactobacille *bulgaricus*.

À ce jour, les chercheurs, y compris le Dr Shahani, ont identifié au moins sept antibiotiques naturels dans le yogourt, lesquels sont capables de détruire une large gamme de micro-organismes responsables de maladies intestinales. Par-dessus le marché, les lactobacilles du yogourt produisent aussi d'autres tueurs de microbes comme l'acide lactique, l'acide acétique, l'acide benzoïque et le peroxyde d'hydrogène.

Quelle est l'efficacité de ces antibiotiques naturels?

À cette question, le Dr Shahani répond dans ces termes: «On a comparé le pouvoir antibiotique de l'acidophiline à la puissance destructrice de la streptomycine, de la pénicilline, de la terramycine et autres produits du même type.

— La comparaison est-elle à l'avantage des antibiotiques naturels?

— Elle l'est, incontestablement.

— Cela veut-il dire qu'ils sont aussi efficaces que les médicaments?

— Ils le sont plus.»

Pour le Dr Shahani, le moment le plus exaltant fut celui où il parvint à purifier l'acidophiline. Il fut effectivement le premier à extraire cette substance antibiotique pure de cultures de ferments lactiques. C'était là la condition indispensable à la fabrication d'un médicament. Que ces antibiotiques n'aient jamais réussi à concurrencer la pénicilline sur le marché ne chagrine nullement le Dr Shahani. On n'en est plus à l'époque où l'on croyait qu'il fallait absolument tout transformer en médicament. «En fait, déclare-t-il, il vaut beaucoup mieux manger du yogourt tel quel, car les antibiotiques peuvent devenir inefficaces s'ils sont administrés trop souvent.»

LE FACTEUR IMMUNITAIRE

De récentes études effectuées au Japon, en Italie et en Suisse, ainsi que dans les laboratoires du Dr Shahani, indiquent que le yogourt combattrait les infections, non seulement par son effet anti-biotique — en détruisant immédiatement les microbes — mais également par le renforcement des défenses du système immunitaire face aux menaces de maladie. Le fait de reconnaître que certains agents, dont les médicaments, sont capables de faire du corps une forteresse mieux défendue contre la maladie, revient pratiquement à ouvrir une nouvelle frontière. En termes de thérapeutique cancérologique, de tels agents s'appellent des modulateurs immunologiques, dont les immunostimulants (qui activent le système immunitaire) et les immu-norenforçateurs (qui améliorent le fonctionnement du système immu-nitaire). On a vu arriver sur le marché ces dernières années de nombreux médicaments conçus pour pallier les défaillances des systèmes immunitaires.

Un immunologiste italien de renom, le Dr Claudio DeSimone de l'Université de Rome, rapporte qu'au Japon on utilise déjà certains lactobacilles du yogourt comme produits pharmaceutiques immuno-renforçateurs. Le D[r] DeSimone est lui-même impressionné par les effets que ces bacilles peuvent avoir sur les fonctions immunitaires. Dans le cadre d'études de laboratoire très raffinées, réalisées sur des cellules sanguines d'origine animale (souris) et humaine, et publiées en 1985, il a découvert que le yogourt accélérait de manière spectacu-laire la production, par le système immunitaire, d'anticorps et autres agents anti-infectieux. Le lactobacille *bulgaricus* du yogourt provoque l'apparition d'un plus grand nombre de cellules tueuses et multipie par trois la quantité d'interféron fabriquée par les cellules. (Il a été établi que l'interféron, l'un des agents anti-infectieux naturel du corps, peut lutter efficacement contre une vaste gamme d'infections. En revanche, les tests anticancéreux se sont avérés beaucoup moins concluants.) Avec les bactéries du yogourt, on a obtenu une amélioration des fonc-tions immunitaires des cellules comparable à celle que peuvent produire les médicaments immunorenforçateurs spécialement conçus pour améliorer le fonctionnement du système immunitaire humain.

Lorsqu'on eut introduit du yogourt dans le régime ordinaire des souris, on constata, dans les quinze jours qui suivirent, une amélioration de leurs fonctions immunitaires, tant localisées que générales, à savoir dans les voies digestives et dans le sang. Cette double réaction indiquait que le yogourt serait susceptible d'agir sur toutes sortes d'infections de l'organisme, et pas seulement sur celles des voies intestinales.

Le D[r] DeSimone admet avoir été assez étonné lorsqu'il vit pour la première fois les effets que le yogourt avait sur les cellules T des souris, et plus encore en apprenant que des animaux nourris au yogourt et exposés à des antigènes infectieux fabriquaient plus d'anticorps que ceux qui avaient tout simplement été mis au régime lacté. «Je dois reconnaître que j'étais sceptique, raconte-t-il. Au début de nos travaux, j'étais de l'autre côté de la barrière. Je pensais vraiment que ça ne pouvait pas marcher.

— Mangez-vous du yogourt?

— Bien sûr.

— En mangiez-vous avant d'entreprendre vos recherches?

— Non.» Grand sourire, suivi d'un éclat de rire: le scientifique pris en flagrant délit d'application des conclusions de son étude à son cas personnel.

«Vous devez donc croire à vos découvertes?

— J'ai même suggéré à ma femme d'en manger aussi.

— Si l'on parvenait à améliorer la capacité immunitaire du corps, cela voudrait-il dire que celui-ci serait, théoriquement, à même de se défendre contre toutes les infections, tant d'origine bactérienne que virale?

— Je pense que oui. J'estime que cela pourrait marcher. Peut-être qu'en absorbant du yogourt on stimule d'une certaine manière le système immunitaire, c'est-à-dire qu'on apporte des renforts au corps pour le soutenir dans sa lutte contre les bactéries.

— Pensez-vous que le yogourt puisse aider les gens à vivre plus longtemps?

— Il se pourrait bien que, notre organisme réagissant mieux et étant mieux défendu, on puisse vivre plus vieux, peut-être parce que l'on aurait moins d'infections.»

En tout cas, les souris mangeuses de yogourt du D^r DeSimone ont vécu plus longtemps.

Il se pourrait également que le facteur de longévité soit lié au fait que les composants du yogourt ont des propriétés anticancéreuses. Une des plus anciennes études, réalisée en 1962 en Bulgarie, prétendait que le lactobacille *bulgaricus,* une bactérie qui sert communément à la fabrication du yogourt, était doué de puissants effets antitumoraux. Le rapport disait que sur deux cent cinquante-huit souris à qui on avait inoculé un sarcome, cent quatre-vingts — soit 59 p. 100 — auraient été guéries par le lactobacille *bulgaricus.* Ainsi le yogourt serait capable de lutter contre le cancer! Cette perspective enthousiasma le Dr Shahani qui, pendant plus de cinq ans, en collaboration avec des chercheurs de l'institut Sloan Kettering pour la recherche sur le cancer, de New York, s'employa à essayer d'isoler les composants anticancéreux du yogourt. Des souches de lactobacille *bulgaricus* et de lactobacille *acidophilus* montrèrent un certain degré d'activité anticancéreuse, mais pas assez élevée pour intéresser les compagnies pharmaceutiques et pour faire sensation dans les milieux médicaux. D'autres études entreprises par la suite par le Dr Shahani démontrèrent que le yogourt (fermenté au lactobacille *bulgaricus*) et le lait fermenté au lactobacille *acidophilus* réduisaient d'environ 30 p. 100 la croissance des cellules cancéreuses chez les souris.

En 1986, des chercheurs français de l'Institut national de la santé et de la recherche médicale (INSERM) envisagèrent l'éventualité du rôle préventif du yogourt dans le développement des cancers du sein chez les femmes. Ils comparèrent le régime alimentaire de deux groupes de mille dix femmes. Les femmes du premier groupe étaient atteintes d'un cancer du sein, les autres pas. L'on put constater d'extraordinaires différences dans les habitudes alimentaires des deux groupes: les femmes qui mangeaient souvent du yogourt étaient les moins exposées aux risques de cancer et plus la consommation de yogourt augmentait, plus les risques étaient faibles.

C'est dans les années 70 que l'on commença à recevoir des indications et des données diverses à propos d'un sujet un peu mystérieux. Les Finlandais ont un régime alimentaire peu enviable — riche en viandes, en graisses et en protéines et pauvre en fibres — exactement le genre de nourriture que certains scientifiques tiennent pour responsable d'une forte incidence des cancers du côlon. Or, rien de tel en l'occurrence. C'est même tout le contraire: il y a très peu de cancers du côlon en Finlande. Il se trouve que les Finlandais sont également de gros consommateurs de produits laitiers, et en particulier de yogourt. Et il a été prouvé qu'ils abritaient de larges populations de lactobacilles dans leurs intestins.

Les carcinogènes, comme les virus, ont besoin d'être activés pour devenir dangereux. Ce rituel d'activation est souvent accompli par les enzymes dans les intestins. Or, de récentes études microbiologiques réalisées sur des sujets animaux et humains ont établi qu'une forte consommation de lactobacilles *acidophilus* pouvait émousser cette faculté qu'ont certaines enzymes de transformer en cancérigènes de choc des substances se trouvant dans le côlon qui, autrement, resteraient tout à fait inoffensives. Autre bonne nouvelle: on constata que des rats exposés à de très forts carcinogènes, auxquels on donnait ensuite du yogourt, étaient moins vulnérables face au cancer.

Les Drs Bary R. Goldin et Sherwood L. Gorbach du Service des maladies infectieuses du centre médical de Nouvelle-Angleterre, de Boston, sont deux spécialistes de choc qui ont passé plus de dix ans à faire des recherches sur ce sujet. Leurs plus récents travaux ont enflammé les imaginations des théoriciens du cancer. Ils prirent un groupe de vingt et un adultes sains de moins de trente-quatre ans ne présentant pas de troubles intestinaux, auxquels ils firent boire deux verres de lait pur par jour pendant environ un mois. Ils refirent une expérience de même durée en remplaçant le lait pur par du lait fermenté à l'*acidophilus*, qui contenait la même concentration de lactobacilles que les laits à l'*acidophilus* et certains yogourts vendus dans le commerce. Au cours de ces deux périodes, on mesura le degré d'activité des catalyseurs des cancérigènes dans les intestins des sujets.

On enregistra des effets spectaculaires: au cours de la phase de l'expérience pendant laquelle les sujets avaient bu du lait fermenté à l'*acidophilus*, l'activité des enzymes responsables de la transformation procancéreuse dans le côlon avait chuté de 200 à 400 p. 100. Quand les sujets cessèrent de prendre du lait à l'*acidophilus*, l'activité des enzymes retrouva son niveau normal de production de carcinogènes.

Cette expérience devait susciter un commentaire étonnamment engagé de la part d'une revue scientifique qui fait autorité, *Nutrition Reviews*: «Nous assistons au développemnt d'une nouvelle utilisation de ces laitages; des populations aux habitudes alimentaires occidentales bénéficient aussi d'une protection contre le cancer. Il est clair qu'il est d'ores et déjà recommandé de procéder à d'autres études de ce potentiel. On ne peut se permettre de passer à côté de la filière du yogourt.»

Certes non! Le yogourt n'a-t-il pas déjà à son actif cinq mille ans de carrière réussie sur le terrain de l'alimentation bénéfique pour la santé? La science n'a fait que fournir à des millions d'âmes de nouvelles raisons de continuer à croire ce qu'ils pressentaient déjà depuis longtemps et, avec eux, la tradition médicale populaire.

LES AUTRES NOMS DU YOGOURT: UN PETIT GUIDE INTERNATIONAL

Le lait fermenté n'a pas le même nom dans toutes les régions du monde, et on peut le préparer à partir de différentes bactéries, qui appartiennent toutes, en général, à la grande famille des lactobacilles.

Quand on les incorpore au lait, ces souches bactériennes prolifèrent et font cailler ou fermenter le lait qui prend un goût un peu sur, puis s'épaissit ou coagule. Si on les laisse se développer à leur guise dans le lait, ces bactéries produisent des composants métaboliques uniques qui ont un double effet: ils altèrent la chimie du lait et ils ont un effet physiologique bénéfique chez l'être humain, qu'ils protègent des processus pathologiques. Le type de souche bactérienne utilisée détermine le caractère particulier de chaque sorte de yogourt ou de lait fermenté, et ses effets bénéfiques propres sur la santé.

PRODUIT LACTÉ

TYPE DE BACTÉRIE

Lait acidophilus	lactobacille *acidophilus*
Lait bulgarican	lactobacille *bulgaricus*
Fromages	lactobacille *brevis*
	lactobacille *bulgaricus*
Kéfir	lactobacille *caucasicus*
Koumiss	lactobacille *bulgaricus*
Yakult	lactobacille *casei*
Yogourt (américain)	lactobacille *bulgaricus*
	souche *thermopilus*
(et occasionnellement)	lactobacille *acidophilus*

12.

DU LAIT ET DES ŒUFS: UN COUP D'ŒIL CURIEUX SUR L'AVENIR

Il est certifié que ce lait aide à combattre le rhume, la diarrhée, la grippe, la rougeole, la varicelle, la salmonellose, les staphylocoques, l'herpès, l'hépatite et autres infections courantes. Il est recommandé de boire du lait lors de traitements antiviraux et antibactériens. Produit naturel anti-infectieux suractivé, approuvé par le ministère de la Santé.

Est-ce là le genre d'étiquette que nous verrons peut-être un jour sur nos aliments? C'est en tout cas ce que pensent certains experts. Le concept en est d'ailleurs déjà à l'étude: le fin du fin en matière de *design* alimentaire. Si l'on reconnaît le fait que certains aliments sont des anti-infectieux naturels — une des surprises agréables de la pharmacopée alimentaire — pourquoi ne pas élaborer, grâce à ces propriétés, des superaliments anti-infectieux?

Voilà une question que nous pourrions poser au Dr Robert H. Yolken. Ses recherches lui ont donné une vision futuriste des choses: quelques-uns des humbles produits que nous offre généreusement la nature pourraient bien se transformer en superaliments antimaladie, nous propulsant ainsi dans une dimension complètement neuve où disparaîtrait la ligne de partage entre l'alimentaire et le médical. On serait presque tenté de parler de science-fiction.

Robert Yolken, docteur en médecine, est directeur du service des maladies pédiatriques infectieuses à la faculté de médecine de l'Université John Hopkins, l'un des plus beaux fleurons de l'enseignement médical. Si la découverte inattendue d'agents anti-infectieux dans certains aliments l'a captivé, c'est parce qu'il s'est assigné une mission bien particulière: la prévention des diarrhées infectieuses, en particulier dans les pays en voie de développement où elle reste une maladie mortelle, responsable de 30 à 40 p. 100 de la mortalité infantile. Même si, aux États-Unis, la diarrhée infectieuse est rarement mortelle, elle envoie quand même chaque année cinquante mille enfants à l'hôpital, et un bien plus grand nombre encore dans les cabinets de médecins. C'est pourquoi le Dr Yolken et ses collègues sont à la recherche d'agents sûrs et bon marché qui soient capables de combattre un type de virus particulier, nommé rotavirus, qui est le principal responsable de ce genre d'infection.

C'est cette recherche qui a amené le Dr Yolken à flirter avec quelques idées neuves puis à faire une découverte surprenante dans les troupeaux de vaches laitières du Maryland.

Il n'y a peut-être qu'un professeur de médecine pour pouvoir garder présent à l'esprit le fait que les anticorps ont deux manières de pénétrer dans notre corps. Il y a d'abord les anticorps fabriqués par notre propre système immunitaire. Ce sont les «anticorps actifs», qui mémorisent à jamais les coordonnées des envahisseurs étrangers. Les vaccins, qui sont des antigènes à faible dose, forcent le corps à créer des anticorps actifs.

On peut aussi recevoir des anticorps générés par le système biologique d'un autre être vivant. De tels «anticorps passifs» n'offrent qu'une protection passagère, car ils n'ont pas de mémoire. Au xixe siècle, cette «thérapeutique des anticorps passifs» faisait partie de la routine quotidienne, avant l'arrivée des antibiotiques et des vaccins.

L'anticorps est l'une des créations les plus perfectionnées de la biologie, un véritable missile téléguidé qui fait mouche sur une cible spécifique. Si l'on est exposé à la grippe, le corps génère immédiatement des anticorps capables de combattre le virus grippal spécifique. Les anticorps ne sont généralement pas des destructeurs de microbes: ce sont plutôt des sentinelles qui attrappent les microbes, les désarment, les font prisonniers, et appellent ensuite à la rescousse les troupes du système immunitaire qui accourent pour procéder au carnage final. En général, ce sont les globules blancs, «les tueurs», qui se précipitent sur les lieux et sautent sur le microbe envahisseur pour l'avaler, littéralement. Théoriquement, plus il y a d'anticorps sur place, plus le corps est à même de résister aux maladies.

Il semblerait qu'il est inutile de combattre des anticorps avec une quelconque médication. Il ne s'agit pas plus — si l'on en croit les visionnaires de la médecine — d'un événement accidentel. La lutte contre les maladies par le biais des anticorps passifs revient en force. En réalité, elle n'est jamais passée de mode dans la nature. Les bébés, qui naissent sans anticorps, ingèrent de grandes lampées d'anticorps passifs dès la première tétée; c'est pour cela que le lait maternel est considéré comme le meilleur soutien immunologique que le nourrisson puisse recevoir.

Cela dit, il est quand même surprenant d'apprendre que la thérapeutique des anticorps passifs ne se limite pas aux bébés; en réalité, elle fonctionne à travers toute notre alimentation. Enfants et adultes absorbent allègrement, à leur insu, de larges quantités d'anticorps passifs. Or, c'est tout à fait par accident que le Dr Yolken fut amené à s'en apercevoir.

«Pour l'une de nos expériences, nous recherchions des vaches qui n'aient pas d'anticorps du rotavirus, mais elles en avaient pratiquement toutes, ce qui indiquaient qu'elles avaient déjà été infectées par des rotavirus. Il nous a semblé que, si elles avaient des anticorps dans leur sérum, elles devaient aussi en avoir dans leur lait.»

Mais une telle constatation ne semblait guère de nature à déboucher sur quelque chose d'intéressant. Le Dr Yolken était convaincu que les fragiles anticorps seraient détruits par la pasteurisation du lait. Néanmoins, à la tête d'une équipe de chercheurs de l'Université John Hopkins, il décida d'investiguer le phénomène. Les chercheurs recueillirent des échantillons de lait cru provenant de plus de deux cents troupeaux de vaches laitières du Maryland et persuadèrent les fermiers de leur vendre du lait qui venait tout juste d'être pasteurisé, directement prélevé dans les bidons. Ils firent aussi une descente dans les supermarchés et les crèmeries de la région de Baltimore pour y rafler quantité de litres de lait. Ils achetèrent également du lait en poudre pour bébés dans des boutiques et chez des grossistes.

Ensuite, ils mirent quelques gouttes de chacun de leurs échantillons de lait dans des éprouvettes contenant des antigènes du rotavirus; s'il y avait des anticorps dans le lait, ils détruiraient immédiatement les virus, et des détecteurs très précis pourraient les compter. Lorsque le Dr Yolken regarda les relevés des tests de labo, il remarqua que le lait cru était rempli d'anticorps. Rien de surprenant à cela, évidemment. Mais là où il fut plus étonné, c'est quand il vit le nombre d'anticorps qu'il y avait dans les échantillons de lait pasteurisé. Il pensa d'abord qu'on avait dû faire une erreur. Mais le lait pasteurisé, dont on avait tiré les échantillons, donna les mêmes résultats. Ce qui voulait dire que 77 p. 100 des anticorps avaient échappé à la destruction (par la pasteurisation). Le lait que boit tout un chacun contenait donc une immense quantité d'anticorps du rotavirus. «Il est clair que les molécules d'anticorps sont assez résistantes et capables de survivre aux traitements destinés à rendre le lait apte à la consommation», explique-t-il. Qui plus est, les anticorps qui se trouvaient dans le lait pasteurisé ne se montrèrent guère affectés par un séjour de deux semaines en réfrigérateur. En revanche, dans les vingt et une marques de lait pour bébés, les anticorps avaient malheureusement été totalement détruits par les températures auxquelles on traite ces laits. De même, très peu d'anticorps avaient survécu dans le lait stérilisé, ce lait «longue durée», non réfrigéré, très répandu en Europe.

Les anticorps présents dans le lait pasteurisé étaient-ils fonctionnellement actifs? Un anticorps impuissant ou estropié serait incapable d'aller jusqu'au bout de l'étreinte mortelle dans laquelle il entraîne un virus, ou de sonner l'hallali pour appeler au massacre les globules blancs tueurs. Bref, il serait incapable d'assumer ses responsabilités.

En fait, il n'y avait aucune raison de se faire du souci. Dans une expérience qui mettait en présence, sur des cellules humaines, des rotavirus et des anticorps, les derniers s'en tirèrent parfaitement bien. Les virus signèrent leur arrêt de mort en s'accrochant solidement aux anticorps qui les empêchèrent de s'accoler aux cellules et de les asservir à leurs rites de reproduction. Le processus de multiplication des virus ne put avoir lieu dans les treize échantillons de lait cru et les quatorze de lait pasteurisé. On enregistra une faible activité des anticorps dans le lait stérilisé, mais rien dans les laits pour bébés vendus dans le commerce.

Les scientifiques décidèrent ensuite de voir si du lait ordinaire (pasteurisé), rempli d'anticorps, pouvait effectivement combattre la gastro-entérite qu'on avait inoculée à des souriceaux. Ils prirent deux groupes de souriceaux de cinq jours; un groupe ne reçut que le rotavirus, qui allait obligatoirement provoquer une diarrhée, alors que l'autre groupe reçut une dose de rotavirus dans du lait. Tous les souriceaux qui n'avaient eu que le rotavirus furent atteints d'infections. Aucune des huit souris qui avaient pris le mélange virus-lait cru, le lait le plus riche en anticorps, ne montra le moindre signe d'infection. Sur les huit qui avaient bu un cocktail de virus et de lait pasteurisé, une seule attrapa la diarrhée. Il était évident que le lait contenant des anticorps avait réussi à conférer un haut degré d'immunité passive aux souriceaux qui l'avaient absorbé. Les malheureux qui avaient reçu du lait pour bébé, dépourvu d'anticorps, furent tous malades.

En outre, il existait un seuil quantitatif à partir duquel on pouvait attendre une réaction favorable chez les sujets: le lait le plus riche en anticorps était celui qui offrait la meilleure protection anti-infectieuse.

Tout cela voudrait-il donc dire que n'importe quel buveur de lait pasteurisé reçoit une dose gratis «d'anticorps passifs»? Exactement. C'est un des bonus de la nature. Le lait de vache nous est fourni avec tous ses agents anti-infectieux, produits par les bons soins du système biologique bovin. Il est vraisemblable que toutes les vaches du monde participent à un tel phénomène. Des échantillons de lait provenant du Panama et d'Autriche, testés par le Dr Yolken et son équipe, présentaient les mêmes niveaux d'anticorps du rotavirus que ceux qui venaient des vaches du Maryland. Il se pourrait que les vaches soient naturellement porteuses du rotavirus; en tout cas, certaines ont été vaccinées contre ce virus, ce qui les force alors à produire des anticorps qui se retrouvent ensuite dans le lait.

Le Dr Yolken s'est limité à l'étude des anticorps du rotavirus qui se trouvent dans le lait. Cependant, il affirme que, par l'intermédiaire de leur lait — et du yogourt, du fromage, du beurre et de la crème glacée —, les vaches nous transmettent des anticorps de toutes les infections dont elles ont pu être atteintes, à un moment ou à un autre. C'est ainsi qu'en 1986, des chercheurs de l'Institut de recherche alimentaire de l'Université du Wisconsin, de Madison, rapportèrent qu'ils avaient trouvé des anticorps des toxines générées par le syndrome du choc toxique dans quatorze marques différentes de lait pasteurisé provenant d'épiceries et de restaurants de six états différents. Ces anticorps étaient si résistants que certains arrivèrent même à survivre à tout le processus de fabrication du fromage, dans lequel on en retrouva effectivement.

La conclusion s'impose, et elle est plutôt frappante: chaque fois que l'on boit du lait, on n'avale pas seulement du calcium, des protéines et tous les autres nutriments qu'il contient, mais on ingère aussi de bonnes portions d'anticorps, aussi sûrement que si elles nous étaient injectées dans le bras avec une seringue hypodermique, ou que si on les prenait par voie orale sous forme de vaccin. Même si les doses sont faibles, elles ont probablement des effets physiologiques.

On ne sait pas encore quel est le degré de protection anti-infectieuse qui nous est offert par ces anticorps. Le Dr Yolken estime qu'il est tout à fait essentiel de déterminer les niveaux d'anticorps nécessaires pour prévenir les infections chez les humains, et de s'assurer que les anticorps parviennent effectivement à survivre à la digestion et à sortir de là en assez bon état pour être capables de neutraliser les microbes présents dans notre organisme. Ces tests sur des sujets humains n'en sont actuellemnt qu'à leurs débuts. Mais il est plus ou moins établi que, lorsqu'on boit du lait contenant suffisamment d'anticorps, cela peut éliminer certaines des infections qui nous affectent.

Le Dr Yolken a administré à des enfants de l'immunoglobine, cette protéine qui sert de véhicule aux anticorps, et il a pu observer que 30 à 50 p. 100 de cette substance survivait à son périple à travers les voies gastro-intestinales. Comme il se trouve en outre que les rotavirus, responsables de la diarrhée, se reproduisent dans l'intestin grêle, au voisinage immédiat de l'estomac, les anticorps n'ont pas besoin de survivre très longtemps pour atteindre leur cible. En fait, le Dr Yolken considère que, dans les infections gastro-intestinales, les anticorps passifs, ingérés «tout faits», s'avèrent plus efficaces que ceux qui ont été produits par une stimulation du système immunitaire. Ingérés par voie buccale, les anticorps sont en effet assurés de transiter par la zone de reproduction des virus, dans les voies gastro-intestinales.

Puisqu'il n'est pas garanti que le lait acheté dans les supermarchés contienne assez d'anticorps pharmacologiquement actifs pour prévenir les infections, on pourrait évidemment essayer de trouver des vaches porteuses de véritables trésors d'anticorps de toutes sortes, induits par d'anciennes infections. Mais une telle démarche aurait l'air simpliste à côté du grand dessein du Dr Yolken.

Il suffit de réfléchir un instant pour s'apercevoir que, en bonne partie, la nourriture que nous mangeons est d'ores et déjà manipulée par la technologie afin d'en augmenter la valeur nutritionnelle. On incorpore aux produits laitiers certains composants lactés, des protéines, des vitamines A et D, et même du calcium. Le pain ne satisferait pas aux réglementations gouvernementales s'il n'était pas enrichi de toutes sortes de vitamines et de minéraux. Les boissons au jus de fruits sont renforcées par de la vitamine C. Les céréales sont fortifiées avec des fibres, des vitamines et des minéraux, dont une bonne part n'a rien à voir avec ce que la nature a initialement mis dedans. Les chercheurs du ministère de l'Agriculture des États-Unis ont même mis au point une «supercarotte», plus orange et plus bourrée de carotène que n'importe quel spécimen jamais vu sur terre, et contenant dix fois plus de bêta-carotène que les bonnes vieilles carottes de mère Nature.

Il est évident que nous ne tenons guère à nous abandonner aux caprices de la nature pour satisfaire nos besoins en vitamines et en minéraux. Alors, pourquoi devrait-on s'en remettre au hasard pour s'assurer des niveaux adéquats d'autres constituants alimentaires, dont on sait qu'ils forment des remparts biologiques contre les maladies? À mesure que la science nous dévoile les secrets de substances alimentaires autres que les vitamines et les minéraux, déjà bien connus, et porteuses d'effets physiologiques précieux, nous nous habituerons peut-être à exiger plus de nos aliments. À l'avenir, les techniques d'enrichissement des aliments pourraient bien inclure des manipulations pharmacologiques destinées à renforcer les défenses de l'organisme contre différentes maladies, dont les infections. Et la différence entre les aliments et les médicaments s'estomperait de plus en plus.

Une des démarches possibles consisterait à trafiquer la biologie animale afin de créer une sorte de stock pharmaceutique vivant. Le Dr Yolken croit que l'on pourrait injecter aux vaches des doses de rotavirus spécialement calculées pour s'assurer que leur lait contienne des quantités données d'anticorps antiviraux suffisantes pour combattre les infections. Si les tests réalisés sur les enfants prouvent bien l'efficacité d'un tel lait enrichi en anticorps, on pourrait envisager d'en faire un aliment-médicament qu'on distribuerait dans certaines régions à haut risque ou aux enfants particulièrement vulnérables (y compris les bébés qui *ne bénéficient pas* du lait maternel), afin de prévenir les diarrhées si souvent mortelles. Il est facile de contrôler la qualité du produit: les recherches qui ont été effectuées sur les vaches ont montré qu'on pouvait leur faire produire, dans leur lait, la quantité requise d'anticorps, en leur injectant simplement des doses données d'antigènes microbiens. C'est ainsi que, en vaccinant les vaches «sur mesure» en quelque sorte, on pourrait créer un nouveau produit, sorte de *milk shake* d'anticorps — de quantité et de type donnés — spécifiquement calculé pour combattre différents types d'infections, y compris certaines affections auxquelles les vaches ne seraient pas naturellement sensibles.

L'imagination humaine et la technologie sont en fait en train d'améliorer considérablement certains produits. Des chercheurs allemands, suisses et japonais ont déjà agi sur la production d'anticorps par les vaches et se sont ensuite servis de ce lait pour traiter des enfants. Ainsi sont-ils déjà rentrés dans cette nouvelle ère des aliments spécialement conçus pour combattre les maladies, donnant ainsi un sens nouveau à l'alimentation diététique. Des chercheurs de l'Institut de médecine, de microbiologie et de virologie de l'Université de la Ruhr, en Allemagne fédérale, ont vacciné des vaches afin de leur faire produire dans le lait des anticorps spécifiques, destinés à combattre l'*Eschérichia coli,* bactérie qui est l'une des principales causes microbiennes de la diarrhée infantile. Ayant ensuite fait boire ce lait bourré d'anticorps à des bébés, ils ont obtenu un formidable succès: 84 p. 100 des enfants affectés par la diarrhée — soit quarante-trois sur un groupe de cinquante et un — furent guéris de leur infection dans les deux semaines qui suivirent le début du traitement. Dans un groupe témoin qui n'avait pas reçu de lait, seuls 11 p. 100 (un sur neuf) des enfants furent guéris.

Une fois ce tournant amorcé, à savoir l'utilisation des aliments pour lutter contre les infections, il est difficile de faire marche arrière. Le Dr Yolken a d'autres idées: les œufs.

De même que les vaches et les humains, les poules peuvent être infectées par différents agents et sont donc susceptibles de produire des anticorps. Dans ces conditions, ne serait-il pas logique de s'attendre à trouver des anticorps dans les œufs? Les poules sont très sensibles aux infections causées par le rotavirus, et l'antigène dans ce cas — c'est-à-dire l'agent viral qui détermine le mode de formation de l'anticorps — est semblable à celui qu'on trouve chez les humains. Pour le Dr Yolken, il était donc plausible de penser que les œufs de poule contiennent des anticorps capables de combattre les rotavirus humains. Et s'ils n'en contiennent pas assez, on pourrait toujours injecter des antigènes humains à ces volatiles afin de leur faire pondre des œufs renfermant le genre d'anticorps souhaité.

Dans le courant des années 20 et 30, les médecins utilisaient souvent une préparation à base de jaune d'œuf pour soigner les diarrhées infantiles. Le père du Dr Yolken, qui était pédiatre, y avait recours. On disait que c'était efficace, mais personne ne savait pourquoi. Les œufs transmettaient-ils des anticorps protecteurs dans les voies intestinales des enfants?

Les chercheurs de l'Université John Hopkins achetèrent des œufs, en séparèrent les jaunes (c'est là que se trouvent les anticorps) et les testèrent. Quatre-vingt-seize pour cent présentaient des anticorps, à des niveaux de concentration différents, en fonction du degré d'infection du poulet concerné. On eut recours une fois de plus aux souris, cette fois non plus pour les gaver de lait, mais pour les inviter à déguster des œufs au virus. Mais, manque de chance pour les petits convives, les œufs ne contenaient pas assez d'anticorps pour leur épargner les violentes diarrhées qui ne manquèrent pas de mettre un point final à leur festin.

Le Dr Yolken et son équipe ne s'avouèrent pas vaincus pour autant; ils décidèrent de ne plus s'en remettre au hasard des rencontres des poules avec les infections pour trouver leurs anticorps. On inocula aux volatiles une faible dose de rotavirus. Puis, pendant les deux ou trois semaines qui suivirent, on ramassa les œufs pondus dans les labos de l'Université John Hopkins pour en prélever les jaunes, les battre, en extraire l'immunoglobine et la donner à manger aux souris, assaisonnée au virus, bien entendu. Les œufs contenaient dès lors vingt fois plus d'anticorps qu'à l'état naturel. Pas une souris n'eut la diarrhée.

Le Dr Yolken voit dans les poulets des usines d'anticorps en puissance, soulignant qu'un seul de ces volatiles pourrait fournir jusqu'à trente kilos d'immunoglobine par an. «Les œufs représentent une source potentielle d'anticorps produits en grande quantité et de manière économique, explique-t-il. De plus, des personnes de tout âge peuvent les assimiler.» Théoriquement, on pourrait réduire en poudre ces œufs riches en anticorps et envoyer cette poudre à l'étranger pour la distribuer aux gens comme supplément alimentaire. On pourrait aussi en mettre dans les mélanges pour gâteaux prêts à cuire, et dans le pain. Ou mieux encore, on pourrait tout simplement expédier les antigènes dans des pays du tiers monde afin qu'ils servent à y vacciner les poulets. «L'antigène nécessaire à la vaccination est bon marché, dit le Dr Yolken. Tout ce qu'il faut, ce sont des gens pour vacciner les poules.»

Il est possible qu'à l'avenir le lait et les œufs soient étiquetés et recommandés comme anti-infectieux. *Ce lait contient des anticorps du rotavirus ou de la bactérie* Escherichia coli *et peut contribuer à prévenir certaines infections intestinales, surtout chez les enfants.*

S'il était forcé de faire un choix, le Dr Yolken serait plutôt enclin à privilégier les œufs comme véhicule de distribution des anticorps. Ils sont en effet moins chers, on en consomme partout dans le monde, et ils entraînent peu de risques de réactions allergiques. Il y a beaucoup de gens dans le tiers monde qui ne peuvent pas digérer les protéines du lait. Bien sûr, si l'on voulait concocter une boisson anti-infectieuse surpuissante, on pourrait mélanger du lait et des œufs: «Les effets des anticorps seraient pour le moins cumulatifs», ajoute le Dr Yolken.

Une telle perspective a peut-être de quoi nous propulser vers l'avenir, mais elle peut aussi nous ramener en arrière en nous rappelant une prédiction rocambolesque se trouvant dans un film de Woody Allen. Dans *Sleeper*, une comédie futuriste, il est décrété que tous les conseils qu'on a donnés en matière de nutrition au XXe siècle sont faux. Tout ce qui a été déclaré mauvais auparavant — les aliments *fast food,* le chocolat, la graisse et le cholestérol — s'est avéré bénéfique. Après la raclée magistrale que les œufs, riches en cholestérol, et les laitages gras ont encaissée au cours des dix dernières années, il faudrait beaucoup de force d'âme et un grand sens de l'humour pour aborder un avenir dans lequel le dernier cri des cocktails de santé à la mode serait un *lait de poule!*

Il est sûr que la boule de cristal de l'avenir nous réserve encore pas mal de surprises, au fur et à mesure que nos explorations de la pharmacologie alimentaire nous feront progresser vers des zones inexplorées. Voici, dans les grandes lignes, ce que nous prédisent les experts:

- À l'avenir, le simple fait de se nourrir est appelé à devenir, de plus en plus, une expérience thérapeutique.
- On va désormais recourir de plus en plus aux aliments, et de moins en moins aux médicaments pour préserver sa santé.
- Les chercheurs s'orientent de plus en plus vers l'analyse des pouvoirs pharmacologiques des aliments complets et de leurs effets sur les humains, et vers une comparaison de leur efficacité par rapport à celles des médicaments.
- Les pouvoirs publics vont commencer à faire analyser de manière systématique les constituants pharmacologiques actifs des aliments, comme c'est déjà le cas pour les nutriments. À l'heure actuelle, il est pratiquement impossible d'émettre un jugement valable sur le potentiel pharmacologique d'un aliment, car on n'en connaît pas les composants chimiques. Une démarche valable, tout au moins au départ, consiste à prendre les aliments qu'on retrouve le plus souvent associés aux plus faibles incidences de certaines maladies chez des populations données — comme le chou, le brocoli, l'épinard, etc. — et à essayer de voir quels composants ils ont en commun.
- Les chercheurs vont s'efforcer de définir quelles sont les doses efficaces et sûres de chaque aliment. Par exemple, certaines expériences montrent que la capsaïcine des piments prise à très forte dose peut favoriser l'apparition de certains cancers, alors qu'à faible dose elle retarde ce même mal. Comme le fait remarquer le Dr Thomas Kensler, il se peut qu'un composant aide à enrayer le cancer du côlon, mais pas celui du poumon, induit par la cigarette. Qui plus est, un composant efficace contre le cancer du côlon pourrait même, éventuellement, favoriser un cancer à un autre endroit du corps. Il est important de connaître les effets qu'ont les aliments entiers sur le cancer et à partir de quelles quantités, afin qu'à

l'avenir on puisse utiliser les vertus anticancéreuses de tel ou tel aliment spécifique pour combattre des susceptibilités à tel ou tel cancer en particulier.

- Les pouvoirs publics assureront une meilleure coordination des recherches en matière de pharmacologie alimentaire. Le Dr Farnsworth suggère la création d'un institut national dans lequel on testerait les aliments et leurs composants.
- On aura de plus en plus de superaliments qui seront de véritables réservoirs de santé enrichis ou fortifiés avec des agents naturels qui n'auront pas une fonction nutritive mais antipathogène.
- Nous choisirons de plus en plus nos aliments en fonction de leurs propriétés spécifiques par rapport à notre santé.

Ces prévisions, et en particulier les deux dernières, peuvent laisser craindre les hésitations des pouvoirs publics lorsqu'il s'agira de prendre les mesures qui conviendront en matière d'étiquetage, de publicité et de création de nouvelles générations de produits alimentaires bons pour la santé. Que faudra-t-il dire par exemple aux producteurs de pommes qui voudront vanter les vertus anticholestérol de leurs fruits? Aux producteurs d'oignons qui soutiendront que leurs bulbes blancs agissent trois fois plus fort que le dernier médicament miracle pour élever le taux des bons cholestérols (HDL). Et aux chercheurs qui voudront mettre des substances anticancéreuses naturelles du soja dans le lait? Et au professeur de médecine qui suggérera des manipulations biologiques sur les poulets afin de leur faire pondre des œufs remplis d'anticorps capables de combattre les infections? Et au médecin de la côte ouest qui aura mis au point l'élevage d'un superpoisson bourré d'huile oméga-3, spécialement conçu pour prévenir tous les maux de l'humanité? Tout cela est bien en route. Et il faudra qu'il y ait quelqu'un pour décider de ce qui est légitime et de ce qui ne l'est pas dans les revendications qui seront faites, au nom de la santé, et jusqu'où on peut aller en tentant d'accomplir les impératifs posés par Hippocrate, à travers une sorte de fusion moderne de l'alimentaire et du médical.

Toutes ces questions deviendront de plus en plus passionnantes à mesure que la science repoussera les frontières de la pharmacologie alimentaire.

TROISIÈME PARTIE

Les aliments: une pharmacopée moderne

UNE PHARMACOPÉE MODERNE

Il faut manger pour vivre et ne point vivre pour manger.
Molière.

Bien que la science soit sur le point d'accomplir d'énormes progrès dans la compréhension de la pharmaco-diététique, il est inutile d'attendre que tout soit parfaitement défini pour améliorer votre santé en vous servant des données déjà à votre disposition. L'expérience nous apprend que, bien souvent, des dizaines d'années s'écoulent avant qu'on authentifie ce qui, pour plusieurs, était depuis longtemps une évidence. Attendre d'en savoir davantage peut donc parfois constituer une faute grave. Ignorer délibérément la vertu curative du citron nous en fournit un bon exemple. Dès le début du xviie siècle, un certain nombre de praticiens faisant preuve d'un bon sens de l'observation (entre autres, John Hall, le gendre de William Shakespeare) prescrivaient le cresson, les baies de genièvre et le citron dans le traitement du scorbut. Mais ce n'est qu'en 1753 qu'un chirurgien de la marine écossaise, James Lind, démontra par une expérience devenue célèbre le rôle thérapeutique des agrumes dans la guérison de cette maladie. Cependant, à cette époque, la vitamine C (antiscorbutique) n'avait pas encore été découverte et personne ne comprenait très bien l'action bénéfique des agrumes sur le scorbut. Il fallut donc attendre jusqu'en 1795 pour que l'Amirauté britannique édicte une ordonnance obligeant les commandants de vaisseaux de la Royal Navy de faire distribuer aux hommes d'équipage une ration quotidienne de citron ou de jus de citron. Entre-temps, plus de quarante années s'étaient écoulées, et près de deux cent mille marins britanniques avaient été emportés par le scorbut.

Bien que la science ait fait jusqu'à ce jour des pas de géant dans nombre de domaines, nous en savons encore si peu sur la pharmacologie des denrées alimentaires que nous nous montrons sceptiques devant les preuves qui pourtant abondent tout autour de nous. Rares sont ceux qui savent seulement quels types d'expériences ont été réalisées sur les aliments. Ce livre constitue un guide pratique en matière de médication diététique; il passe en revue les plus récentes découvertes au sujet des effets thérapeutiques de cinquante-cinq aliments d'usage courant. La substance de l'ouvrage est puisée dans des revues scientifiques, dans des comptes rendus de conférences, dans la littérature médicale et nutritionnelle ainsi que dans la correspondance et les interviews de scientifiques faisant autorité en la matière. Nous n'avons retenu que les aliments qui ont fait l'objet de recherches expérimentalement vérifiables. Nous avons également mentionné diverses prescriptions relevant de la médecine empirique et de la tradition populaire qui nous ont parues scientifiquement acceptables.

Comme il fallait s'y attendre, la plupart des aliments répertoriés sont des fruits et des légumes. En effet, il est amplement démontré que les végétariens se portent mieux et qu'ils sont moins sujets que d'autres à la maladie. C'est donc dans les aliments d'origine végétale que les scientifiques ont le plus de chances de découvrir des vertus médicinales. Cela ne signifie pas que nous devons tous et toutes suivre un régime strictement végétarien, ni que l'alimentation carnée soit dépourvue d'avantages (la viande a plus d'une vertu nutritive), mais il semble évident que le fait de s'en tenir à un régime *à prédominance* végétale (composé de légumes, de graines et de fruits) est non seulement plus sain, mais peut également atténuer les effets nocifs des régimes carnés en réduisant le risque de maladies cardiaques et de cancer.

Cette pharmacopée est révolutionnaire car elle vous apprendra les vertus *pharmacologiques* de certains aliments, vertus que l'on ne prête généralement qu'aux vitamines et aux sels minéraux qui sont totalement dépourvus de valeur nutritive.

Quelques explications s'imposent:

• Les quantités. Pour obtenir un effet observable, les chercheurs utilisent d'importantes quantités du produit qu'ils veulent tester. Par exemple, si l'on constate que l'ingestion quotidienne de trois pommes abaisse le taux du cholestérol sanguin, cela ne signifie pas nécessairement qu'il vous faille manger trois pommes par jour, mais simplement que cette quantité (trois pommes) est la plus faible qui ait permis d'enregistrer un résultat. Mais il ne s'agit là que d'une quantité moyenne. Les réactions de l'organisme face aux produits pharmaceutiques varient considérablement d'un individu à l'autre. Il en est de même des réactions face aux aliments. Chez certains, une faible quantité de telle denrée suffit à provoquer une réaction bénéfique, alors que chez d'autres, la même quantité ne provoque absolument rien. Il faut aussi savoir que les aliments, combinés selon certaines proportions, peuvent potentialiser leurs effets. Ainsi, on peut fort bien ne pas manger trois pommes pour réduire le cholestérol sanguin, mais obtenir le même effet en ingérant une pomme, un peu de son d'avoine et des haricots.

- La plupart des aliments énumérés sont censés exercer un effet préventif à long terme. Dans cette perspective de prévention, les doses sont de très loin inférieures à celles qui sont requises pour traiter un mal spécifique.

- Dans la majorité des cas, on ne sait pas combien de temps il faut à un aliment donné pour exercer ses effets bénéfiques. Parfois l'effet est immédiat, comme c'est le cas pour le sucre qui a un pouvoir curateur sur les blessures. Par ailleurs, les scientifiques considèrent qu'au moins deux mois sont nécessaires pour que l'avoine et l'oignon fassent augmenter notablement et favorablement le taux du cholestérol HDL.

- Les aliments contiennent souvent des composés chimiques antagonistes, comme par exemple des anticancérigènes associés à des cancérigènes, des antimutagènes associés à des mutagènes, ou des substances qui font à la fois augmenter et abaisser le taux de cholestérol. C'est seulement en testant de façon spécifique les aliments globalement ingérés par les humains qu'on peut mettre en évidence les substances chimiques qui sont bénéfiques à l'organisme. On attachera donc une grande importance aux résultats de ces tests. La recherche en épidémiologie, grâce à laquelle les scientifiques peuvent établir des corrélations entre la maladie et les habitudes alimentaires, nous fournit également d'excellents indices. Par ailleurs, tout porte à croire que divers effets provoqués par certains produits alimentaires sur les animaux de laboratoire sont les mêmes chez l'homme. Ce sont ces expériences qui nous apprennent que tel aliment est actif, d'un point de vue pharmacologique, et que tel autre ne l'est pas. Ce mode d'analyse *in vitro* est aussi extrêmement utile quand il s'agit de déterminer les mécanismes d'action des aliments.

La pharmacopée alimentaire — tel est le véritable titre dont devrait se parer cet ouvrage — a pour ambition de promouvoir le bien-être physique. Elle vous fournira des raisons péremptoires de manger des aliments qui, les scientifiques le savent aujourd'hui, stimulent la santé et prolongent l'existence.

L'ABRICOT

LES AVANTAGES THÉRAPEUTIQUES ÉVENTUELS

* On reconnaît que l'abricot est le meilleur des inhibiteurs du cancer, plus particulièrement du cancer du poumon et des voies respiratoires lié à l'usage du tabac.

LA TRADITION POPULAIRE

Le jour où le roi Salomon dit: «Qu'on m'apporte des pommes pour me réconforter car je suis malade», il faisait allusion aux fruits que nous nommons aujourd'hui abricots, car il s'agissait bien d'abricots, et non de pommes, qui poussaient dans le jardin d'Éden. Dans la médecine populaire traditionnelle, c'est le noyau de l'abricot qui est connu pour ses vertus médicinales (duquel, plus tard, on extraira une substance médicamenteuse, le lætrile), bien que le fruit lui-même eût la réputation d'être un agent anticancéreux. De plus, l'abricot est fort prisé dans le royaume himalayen de Hunza (la terre de Shangri-La du roman *Lost Horizon* et du film qu'on en a tiré), où on le tient pour une source de santé et d'exceptionnelle longévité. Ce peuple mange en quantité prodigieuse une variété d'abricot sauvage appelée khubani. Certains scientifiques ont proposé d'accréditer la réputation mystique entourant l'abricot. En effet, G. S. Whipple, récipiendaire du prix Nobel de Médecine en 1934, a déclaré que l'abricot jouait un rôle «égal à celui du foie dans la régénération de l'hémoglobine».

LES FAITS

Étant donné que l'abricot n'a fait l'objet d'aucune étude particulière, ses propriétés thérapeutiques demeurent pour une bonne part inexplorées. Néanmoins, il se retrouve parmi les premiers noms de la liste des fruits et légumes réputés pour jouer le rôle d'adjuvants dans la prévention de certains cancers, en particulier celui du poumon et du pancréas, pathologies tumorales difficiles à traiter.

L'abricot, à l'instar de certains autres fruits et légumes de coloration orangée, contient de riches concentrations de bêta-carotène, forme de vitamine A exerçant, comme l'ont prouvé de façon spectaculaire des tests de laboratoire, une action bénéfique sur certains cancers, en particulier sur ceux du poumon et de la peau. Diverses études indiquent que chez les individus consommant de grandes quantités de fruits et de légumes riches en bêta-carotène, on observe des taux de cancers pulmonaires, cutanés, et laryngés inférieurs à la moyenne. Étant donné que cette substance inhibe le cancer chez les animaux de laboratoire, les scientifiques ont souvent tendance à considérer le bêta-carotène comme le principal bouclier, mais l'abricot et les fruits et légumes de même nature peuvent contenir d'autres agents inconnus qui jouent peut-être un rôle préventif.

L'ASPECT PRATIQUE

• Pour obtenir un effet optimal, on devrait consommer de préférence des abricots secs, car leur concentration en bêta-carotène est très supérieure à celle des fruits mûrs.

LES PRÉCAUTIONS

• Du fait qu'elle contient de l'amydaline, ou lætrile, l'amande que l'on trouve dans le noyau de l'abricot peut provoquer de sérieux malaises. Ingérée en grande quantité, surtout par des enfants, elle cause souvent de graves intoxications.

L'AIL

*Mange en mars du poireau
Et en mai de l'ail sauvage.
Et toute l'année d'après
Le médecin se tournera les pouces.*
Vieux dicton du pays de Galles.

LES AVANTAGES THÉRAPEUTIQUES ÉVENTUELS

- Combat les infections.
- Contient des substances chimiques prévenant le cancer.
- Clarifie le sang (anticoagulant).
- Réduit l'hypertension, le cholestérol sanguin et les triglycérides.
- Stimule le système immunitaire.
- Prévient et soulage la bronchite chronique.
- Exerce un effet expectorant et décongestif.

Quelle quantité? Il suffit d'ingérer quotidiennement une demi-gousse d'ail frais pour stimuler l'activité anticoagulante du sang, contribuant ainsi à la prévention des troubles cardio-vasculaires. Deux gousses par jour peuvent maintenir le cholestérol à un taux très bas chez les cardiaques.

LA TRADITION POPULAIRE

La réputation de l'ail n'est plus à faire. Depuis des millénaires, prêtres, médecins et autres gardiens de la sagesse populaire en vantent les merveilleuses propriétés. Un papyrus égyptien, datant du xve siècle avant notre ère, énumère vingt-deux indications thérapeutiques de l'ail pour traiter des troubles aussi variés que la céphalée, les troubles des voies pharyngo-laryngées ainsi que l'anorexie. (On a de bonnes raisons de penser que les bâtisseurs de la grande pyramide de Gizeh

161

mangeaient de l'ail pour se fortifier.) Dans son *Historia naturalis,* Pline l'Ancien prescrivait l'ail dans le traitement de soixante et une affections pathologiques parmi lesquelles on retrouvait: les troubles gastro-intestinaux, les inflammations par suite d'une morsure de chien ou de serpent, ou d'une piqûre de scorpion, l'asthme, le rhumatisme, les hémorroïdes, les ulcérations, l'inappétence, les convulsions, les tumeurs et la phtisie. Hippocrate recommandait l'ail pour ses vertus laxative et diurétique, ainsi que pour son pouvoir curatif des tumeurs de l'utérus. Durant des siècles, les praticiens chinois et japonais ont prescrit l'ail afin de réduire la tension artérielle trop élevée. Dans l'Inde du premier siècle de notre ère, les médecins instruits dans leur art par le Charaka-Samhita, ouvrage qui faisait autorité en matière de thérapeutique, avaient recours à l'ail et à l'oignon pour prévenir les cardiopathie et les rhumatismes. Dans l'Angleterre shakespearienne, l'ail avait la réputation d'être un aphrodisiaque.

L'ail est un antibiotique d'usage extrêmement répandu. Au début du siècle, onguents, cataplasmes et inhalations à l'ail étaient de véritables traitements de choix contre la tuberculose. Durant la Première Guerre mondiale, on utilisa l'ail pour lutter contre le typhus et la dysenterie. Au cours de la Seconde Guerre mondiale, des médecins britanniques qui avaient traité diverses blessures à l'aide d'applications d'ail firent état de résultats spectaculaires dans la prévention de la septicémie et de la gangrène. Même le docteur Albert Schweitzer utilisait l'ail pour prévenir le typhus et le choléra.

LES FAITS

Les preuves du pouvoir thérapeutique de l'ail sont tout aussi démonstratives que les vertus que lui prêtent légendes et traditions. À Bethesda, dans le Maryland, la National Library of Medicine, prestigieux conservatoire qui accumule tout ce qui se publie dans le domaine des sciences médicales, a colligé depuis 1983 environ cent vingt-cinq articles scientifiques traitant de l'ail. En fait, l'ail contient des substances qui semblent retarder l'évolution des cardiopathies, des troubles respiratoires, du cancer et de toute une gamme de maladies infectieuses.

SON ACTION ANTIBIOTIQUE

L'ail, sans conteste, détruit les bactéries. En 1944, Chester J. Cavallito, chimiste, a démontré que le principe odorant de l'ail, l'allicine, avait des propriétés antibiotiques. Divers tests ont même révélé que l'ail frais était plus puissant que la pénicilline et la tétracycline. Des centaines d'études sont venues corroborer le fait que l'ail est un antibiotique qui agit sur quantité de micro-organismes pathogènes responsables de la propagation de maladies aussi diverses que le botulisme, la tuberculose, la diarrhée, les staphylococcies, la dysenterie et la typhoïde. Une étude récente énumère soixante-douze agents infectieux qui cèdent sous l'action de l'ail. «Antibactérien, antifongique, antiparasitique, antiprotozoarien, antiviral... l'ail est, de toutes les substances antimicrobiennes connues, celle qui possède le plus large champ d'action», a déclaré un jour un chercheur.

L'allicine, composé odoriférant antibactérien, s'exhale quand on coupe ou broie l'ail, mais dès qu'il est détruit, lors de la cuisson par exemple, l'ail perd son pouvoir antimicrobien, encore qu'il conserve d'autres propriétés thérapeutiques.

Dans bon nombre de pays on utilise l'ail en sa qualité d'agent antibactérien. Au Japon, par exemple, on commercialise une préparation au pouvoir antibiotique, inodore, obtenue à partir d'ail frais. En Union Soviétique, l'ail, considéré comme la pénicilline nationale, est d'usage thérapeutique si répandu qu'une certaine année les autorités en auraient importé cinq cents tonnes pour combattre une épidémie de grippe. L'ail constitue également, chez les Soviétiques, un remède contre les rhumes, les quintes de toux et les troubles intestinaux. En Pologne, on prescrit fréquemment des préparations à l'ail aux enfants atteints de gastro-entérocolite, de dyspepsie, de pneumonie, de maladies infectueuses et de néphrose.

Des praticiens chinois ont récemment démontré les vertus curatives de l'ail en en prescrivant de fortes doses dans le traitement de la méningite à cryptocoques, affection due à un champignon et le plus souvent fatale. Sur une période de cinq années, ces médecins ont ainsi traité vingt et un cas de méningite en n'administrant aux malades que des infusions d'ail. Bilan: six guérisons complètes et cinq améliorations notables. Selon les conclusions des expérimentateurs chinois, la guérison était en partie due à la stimulation, par l'ail, des fonctions immunologiques des malades. L'ail combat également les infections fongiques (telle la tuberculose) en détruisant le micro-organisme infectieux.

MANGER DE L'AIL POUR RENFORCER LES DÉFENSES IMMUNITAIRES

C'est précisément ce qu'ont démontré en 1987 le Dr Tarig Abdullah et ses confrères de l'Akbar Clinic, un centre de recherche de Panama City, en Floride. Ils ont trouvé que l'ail cru et l'extrait d'ail japonais augmentaient sensiblement la puissance des cellules phagocytaires du système immunitaire, première ligne de défense contre les maladies infectieuses, voire contre le cancer. Neuf sujets, parmi lesquels se trouvaient les expérimentateurs, ont ainsi ingéré de grandes quantités d'ail cru (le Dr Abdullah en mangeait de douze à quinze gousses par jour), alors que neuf autres personnes prenaient l'extrait commercial japonais et que neuf autres encore ne consommaient ni l'un ni l'autre. Par la suite, on mit des cellules cancéreuses en présence de cellules phagocytaires extraites du sang des trois groupes de sujets. On a constaté que le taux de destruction des cellules cancéreuses par les cellules phagocytaires provenant du sang des deux premiers groupes (ceux qui avaient mangé l'ail cru et l'extrait commercial) était de 140 à 160 p. 100 supérieur au taux enregistré avec les cellules phagocytaires provenant du sang du dernier groupe (celui des non consommateurs d'ail).

Cette découverte, selon le Dr Abdullah, ne vaut pas seulement pour les maladies infectieuses et le cancer, mais aussi pour le sida qui entraîne la défaillance globale du système immunitaire. L'ail pourrait consolider les défenses immunitaires des malades atteints du sida et combattre directement les multiples infections de type fongique menaçant ces malades. Le Dr Abdullah est persuadé que l'ail, administré à de plus faibles doses, peut tout autant stimuler le système immunitaire. Mais s'il a eu recours à des doses massives, c'était pour être certain d'obtenir un résultat. Actuellement, il s'apprête à étudier les effets de l'ail sur des malades ayant contracté le sida.

L'exemple d'un spécialiste: le Dr Abdullah consomme quotidiennement deux gousses d'ail cru et déclare ne pas avoir eu de rhume depuis qu'il a commencé ce régime en 1973.

LA PROTECTION CARDIAQUE

Les périodiques médicaux regorgent d'articles prouvant que la consommation d'ail accomplit des merveilles pour le système cardio-vasculaire. Dans l'organisme humain, l'ail réduit le cholestérol et provoque d'autres modifications sanguines — en particulier la clarification du sang, ce qui prévient la formation interne de caillots pouvant provoquer des embolies. L'ail joue ainsi un rôle de protection face aux cardiopathies. Arun K. Bordia, chercheur indien travaillant à l'hôpital de Bombay, a découvert que l'ingestion quotidienne d'un gramme d'ail cru par kilo (soit à peu près dix-huit gousses pour une personne de cinquante-cinq kilos) réduisait la propension du sang à former de redoutables caillots, même chez les patients atteints d'une maladie coronarienne. Le Dr Bordia a constaté que la capacité qu'a le sang de dissoudre les caillots (activité fibrinolytique) pouvait augmenter de 130 p. 100 chez les individus sains et de 83 p. 100 chez ceux atteints d'une cardiopathie. Ce pouvoir de dissolution s'atténuait quand on cessait d'administrer l'ail aux sujets.

Chez l'animal, l'ail réduit beaucoup plus efficacement le taux de cholestérol sanguin que la médication classique, en l'occurence le clofibrate. Lors des tests réalisés sur des humains en Inde, on a constaté que l'administration quotidienne de jus d'ail frais (à raison de 1/8 tasse pour 55 kilos de poids) réduisait de façon sensible le taux de cholestérol qui chutait en moyenne de 305 à 218 en deux mois.

En 1987, le Dr Benjamin Lau et ses confrères de l'université Loma Linda, en Californie, ont obtenu des résultats impressionnants à partir de concentré d'ail (l'extrait commercial japonais). Administré à raison de 1 g par jour (l'équivalent de 28 g d'ail entier ou de neuf gousses), ce produit a réduit le «nuisible» cholestérol LDL et les triglycérides chez 60 à 70 p. 100 des sujets volontaires. Quant au «bon» cholestérol HDL, son taux a augmenté. D'une façon générale, la réduction du cholestérol total était de l'ordre de 10 p. 100, mais chez certains elle atteignait 50 p. 100. Ce qui est intéressant dans cette étude du Dr Lau, c'est que, au cours des premiers mois du traitement alliacé, le cholestérol a d'abord augmenté pour ensuite redescendre au bout de quatre à six mois. Selon le Dr Lau, cette augmentation initiale s'explique par le fait que dans un premier temps les tissus se sont purgés de leur cholestérol excédentaire, qui s'est ensuite accumulé dans le sang avant d'être éliminé.

De très faibles doses d'ail peuvent contribuer à la protection des artères. C'est ce qu'a démontré le Dr M. Sucur en faisant ingérer de l'ail fraîchement pelé à deux cents malades atteints d'hypercholestérolémie. Au bout de vingt-cinq jours, l'hypercholestérolémie avait pratiquement disparu. Posologie: pas plus de quinze grammes par jour, soit à peu près cinq gousses de taille moyenne. Le Dr Sucur en a conclu qu'une fois obtenue la réduction initiale du cholestérol, l'absorption quotidienne de deux gousses suffit pour garder les artères en bon état.

Deux gousses par jour, c'est aussi la dose qui a permis de mainte-nir au-dessous du seuil critique le cholestérol sanguin de végétariens indiens (de religion jaïniste). Chez ces grands mangeurs d'ail, le taux du cholestérol sanguin était en moyenne de 159, contre 208 chez ceux qui ne consommaient pas d'ail. Même ceux qui n'absorbaient que trois gousses par semaine affichaient une cholestérolémie inférieure à celle qu'on mesurait chez les sujets qui s'abstenaient d'en consommer. Ces mangeurs d'ail consommaient aussi davantage d'oignons, mais on ignore si l'association ail-oignon s'accompagne d'une action synergi-que qui rend ces bulbes plus actifs que lorsqu'on les ingère indépen-damment l'un de l'autre. Les analyses sanguines ont aussi révélé que les grands mangeurs d'ail et d'oignon ont les plus faibles taux de fibri-nogène (facteur de coagulation) et les temps de coagulation les plus longs, facteurs qui jouent un rôle de protection contre les cardiopa-thies.

Quant à la création de nouvelles médications cardiaques, le Dr Eric Block, chef du laboratoire de chimie de l'Université de l'État de New York à Albany, a découvert une substance alliacée qu'il a baptisée ajœne (en espagnol, ail se dit «ajo»). Cette substance s'est révélée capable d'entraver le processus de coagulation tout aussi efficacement que le plus vieux et le plus connu des anticoagulants: l'aspirine. «En tant qu'antithrombotique, déclare le Dr Block, l'ajœne est au moins aussi puissant que l'aspirine.» (Les spécialistes tiennent l'aspirine pour un puissant inhibiteur de la coagulation qui joue un rôle préventif face à toutes les formes d'attaques cardiaques.) Le Dr Block a constaté qu'en administrant à des lapins une seule dose d'ajœne, le processus d'agrégation plaquettaire était totalement bloqué et qu'il le demeurait pendant vingt-quatre heures. Cet expérimentateur considère son dérivé alliacé comme un anticoagulant d'avenir n'entraînant que fort peu d'effets secondaires.

UN TRAITEMENT CONTRE L'HYPERTENSION

L'ail s'est acquis une légendaire réputation d'hypotenseur. C'est en cette qualité qu'on l'utilise depuis des siècles en Chine, et que le gouvernement japonais tient officiellement l'ail pour un réducteur de la tension artérielle. C'est en 1921 que pour la première fois des scientifiques américains ont voulu vérifier cette étonnante vertu que l'on prêtait à l'ail.

En laboratoire, l'ail abaisse considérablement la pression sanguine de l'animal. La preuve que cet effet est le même chez l'homme a été apportée par des expérimentations dont la revue médicale britannique *Lancet* a rendu compte, ainsi que par de très vastes études cliniques réalisées en Russie et en Bulgarie et s'étendant sur plusieurs années. Un physiologiste faisant autorité en ce domaine, le Dr V. Petkov de l'Académie des Sciences de Bulgarie, a pu démontrer que, chez l'homme, l'ail provoque une chute de la pression systolique de l'ordre de vingt à trente points, et une chute de la pression diastolique de l'ordre de 10 à 20 points.

LA PRÉVENTION DES MALADIES PULMONAIRES

Le Dr Irwin Ziment considère que les croyances populaires attribuant à l'ail le pouvoir de guérir les rhumes et les affections pulmonaires contiennent une bonne part de vérité. Aussi prescrit-il régulièrement l'ail pour ses propriétés décongestives et expectorantes dans les cas de rhumes banals, et pour son rôle de «régulateur du mucus» dans les cas de bronchite chronique. Aux yeux de ce pharmacologiste, l'ail agit exactement comme le font les expectorants et les décongestifs que l'on se procure sur le marché: son acerbité irrite l'estomac qui signale aux poumons d'excréter des liquides capables de diluer le mucus et de l'expulser par les voies habituelles.

Selon le Dr Ziment, des doses régulières d'ail (et aussi d'autres épices âcres) peuvent prévenir l'apparition d'une bronchite chronique pernicieuse chez les individus prédisposés à la maladie. «L'ail exerce une fonction prophylactique, déclare-t-il, en facilitant la circulation normale du mucus dans les poumons.»

En outre, des médecins polonais ont eu recours à des extraits d'ail pour traiter des enfants atteints de crises répétitives de bronchite, aiguë ou chronique, et d'asthme bronchique.

L'AIL, BULBE ANTICANCÉREUX

L'ail occupe une place de premier plan dans la recherche anticancéreuse. Déjà, en 1952, des scientifiques soviétiques utilisaient avec succès un traitement à base d'ail pour combattre les tumeurs malignes.

Nombre d'expériences ont démontré que l'ail cru peut empêcher l'apparition d'une tumeur chez l'animal, ou encore arrêter le développement d'un processus tumoral déclaré. Par exemple, des scientifiques japonais ont injecté à deux reprises, à une semaine d'intervalle, des cellules tumorales à des souris. Ils ont observé que certains sujets (ceux à qui on avait également administré de l'extrait alliacé) se montraient beaucoup plus résistants à la seconde injection. Toute trace de cancer mammaire avait été éliminée grâce à l'ail cru. Les expérimentateurs attribuèrent ce résultat à l'allicine.

Les scientifiques japonais furent quelque peu étonnés de découvrir que l'extrait alliacé agissait aussi comme un puissant anti-oxydant contre ce qu'on appelle la «peroxydation lipidique», phénomène par lequel d'indésirables molécules d'oxygène sont introduites dans les cellules et provoquent leur destruction. En fait, chez la souris, l'ail s'est révélé meilleur anti-oxydant que la vitamine E, l'une de substances les plus actives que l'on connaisse pour combattre les dégradations du tissu hépatique.

Des expériences menées aux États-Unis, en 1987, ont mis en évidence le fait que chez l'animal, l'ail se révélait plus efficace pour prévenir les cancers de la vessie qu'un «vaccin» anticancéreux bien connu: le B.C.G.

La preuve que le cancer épargne davantage les mangeurs d'ail nous est fournie par des données recueillies dans deux cantons de la province chinoise de Chantoung. Dans l'un de ces cantons, le Gangshan, la consommation quotidienne d'ail est d'environ vingt grammes (sept gousses) par individu, et on y enregistre un taux de mortalité dû au cancer de l'estomac de 3,45 pour 100 000 habitants. Alors que dans un autre canton tout proche, celui de Quixia, où les habitants ne consomment que très peu d'ail, le taux de mortalité dû au cancer de l'estomac atteint 40 pour 100 000 habitants. Le risque de mourir d'un cancer de l'estomac est à peu près douze fois plus élevé chez les gens qui ne mangent pas d'ail.

Dans un centre hospitalier du Texas (le M.D. Anderson Hospital and Tumor Institute de Houston), des chercheurs qui expérimentaient sur des dérivés sulfurés de l'ail (et de l'oignon) ont découvert que ces mêmes substances prévenaient le cancer du côlon chez la souris, en inhibant la transformation de certains composés chimiques en puissants carcinogènes. L'Institut national du cancer fait une place de choix aux dérivés sulfurés de l'ail parmi les produits naturels susceptibles de jouer un rôle «chimiopréventif».

L'ASPECT PRATIQUE

• L'haleine: un mangeur d'ail se reconnaît facilement à son haleine. Depuis un bon demi-siècle des scientifiques recherchent le meilleur moyen d'éliminer pareilles exhalaisons, certains préconisant le café bien fort, d'autres le miel, d'autres le yogourt ou un verre de lait. Les Français tiennent le vin rouge pour un bon désodorisant. Le clou de girofle a la réputation de provoquer le même effet. Plus communément, on recommande de mâcher du persil. La chlorophylle qu'il contient est censée supprimer l'odeur alliacée. Pour éliminer cette même odeur de nos mains, on doit les laver au citron et à l'eau froide, puis les frictionner à l'aide de sel et les rincer avant de les laver de nouveau, cette fois dans de l'eau tiède et savonneuse. Telle est la méthode que propose le magazine *Natural History*.

• On doit utiliser de l'ail qui soit aussi frais que possible. Le mieux consiste à le faire pousser soi-même. Malheureusement, les substances chimiques exerçant une action curative varient grandement selon la composition du sol. C'est l'une des raisons pour lesquelles les chercheurs déclarent que les effets thérapeutiques de l'ail varient tellement d'une analyse à l'autre.

• Cru ou cuit? Pour détruire les bactéries, stimuler les fonctions immunitaires et probablement prévenir le cancer, l'ail doit être consommé cru. Cuit, il peut cependant réduire l'hypercholestérolémie, diluer le sang et exercer de effets décongestifs, expectorants, muco-régulateurs et préventifs de la bronchite. Un bon conseil: on devrait consommer simultanément de l'ail cru et de l'ail cuit.

• Que penser des huiles extraites de l'ail, des capsules, comprimés et préparations alliacées? S'il faut en croire les spécialistes, ces dérivés ne contiennent que très peu (parfois même aucun) des principes actifs de l'ail à l'état naturel. Les recherches du Dr Abdullah ont révélé qu'il n'existe, dans le commerce, qu'une seule préparation alliacée douée d'effet thérapeutique: l'extrait d'ail provenant du Japon, lequel contient les principes actifs indispensables à la stimulation des fonctions immunitaires. En conclusion d'une étude internationale faisant le point sur la recherche médicale consacrée à l'ail, deux auteurs britanniques écrivaient dans un numéro de *Food Science and Nutrition* de 1985: «Rien n'autorise à penser que... les préparations alliacées sont supérieures à la plante crue ou cuite.»

LES PRÉCAUTIONS

• Chez certains individus, l'ail peut provoquer des réactions allergiques.

5 000 ANS DE REMÈDES À L'AIL ET À L'OIGNON

Dans les civilisations anciennes, aucun aliment n'était aussi prisé que l'ail et son cousin l'oignon — tous deux appartiennent à la famille des liliacées — pour leurs pouvoirs magiques et leur action bienfaisante sur la santé. Ces deux plantes comptent parmi les toutes premières que l'homme ait cultivées pour se nourir. On a la preuve que, 4 000 ans avant notre ère, l'ail et l'oignon étaient connus des Sumériens qui en faisaient à la fois des denrées alimentaires, des attributs du rituel religieux et des potions. Des bulbes d'ail sont représentés sur diverses parois tombales de l'Égypte ancienne (3 200 av. J.-C.). D'autres représentations de ces bulbes ont été exhumées à proximité du palais royal de Cnossos, en Crète, et aussi des ruines de Pompéi et d'Herculanum (100 av. J.-C.). Durant des siècles, on a utilisé l'ail et l'oignon comme: anticoagulants, antiseptiques, anti-inflammatoires, anti-tumoraux, médicaments carminatifs, diurétiques, sédatifs, cataplasmes, vermifuges, anti-alopéciques et aphrodisiaques. On leur a attribué le pouvoir de soigner les affections labiales et buccales, l'apoplexie, l'artériosclérose, l'asthme, la bronchite, les brûlures oculaires, la calvitie, le cancer, le catarrhe, le choléra, la constipation, le diabète, la dilatation de la rate, la dysenterie, la dyspepsie, l'épilepsie, la flatulence intestinale, la gangrène, la grippe, les hémorroïdes, l'hydropisie, l'hypertension, l'intoxication tabagique, la jaunisse, les laryngites, la lèpre, la méningite, les morsures de chien, le paludisme, les pellicules, la phtisie, le pied d'athlète, la piqûre du scorpion, le rhumatisme, le rhume, la rougeole, le saturnisme, le scorbut, la septicémie, la teigne, la tuberculose, la typhoïde, la varicelle et la variole.

LES ALGUES (le varech)

- Détruisent les bactéries.
- Provoquent la rémission du cancer chez l'animal.
- Stimulent le système immunitaire.
- Guérissent les ulcères.
- Réduisent la cholestérolémie.
- Abaissent la tension artérielle.
- Préviennent les accidents cérébro-vasculaires.
- Diluent le sang.

LA TRADITION POPULAIRE

«Le varech est utilisé, dans la médecine traditionnelle, pour traiter la constipation, la bronchite, l'emphysème, l'asthme, l'indigestion, les ulcères, les colites, la lithiase biliaire, l'obésité et les troubles des appareils reproducteur et urogénital, tant chez l'homme que chez la femme. Il a la réputation de «purger» le système sanguin, d'accroître la résistance à la maladie, de maîtriser le rhumatisme et l'arthrite, d'agir comme un tranquillisant, de combattre le stress, de soulager les maladies de la peau, les brûlures et les piqûres d'insectes.» Varro Tyler, doyen des Schools of Pharmacy, Nursing and Health Sciences de l'Université Purdue s'exprime ainsi dans son livre intitulé *The Honest Herbal*. Ce qu'il néglige de rappeler, en revanche, c'est qu'en Égypte comme en Chine, depuis les époques les plus reculées, on recourt aux algues, et en particulier au goémon, pour traiter le cancer.

LES FAITS

La science moderne est venue confirmer une tradition empirique: les algues, omniprésentes à travers le monde, représentent un véritable miracle pharmaceutique naturel. Elles contiennent en abondance des substances chimiques capables de prévenir et de guérir divers types de cancers, de réduire la tension artérielle et la cholestérolémie, de diluer le sang, de soulager les ulcères, de détruire les bactéries, de guérir la constipation.

LA THÈSE ANTICANCER

En 1981, Jane Teas, de l'École de santé publique de Harvard, formula une étonnante théorie: les algues, consommées régulièrement au Japon, pourraient expliquer le fait que les Japonaises sont si rarement atteintes du cancer du sein. Dans ce pays en effet, la fréquence de ce carcinome est six fois moindre que celle observée aux États-Unis. De plus, les Japonaises qui contractent un cancer du sein vivent plus longtemps que les Américaines ou que les Britanniques affligées du même mal. Or, les algues, omniprésentes dans les régimes alimentaires nippons, sont quasiment inconnues en Amérique du Nord. Les laminaires, ces algues marines foliacées qui se présentent sous forme de longs rubans aplatis, entrent dans la composition des salades et des entrées japonaises, et elles constituent le condiment classique du *dashi*, ce fond de poisson à partir duquel est faite la soupe *miso*. Une bonne part des mets japonais sont aromatisés aux laminaires, et presque tous les habitants mangent du *miso* au moins deux fois par jour. Les laminaires représentent environ le tiers du volume total des algues ramassées sur le littoral japonais à des fins alimentaires.

D'autres données donnent fortement à réfléchir: dans les zones rurales du Japon, où la consommation d'algues marines ne cesse de croître, le cancer du sein est en nette régression par rapport aux zones urbaines où, au contraire, on consomme de moins en moins de ces mêmes algues.

Le Dr Teas et ses confrères ont découvert que si on nourrit des rates à l'aide de laminaires et qu'on leur injecte ensuite des agents chimiques provoquant des tumeurs mammaires, on remarque que ces animaux deviennent partiellement immunisés contre les processus pernicieux. On note chez ces rates un taux de cancer inférieur de 13 p. 100 à celui observé chez celles qui n'ont pas été nourries d'algues. De plus, il faut deux fois plus de temps au cancer pour se manifester chez les premières que chez les secondes. Les chercheurs de l'American Health Foundation ont mis en évidence des effets tout aussi frappants: chez 30 p. 100 des animaux de laboratoire, les algues brunes ont inhibé le développement de cancers mammaires provoqués par des substances lipidiques. Plus étonnant encore, des études antérieures menées au Japon en 1974 ont démontré que les laminaires agisaient non seulement comme des antidotes contre le cancer, mais également comme des agents chimiothérapiques capables d'enrayer la virulence du carcinome. Le varech a ralenti la progression du cancer chez 95 p. 100 des animaux étudiés, et dans six cas sur neuf, on a enregistré une rémission totale.

Quel est donc le secret des algues? Le Dr Teas remarque que les laminaires contiennent de nombreux agents (le plus prometteur étant une substance nommée fucoïdan) qui auraient le pouvoir de retarder l'évolution du cancer du sein. Les algues — et les laminaires — sont aussi des antibiotiques, comme l'ont démontré des tests *in vitro* et *in vivo*. Voilà qui fournit un autre moyen de lutter à la fois contre le cancer mammaire et contre le cancer du côlon: le varech pourrait en effet éliminer sélectivement les bactéries du côlon qui sécrètent peut-être des substances cancérigènes. Le varech pourrait aussi affecter le nombre des microorganismes intestinaux qui produisent dans l'intestin des hormones contrôlant le cancer du sein.

UNE AUBAINE DANS LA LUTTE CONTRE LE CANCER

De nombreuses variétés d'algues ouvrent à cet égard de vastes perspectives. En 1985, une équipe de chercheurs japonais dirigée par le Dr Ichiro Yamamoto (School of Hygienic Sciences de l'Université Kitasato à Kanagawa) a répertorié six espèces d'algues capables d'inhiber le développement du cancer du côlon chez le rat. Parmi ces espèces, deux laminaires semblent particulièrement puissants. Leur principe actif est le fucoïdan. Une autre étude réalisée l'année suivante par le même groupe de chercheurs a démontré que sur onze espèces d'algues traitées, neuf avaient des effets anticancéreux. Administrés à la souris, les extraits de laminaires se sont révélés efficaces dans une proportion de 70 à 80 p. 100 pour juguler les cancers intestinaux. Les chercheurs attribuent cette puissance thérapeutique à la capacité que possèdent les algues de stimuler le système immunitaire de l'animal qui est alors mieux armé pour combattre le cancer.

Dans le cadre d'une autre étude sur le cancer, les chercheurs se sont appliqués à mettre en évidence les propriétés thérapeutiques de l'*Undaria pinnantifida,* plus connue sous le nom de wakamé. Réhydratée par immersion après séchage, cette algue filamenteuse se présente sous forme de longues frondes vert bouteille, satinées, ayant l'aspect d'un épinard luisant et une saveur un peu douceâtre. Des pharmacologistes de Honolulu (John A. Burns School of Medicine, Université de Hawaï) ont testé une variété séchée de wakamé, produit diététique très répandu au Japon. Injectée à des souris, cette substance s'est révélée capable de prévenir et de guérir le cancer du poumon. Ce qui a le plus frappé les expérimentateurs, c'est que cette variété de wakamé relançait l'activité immunitaire des cellules. Ce produit alimentaire semble donc exercer ses effets anticancéreux en stimulant le système immunitaire.

UN BREUVAGE HYPOTENSEUR: LE KOMBU

La médecine traditionnelle japonaise fait usage de tronçons de laminaires et d'autres algues pour composer un breuvage hypotenseur du nom de kombu. Un scientifique japonais a confirmé le fait qu'en administrant de l'eau chaude contenant de l'extrait de goémon aux malades affligés d'hypertension, on obtient une chute significative de la pression sanguine sans effets secondaires. D'autres chercheurs ont isolé dans ces algues des composés hypotenseurs, en particulier l'histamine.

En 1986, des scientifiques ont également découvert que le thalle filamenteux des algues brunes réduit en poudre contribuait à la prévention des accidents cérébro-vasculaires. Au cours de leurs expériences, ils ont administré de fortes doses de sel à des rats hypertendus. L'administration simultanée de poudre d'algues réduisit considérablement le risque d'accident cérébro-vasculaire. En fait, tous les rats non traités par des algues succombèrent à une attaque, alors que les autres survécurent. Donc, il semble bien que les algues jouent un rôle d'antidote qui compense la consommation excessive de sodium.

Les algues, y compris les laminaires, réduisent la cholestérolémie chez le rat. Certains chercheurs considèrent que le goémon contient des agents ayant le pouvoir d'éliminer le cholestérol de l'intestin.

UN ENNEMI DE L'ULCÈRE: LE NORI

Des scientifiques japonais ont testé une substance anti-ulcéreuse extraite des différentes variétés d'algues marines du littoral nippon. Un principe anti-ulcéreux a été découvert dans le *porphyra* (que les japonais appellent «*nori*»). Cette substance possède aussi des vertus anti-microbiennes qui agissent sur une vaste gamme de bactéries pathogènes, dont *Escherichia coli, Pseudomonas aeruginosa, Salmonella, Staphylococcus, Aspergillus, Fusarium* et *Shigella*.

Certaines algues fluidifient le sang. Bon nombre de comptes rendus expérimentaux japonais rapportent que les «polysaccharides du goémon» exercent un effet anticoagulant comparable à celui d'un médicament bien connu, l'héparine. Pour certains, ces polysaccharides purgeraient le sang des substances lipidiques excédentaires, tout comme le fait l'héparine. Par exemple, si on administre de l'héparine à un personne qui vient d'absorber des graisses au cours d'un repas, on réduit le taux de son cholestérol LDL (le mauvais) et on augmente celui de son cholestérol HDL (le bon).

À titre expérimental, des scientifiques japonais ont isolé du wakamé (aliment extrait de la flore marine depuis des siècles) un principe chimique afin de comparer ses effets à ceux de l'héparine. On a ainsi constaté que la substance en question avait une activité antithrombine (anticoagulante) deux fois supérieure à celle de l'héparine.

DES PREUVES CONTRADICTOIRES

À l'American Health Foundation de New York, le Dr B. S. Reddy a découvert que les algues brunes augmentaient le risque de cancer du côlon chez les rongeurs. La carragéénine, que l'industrie alimentaire américaine utilise souvent pour ses propriétés coagulantes, a également provoqué des cancers chez les animaux de laboratoire.

L'ARTICHAUT

LES AVANTAGES THÉRAPEUTIQUES ÉVENTUELS

- Réduit le cholestérol sanguin.
- Agit comme cholagogue et diurétique (stimule la bile et l'urine).

LA TRADITION POPULAIRE

L'artichaut a toujours été reconnu pour ses propriétés diurétiques. Il facilite la digestion et permet de réduire le sucre sanguin.

LES FAITS

Au cours des dernières années, les scientifiques n'ont porté que peu d'intérêt à ce chardon comestible. Mais par le passé l'artichaut a suscité beaucoup d'attention et a fait l'objet d'études scientifiques qui sont venues confirmer les propriétés que la sagesse populaire lui prêtait. Bien que ces travaux commencent un peu à dater, ils illustrent pleinement les effets physiologiques de l'artichaut sur l'organisme humain.

En 1940, une série d'études menées par un chercheur japonais ont permis de découvrir que l'artichaut abaissait sensiblement le cholestérol total, qu'il stimulait la production de la bile par le foie et qu'il jouait le rôle d'un diurétique procurant «un bien-être caractérisé». Une étude de même nature réalisée quelques années plus tard par des chercheurs suisses a confirmé le fait que le cholestérol sanguin chute de façon significative après ingestion d'artichaut. Ces travaux ont été suivis, en 1947, par des expérimentations menées au Texas, lesquelles sont venues appuyer les résultats des études antérieures.

En 1970, des scientifiques russes ont observé que la partie comestible de l'artichaut exerçait sur le chien une action anti-inflammatoire. En 1969, des Français ont pour leur part obtenu des résultats si spectaculaires en recourant à des extraits d'artichaut pour traiter diverses affections du foie et du rein qu'ils ont fait breveter leur produit.

C'est la cynarine, substance que l'on isole de l'artichaut, qui constitue le principe actif d'un médicament réducteur de la cholestérolémie. La cynarine a aussi la propriété bien connue d'être un «protecteur hépatique».

L'AUBERGINE

LES AVANTAGES THÉRAPEUTIQES ÉVENTUELS

- Protège les artères contre les dégradations dues au cholestérol.
- Contient des substances prévenant le cancer chez l'animal.
- Contient des substances prévenant les convulsions.

LA TRADITION POPULAIRE

Cette solanacée dont la peau est d'un satin violacé ne compte guère parmi les plantes médicinales traditionnellement utilisées en Amérique du Nord. Au Nigéria, en revanche, elle est très prisée à cause de ses propriétés contraceptives, antirhumatismales et antispasmodiques. En Corée, la médecine traditionnelle fait aussi amplement usage de ce végétal que l'on fait sécher, fruit compris, et que l'on consomme pour traiter le lumbago, les algies, la rougeole, le cancer de l'estomac, l'alcoolisme, et dont on fait aussi des applications externes pour soigner les rhumatismes, les gastrites et les brûlures.

LES FAITS

L'aubergine a le pouvoir de protéger les artères. Quand, dans un plat, elle est associée à du parmesan, elle peut neutraliser les effets nocifs du fromage. En 1947, des études menées à l'Université du Texas ont révélé que certains éléments constitutifs de l'aubergine empêchent l'augmentation du cholestérol sanguin qui suit habituellement l'absorption de corps gras tels les fromages.

Vers les années 70, un scientifique autrichien, le Dr G. H. A. Mitschek de l'Université de Graz, en est venu aux mêmes conclusions après s'être livré à une série de tests sur des animaux. Ses expérimentations consistaient à soumettre des lapins à un régime riche en cholestérol et comprenant une quantité d'aubergine qui variait d'un sujet à

l'autre. Lors de l'examen des artères des lapins, le Dr Mitschek constata que l'aubergine, même absorbée en quantité très faible, réduisait
considérablement le développement des plaques adipeuses et de l'athérosclérose. Le plus intéressant, c'est que l'aubergine semblait exercer
un effet optimal quand elle n'était pas ingérée seule, mais en association avec des aliments très riches en graisses et en cholestérol. Pour ce
chercheur, l'aubergine contiendrait certains composés chimiques ayant
la propriété de maintenir le cholestérol dans la lumière de l'intestin,
d'où il est ensuite expulsé sans avoir été absorbé par la muqueuse et
entraîné dans la circulation sanguine.

UN ANTICONVULSIF

Que les Nigérians estiment cette plante parce qu'elle «soulage la
surexcitation causée par les maladies nerveuses», cela n'est pas dénué
de fondement scientifique. Des tests ont en effet prouvé que des
souris, à qui on avait injecté des substances causant des crises convul-
sives, demeuraient beaucoup plus calmes quand on leur administrait
également un antidote composé d'extrait d'aubergine fraîche. L'action
anticonvulsive est vraisemblablement due à deux composés chimiques
présents dans la plante, la scopolétine et la scoparone. Il semblerait
donc tout indiqué de recourir à l'aubergine, comme le fait la médecine
traditionnelle, pour combattre l'épilepsie et d'autres affections entraînant des manifestations nerveuses spasmodiques.

UN ANTICANCÉREUX

De récents tests réalisés au Japon ont mis en évidence le fait que
chez l'animal, le jus de l'aubergine réduit sensiblement les lésions
cellulaires (aberrations chromosomiques) annonciatrices du cancer. En
outre, l'aubergine contient des inhibiteurs de protéases (trypsine),
enzymes hydrolysants qui semblent contrebalancer l'action des agents
cancérigènes et de certains virus. Une autre étude révèle que chez les
grands mangeurs d'aubergine le taux des cancers de l'estomac est particulièrement bas.

DES PREUVES CONTRADICTOIRES

Au Japon, une étude systématique sur les propriétés des végétaux
a démontré que l'aubergine est légèrement mutagène. Dans certaines

expériences *in vitro*, celle-ci se serait révélée capable de provoquer des dégradations génétiques pavant la voie aux cancers cellulaires. Dans ce même pays, une étude démographique a pu établir qu'il existait une corrélation entre la consommation d'aubergines et un certain accroissement de la mortalité.

L'AVOINE

- Excellente pour le cœur.
- Réduit le cholestérol sanguin.
- Stabilise le sucre sanguin.
- Contient des composés qui préviennent le cancer chez l'animal.
- Combat les affections cutanées.
- Exerce un effet laxatif.

Quelle quantité? Environ une demi-tasse de son d'avoine par jour (soit un grand bol, après cuisson), ou encore une tasse de flocons (l'équivalent de deux bols, après cuisson) peut faire chuter votre cholestérol sanguin. L'avoine stabilisera aussi votre insulinémie et votre glycémie.

LA TRADITION POPULAIRE

On dit de l'avoine qu'elle était un stimulant, un antispasmodique, un laxatif et un tonique du système nerveux et de l'utérus. Au début du siècle, la tisane d'avoine avait la curieuse réputation de «soigner l'opiomanie» et de réduire l'envie de fumer.

LES FAITS

L'avoine est un puissant tonique cardiaque et sanguin. Chez beaucoup de gens, les grains d'avoine consommés sous forme de flocons, et surtout le son, font chuter le cholestérol sanguin. On a étudié l'effet de l'avoine sur des gens à la cholestérolémie normale, et sur d'autres souffrant d'hypercholestérolémie, selon que leur régime alimentaire était pauvre ou riche en matières grasses. Or, les résultats enregistrés ne varient guère: l'avoine réduit le cholestérol sanguin dans une proportion significative. Parfois même de façon très spectaculaire. Si votre taux de cholestérol vous préoccupe, il vous sera difficile de trouver meilleure médication que l'avoine.

UNE CÉRÉALE POUR LE CŒUR

Les recherches effectuées sur l'avoine sont dues, pour une bonne part, au Dr James Anderson et à ses collaborateurs du College of Medicine de l'Université du Kentucky. Ce chercheur a découvert qu'environ 40 g par jour de son d'avoine (le contenu d'une demi-tasse, soit l'équivalent d'un grand bol après cuisson) abaisse assez rapidement, et de 20 p. 100 en moyenne, le taux du redoutable cholestérol LDL. Quant au bienfaisant cholestérol HDL, cet apport alimentaire le fait habituellement augmenter d'à peu près 15 p. 100 au bout d'un certain temps.

L'action pharmacodynamique des flocons ne représente que les deux tiers de celle du son pur. Le Dr Anderson recommande de mélanger les deux. Il affirme que les céréales faites de farine d'avoine pure sont à peu près aussi efficaces que les flocons: 50 à 60 g par jour (l'équivalent de deux bols) devraient suffire à réduire le cholestérol. Les muffins au son d'avoine ont un effet comparable. Lors d'un test, ce chercheur a pu constater que l'ajout quotidien de quatre muffins au son d'avoine au régime alimentaire de jeunes gens en bonne santé provoquait une chute de la cholestérolémie de l'ordre de 12 p. 100 (de 185 à 164).

L'action hypocholestérolémiante des flocons d'avoine varie grandement d'un individu à l'autre. Chez un patient dont la cholestérolémie était très basse (150), on a observé une chute allant jusqu'à 120. Chez d'autres, dont la cholestérolémie était au contraire dangereusement élevée (350), la baisse était encore plus considérable en valeur absolue (280). Le Dr Anderson a constaté, en faisant un test sur lui-même, une chute de 285 à 175 après avoir consommé quotidiennement du son d'avoine pendant cinq semaines. Cependant, il fait observer que c'est sur les gens dont la cholestérolémie est comprise entre 240 et 300 que l'avoine provoque la baisse la plus prononcée (23 p. 100 en moyenne au bout de trois semaines).

L'exemple du spécialiste: Le Dr Anderson consomme tous les jours un grand bol de son et de flocons d'avoine mélangés à du lait écrémé et parsemé de raisins secs. Il consomme également chaque jour deux muffins au son d'avoine au repas du midi.

Cependant, chez environ 15 p. 100 des gens, le son d'avoine ne réduit pas le cholestérol sanguin. Il est également inefficace chez les individus affectés d'un type d'hypercholestérolémie exceptionnellement élevée (entre 300 et 400), liée à des facteurs héréditaires.

La consommation d'avoine abaisse légèrement la tension artérielle et stabilise la glycémie et l'insulinémie.

DES PROPRIÉTÉS LAXATIVES

Bien que le son de l'avoine ne contienne pas autant de fibres insolubles que le son du blé (qui est connu pour soulager la constipation), il n'en a pas moins des vertus laxatives. Le Dr Anderson a observé que le son (tout comme les flocons) d'avoine augmente la masse fécale et guérit la constipation, ce qui est profitable pour le côlon. Une récente étude réalisée en Fance révèle que la consommation quotidienne de deux biscuits au son d'avoine avait, au bout de douze semaines, soulagé la constipation et vaincu la paresse intestinale chez cinquante personnes du troisième âge. Autre bénéfice appréciable: ces personnes avaient perdu du poids.

L'avoine exerce également des effets anti-inflammatoires dans certaines affections comme l'eczéma. De récents travaux ont démontré que le grain de l'avoine (cru ou bouilli) inhibe la synthèse des prostaglandines, dont l'activité peut être cause de phénomènes inflammatoires. Voilà qui explique de façon plausible les propriétés anti-inflammatoires de l'avoine. C'est pourquoi cette céréale a, depuis fort longtemps, la réputation d'être bienfaisante pour la peau quand on se l'applique en cataplasme sur le visage. Certains médecins préconisent ces applications pour traiter le psoriasis.

UN AGENT ANTICANCÉREUX

L'avoine est riche en inhibiteurs de protéases, ces composés chimiques qui désactivent certains virus et certaines substances cancérigènes dans les voies intestinales. Tout laisse croire que l'avoine a des pouvoirs anticancéreux, plus spécialement dans les cas des cancers ayant pour point de départ une tumeur intestinale. En accroissant la masse fécale, il semble bien que l'avoine protège contre le cancer du côlon et contre diverses affections telles que les diverticulites et les hémorroïdes.

L'ASPECT PRATIQUE

- Pour réduire plus efficacement la cholestérolémie, consommez de l'avoine plusieurs fois par jour. Rien ne vous empêche d'en manger au petit déjeuner et en collation au cours de la soirée.

LA BANANE

- Prévient et guérit les ulcères.
- Réduit le cholestérol sanguin.

LA TRADITION POPULAIRE

Étant donné l'usage très diversifé que l'on fait des bananes (que l'on consomme crues et mûres, sauf quand il s'agit des plantains, ou bananes des Antilles, qu'il est d'usage de faire cuire quand elles sont encore vertes), et si l'on considère que ces fruits comptent parmi les aliments de base de nombreux pays d'Afrique et d'Amérique du Sud, on comprend mal pourquoi leurs pouvoirs thérapeutiques occupent si peu de place dans la tradition populaire. On est surpris également de lire, sous la plume d'une herboriste aussi réputée que Maud Grieve, dans son ouvrage édité en 1931, que «la famille des bananes offre davantage d'intérêt pour sa valeur nutritive que pour ses propriétés médicinales».

En Inde cependant, les plantains jouissent d'une solide réputation. On les utilise dans le traitement de l'ulcère peptique et duodénal. Selon la publication indienne *Matera medica*, dans son numéro de 1954, les «chapatis» (pains domestiques faits de farine de plantain vert) sont recommandés dans les cas de dyspepsie et de météorisme intestinal, et «un léger gruau de farine de banane et de lait constitue un régime très digeste dans les cas de gastrite».

LES FAITS

Il se trouve que ce sont les Indiens qui ont raison. Les plantains contiennent un principe médicinal très actif ayant le pouvoir de guérir les cellules endommagées et de prévenir les nouvelles lésions. En Inde comme en Grande-Bretagne, nombre de chercheurs éminents ont relevé les étonnantes modifications biologiques provoquées par le plantain à la muqueuse gastrique de l'animal. Ils en ont conclu que ce végétal agit à la façon d'un composé anti-ulcéreux, la carbénoxolone, sans toutefois entraîner ses effets secondaires.

De nouvelles études à double insu menées dans divers centres hospitaliers de l'Inde ont démontré que la poudre de plantain (la banane des Antilles que l'on consomme verte) facilitait le traitement de l'ulcère duodénal chez environ 75 p. 100 des patients alors que l'administration de placebos donnait un résultat semblable dans seulement 16 p. 100 des cas.

LA LUTTE CONTRE L'ULCÈRE

Ce n'est qu'au début des années 30 que la documentation médicale commence à mentionner le fait que la banane exerce une action thérapeutique dans le traitement des ulcères. Les chercheurs ont tout d'abord pensé que la banane neutralisait simplement l'acidité gastrique, ou que sa chair mûre soulageait l'irritation. Cependant, suite à une expérimentation britannique consistant à nourrir des souris pendant une semaine avec des lamelles de bananes mûres avant de leur injecter des substances génératrices d'ulcères, on a constaté que peu d'entre elles présentaient des lésions ulcéreuses. Des chercheurs ont même réussi à isoler dans les bananes, vertes ou mûres, un produit chimique ayant pour effet de supprimer la sécrétion acide, et donc d'inhiber le développement des ulcères chez l'animal.

Plus récemment, des équipes de chercheurs indiens et britanniques ont découvert pourquoi les rongeurs qu'on nourrit de bananes ne contractent des ulcères qu'à une fréquence trois fois moindre que la fréquence normale, et pourquoi ces ulcères sont d'une gravité moindre. Les plantains agissent de la même façon que les médications les plus complexes, comme l'ont conjointement démontré le professeur A.K. Sanyal (College of Medical Sciences de l'Université Banaras Hindu à Varanasi) et l'équipe britannique du Dr Ralph Best (Department of Pharmacy de l'Université d'Aston à Birmingham).

Quand on cherche à mettre au point un médicament anti-ulcéreux, on exige d'une telle substance qu'elle neutralise ou élimine les agents destructeurs de la paroi stomacale, c'est-à-dire l'acidité gastrique et une enzyme digestive, la pepsine. Tel est communément le mode d'action des médications anti-ulcéreuses (comme les antiacides et la cimétidine), à l'exception d'une seule, la carbénoxolone, peu fréquemment prescrite du fait qu'elle est hypertensive. Néanmoins, son action copie les mécanismes naturels: au lieu d'éliminer les agents responsables de l'agression, elle dote l'organisme de meilleurs moyens de défense.

UN ESTOMAC PLUS RÉSISTANT

Merveille des merveilles. Tel est le jugement que portent les spécialistes sur l'action du plantain. Il fortifie les cellules superficielles de la muqueuse gastrique, opposant ainsi une barrière plus robuste aux sucs délétères. Les expérimentateurs britanniques ont été grandement étonnés de constater *de visu* que la muqueuse gastrique (le revêtement interne de l'estomac) de rats nourris à la poudre de banane était épaissie. À titre de vérification, ils ont administré à différents groupes de rats de la poudre de banane, de l'aspirine ou d'autres substances chimiques, afin de vérifier les effets produits sur les parois stomacales. La poudre de banane a provoqué un épaississement considérable de la muqueuse; l'aspirine, un amincissement; et la cimétidine, un amincissement plus important encore. Mais chez les rats qui avaient reçu simultanément de la poudre de banane et de l'aspirine, la banane avait neutralisé les effets corrosifs pernicieux de l'acide acétylsalicylique, et même davantage puisque l'épaisseur de la muqueuse gastrique s'était accrue d'environ 20 p. 100.

Les chercheurs furent donc amenés à conclure que la banane stimule la prolifération des cellules de l'épithélium gastrique, et qu'elle déclenche la sécrétion d'une couche protectrice de mucus sur la surface interne de la cavité, empêchant ainsi l'acide chlorhydrique et la pepsine de causer des lésions plus importantes. «Le rôle anti-ulcéreux que la médecine empirique prête à la banane, à tout le moins quand il s'agit d'ulcères gastriques, semble justifié...», concluent prudemment les chercheurs britanniques.

À RECOMMANDER POUR L'APPAREIL CARDIO-VASCULAIRE

D'autres chercheurs indiens ont récemment découvert que l'absorption de fibres de plantain *vert* neutralise la hausse soudaine de la dangereuse hypercholestérolémie touchant les rats qui reçoivent du cholestérol à fortes doses. Cependant, la fibre du plantain *mûr* ne produit aucun effet bénéfique. Les rats auxquels on n'administrait que du cholestérol montraient un taux de cholestérol LDL (éminemment dangereux) de 126 mg pour 100 ml. Mais l'ajout de plantain vert au régime alimentaire faisait retomber ce taux alarmant à 44 mg pour 100 ml. De plus, le plantain faisait augmenter d'environ 30 p. 100 le taux du cholestérol HDL (bénéfique, celui-là). Les chercheurs attribuèrent ce résultat à la forte quantité de fibres hémicellusosiques contenues dans le plantain vert.

Tout porte à croire que les bananes réduisent aussi la cholestérolémie, du fait qu'elles contiennent une forte concentration de pectine (au moins autant que les pommes, dont on connaît le pouvoir de réduction du taux de cholestérol sanguin). Une banane contient autant de pectine qu'une pomme de moyenne grosseur.

L'ASPECT PRATIQUE

- De toutes les variétés de bananes, ce sont les plantains verts qui préviennent le plus efficacement l'ulcère. En général, plus le fruit est gros, plus son effet protecteur est grand. Selon les chercheurs, il est peu vraisemblable que le fruit *mûr* contienne suffisamment de principe chimique actif pour être efficace. C'est avec des plantains encore verts qu'on a obtenu expérimentalement, chez l'homme comme chez l'animal, les résultats les plus significatifs. Rappelons qu'on les consomme comme des pommes de terre — bouillis, frits ou cuits au four — en Inde, en Afrique et en Amérique du Sud.
- Très concentrée, la poudre extraite du plantain vert séché semble la plus efficace pour prévenir l'ulcère.
- Bien que certains travaux donnent à penser que la banane ordinaire (celle que l'on consomme mûre, à la différence des plantains) est tout aussi efficace pour combattre l'ulcère, les plus récentes recherches ne confirment en rien cette hypothèse.
- Enfin, les plantains verts contiennent la plus active des fibres assurant la prévention des maladies cardiaques.

DES PREUVES CONTRADICTOIRES

Diverses études sur les animaux n'ont révélé aucun effet antiulcéreux lié au plantain. Le Dr Sanyal attribue cette vertu à un caprice de la nature capable de susciter un effet thérapeutique plus ou moins prononcé, et non pas aux pouvoirs curatifs intrinsèques du fruit.

LA BIÈRE

LES AVANTAGES THÉRAPEUTIQUES ÉVENTUELS

- Prévient l'obstruction des artères coronaires.
- Augmente le taux du cholestérol HDL (le bon).

Quelle quantité? Une bière par jour peut modifier la composition du sang, prévenant ainsi un accident coronarien, et faire monter le taux du cholestérol HDL.

LES FAITS

Déconcertante pour les uns, réjouissante pour les autres, une preuve est en train de s'imposer: boire modérément peut être bénéfique au système cardio-vasculaire. Le Dr Richard D. Moore, professeur adjoint au Johns Hopkins University School of Medicine, a récemment demandé à vingt-huit hommes en bonne santé de consommer quotidiennement une bière, et à vingt-huit autres (également en pleine santé) de s'abstenir totalement de boire. En moyenne, les uns et les autres buvaient de deux à quatre verres d'alcool par semaine.

Chez les hommes ayant consommé de la bière, l'analyse de laboratoire ne révéla aucun changement significatif du taux de cholestérol total, ni dans le taux de cholestérol HDL (le bon) et LDL (le mauvais). En revanche, on observa une augmentation d'un autre composant sanguin, une protéine du nom d'apolipoprotéine A-1. Or, on sait que les individus dont le taux d'apo A-1 est élevé sont moins sujets que les autres aux accidents coronariens. Seconde constatation intéressante: chez les abstèmes, le taux d'apo A-1 avait légèrement chuté. Le Dr Moore émit l'hypothèse que l'alcool contenu dans la bière avait stimulé les enzymes du foie à sécréter davantage d'apo A-1. Il en conclut que les modifications sanguines dues à l'absorption quotidienne d'une bière «pouvaient aboutir au bout d'un certain temps à une réduction du risque d'accident cardio-vasculaire».

L'ÉNIGME HDL

Pendant des années, les spécialistes de la recherche médicale se sont demandé si l'alcool provoquait ou non l'élévation de la concentration du cholestérol de type HDL, cet important constituant sanguin qui déplace vers le foie, où il est détruit, le cholestérol nocif contenu dans les artères. Sur ce point, nombre d'études se contredisaient les unes les autres. Mais aujourd'hui les scientifiques ne peuvent plus ignorer les travaux récents et éloquents réalisés en Grande-Bretagne avec la collaboration de cent hommes et femmes, travaux qui semblent pleinement accréditer la thèse qui veut que l'alcool stimule la production du cholestérol HDL.

Les expérimentateurs ont demandé aux sujets de consommer au moins sept verres d'alcool par semaine durant quatre semaines, puis de cesser totalement de boire pendant les quatre semaines suivantes. Par «verre», il fallait entendre soit un quart de litre de bière ou de cidre, soit un verre de vin, soit une dose de sherry ou d'une autre boisson spiritueuse équivalant à une quantité d'alcool pur comprise entre sept et neuf grammes. La plupart des sujets ont bu deux «verres» par jour. Première constatation: l'absorption d'alcool s'accompagnait d'une élévation d'environ 7 p. 100 du taux de cholestérol HDL, et le rapport cholestérol HDL/cholestérol total augmentait lui aussi de 5 p. 100.

Le plus intéressant c'est que cette augmentation touchait la sous-fraction HDL-2, celle qui, croit-on, est l'élément principal de protection contre les cardiopathies. Jusque-là, on pensait que l'alcool n'élevait que le HDL-3, considéré comme inutile dans la prévention des maladies cardiaques. Les auteurs de cette étude conclurent qu'une petite quantité d'alcool assure, par ischémie, une certaine protection contre les cardiopathies.

L'EXPÉRIMENTATION ALLEMANDE

Une étude menée en Allemagne de l'Ouest semble confirmer cette hypothèse. Le Dr Peter Cremer et ses collaborateurs du département de biochimie de l'Université de Göttingen se livrent actuellement (et continueront de le faire jusqu'en 1991) à des analyses biochimiques du sang et au dépistage systématique des cardiopathies chez quatre mille sujets des deux sexes. Le premier compte rendu publié en 1986, dans ce pays où la bière représente la boisson nationale, révèle que la composition du sang des buveurs serait mieux équilibrée que celle des non buveurs. Chez ces derniers, le taux du cholestérol HDL n'est en moyenne que de quarante-deux milligrammes par décilitre, alors qu'il atteint cinquante milligrammes chez ceux qui consomment une ou deux bières par jour, quantité qui semble garantir une meilleure protection contre les accidentts cardio-vasculaires. De la même façon, le sang des buveurs contient moins de cholestérol LDL préjudiciable à la santé.

Cependant, le Dr Cremer précise que l'alcool n'est bienfaisant que pour les individus dont le taux du cholestérol sanguin est bas. Il ne l'est pas pour ceux dont la cholestérolémie est élevée, c'est-à-dire supérieure à 230 milligrammes par décilitre.

Sur sept études embrassant environ cinquante-cinq mille personnes réparties à travers le monde, six indiquent que les gens qui boivent de l'alcool en quantité modérée présentent un taux de crises cardiaques relativement bas. En d'autres mots, les buveurs légers sont moins sujets aux cardiopathies que les abstèmes, mais les alcooliques le sont beaucoup plus.

LES EFFETS SECONDAIRES ÉVENTUELS

- La goutte. La bière contient une grande quantité de purine que l'organisme transforme en acide urique. Or, un excès de cet acide peut causer une variété d'arthrite appelée goutte, maladie caractérisée par des douleurs au niveau du coude, du pied, de la main, et plus couramment du gros orteil. Dans une étude portant sur les hommes affligés de goutte, des chercheurs anglais ont établi que la consommation de grandes quantités de bière constituait le principal facteur de différenciation entre ceux qui souffraient de cette maladie et ceux qui n'en souffraient pas. Chez les premiers, 41 p. 100 consommaient plus de deux litres et demi de bière par jour, contre 17 p. 100 seulement chez les seconds.
- L'hypertension. Chez les individus ayant une tension artérielle normale, la bière alcoolisée augmente la pression diastolique et la pression systolique, ce qui ne se produit pas avec la bière sans alcool.
- Le cancer. L'alcool augmente le risque de cancer du côlon et du rectum chez l'homme comme chez la femme. Par ailleurs, une étude

a démontré que les buveurs de bière souffraient plus fréquemment que la moyenne d'un cancer des voies urinaires basses, et que cette probabilité croissait en fonction de la quantité de bière absorbée. Ce risque est également accru chez les buveurs de spiritueux, mais, chose curieuse, pas chez les buveurs de vin.

- On a établi une relation entre l'usage de la bière et le cancer du rectum. Une étude a démontré que le risque de contracter ce type de carcinome est trois fois plus élevé chez ceux qui consomment plus de quinze litres de bière par mois.

- Autre son de cloche plutôt lugubre pour les buveurs de bière: une étude a révélé que chez les consommateurs d'alcool (et plus particulièrement chez les buveurs de bière) le pourcentage de cancers du poumon était plus élevé que la moyenne, et cela, sans égard à l'usage de la cigarette.

- Une étude réalisée en France a démontré que les femmes consommant des boissons alcoolisées au cours des repas — notamment de la bière et du vin — s'exposaient davantage au cancer du sein, et que le risque augmentait en fonction de la quantité de bière, de vin et d'alcool pur absorbée. Ce risque était d'une fois et demie supérieure à la moyenne. On a pu établir que la consommation d'alcool, trois fois par semaine, suffisait à augmenter chez la femme (plus particulièrement chez celle de moins de cinquante ans) le risque de cancer du sein.

L'ALCOOL ET LES CARDIOPATHIES

Une récente étude qui comparait la fréquence des maladies cardiaques par rapport à la consommation de vin et de bière, dans vingt-sept pays, a révélé que le risque de maladie coronarienne était sensiblement plus élevé dans les régions où l'on boit de la bière que dans celles où l'on boit du vin.

En revanche, une étude systématique portant sur deux mille cent soixante-dix hommes qui avaient tous eu une première crise cardiaque avant l'âge de cinquante-cinq ans a démontré que ceux d'entre eux qui buvaient de la bière, du vin ou toute autre boisson alcoolisée n'étaient pas mieux prémunis contre les cardiopathies que les abstèmes. Les auteurs de cette étude en ont conclu qu'«une consommation modérée d'alcool ne réduit pas le risque d'un infarctus du myocarde».

L'ASPECT PRATIQUE

- Boire ou ne pas boire? En raison des dangers que présente la consommation de bière, et en raison des risques accrus (cirrhose du foie, pancréatite, hypertension, arythmie cardiaque, syndrome d'alcoolisme foetal) liés à l'alcoolisme, ce serait de la folie de recourir délibérément à la bière ou aux spiritueux dans l'unique espoir de prévenir une crise cardiaque.

- Néanmoins, la consommation modérée d'alcool (un ou deux verres par jour) semble conférer une certaine protection face aux cardiopathies. On ne saurait donc la déconseiller. Si d'ores et déjà vous faites partie de ceux qui boivent peu, c'est à vous de peser le pour et le contre. Chez les grands buveurs, les menus avantages préventifs que pourrait procurer l'alcool sont largement éclipsés par les menaces que celui-ci fait peser sur leur santé.

LE BROCOLI

* Diminue le risque de cancer.

Quelle quantité? Une demi-tasse par jour semble conférer une certaine protection contre le cancer, en particulier contre celui du côlon et du poumon.

LES FAITS

Le brocoli paraît doté de toutes les qualités propres à écarter le cancer. Ce légume vert sombre est souvent étudié dans le cadre d'expériences visant à identifier les aliments susceptibles de freiner le cancer. Il figure au premier rang dans le régime des individus les moins touchés par les divers types de cancer (de l'œsophage, de l'estomac, du côlon, du poumon, du larynx, de la prostate, de la cavité buccale et du pharynx). De la famille des cruciféracées, il compte parmi les combattants les plus actifs contre le cancer du côlon. Dans certains tests, il se classe même avant son cousin le chou qui pourtant tient la vedette dans ce domaine.

Comme les autres cruciféracées, le brocoli est riche en antidotes bien connus contre le cancer: l'indole, les glucosinolates et les dithiolthiones. Comme le chou frisé et les épinards, le brocoli recèle également des caroténoïdes, qui lui donnent probablement le pouvoir de lutter contre des cancers tels que celui du poumon. C'est sans doute à la chlorophylle, qu'il contient en abondance, que le brocoli doit l'extraordinaire faculté d'empêcher la mutation des cellules qui entraîne le cancer.

LE BROCOLI À BUFFALO

Dans une étude menée à Buffalo, dans l'État de New York, le Dr Saxon Graham compara les régimes de plusieurs centaines de personnes réparties en deux groupes (celles qui étaient atteintes d'un cancer du côlon ou du rectum et celles qui ne l'étaient pas). L'étude révéla que le risque de contracter ce type de cancer était réduit chez les consommateurs de brocoli, de chou et de chou de Bruxelles. D'autre part, ce même risque était inversement proportionnel à la quantité de brocoli ingérée. Par exemple, les sujets qui ne mangeaient jamais de brocoli (ni d'autres cruciféracées), ou bien qui n'en mangeaient pas plus de dix fois par mois, avaient deux fois plus de risques de contracter un cancer du côlon que ceux qui en mangeaient plus de vingt et une fois par mois.

Des tests réalisés au début des années 50 par l'armée américaine ont démontré que le brocoli empêchait, dans une large mesure, le cobaye de succomber à des doses d'irradiation habituellement mortelles. Le chou exerce un effet comparable, mais les expérimentateurs constatèrent que «le brocoli était encore plus efficace». Sur le nombre total d'animaux nourris de brocoli avant d'être soumis à une irradiation de 400 rads, 65 p. 100 d'entre eux survécurent, alors qu'on ne compta aucun survivant parmi les animaux irradiés qui n'avaient pas été nourris de brocoli. En comparaison, le chou se révéla nettement moins efficace, puisque 52 p. 100 des cobayes qui s'en étaient nourris ont survécu.

Le brocoli semble jouer également un certain rôle dans la prévention du cancer du col utérin. Lors d'une étude menée en 1983, le Dr James R. Marshall et ses confrères qui travaillaient en collaboration avec le Dr Graham au Roswell Park Memorial Institute de Buffalo découvrirent qu'une importante consommation de cruciféracées (plus de quatre fois par semaine) semblait correspondre à des pourcentages plus élevés du cancer du col. Seul faisait exception le brocoli: les femmes qui mangeaient davantage de ce légume étaient moins sujettes à contracter un cancer du col utérin.

Une autre étude menée dans le New Jersey sur des hommes atteints d'un cancer du poumon a démontré que le brocoli (et d'une façon plus générale les légumes verts) exerçaient une protection anti-cancéreuse, tant chez les fumeurs que chez ceux qui avaient cessé de fumer au cours des cinq années précédentes. Durant cette période de cinq années suivant l'abandon du tabagisme, le risque de contracter un cancer du poumon était deux fois plus élevé que chez ceux qui en mangeaient tous les jours. L'explication théorique serait la suivante: certains composés que l'on retrouve dans les légumes verts (et aussi dans les légumes de couleur orangée) agissent comme des antidotes contre le processus de néoplasie qui se poursuit durant des années après l'exposition à des agents cancérigènes comme la fumée.

LE CAFÉ

LES AVANTAGES THÉRAPEUTIQUES ÉVENTUELS

- Stimule les facultés mentales.
- Allège l'asthme (broncho-dilatateur).
- Soulage le rhume des foins.
- Exerce une action tonifiante sur tout l'organisme.
- Prévient les caries dentaires.
- Contient des principes inhibiteurs du cancer chez l'animal.
- Donne un coup de fouet à la bonne humeur.

Quelle quantité? Il semble que deux tasses par jour (une le matin et une autre en fin d'après-midi) constituent la meilleure dose. Cette quantité suffit à favoriser la vivacité et la concentration, à stimuler le moral et à entretenir la bonne forme physique. Cinq tasses par jour ou davantage risquent de provoquer des malaises, et boire du café le soir est fortement déconseillé aux insomniaques.

LA TRADITION POPULAIRE

À toutes les époques, le café a été considéré comme une boisson bienfaisante. Au XVIIe siècle, quand il fut introduit en Europe depuis l'Arabie, on le considérait comme un remède et non comme un breuvage. En France, c'étaient les médecins qui, à cette époque, le prescrivaient. On vantait les vertus médicinales du grain de café et on faisait de lui une véritable panacée. Très vite on s'aperçut qu'il stimulait les facultés mentales. Des poètes français, parmi lesquels Voltaire, qualifièrent le café de «sombre liqueur tant cérébrale». Il avait aussi la réputation de faire merveille dans la lutte contre les affections respiratoires. «L'un des remèdes des plus communs et des plus réputés contre l'asthme, c'est le café fort», écrivait en 1859 le Dr Hyde Salter dans l'*Edinburgh Medical Journal*. Pendant de nombreuses années, le moka noir fut considéré comme une médication privilégiée dans le traitement de l'asthme bronchique d'origine allergique.

LES FAITS

Le café est l'une des drogues les plus répandues au monde. L'effet «coup de fouet» qu'il exerce sur le cerveau et sur les muscles, eu égard à sa forte concentration en caféine, n'est plus à démontrer. Le café a également la propriété de relâcher les muscles bronchiques et d'augmenter l'endurance physique. S'il n'est pas totalement inoffensif, il est loin de causer les méfaits dont on l'a rendu responsable.

UN STIMULANT DE L'ESPRIT

«La caféine donne du tonus aux facultés mentales. Ce n'est pas simplement un slogan concocté par une grande compagnie qui vend du café, mais un fait scientifique.» Ainsi s'exprime Judith Wurtman, distinguée scientifique du Massachusetts Institute of Technology, spécialisée dans la recherche sur les effets psychologiques des denrées alimentaires. Pour sa part, le Dr Harris Lieberman, psychologue au Department of Brain and Cognitive Science du MIT, a pu déterminer la quantité de caféine nécessaire pour stimuler l'esprit.

Se basant sur la dose moyenne qu'ingurgitent les buveurs de café (le contenu de la tasse matinale), le Dr Lieberman administra quotidiennement, à un groupe de volontaires, de la caféine en capsules selon des dosages variables: 32, 64, 128 et 256 mg. (Trente-deux milligrammes correspondent approximativement à la quantité de caféine contenue dans une bouteille de Coca-Cola ou à 150 ml de thé infusé; 64 mg correspondent à 150 ml de café instantané; 128 mg correspondent à 150 ml de café fraîchement moulu; 256 mg correspondent à 300 ml de café fraîchement moulu.)

Chaque matin à huit heures, alors que les volontaires n'avaient ni mangé ni bu depuis douze heures, on leur administrait les capsules de caféine. Un peu plus tard on les soumettait à une série de tests élaborés permettant de mesurer leur temps de réaction, leur capacité globale d'attention, leur faculté de concentration et leur aptitude à compter mentalement. Certains jours, on leur administrait, à leur insu, des placebos à la place de la caféine.

Chose surprenante, la caféine améliorait les résultats de tous les tests. Même administrée à la dose la plus faible (32 mg), elle stimulait le cerveau, augmentant ainsi les performances mentales (vitesse de réaction, concentration, précision du calcul). Selon le Dr Wurtman, «l'effet stimulant exercé sur le cerveau et sur le système nerveux par la caféine se traduisait par une accélération de la pensée et des réactions, par une augmentation de la vivacité et de l'exactitude. La durée de l'attention s'accroissait après qu'ils eurent reçu leur dose matinale de substance chimique.»

Quelle que fût la quantité de caféine administrée, cette dernière agissait toujours de la même façon: elle accroissait les facultés du cerveau. C'est donc bien la caféine, indépendamment de sa dose, qui stimule le système nerveux. Une autre expérience menée par le Dr Lieberman a démontré que 200 mg de caféine amélioraient de façon significative la maîtrise au volant.

UN BREUVAGE QUI VOUS REMONTE LE MORAL

La caféine a, dans certains cas, le pouvoir d'embellir l'humeur, et tout porte à croire que depuis des siècles l'homme consomme des boissons caféinées, en particulier le café, pour surmonter non seulement le cafard, mais les états de dépression prolongée. Les scientifiques savent maintenant que le café agit sur le cerveau au niveau biochimique de la même façon que les antidépresseurs de la pharmacopée moderne. Des chercheurs de l'Université Johns Hopkins et de l'Institut Karolinska de Stockholm ont en effet découvert que les molécules de caféine poussent les cellules cérébrales à rompre les liens qui les unissent aux neurotransmetteurs, ce qui contrecarre l'action des substances biochimiques responsables de l'éréthisme mental (les molécules de caféine réussissent à «duper» les cellules cérébrales, car leur configuration est à peu près semblable à celle des neurotransmetteurs naturels). En se substituant aux composés biochimiques qui libèrent les agents de «l'humeur noire», la caféine maintient en circulation dans le cerveau d'autres composés qui, eux, sont générateurs de «bonne humeur» et vous «remontent le moral». Une simple tasse de café suffit à égayer le visage de certaines personnes et à entretenir la bonne humeur pendant plus de deux heures. Que la caféine agisse comme un inoffensif antidépresseur, plusieurs siècles de tradition sont là pour nous le confirmer.

L'action de la caféine est rapide. Cinq minutes après son absorption, elle envahit les liquides tissulaires. Elle pénètre rapidement et aisément dans le cerveau, atteignant sa concentration maximale au bout de vingt à trente minutes. Ensuite, elle est progressivement éliminée du sang (trois à six heures après, il ne reste plus que la moitié de la concentration maximale, et simplement le quart au bout des trois à six heures suivantes). L'organisme utilise pratiquement toute la caféine absorbée. Seulement 1 p. 100 est excrété sans avoir été métabolisé.

UN BREUVAGE QUI VOUS DONNE DU TONUS

Dans le domaine des sports de compétition, ce n'est un secret pour personne que la caféine améliore les performances. Certains détracteurs affirment qu'on en fait un usage abusif et qu'il s'agit là d'une forme déguisée de doping. Il est maintenant démontré que la caféine prolonge l'intervalle de temps durant lequel un individu peut soutenir un effort épuisant. Ainsi, des cyclistes bien entraînés à qui on avait administré 330 mg de caféine ont fourni un effort physique de 7 p. 100 supérieur à la normale, durant un laps de temps accru de 20 p. 100, et cela sans même s'en rendre compte. Dans une autre étude portant sur quatre-vingts athlètes, on a constaté qu'après absorption de 250 mg de caféine, 54 p. 100 d'entre eux amélioraient leurs performances au saut en longueur, 60 p. 100 amélioraient leurs lancers et 80 p. 100 amélioraient leurs performances au 100 m (alors que le café «décaféiné» entraînait une baisse généralisée des performances dans les épreuves de courte durée). De toute évidence, la caféine prévient la fatigue musculaire et stimule l'élimination des graisses et le stockage des sucres dans les tissus afin de la mobiliser quand l'organisme doit soudainement fournir une énorme quantité d'énergie. Mais la caféine peut aussi nuire aux tâches qui exigent une certaine coordination manuelle, quand il s'agit par exemple d'enfiler une aiguille, de toucher une cible minuscule ou de lancer avec précision des fléchettes.

LA RESPIRATION AMÉLIORÉE

De récentes expérimentations canadiennes sont venues corroborer la croyance populaire selon laquelle le café fort constitue un bon traitement de l'asthme. La caféine contenue dans le café dilate les bronches, ce qui facilite la respiration des asthmatiques. D'après ces recherches effectuées sur des enfants et sur des individus d'âge mûr, deux tasses d'environ 250 ml de café fort procurent, au bout d'une heure ou deux, un soulagement qui dure environ six heures. Bien qu'au siècle dernier la caféine fut considérée comme la médication par excellence pour soigner l'asthme, elle a été détrônée en 1921 par la théophylline. Cependant, à la lumière des récentes études sur les effets comparés de la caféine et de la théophylline (dont les structures moléculaires sont très voisines), des chercheurs de l'Université du Manitoba ont écrit dans le *New England Journal of Medicine* que «chez les jeunes asthmatiques, la caféine est un bonchodilatateur aussi puissant que la théophylline». À vrai dire, la caféine se transforme dans l'organisme pour produire d'autres composés chimiques, parmi lesquels on retrouve la théophylline.

Selon Philip Shapiro, praticien du Medical Center d'Albany, dans l'État de New York, la caféine constitue une excellente médication pour lutter contre le rhume des foins. Pour traiter la rhinite dont il souffrait (cette affection est très semblable au rhume des foins), M. Shapiro a absorbé pendant seize jours des comprimés contenant soit de la caféine, soit un placebo. Ces comprimés étaient codés, mais il ignorait la nature de leur contenu. Les jours où il prenait de la caféine (l'équivalent de deux tasses de café fort), il ne souffrait que de quelques éternuements, d'un léger malaise et de discrètes démangeaisons, alors qu'il éternuait en moyenne vingt-sept fois quand il absorbait le placebo.

La caféine réduit également la fatigue des muscles respiratoires, ce qui facilite la respiration. Le café semble donc tout indiqué pour ceux qui souffrent de difficultés respiratoires, plus particulièrement pour ceux qui sont affligés de bronchopneumopathie chronique obstructive. Lors de tests destinés à mesurer la fatigue respiratoire chez des sujets des deux sexes, des chercheurs de la Case Western Reserve University ont découvert que la caféine contenue dans trois tasses de café fort (soit 600 mg environ) facilitait la ventilation pulmonaire.

UN REMONTANT POUR LE TROISIÈME ÂGE

Certaines personnes âgées éprouvent parfois une impression de vertige ou vont même jusqu'à s'évanouir après un repas (au petit déjeuner surtout) parce que leur système nerveux autonome n'a plus sa vivacité d'antan et n'assure plus la régulation de la pression sanguine comme il le faisait durant leurs jeunes années.

Pour corriger cette défaillance, une équipe de médecins de la Vanderbilt University School of Medicine recommande de prendre deux tasses de café (250 mg de caféine) au petit déjeuner. Les tests qu'ils ont réalisés avec des personnes âgées souffrant de ce type de malaise ont démontré que la caféine maintient la tension artérielle suffisamment élevée pour régulariser le débit sanguin, pour prévenir les vertiges et les pertes d'équilibre. Si le café est utilisé pour remédier à cet état, précisent les chercheurs, mieux vaut alors ne consommer que du café décaféiné durant le reste de la journée, car un excès de caféine risque d'atténuer l'effet bénéfique. Ces médecins ont aussi observé que l'absorption du café *avant* les repas donne de meilleurs résultats.

LA PRÉVENTION DES CARIES DENTAIRES

Sous la direction du Dr Sidney Kashket, une équipe de chercheurs du Forsyth Dental Research Center a découvert que le café, du fait des tanins qu'il contient, peut contrecarrer les processus de dégradation dentaire causant les caries. Quand on boit du café, même décaféiné, l'émail dentaire entre en contact avec ces tanins qui empêchent les plaques bactériennes de se former et de creuser des trous dans les dents. Comme le thé et le cacao, le café constitue une eau dentifrice qui combat les caries.

LE CAFÉ ET LE CANCER

Pendant un certain temps on a craint que le café était à l'origine de certains cancers, en particulier de ceux du pancréas et de la vessie, mais des découvertes récentes sont venues écarter ces soupçons. On a plutôt fait la preuve en laboratoire que les substances chimiques contenues dans le café peuvent au contraire prévenir le cancer. Diverses études réalisées au Japon, en Norvège et aux États-Unis n'ont pu établir une corrélation entre la consommation de café et le cancer du pancréas. Les travaux des Norvégiens laissent supposer que la consommation de café pourrait même jouer un rôle dans la prévention du cancer du côlon, plus particulièrement chez les individus dont le régime alimentaire est riche en graisses. Le Dr Lee Wattenberg et ses collaborateurs de l'Université du Minnesota ont démontré que les grains de café vert inhibaient le cancer chez les animaux de laboratoire. Le Dr Hans Stich, cancérologue canadien, considère lui aussi que le café, du fait de sa concentration en polyphénols, est un puissant agent anticancer, du moins, dans les tests de laboratoire.

L'ASPECT PRATIQUE

• Pour entretenir la vivacité d'esprit, on devrait boire, tôt chaque matin, une tasse de café. C'est le moment où le cerveau, après un fonctionnement nocturne ralenti, est le plus sensible aux effets stimulants de la caféine. Ensuite, il ne faut plus en reprendre jusqu'à la fin de l'après-midi quand l'organisme a de nouveau besoin d'un remontant. Les chercheurs considèrent qu'il est inutile de boire du café au cours de la journée puisque les effets de celui du matin se font sentir durant plusieurs heures. «Vous déverser à tout moment de la caféine dans le corps, déclare le Dr Wurtman, c'est croire que votre voiture roulera mieux si vous vous arrêtez à chaque station-service alors que le réservoir est plein.» Il suffit de savoir qu'une simple tasse conservera pendant à peu près six heures son influence bénéfique sur la vivacité de votre esprit.

• Si une personne souhaite donner sa meilleure performance lors d'un exercice ou lors d'une compétition sportive, elle devrait boire un café environ vingt à trente minutes avant l'épreuve.

• On peut soulager une crise d'asthme en absorbant deux tasses de café noir bien fort. En pareille circonstance, le café est préférable au cola, au thé ou au chocolat, car il contient beaucoup plus de caféine. Tous les expérimentateurs ont, d'une façon générale, cessé de considérer le café comme un traitement de routine ou comme un substitut aux médications traditionnelles de l'asthme, particulièrement chez l'enfant en crise. Le café, à leur avis, peut cependant faire merveille quand il est impossible de se procurer un antiasthmatique.

LES MYTHES ET LES PRÉCAUTIONS

• Café et tension artérielle: Contrairement à la croyance populaire, une consommation modérée de café (moins de six tasses par jour, selon les conclusions d'une étude) n'entraîne à long terme aucune hypertension, sauf chez les fumeurs. L'association café-tabac peut en effet augmenter notablement la pression sanguine chez les hypertendus. Chez les autres, le café élève aussi la tension, mais cette élévation est momentanée. D'une façon générale, l'organisme s'adapte à la caféine en quelques jours.
Les chercheurs de l'Université Vanderbilt n'ont constaté aucune baisse de tension artérielle chez les individus qui renonçaient à la

consommation de café ou de boissons caféinées. D'autre part, selon des travaux réalisés par le Health Sciences Center de l'Université du Texas, les hypertendus qui ne boivent pas de café ne vivent pas plus longtemps que ceux qui en boivent. Par ailleurs, une étude menée en Italie avec l'aide de cinq cents sujets des deux sexes a démontré que les consommateurs de café ont une tension artérielle légèrement inférieure à la moyenne, plus particulièrement s'ils ne font pas usage de tabac.

- Cardiopathies: Une consommation massive de café semble favoriser les maladies du cœur. Une étude importante, menée en 1985 à l'école de médecine de l'Université Johns Hopkins, a mis en évidence le fait que chez les hommes qui boivent quotidiennement cinq tasses de café ou davantage, la probabilité de contracter une cardiopathie est presque trois fois plus élevée que chez les autres. Chez les femmes qui absorbent la même quantité de café (six tasses par jour ou davantage), cette probabilité est de deux fois et demie supérieure à la moyenne. Selon une étude résumant vingt-deux expérimentations menées dans divers pays, le café peut provoquer une légère hypercholestérolémie chez certaines personnes, mais ne semble entraîner que des déséquilibres mineurs chez la grande majorité des gens. Cependant, les spécialistes conseillent en cas de cholestérolémie élevée de vérifier si celle-ci a régressé après avoir renoncé au café pendant un mois.

- Ulcères: On sait que le café stimule la sécrétion gastrique. Il risque donc d'aggraver l'état des ulcéreux. Pourtant, une récente étude suédoise n'a pu établir aucune corrélation entre l'usage du café et le développement de l'ulcère gastrique ou duodénal. Or, le café décaféiné stimule aussi la sécrétion des acides gastriques, ce qui semble indiquer que la caféine n'est pas en cause.

- Malformations congénitales: En cas de grossesse, il vaut mieux renoncer à la caféine ou en réduire la consommation. En 1980, la Food and Drug Administration a recommandé aux femmes enceintes de ne pas boire plus de deux tasses de café par jour, à cause du risque de malformations chez le fœtus.

- Maladies du sein: La question de savoir si la caféine est responsable ou non de maladies fibrokystiques mammaires (kystes fibreux) ou de «maladies bénignes du sein» est pleine de contradictions. Depuis 1979, et en conclusion aux travaux consacrés à cette question, le Dᵣ John Minton (Ohio State University) a conseillé vivement aux femmes de supprimer les méthylxanthines — auxquelles appartient la caféine — de leur régime alimentaire. Cette suppression entraînerait la disparition ou la réduction du volume des kystes du sein, mais diverses études contestent cette hypthèse, alors que d'autres la corroborent. En attendant que les scientifiques fassent l'unanimité sur cette question, les femmes atteintes de maladie fibrokystique ne risquent rien à renoncer à la caféine et aux méthylxanthines afin de vérifier elles-mêmes les effets de cette suppression.

- Angoisse et accès de panique: Il est indéniable que la caféine peut provoquer de l'affolement chez certaines personnes hypersensibles, principalement chez les femmes. Pareils accès de panique, s'ils ne sont pas traités, peuvent aboutir à l'agoraphobie déclarée (peur irraisonnée de sortir de chez soi). Deux tasses de café suffisent dans certains cas à provoquer une crise de panique, et une seule tasse peut même être à l'origine de symptômes caractérisés. Les chercheurs du National Institute of Mental Health conseillent donc aux individus sujets à ces manifestations incontrôlées d'affolement de supprimer la caféine. Il semble que certaines personnes soient hypersensibles aux effets de la caféine sur le système nerveux central.

- Maux de tête: Il est bien connu que la caféine provoque parfois des céphalées. Mais la suppression brutale de la caféine peut aussi entraîner des migraines qui caractérisent les périodes de sevrage. On a remarqué ces mêmes maux de tête chez des gens qui buvaient de grandes quantités de café tous les jours de la semaine et qui réduisaient leur consommation le samedi et le dimanche. Le remède? De la caféine en petite quantité ou l'abstinence totale.

- Sommeil: Selon l'avis de certains spécialistes, si on souhaite dormir rapidement et paisiblement, il ne faut pas boire de café avant d'aller au lit... ni à une heure avancée de l'après-midi. L'électro-encéphalogramme (EEG) d'un sujet endormi montre que ses ondes cérébrales sont modifiées par l'absorption de caféine, ce qui entraîne un sommeil moins profond. Par ailleurs, de nombreuses études ont confirmé cette modification des ondes cérébrales sous l'action de la caféine. De l'avis de l'American Psychiatric Association, l'excès de café peut être cause de «nervosité, d'angoisse, d'irritabilité, d'agitation, de tremblement musculaire, d'insomnie, de céphalée, de troubles sensoriels, de diurèse, de malaises cardio-vasculaires et de troubles gastro-intestinaux».

Il est indéniable que la caféine est mieux tolérée par certaines personnes que par d'autres, et qu'on l'associe à toutes sortes de méfaits. En 1985, des médecins australiens ont enquêté sur la consommation de café et de thé chez 4558 personnes. Ils ont été surpris de constater que la gravité des maux dont les gens se plaignaient était directement proportionnelle à la consommation de caféine. Parmi les symptômes les plus communs figuraient les palpitations, l'indigestion, les tremblements, les maux de tête et l'insomnie. Les enquêteurs en vinrent à cette conclusion: l'absorption de cinq tasses de café par jour pourrait suffire à causer environ 25 p. 100 de toutes les fibrillations musculaires, palpitations cardiaques, migraines et insomnies enregistrées parmi les Australiens.

• Diarrhée: On a parfois rendu le café responsable de diarrhées chroniques qui disparaissaient quand le malade cessait d'en boire.

UNE RAISON ROYALE DE METTRE DU LAIT DANS SON CAFÉ

Les controverses que soulève le café dans le corps médical ne datent pas d'hier. Déjà au xviie siècle, à l'époque où les premiers «cafés» sont apparus en France, on discutait âprement des vices et des vertus de cette boisson. Dans un premier temps, les médecins l'avaient adopté… avant de le répudier un peu plus tard. Vers 1670, quand le café, alors en pleine vogue, fit son entrée dans les maisons, les différentes écoles de médecine se prononcèrent à son sujet. Certains praticiens jugeaient dangereuses ses propriétés stimulantes et interdisaient à leurs patients d'en boire. Plus tard, d'éminents professeurs rédigèrent des doctes ouvrages pour expliquer l'usage qu'on devait faire du café si l'on voulait «prévenir et traiter les maladies». Mais en 1688, un membre de la famille royale écrivait que le café était tombé «en totale disgrâce». C'est dire combien les avis, jusque dans l'entourage du roi, étaient partagés.

S'il faut en croire ce que rapporte Jean Leclant dans son livre intitulé *Aliments et boissons dans l'histoire,* ce qui redora le blason du café, ce fut l'initiative d'un certain «Monin, médecin à Grenoble, qui conçut l'idée d'ajouter au café du lait et du sucre», ce qui lui donna davantage l'aspect d'un aliment que d'un breuvage. Cette initiative apaisa la querelle. À la cour de France, on ne voulut plus boire que du «café au lait», qui plus tard sera popularisé sous l'apellation de «café crème».

LA CAFÉINE ET LE DÉCALAGE HORAIRE

Charles F. Ehret, biologiste du National Laboratory d'Argonne, près de Chicago, est persuadé que la caféine judicieusement dosée peut atténuer les effets du décalage horaire. Spécialiste des rythmes circadiens (les rythmes biologiques qui se répètent quotidiennement), il affirme que la caféine exerce une action régulatrice sur l'horloge biologique. Aux globe-trotters, Ehret donne le conseil suivant: «Le jour du départ, si vous prenez un avion qui vous transporte vers l'ouest, buvez le matin trois tasses de café noir. Si c'est vers l'est que vous partez, attendez au soir pour boire votre café. Et si, pendant les trois jours qui précèdent le vol, vous vous abstenez de consommer de la caféine, l'effet bénéfique de vos trois tasses sera encore plus puissant.»

LA CANNEBERGE

LES AVANTAGES THÉRAPEUTIQUES ÉVENTUELS

- Prévient les infections des voies urinaires (cystites).
- Détruit virus et bactéries.
- Prévient la lithiasé rénale (calculs).
- Enlève à l'urine son odeur.

Quelle quantité? De récentes recherches ont permis de découvrir qu'une demi-tasse de jus de canneberge par jour peut écarter les infections des voies urinaires et de la vessie chez ceux qui y sont prédisposés.

LA TRADITION POPULAIRE

Aux États-Unis, surtout dans le nord-est où on la cultive, la canneberge est vantée depuis au moins cent ans pour son pouvoir de combattre les infections de la vessie, du rein et des voies urinaires. Les médecins sont quasiment unanimes à la recommander.

LES FAITS

«Si vous êtes sujet aux infections de la vessie ou des voies urinaires, buvez du jus de canneberge.» L'expérimentation scientifique est en train de démontrer les vertus thérapeutiques de cette baie qu'hier encore certains considéraient comme un remède de charlatan. Bon nombre de travaux ont en effet confirmer le fait que la canneberge est un excellent adjuvant dans le traitement des infections urinaires. Elle augmente l'acidité de l'urine, et en particulier le taux d'acide hippurique, lequel a des propriétés bactéricides.

On a récemment découvert que les composants chimiques très particuliers de la canneberge contribuent activement à la neutralisation et à l'expulsion des bactéries. Les agents contenus dans les baies ne sont pas dégradés par la digestion et passent directement dans l'urine où ils enveloppent les bactéries et les cellules pathogènes, de sorte que ces derniers ne peuvent plus adhérer aux parois des voies urinaires. Neutralisées, les bactéries ne peuvent pas causer de lésions infectieuses. Elles sont donc expulsées avec l'urine. Cet ingénieux mécanisme, d'une grande simplicité, combat efficacement la plupart des bactéries responsables des infections de la vessie, du rein, de la prostate et, d'une façon plus générale, des voies urinaires. Le mérite de cette découverte revient au Dr Anthony Sobota, un microbiologiste de l'Ohio State University de Youngstown. Nous en avons abondamment parlé dans la seconde partie de cet ouvrage.

Voilà maintenant un demi-siècle que les scientifiques se penchent sur les propriétés de la canneberge. Au cours d'une étude souvent citée, le Dr Prodromos N. Papas, professeur émérite à la clinique urologique de la Tufts University School of Medicine, a, pendant trois mois, administré quotidiennement 500 ml de jus de canneberge à soixante patients atteints d'une infection des voies urinaires. Il constata une amélioration spectaculaire de l'état de santé chez 53 p. 100 des patients, et un léger progrès chez 20 p. 100 d'entre eux. Au bout de six semaines, 17 p. 100 des patients ne manifestaient plus aucun signe d'infection.

UNE DEMI-TASSE PAR JOUR

Des travaux plus récents réalisés par J. P. Kilbourn, docteur en sciences attaché à un laboratoire privé de Portland, dans l'Oregon, ont révélé que de faibles quantités de jus de canneberge peuvent prévenir les infections mentionnées précédemment mais ne peuvent probablement pas les guérir. Les tests de Kilbourn portaient sur vingt-huit personnes âgées sujettes aux infections urinaires. Toutes ont absorbé quotidiennement, pendant sept semaines, entre 100 et 150 ml de jus de canneberge. Durant cette période, les baies ont semblé prévenir les infections urinaires chez dix-neuf d'entre eux, soit un taux de réussite de 67 p. 100. Lors d'une autre expérience, on a administré aux patients des capsules de concentré de canneberge qui représentaient chacune 350 ml de jus frais. Le concentré se révéla préventif lui aussi, mais impuissant à guérir les malades qui souffraient déjà d'infections urinaires.

Il semblerait également que la canneberge retarde la formation des concrétions calcaires dans le rein (calculs), allant même jusqu'à provoquer leur dissolution. On ignore comment s'accomplit ce mécanisme. Selon une interprétation théorique, la canneberge provoquerait une acidification suffisamment importante de l'urine pour dissoudre l'oxalate de calcium qui s'accumule dans le rein et constitue la lithiase. Selon une autre interprétation, le «facteur canneberge» empêcherait les bactéries de s'agglutiner et de provoquer la formation de calculs.

UN DÉSODORISANT URINAIRE

La canneberge peut éliminer les odeurs désagréables que libèrent les urines. Après avoir procédé, en 1977, à une compilation systématique des publications médicales consacrées à ce sujet, le Dr Ara H. Der Marderosian, du College of Pharmacy and Science de Philadelphie, a conclu que la canneberge jouait le rôle de désodorisant urinaire. Il semble bien qu'elle débarrasse l'urine des bactéries *Escherichia coli*, empêchant ainsi la libération d'odeurs ammoniacales. Une étude a démontré que l'ingestion quotidienne de 450 ml d'extrait de baies fraîches entraînait la disparition de la mauvaise odeur.

UN ANTI-INFECTIEUX À TRÈS LARGE SPECTRE

Puisque le jus de canneberge agit comme un bouclier entre cellules et bactéries, ne serions-nous pas en droit d'attendre qu'il agisse de la même façon avec d'autres types d'infections? Peut-être. À ce sujet, le Dr Sobota a découvert que le jus de canneberge empêchait certaines bactéries d'adhérer aux cellules de la cavité buccale. De fort intéressantes études réalisées au Canada ont démontré que, *in vitro*, l'extrait de canneberge se révélait extrêmement actif contre divers virus pathogènes que l'on retrouve communément dans les voies intestinales. Il reste encore à vérifier si les composés chimiques contenus dans la canneberge sont assez puissants pour lutter contre des bactéries ou des virus actifs dans d'autres parties du corps, ou s'ils ont la propriété de rester en contact avec ces agents pathogènes. Le Dr Sobota fait observer que normalement l'urine séjourne dans la vessie durant plusieurs heures, ce qui explique probablement pourquoi l'extrait de canneberge qu'elle véhicule a le temps d'exercer ses effets.

L'ASPECT PRATIQUE

- La meilleure dose? Croyance populaire et sagesse médicale se sont généralement accordées pour recommander l'absorption de deux verres de jus de canneberge par jour, soit l'équivalent de 400 à 500 ml. Le Dr Kilbourn considère qu'une demi-tasse par jour suffit à exercer un effet préventif, et le Dr Sobota pense que deux verres fournissent à l'urine suffisamment de substances chimiques pour expulser les bactéries.

- Néanmoins, le jus de canneberge n'agit pas de la même façon chez tous les individus, probablement pour l'une ou l'autre de ces deux raisons: 1) Toutes les urines ne retiennent pas le «facteur canneberge» en quantité suffisante. 2) On peut être atteint d'une infection urinaire due à une bactérie que la canneberge ne peut neutraliser. À elle seule, l'*Escherichia coli* — l'une des bactéries les plus souvent responsables des infections urinaires — comprend des centaines de souches différentes. Le Dr Sobota a testé le «facteur canneberge» sur environ deux cents de ces souches et il a constaté que ce facteur se révélait actif dans 60 p. 100 des cas. La seule façon de découvrir si l'infection dont vous souffrez est causée par une bactérie de souche rebelle à la canneberge, c'est de consommer le jus de ces baies et d'observer l'effet produit sur les symptômes.

- Le jus de canneberge «basse calorie» est également actif, étant donné que l'agent thérapeutique est contenu dans la baie elle-même, ce qui n'a strictement rien à voir avec la quantité de sucre ajouté.

MISE EN GARDE

- Le jus de canneberge *ne remplace pas les antibiotiques.* Comme l'ont démontré les travaux du Dr Sobota, ce jus se révèle plus actif que les antibiotiques classiques là où il s'agit d'*empêcher les bactéries de s'attacher aux cellules, mais une fois l'infection déclarée, son action bactéricide n'a rien de comparable à celle des antibiotiques.* Les partisans de la canneberge (parmi lesquels on retrouve beaucoup de médecins) pensent que le jus de ses baies est l'un des moyens les plus judicieux que nous fournit la nature pour empêcher l'apparition d'une infection ou pour freiner son évolution si elle n'en est qu'à ses premiers stades. «Bois du jus de canneberge tous les matins et tu ne verras jamais le médecin», dit le proverbe.

Il convient donc de considérer le jus de canneberge comme un facteur de prévention, particulièrement chez ceux qui sont sujets aux infections urinaires répétitives. Mais dès que les bactéries prolifèrent, c'est aux produits pharmaceutiques qu'il faut faire appel afin de juguler l'infection qui, si on la laissait gagner du terrain, pourrait provoquer de graves lésions rénales. Toute personne souffrant d'une infection des voies urinaires doit consulter un médecin. Les canneberges sont le merveilleux moyen prodigué par la nature pour nous garder longtemps en bonne santé, mais elles ne sauraient supplanter les antibiotiques dans les cas d'infection.

LA CAROTTE

Sème des carottes dans ton jardin et prie humblement Dieu qu'elles poussent, car elles sont un rare et grand bienfait.
Richard Gardiner, c. 1599.

LES AVANTAGES THÉRAPEUTIQUES ÉVENTUELS

* Semble un excellent moyen de contrer le cancer, surtout s'il est lié à l'usage du tabac (cancer du poumon).
* Abaisse le taux de cholestérol sanguin.
* Prévient la constipation.

Quelle quantité? Manger une fois par jour une carotte, ou simplement une demi-tasse de carotte, semble diminuer au moins de moitié le risque de cancer du poumon, même chez les anciens grands fumeurs. Deux carottes et demi crues, consommées quotidiennement, abaissent en moyenne de 11 p. 100 le taux du cholestérol sanguin.

LA TRADITION POPULAIRE

Selon les croyances populaires américaines, la carotte exerce une action thérapeutique chez les gens souffrant d'agitation nerveuse, d'asthme, d'hydropisie, et plus particulièrement d'une maladie de la peau.

LES FAITS

Si la carotte retient tant l'attention, c'est en raison des vastes perspectives qu'elle semble offrir en matière de lutte contre certains cancers pernicieux et réputés incurables (en particulier ceux du poumon et du pancréas). De passionnants travaux démontrent que

213

l'ingestion de petites quantités de carotte, ou plus exactement du bêta-carotène qu'elle contient, peut retarder l'évolution du cancer et rompre le mécanisme initial de mutation par lequel des cellules saines se dérèglent.

Dans les études identifiant les aliments qui ont pour effet de contrer le cancer, la carotte revient avec une étonnante régularité. En 1986, par exemple, une expérimentation suédoise a révélé que la carotte constituait (avec le citron) l'une des deux principales barrières diététiques faisant obstacle au cancer du pancréas, manifestation tumorale particulièrement redoutable liée à l'usage du tabac. Selon cette étude, manger des carottes «presque tous les jours» réduit sensiblement les risques de cancer pancréatique.

Un nombre considérable de recherches ont établi des corrélations entre la consommation de fruits et de légumes contenant du bêta-carotène et une baisse de fréquence du cancer pulmonaire. Sur onze études semblables menées dans différents pays, dix ont révélé que les gens qui mangent peu de carottes et peu d'aliments contenant du bêta-carotène ont plus de risques que les autres de contracter un cancer du poumon. Marilyn Menkes, docteur en sciences, a établi que les individus dont le sang contenait les concentrations les plus faibles en bêta-carotène avaient quatre fois plus de risques de contracter, dix années plus tard, un carcinome squameux du poumon (le plus commun des cancers pulmonaires dû à la cigarette).

Une équipe de l'Université de l'État de New York à Buffalo a découvert que, chez les hommes qui consomment le plus d'aliments contenant du carotène (y compris les carottes), la probabilité de contracter un carcinome squameux du poumon est à peu près réduite de moitié. Les chercheurs ont estimé que la différence de concentration en bêta-carotène relevée entre les deux groupes ne tenait qu'à *une seule carotte*! D'après le Dr Menkes, le fait de manger une carotte supplémentaire par jour suffirait à prévenir, chaque année aux États-Unis, entre quinze et vingt mille décès causés par le cancer du poumon. Même après des années de tabagisme, la carotte peut retarder le processus pathologique du cancer.

LE SALUT DES EX-FUMEURS

En 1981, Richard Shekelle, docteur en sciences, a découvert lors d'une étude souvent citée que la consommation d'aliments contenant du bêta-carotène (avec au premier rang la carotte) exerce sur le cancer du poumon un effet encore plus marqué. Après avoir étudié, pendant plus de dix-neuf ans, les habitudes alimentaires et la fréquence du cancer du poumon chez environ deux mille hommes, ce chercheur a établi que les fumeurs (y compris ceux qui faisaient usage du tabac depuis trente ans) qui consommaient peu d'aliments contenant du bêta-carotène couraient huit fois plus de risques de contracter un cancer pulmonaire que ceux qui en consommaient beaucoup (surtout les carottes). Étant donné que le cancer est un processus très long (il lui faut ordinairement trente ou quarante ans pour se manifester), il semble que les aliments riches en bêta-carotène ont un effet lors des stades tardifs de la maladie. Donc, lorsqu'un individu cesse de faire usage du tabac, il se peut que le bêta-carotène inhibe les dégradations cellulaires auxquelles il faut normalement s'attendre.

Une récente étude de Regina G. Ziegler (une épidémiologiste du National Cancer Institute) portant sur des sujets de sexe masculin du New Jersey, a démontré que trois légumes jouaient un rôle de premier plan dans la prévention du cancer pulmonaire: la carotte, la patate douce et la courge d'hiver jaune foncé. Le Dr Ziegler a observé que les hommes qui mangeaient quotidiennement l'équivalent d'une demi-tasse de l'un ou l'autre de ces légumes, avaient deux fois moins de chances de contracter un cancer du poumon que ceux qui n'en mangeaient pas. Le risque était également atténué chez les sujets qui avaient renoncé au tabac depuis dix ans et qui mangeaient des carottes. Ce même risque était particulièrement élevé chez les hommes ayant cessé de fumer au cours des cinq années précédentes, mais qui ne consommaient pas d'aliments riches en bêta-carotène. Grâce à une étude complémentaire, le Dr Ziegler a pu établir que les femmes non fumeuses, mais exposées à la fumée de cigarette, pouvaient réduire la probabilité de développer un cancer pulmonaire en mangeant davantage de carottes.

De plus, certaines études épidémiologiques ont démontré que les aliments riches en bêta-carotène semblent réduire la fréquence des cancers du larynx, de l'œsophage, de la prostate, de la vessie, du col utérin et, selon les conclusions d'une étude portant sur des personnes âgées du Massachussets, de tous les types de cancers. Des tests de laboratoire ont également démontré que la carotte a le pouvoir de neutraliser les tumeurs du foie chez le rat.

UN ALIMENT QUI PRÉSERVE LE CŒUR

La carotte crue abaisse de façon considérable le cholestérol sanguin. Une étude a démontré que le fait de manger chaque matin, au petit déjeuner, 200 g de carotte crue (à peu près deux racines et demie) réduisait en moyenne de 11 p. 100 la cholestérolémie. La carotte accroît aussi la masse globale des selles d'environ 25 p. 100, ce qui contribue à la bonne santé du côlon.

PRÉVENTION DE LA CONSTIPATION

Certains gastro-entérologues ont remarqué l'action bénéfique — laquelle passe souvent inaperçue — exercée sur le côlon par la carotte, du fait qu'elle a la propriété d'amollir les matières fécales et d'en augmenter le volume. En 1978, un groupe de diététiciens britanniques s'est livré à une étude comparative, avec la collaboration de dix-neuf hommes volontaires, tous en excellente santé, sur les effets physiologiques des fibres de la carotte, du son, du chou, de la pomme et de la tétragone (appelée parfois épinard d'été). On a constaté que les fibres de la carotte augmentaient la masse fécale (signe de l'excellente santé du côlon) à peu près dans la même proportion que les fibres du chou mais deux fois moins que les fibres de son. Selon leurs conclusions, il faut consommer environ quatre tasses et demie de carottes bouillies pour doubler la masse fécale, alors que trois quarts de tasse de son produisent le même effet. La carotte, surtout si elle est associée à d'autres aliments riches en fibres végétales, régularise le transit intestinal. L'augmentation de la masse fécale peut également réduire la probabilité de développer un cancer du côlon, car, ainsi dilués, les agents carcinogènes entrent moins en contact avec la paroi colique.

L'ASPECT PRATIQUE

- Pour obtenir une protection anticancer maximale, on devrait manger des carottes cuites. La cuisson libère le bêta-carotène considéré comme l'agent actif qui protège les tissus contre les offensives carcinogènes. Les carottes cuites contiennent de deux à cinq fois plus de bêta-carotène que les carottes crues. Mais si on prolonge la cuisson jusqu'à réduire les carottes en bouillie, elles perdent la plus grande partie de leur précieux bêta-carotène.

- Il ne faut pas consommer de carottes avec l'idée de continuer impunément à fumer. Manger des carottes n'est pas tout à fait la même chose que renoncer au tabac; cela ne prémunit personne contre les méfaits de la cigarette. La carotte peut sans doute diminuer de moitié le risque encouru, mais le tabac le multiplie par dix.
- Il est conseillé aux anciens fumeurs, et plus spécialement à ceux qui ont renoncé depuis peu au tabac, de consommer régulièrement des carottes afin de dissiper, dans la mesure du possible, le risque d'apparition d'un cancer. Certains spécialistes croient même que le fait de forcer les fumeurs à consommer carottes et aliments riches en bêta-carotène peut leur être bénéfique. Mais il semble que ce genre de protection soit plus efficace chez les fumeurs légers ou occasionnels. Quant aux fumeurs invétérés, on ignore si une consommation accrue de carottes peut ou non leur apporter un quelconque effet bénéfique.

LA CERISE

- Prévient les caries dentaires.

LA TRADITION POPULAIRE

Les médecins de la Grèce antique prescrivaient la cerise pour traiter l'épilepsie. Dans les années 20, les praticiens nord-américains recommandaient la cerise noire dans les cas de lithiase rénale et d'affections de la vésicule biliaire, et la cerise rouge pour expulser les mucosités. En 1950, Ludwig Blau, docteur en sciences, affirmait dans le *Texas Reports on Biology and Medicine* s'être guéri de la goutte (qui le condamnait au fauteuil roulant) en mangeant chaque jour de six à huit cerises. Tant qu'il en mangeait, il restait ingambe. Il n'apportait aucune explication scientifique à ses allégations, mais mentionnait le fait que douze autres personnes qui consommaient des cerises ou du jus de cerises s'étaient guéries de leur goutte. Le magazine *Prevention* rapporta les conseils de Ludwig Blau, et depuis ce jour des dizaines de goutteux ont écrit à la rédaction pour déclarer que les cerises rouges ou noires (quinze à vingt-cinq par jour au début, dix par la suite) les avaient soulagés de leurs maux.

LES FAITS

La seule étude récente sur le pouvoir thérapeutique de la cerise conclut que le jus de ce fruit joue un puissant rôle antibactérien contre la carie. Une expérimentation réalisée au Forsyth Dental Center a également montré que le jus de la cerise noire avait neutralisé, dans 89 p. 100 des cas, l'activité enzymatique aboutissant à la formation de plaques, prélude à la dégradation dentaire.

LES CHAMPIGNONS

LES AVANTAGES THÉRAPEUTIQUES ÉVENTUELS

- Fluidifient le sang.
- Préviennent le cancer chez l'animal.
- Abaissent le cholestérol sanguin.
- Stimulent le système immunitaire.
- Neutralisent les virus.

LA TRADITION POPULAIRE

En Extrême-Orient, les champignons sont prisés pour leur vertu tonique et le pouvoir qu'on leur prête de prolonger l'existence. Le dieu chinois de la longévité, Chou-laô, a pour symbole une canne coiffée d'un champignon ornemental. Le *mo-er* (l'oreille d'arbre), un champignon noir commun en Chine, est utilisé pour traiter les maux de tête et prévenir les crises cardiaques. Au Japon, les basidiomycètes ont toujours été considérés comme des remèdes contre le cancer.

LES FAITS

Jusqu'à tout récemment, seuls les champignons dits «de Paris» (les seuls que l'on connût, ou à peu près, en Amérique du Nord) étaient reconnus pour leurs rares propriétés curatives, alors que divers champignons orientaux contiennent des composés chimiques capables de stimuler le système immunitaire, d'inhiber la coagulation et de retarder le développement du cancer. Quatre d'entre eux sont même considérés comme des champignons dotés de pouvoirs magiques: le *shiitake,* la pleurote en huître, l'*énoki* et le *mo-er* (l'oreille d'arbre, ou parfois l'oreille de bois).

Les scientifiques japonais ont beaucoup étudié les propriétés médicinales des champignons, et plus spécialement celles du *shiitake,* que l'on cultive et consomme de plus en plus aux États-Unis. Ce qui passionne nombre de scientifiques, c'est que plusieurs champignons ont des propriétés stimulantes susceptibles de fortifier le système immunitaire et de prémunir l'organisme non seulement contre toute une gamme de manifestations infectieuses, mais aussi contre le cancer et peut-être même contre diverses maladies auto-immunes, comme l'arthrite, la polyarthrite rhumatoïde et la sclérose en plaques.

L'ÉTONNANT *SHIITAKE*

Le plus commun, le mieux étudié des champignons comestibles, et celui qui a fait preuve de vertus thérapeutiques particulièrement puissantes, c'est le *shiitake* (son nom latin: *Lentinus edodes*). Il s'agit d'un gros champignon (plus de 5 cm) brun-rougeâtre et charnu qui dégage une légère odeur de fumée. C'est un scientifique américain de l'Université du Michigan, le Dr Kenneth Cochran, qui fut, en 1960, le premier à entreprendre l'étude de ce champignon et à découvrir qu'il contenait une puissante substance antivirale dont la propriété est de stimuler le système immunitaire. La substance en question (baptisée «lentinan») est un glucide (sucre) à longue chaîne moléculaire appelé «polysaccharide».

Par la suite, des tests ont révélé que le lentinan est plus actif contre le virus de la grippe qu'une puissante médication couramment prescrite: l'hydrochlorure d'amantadine. D'autres analyses ont permis de découvrir que ce polysaccharide du *shiitake* est un antiviral à large spectre (capable de détruire de nombreux virus).

Il semble bien que le *shiitake* stimule le système immunitaire en augmentant les réserves d'interféron, un agent naturel de défense contre les virus et le cancer. Ainsi, le lentinan a permis d'enregistrer des succès stupéfiants dans la lutte contre certains cancers. On l'a testé en Chine sur des leucémiques, et au Japon dans des cas de cancer du sein.

La consommation du *shiitake* peut abaisser le taux du cholestérol sanguin, voire annihiler certains effets nocifs dus à la consommation de graisses saturées. On a constaté, lors d'une expérience réalisée avec l'aide de trente jeunes femmes en bonne santé, que l'absorption quotidienne d'environ 100 g de *shiitake,* pendant une semaine, réduisait en moyenne de 12 p. 100 le cholestérol sanguin. Pour vérifier si le *shiitake* avait le pouvoir de contrebalancer l'effet des graisses alimentaires, les expérimentateurs ont procédé à un autre test. Les femmes furent divisées en deux groupes et elles durent consommer quotidiennement 50 g de beurre durant toute une semaine, mais seules les femmes du premier groupe absorbèrent en plus 85 g de *shiitake*. Dans ce groupe, la cholestérolémie chuta de 4 p. 100, alors que dans l'autre, elle augmenta de 14 p. 100.

UN FLUIDIFIANT SANGUIN

Une très faible quantité d'un champignon lignicole chinois (le *mo-er*) suffit à inhiber la coagulation. Ainsi que l'a découvert le Dr Dale Hammerschmidt, ce champignon, beaucoup utilisé dans les préparations culinaires, peut à lui seul empêcher les plaquettes sanguines de s'agglutiner. Cette propriété anticoagulante pourrait donc jouer un rôle dans la prévention des cardiopathies et des accidents cérébro-vasculaires, un peu comme le fait l'aspirine. L'oreille d'arbre retarde aussi le développement du cancer chez l'animal.

L'*énoki,* champignon filiforme évoquant un spaghetti, se répand de plus en plus aux États-Unis. On le consomme généralement cru, ou encore très légèrement cuit avec un bouillon. L'*énoki* stimule le système immunitaire de l'animal et peut donc contribuer à combattre virus et tumeurs. Dans une certaine région du Japon où l'on cultive l'*énoki* pour le commercialiser et où on le consomme en grandes quantités, le taux de cancérisation est moins élevé qu'ailleurs au pays.

Quant à la pleurote en huître (*Pleurotus ostreatus*), champignon blanc en forme de lis et d'odeur très subtile, elle combat les tumeurs, comme l'ont prouvé les tests sur les animaux.

DES PROPRIÉTÉS ANTICANCÉREUSES

Selon une étude réalisée en 1986 par l'Institut de recherches mycologiques du Japon, de nombreux champignons ont des propriétés antitumorales. Ayant exposé des souris à des carcinogènes, puis les ayant nourries d'un mélange de paille et de champignons séchés (*shiitake,* oreille d'arbre, *énoki* et pleurote en huître), les chercheurs ont constaté que le rythme de croissance des tumeurs était de 40 à 50 p. 100 inférieur à celui observé chez les souris qui n'avaient pas ingéré de champignons. Dernière constatation: il semble que les champignons agissent lorsque le cancer en est à un stade avancé.

DES PREUVES CONTRADICTOIRES

Selon Bela Toth, docteur en sciences de l'Eppley Cancer Research Center (Université du Nebraska), les champignons communs contiendraient des hydrazides, agents cancérigènes qui sont détruits lors de la cuisson.

LE CHOU

LES AVANTAGES THÉRAPEUTIQUES ÉVENTUELS

- Réduit le risque de cancer, principalement celui du côlon.
- Prévient et guérit les ulcères (surtout le jus du chou).
- Stimule le système immunitaire.
- Détruit bactéries et virus.
- Favorise la croissance.

Quelle quantité? Manger une fois par semaine du chou cru, cuit, ou préparé en choucroute, peut réduire de 66 p. 100 le risque de contracter un cancer du côlon! Il semble que cette portion hebdomadaire représente un seuil pharmacodynamique. Il est raisonnable de croire qu'une plus grande consommation de chou a toutes les chances de stimuler davantage ses propriétés anticancéreuses.

LA TRADITION POPULAIRE

De tout temps, la médecine empirique a fait au chou une place privilégiée. «Il purgera les plaies purulentes, les chancres, et les soignera quand aucun autre traitement ne pourra le faire», écrivait Caton l'Ancien (~234-~149). Dans la Rome antique, le chou était considéré comme une panacée. Citons encore ces propos d'un historien du XVIe siècle: «Les anciens Romains ayant chassé les médecins de leur empire se sont maintenus en bonne santé durant de nombreuses années en usant de chou, qu'ils prenaient pour soigner toutes les maladies.»

S'il faut en croire ce qu'écrivait, au début du XXe siècle, le Dr A. M. Liebstein dans *American Medicine* (janvier 1927), «le chou exerce une action thérapeutique dans les cas de scorbut, maladies des yeux, goutte, rhumatisme, pyorrhée, asthme, tuberculose, cancer, gangrène... Le chou est un excellent fortifiant, un purificateur du sang et un antiscorbutique.» La médecine moderne considère elle aussi le chou comme un aliment anti-ulcéreux.

LES FAITS

Il ne fait aucun doute que le chou, en dépit de sa modestie, compte parmi les grandes vedettes de la pharmacopée alimentaire. Ses pouvoirs curatifs sont étonnants. Il recèle, sous forme concentrée, plusieurs principes thérapeutiques. Mais sa popularité lui vient principalement du fait qu'il prévient le cancer, notamment celui du côlon.

LE CHOU SAUVE LES RATS IRRADIÉS

Les premières indications en ce sens datent de 1931, quand un scientifique allemand qui travaillait sur les radiations constata que les rats survivaient à des doses mortelles si on les avait nourris de chou. Ce fait fut corroboré en 1950 par des travaux réalisés en France. Au cours de vastes études menées aux États-Unis en 1959, des chercheurs de l'armée américaine nourrirent des cobayes avec du chou cru (et aussi du brocoli et des betteraves) avant de les exposer à des rayons x d'une intensité de 400 rads. Pareille dose entraîne, dans les quinze jours suivants, la mort des cobayes. Mais lors de cette expérience on constata que 50 p. 100 des animaux qui avaient consommé du chou, du brocoli et de la betterave *avant* l'irradiation survivaient. De plus, les cobayes qui consommaient ces légumes *après* l'irradiation vivaient plus longtemps que ceux qui en étaient sevrés. Les plus forts taux de survie furent enregistrés chez les rats qui avaient été nourris de chou (ou de brocoli) *avant* et *après* l'irradiation. (La betterave, elle, ne leur assurait aucune protection.)

UN ALIMENT DE LONGUE VIE

Divers travaux qui se proposaient de découvrir les aliments assurant aux humains la meilleure protection contre le cancer ont tous démontré que le chou occupait une place de premier plan. De vastes études réalisées tant en Grèce qu'au Japon et aux États-Unis ont permis d'établir des corrélations entre la consommation de chou et un cœfficient de protection très élevé contre le cancer du côlon. En 1986, au terme d'une étude menée sur une période d'une année dans cinq zones distinctes du Japon, les expérimentateurs ont constaté que c'était chez les plus grands mangeurs de chou qu'on enregistrait le plus faible pourcentage de décès, *toutes causes pathologiques confondues*. Ce résultat nous donne la preuve que le chou dispute au yogourt et à l'huile d'olive le titre d'aliment de longue vie.

LE NUMÉRO UN DANS LA PRÉVENTION DU CANCER DU CÔLON

En effectuant une étude comparée du régime alimentaire de cent malades atteints d'un cancer recto-colite avec le régime de sujets sains de même âge et de même sexe, des médecins grecs ont découvert que les premiers consommaient beaucoup moins de légumes (et en particulier moins de chou, d'épinards, de laitue et de betterave) que les seconds. Le risque de cancérisation est huit fois plus élevé chez ceux qui ne mangent pas de légumes que chez les autres. Le Dr Saxon Graham a lui aussi passé au crible le régime alimentaire de centaines de malades et a identifié les légumes qui jouent un rôle décisif dans la prévention du cancer du côlon et du rectum. En première position vient le chou. Chez les hommes qui en consomment une fois par semaine, la probabilité d'être atteint d'un cancer du côlon est divisée par trois. Sur sept études de population réalisées à travers le monde, six ont abouti à la même conclusion: les cruciféracées (et donc le chou) offrent la meilleure protection contre le cancer du côlon.

LES RAISONS DE LA PRÉVENTION

Ce qui est fascinant dans cette corrélation entre la consommation de chou et la prévention du cancer, c'est qu'en laboratoire les scientifiques ont les moyens d'étoffer leurs découvertes en expliquant les réactions chimiques qui se produisent dans le corps humain. Dans les années 70, le Dr Lee Wattenberg a isolé, à partir des cruciféracées, des substances chimiques appelés indoles. Ces substances inhibent le développement du cancer chez l'animal. Ce même chercheur (ainsi que d'autres) a pu montrer avec précision par quel mécanisme les diverses substances chimiques présentes dans le chou (les dithiolthiones, par exemple) désactivent, chez l'animal, certains agents cancérigènes: le chou et ses cousins (le brocoli, le chou-fleur et le chou de Bruxelles) semblent protéger les cellules contre les tout premiers assauts qui causent, à long terme, une tumeur maligne.

UNE RECHERCHE ACTIVE ET ASSIDUE

Le chou a acquis une réputation d'aliment anticancéreux. Régulièrement on apprend qu'un chercheur a extrait de cette cruciféracée un nouveau principe chimique actif dans la lutte contre le carcinome. Des tests *in vitro* ont montré que le jus du chou inhibe la transformation de cellules précancéreuses en cellules cancéreuses. Aussi le chou est-il classé parmi les «démutagènes», substances chimiques antagonistes du cancer. Les Japonais ont découvert que le chou avait des propriétés démutagènes si puissantes qu'en 1980, ils ont breveté deux techniques d'extraction de l'acide aminé anticancéreux contenu dans son jus.

La famille des cruciféracées, dont le chou est le représentant le plus célèbre, recèle davantage d'agents anticancéreux que n'importe quelle autre famille végétale. Parmi ces agents, nous citerons la chlorophylle, des dithiolthiones, divers flavonoïdes, des indoles, des isothiocyanates, des phénols comme l'acide caféique et l'acide férulique, et des vitamines E et C.

UN AGENT ANTI-INFECTIEUX?

En laboratoire, le chou peut détruire bactéries et virus. En 1986, des scientifiques roumains qui cherchaient les aliments capables de restaurer un système immunitaire déficient découvrirent que le chou fortifiait la fonction immune de cellules animales en culture. Le légume stimulait la production d'anticorps, et des cobayes nourris de chou grandissaient plus vite, ce qui amena les chercheurs à conclure que ce végétal contenait un «facteur de croissance» inconnu. Le chou active également la métabolisation de substances pharmaceutiques telle que l'acétaminophène.

L'exemple du spécialiste: Jim Duke, docteur en sciences et directeur du service des plantes médicinales au ministère de l'Agriculture des États-Unis, mange du chou tous les jours — habituellement un grand bol de feuilles crues — afin de prévenir un cancer du côlon, affection fort répandue dans sa famille.

DES PROPRIÉTÉS ANTI-ULCÉREUSES

Au cours des années 40, un médecin américain de renom — le Dr Garnett Cheney, professeur à la Stanford University School of Medicine — émit l'hypothèse que le chou frais était un aliment anti-ulcéreux. Pour les besoins de sa démonstration, il fit absorber à des cobayes de faibles doses de jus de chou frais, puis il tenta de provoquer des ulcères de l'estomac chez ces animaux. Aucun d'entre eux ne manifesta la pathologie gastrique attendue.

Élargissant les conclusions de ce résultat de laboratoire pour les appliquer à la pathologie humaine, le Dr Cheney affirma que l'absorption quotidienne d'un litre de jus de chou devrait améliorer l'état de la plupart des ulcéreux. Il entreprit aussitôt de vérifier expérimentalement ses affirmations en travaillant avec cinquante-cinq malades atteints d'ulcères de l'estomac, du duodénum et du jéjunum. À l'exception de trois d'entre eux, tous se sentirent mieux, et les rayons x vinrent confirmer que les ulcères avaient rétrocédé. Le Dr Cheney annonça alors que, comparé aux médications classiques, le chou réduisait de 83 p. 100 le temps de guérison de l'ulcère gastrique, et de 72 p. 100 celui de l'ulcère duodénal.

Plus tard, pour étudier le jus de chou, il se livra à une étude en double aveugle à la prison de San Quentin. Selon le compte rendu de ses tests, sur quarante-cinq malades, 92 p. 100 de ceux qui avaient pris du concentré de chou pendant trois semaines étaient guéris de leur ulcère, alors que cette proportion n'était que de 32 p. 100 chez ceux à qui on avait administré un placebo. Et quand on fit manger du chou à ceux qui n'étaient pas guéris, les ulcères disparurent en trois semaines.

Étant donné que l'absorption d'une telle quantité de jus ne se fait pas facilement, le Dr Cheney souhaitait incorporer les ingrédients miracle du chou à un médicament. Malheureusement, son idée ne fut pas menée à terme, car le laboratoire qui essaya de commercialiser le médicament eut les plus grandes difficultés à produire un extrait dont les propriétés thérapeutiques soient uniformes. Avec l'apparition de médications anti-ulcéreuses plus fiables, les laboratoires américains cessèrent de s'intéresser au chou.

UN VIF RENOUVEAU D'INTÉRÊT

Considérant que cette idée n'avait rien d'extravagant, des scientifiques de plusieurs pays entreprirent de l'exploiter. C'est ainsi que dans les années 60, des Hongrois mirent au point un comprimé contenant les principes actifs du chou, affirmant que ce médicament guérissait l'ulcère peptique. En Allemagne et en Inde, le chou, en tant qu'aliment thérapeutique, se gagnait des adeptes. Dirigée par le Dr G.B. Singh, une équipe de chercheurs indiens du Central Drug Research Institute de Lucknow réussit à élucider les mécanismes curatifs du chou. Le Dr Singh et ses collaborateurs provoquèrent des ulcères chez des cobayes qu'ils traitèrent ensuite au jus de chou. L'examen des modifications cytologiques survenues à divers stades du traitement révéla que les cellules ulcéreuses se régénéraient en fonction de la quantité de mucines — substances qui se répandent sur le paroi gastrique et la protègent contre l'action corrosive des acides — contenues dans l'estomac. L'analyse du chou révéla que celui-ci regorge de substances chimiques comparables aux mucines, substances auxquelles les chercheurs attribuent l'effet préventif et la rapidité de la guérison constatés chez les animaux de laboratoire.

En 1973, des scientifiques qui étudiaient des médications anti-ulcéreuses modernes relevèrent une intéressante corrélation. On trouve dans le chou pommé une substance nommée gefarnate. Or, les tests réalisés sur les animaux ont démontré que le gefarnate aide les cellules de la muqueuse gastrique à sécréter une couche de mucus capable de neutraliser les agents nocifs, tels les acides. Donc, on pourrait créer un médicament à base de gefarnate, composé naturel qui rendrait compte du pouvoir que l'on prête au chou de guérir les ulcères. Les choses ne sont cependant pas si simples, car les propriétés anti-ulcéreuses du chou varient grandement d'une saison à l'autre, et d'un sol à l'autre. Mais les conclusions des études sont en général concordantes: les facteurs anti-ulcéreux du chou ne sont actifs que si celui-ci est absorbé cru (généralement sous forme de jus). Pour ceux que cette question intéresse, mentionnons ici les recommandations du Dr Cheney.

LE COCKTAIL ANTI-ULCÉREUX DU DR CHENEY

• Ne consommez pas des têtes de chou fraîches et bien vertes. Les meilleurs choux sont ceux du printemps et de l'été. Ceux de l'automne sont moins efficaces et ceux de l'hiver le sont encore moins.

- Passez le chou à la centrifugeuse ou au broyeur; 4 à 5 lb de chou d'été ou de printemps (le double de chou d'automne et d'hiver) sont nécessaires pour obtenir un litre de jus.
- Pour adoucir un peu l'âcreté du breuvage, mélangez 3/4 de jus de citron et 1/4 de jus de céleri (extrait à la fois des côtes et des feuilles), légume qui lui aussi contient un facteur anti-ulcéreux.
- Pour rendre le tout plus savoureux, ajoutez à chaque verre 2 cuillerées à table de jus de tomate, d'ananas ou de citron.
- Servez frais. Consommez-en 1 l par jour.
- Vous devriez sentir les effets bénéfiques au bout de trois semaines, peut-être moins.

(Adapté des recommandations du Dr Cheney, publiées par le *Journal of the American Dietetic Association* dans son numéro de septembre 1950.)

L'ASPECT PRATIQUE

- Il ne faut pas oublier que le chou comprend diverses variétés, parmi lesquelles le chou-rave et le chou à grosses côtes ou chou chinois, qui contiennent tous des substances chimiques anti-cancéreuses.
- Un conseil: mangez crue une bonne partie de votre chou. La chaleur détruit certains de ses principes thérapeutiques. Diverses études ont démontré que le chou cru (rouge ou vert) et la salade de chou exercent des effets protecteurs, précisément en matière de prévention du cancer gastrique.

DES PREUVES CONTRADICTOIRES

Bien que la plupart des hommes de science considèrent que le chou peut combattre le cancer, une étude réalisée au Japon en 1985 en est arrivée à des conclusions inverses: chez les grands mangeurs de chou (chez ceux qui en consomment quatre fois et plus par semaine), le risque de contracter un cancer du côlon ou de l'estomac était considérablement accru. Selon plusieurs experts, cela s'explique par le fait qu'au Japon le chou est souvent fermenté, conservé dans le vinaigre et consommé longtemps après la récolte. Ce sont là des facteurs qui pourraient favoriser l'action de substances cancérigènes. Cependant, cela n'explique pas pourquoi d'autres études menées au Japon montrent que la fréquence du cancer du côlon est moins élevée chez les mangeurs de chou que dans la population en général.

D'autres travaux ont démontré que des souris et des hamsters que l'on avait nourris de chou, et à qui ont avait administré simultanément un carcinogène, ont présenté un taux plus élevé de cancer du pancréas. Ces mêmes animaux ont souffert davantage de cancers de la peau.

LE CHOU DE BRUXELLES

LES AVANTAGES THÉRAPEUTIQUES ÉVENTUELS

• Inhibe le cancer, plus particulièrement celui du côlon et de l'estomac.

LES FAITS

Si la peur du cancer du côlon vous tourmente, le chou de Bruxelles semble tout indiqué pour fortifier les défenses de votre organisme. *Brassica oleracera,* de son nom scientifique, il appartient à la famille des cruciféracées, et comme ses cousins le chou cabus et le brocoli, il est parmi les aliments les plus largement consommés par les individus montrant les plus bas taux de cancer du côlon et de l'estomac.

N'importe où dans le monde, les gens les moins touchés par le cancer vous diront qu'ils consomment au moins un légume vert comme le chou de Bruxelles par jour. Sur sept études sur le cancer du côlon, réalisées à travers le monde, six (deux aux États-Unis, une au Japon, une en Grèce, une en Norvège et une en Israël) ont mis en évidence le rôle primordial que jouent les légumes verts — dont le chou de Bruxelles — dans la prévention du cancer.

Une étude importante menée à Buffalo, en 1978, par le Dr Saxon Graham, a démontré que le chou de Bruxelles (comme le chou ordinaire et le brocoli) exerce un effet inhibiteur déterminant sur le cancer du côlon chez l'homme. Selon une étude plus récente, réalisée en Norvège, il se pourrait même que la consommation de cruciféracées (comme le chou de Bruxelles) empêche la croissance des polypes, formations précancéreuses qui se développent dans le côlon et donnent naissance aux tumeurs malignes. D'autres travaux ont révélé que le chou de Bruxelles et les légumes de la même famille pouvaient réduire le risque de cancer du rectum, de l'estomac, du poumon, de la vessie et de l'œsophage.

UN LÉGUME BOURRÉ D'AGENTS CHIMIQUES ANTICANCÉREUX

Les scientifiques ont découvert, dans la partie comestible des légumes verts, des substances chimiques — la chlorophylle, les indoles, les dithiolthiones, les caroténoïdes et les glucosinolates — qui retardent l'évolution du cancer chez les animaux de laboratoire. Quand, après avoir été nourris de légumes verts ou de substances chimiques extraites de ces légumes, ces animaux sont exposés à des agents cancérigènes, la probabilité de contracter un cancer est considérablement diminuée. Le Dr Lee Wattenberg a constaté que des animaux nourris de choux de Bruxelles, puis exposés au benzopyrène (un puissant cancérigène), développaient moins fréquemment un cancer et montraient une activité enzymatique du foie très supérieure à la normale. Or, il est bien connu que cette activité combat la formation des cancers. À vrai dire, de tous les légumes mis à l'épreuve — chou, feuilles de navet, brocoli, chou-fleur, épinard, luzerne — le chou de Bruxelles s'est révélé le plus efficace (à peu près deux fois plus «protecteur» que le chou, deuxième de la liste).

D'autres expérimentations ont révélé que le chou de Bruxelles neutralisait l'une des substances cancérigènes les plus virulentes que l'on connaisse, l'aflatoxine, une moisissure associée aux cancers hépatiques. L'aflatoxine contamine fréquemment l'arachide, le maïs et le riz, menaçant ainsi les pays en voie de développement.

Lors d'une étude menée à l'Université Cornell, des expérimentateurs commencèrent par constituer trois groupes de rats. Ils ne modifièrent pas les habitudes alimentaires des animaux du premier groupe, donnèrent exclusivement des choux de Bruxelles au deuxième groupe, et le troisième groupe fut nourri de glucosinolates (le principe végétal que l'on croit capable de neutraliser l'aflatoxine). Ensuite, tous les rats reçurent des doses d'aflatoxine en quantité suffisante pour provoquer une tumeur au foie. On constata que le cancer épargnait surtout les animaux nourris de choux de Bruxelles ou de glucosinolates, et que leur foie sécrétait de fortes concentrations d'enzymes capables de neutraliser le potentiel cancérigène de l'aflatoxine. Ajoutons que le chou de Bruxelles immunise l'animal contre d'autres agents chimiques cancérigènes.

L'ASPECT PRATIQUE

• Du fait qu'elles contiennent des substances chimiques que l'on croit nocives pour la glande thyroïde, les crucifèracées (dont le chou de

Bruxelles) sont souvent considérées comme génératrices du goitre. Cependant, une récente étude a démontré que des sujets à qui on avait administré quotidiennement, pendant quatre semaines, 160 g de choux de Bruxelles cuits, ne montraient aucun signe de perturbation au niveau de la glande thyroïde. Les expérimentateurs en conclurent que la cuisson avait désactivé les substances chimiques nocives.

LE CHOU-FLEUR

LES AVANTAGES THÉRAPEUTIQUES ÉVENTUELS

• Réduit le risque de cancer, principalement du cancer du côlon et de l'estomac.

LES FAITS

Si le chou-fleur figure dans le peloton de tête des légumes anticancéreux, c'est parce qu'il est membre de la famille des cruciféracées, donc proche cousin du chou, du brocoli et du chou de Bruxelles, qui sont tous associés à de faibles taux de cancer (du côlon, du rectum, de l'estomac, et peut-être aussi de la prostate et de la vessie).

Plusieurs études ont démontré que les sujets peu enclins à contracter l'un de ces types de cancers étaient de grands mangeurs de cruciféracées. Une récente enquête a révélé que chez les Norvégiens (qui mangent beaucoup de choux-fleurs, de choux, de brocolis et de choux de Bruxelles), le nombre de polypes attaquant le côlon était plus réduit que chez la plupart des individus, et que leur taille était plus petite.

Quand des animaux de laboratoire nourris de choux-fleurs absorbent de puissants agents cancérigènes tels que les nitrosamines, ils contractent moins aisément un cancer que leurs semblables qui ne mangent pas de choux-fleurs. C'est ce qu'ont démontré les travaux du Dr Lee Wattenberg: seulement 63 p. 100 des animaux nourris de choux-fleurs ont développé un cancer, par rapport à 94 p. 100 pour ceux qui n'en avaient pas mangé. Certains scientifiques pensent que les constituants du chou-fleur (dont les indoles) stimulent les défenses naturelles, ou exercent sur l'organisme une forme de désintoxication qui neutralise les agents cancérigènes, les empêchant ainsi de s'attaquer aux cellules et de les transformer en tissus cancéreux.

Le chou-fleur contient relativement peu de bêta-carotène et peu de chlorophylle, ce qui expliquerait son rôle moins actif dans la prévention du cancer pulmonaire et des cancers associés au tabagisme.

LE CHOU FRISÉ

LES AVANTAGES THÉRAPEUTIQUES ÉVENTUELS

- Neutralise divers types de cancers, plus particulièrement le cancer du poumon.

Quelle quantité? Une demi-tasse par jour de chou frisé peut contribuer à la prévention du cancer. Un conseil destiné aux anciens fumeurs: mangez abondamment du chou frisé. Cette mesure vous donnera toutes les chances de vous prémunir contre un cancer lié à l'usage du tabac.

LES FAITS

Mal aimé des Nord-Américains et d'une façon plus générale des Occidentaux, le chou frisé semble pourtant jouer un rôle de premier plan dans la prévention des cancers, en particulier du cancer pulmonaire. De tous les légumes verts, il compte parmi les plus riches en caroténoïdes, agents anticancéreux. À quantité égale, le chou frisé renferme deux fois plus de caroténoïdes que les épinards crus.

Ce légume contient également de grandes quantités de bêta-carotène (deux fois plus que les épinards). Transformé par l'organisme en vitamine A, le bêta-carotène est considéré par certains scientifiques comme un agent anticancéreux extrêmement efficace. Le chou frisé est également une riche source de chlorophylle, autre substance chimique que bon nombre d'éminents chercheurs tiennent pour antagoniste du cancer.

Les légumes verts comme le chou frisé viennent en tête des aliments composant les régimes liés à un plus faible taux de cancérisation. Nombreuses sont les études ayant mis en évidence la corrélation entre une consommation régulière de légumes verts et un faible taux de cancer — cancer des voies gastro-intestinales, de l'œsophage, de l'estomac, du poumon, du côlon, de la cavité buccale, de la gorge, et d'une façon plus générale de tous les types de cancers. Membre de la famille des cruciféracées, le chou frisé jouit d'immenses pouvoirs, puisque les représentants de cette famille sont reconnus pour prévenir les cancers de l'intestin, de la prostate et de la vessie.

Il semble bien que les légumes à feuillage vert sombre soient dotés du pouvoir très particulier de neutraliser le développement du cancer pulmonaire, et cela même chez les fumeurs (à un degré plus faible, cependant, que chez ceux qui ont cessé de fumer). Une étude réalisée à Singapour a montré que le chou frisé ainsi que divers légumes à feuilles vertes réduisent de façon significative le risque de cancer du poumon.

Selon une étude récente échelonnée sur cinq années et portant sur des personnes âgées du New Jersey, le taux de mortalité due au cancer est trois fois moins élevé chez ceux qui consomment quotidiennement plus de deux portions de légumes verts ou jaunes, que chez ceux qui n'en consomment que trois quarts de portion.

L'ASPECT PRATIQUE

- Cuit ou cru? Chose étonnante, le chou frisé cuit dans un four à micro-ondes ne perd que très peu de chlorophylle. En revanche, la chaleur détruit une partie de ses caroténoïdes, mais la cuisson libère davantage de bêta-carotène assimilable par l'organisme. À vrai dire, il serait sage de manger du chou frisé cru et cuit.

LE CITRON

De tous les fruits, le citron est vraisemblablement celui qui préserve le mieux la santé.
Maud Grieve, *A Modern Herbal*, 1931.

LES AVANTAGES THÉRAPEUTIQUES ÉVENTUELS

- Prévient et guérit le scorbut.
- Contient des substances chimiques qui neutralisent le cancer.

LA TRADITION POPULAIRE

Au IIIe siècle de notre ère, les Romains croyaient que le citron servait d'antidote contre tous les poisons, comme le montre l'histoire des deux malandrins livrés à des serpents venimeux: Seul celui qui avait mangé un citron survécut aux morsures. Le citron jouit d'une réputation telle qu'on décida un jour, si on en croit la légende, d'en faire un accompagnement du poisson parce que son jus avait le pouvoir de dissoudre les arêtes qui se coinçaient dans la gorge.

On a longtemps vanté les vertus diurétiques, sudorifiques et astringentes du jus de citron, que l'on considérait également comme un bon gargarisme dans les cas de maux de gorge, comme une lotion apaisant les brûlures solaires, comme un remède contre le hoquet et, d'une façon générale, comme un breuvage tonique. En Inde, la boisson matinale se compose de deux cuillerées à table de jus de citron, de deux cuillerées à table de miel et de 30 ml d'eau.

LES FAITS

Ce qui a valu sa célébrité au citron (le jaune comme le vert), ce sont ses propriétés antiscorbutiques découvertes au temps où les traversées maritimes duraient des mois et pendant lesquelles les équipages ne pouvaient manger ni légumes ni fruits frais. Grâce à la vitamine C que le jus de citron contient, un peu plus d'une cuillerée à table chaque jour suffisait à écarter le risque de scorbut, cette redoutable maladie causée par une carence en vitamine C. Son évolution, souvent fatale, est caractérisée par la cachexie, l'incurabilité des plaies, l'apparition d'ecchymoses, le saignement des gencives et le déchaussement des dents. Pendant de nombreuses années, la législation britannique a obligé les capitaines à embarquer des citrons ou du jus de citron en quantité suffisante pour que chaque homme puisse en boire quotidiennement 30 ml et ce à partir du dizième jour du voyage.

Par la suite, l'investigation scientifique ne révéla que fort peu de choses sur le citron. On connaît les propriétés anti-oxydantes de son jus, lesquelles sont peut-être dues à son contenu en vitamine c. On sait aussi que son écorce possède les mêmes propriétés, mais qui ne sont pas dues à la présence de la vitamine c, comme l'a démontré une étude allemande faite en 1986. Il semble également que les anti-oxydants exercent des effets bénéfiques sur les cellules de l'organisme humain; on pense qu'ils préviennent l'évolution du cancer et retardent le vieillissement. La pectine, fibre mucilagineuse découverte dans la pulpe du fruit, réduit le cholestérol sanguin. Il est toutefois peu probable que les gens mangent suffisamment de citron pour en tirer davantage de bénéfices.

L'extrait de citron a aussi des propriétés antihelminthiques (contre les vers). Quant à l'huile de citron, elle exerce une action fongicide, et les Yougoslaves ont découvert qu'elle provoquait un léger effet sédatif sur le système nerveux du poisson.

LES COURGES
(et la citrouille)

LES AVANTAGES THÉRAPEUTIQUES ÉVENTUELS

• Réduisent le risque de cancer, plus particulièrement du cancer pulmonaire.

Quelle quantité? Un supplément alimentaire quotidien équivalent à une demi-tasse de courge (la citrouille et le potiron sont aussi des courges) réduit de moitié le risque de cancer du poumon.

LA TRADITION POPULAIRE

Ignorant tout des propriétés de la pulpe des courges, la plupart des médecins se contentaient naguère de prescrire les graines de la courge et de la citrouille dans bon nombre de maladies. Ces graines, les Égyptiens les mâchaient pour leurs vertus laxatives et purgatives. Un peu partout dans le monde, on mange les graines de courge pour se débarrasser de parasites comme les vers (en particulier le ténia).

LES FAITS

Les graines, tout comme la pulpe, ouvrent des perspectives prometteuses en matière de prévention du cancer. Il y a quelques années, tant en Pologne qu'aux États-Unis, des chercheurs ont découvert dans les graines de courge des substances chimiques qui semblent inhiber les processus du cancer. Ils ont également découvert des produits pouvant inhiber une protéase (la trypsine), ce qui empêche les virus et les principes cancérigènes d'exercer leurs effets nocifs dans les voies intestinales.

Les citrouilles et les potirons, plus particulièrement ceux qu'on trouve en hiver et qui sont d'une belle couleur orangée, abondent en caroténoïdes anticancéreux, y compris en bêta-carotène.

La plupart des scientifiques croient que les vertus anticancéreuses s'expliquent par le fait que les bêta-carotènes sont des anti-oxydants qui ont le pouvoir de combattre les radicaux libres de l'oxygène et de les rendre inoffensifs. Donc, ces cucurbitacées d'un magnifique orangé peuvent vous prémunir contre les ravages dûs au cancer et à diverses maladies chroniques, mais aussi contre le vieillissement. Livrés à eux-mêmes, les racidaux libres de l'oxygène peuvent détruire la paroi des vaisseaux sanguins, accélérer la sénescence, aggraver les phénomènes inflammatoires et se fixer à des constituants cellulaires tel l'ADN, provoquant ainsi des mutations cellulaires aboutissant au cancer.

UN ANTIDOTE GÉNÉRAL CONTRE LE CANCER

Les courges de couleur orange semblent prévenir de nombreuses formes de cancer. Toutes les enquêtes épidémiologiques menées à travers le monde les associent à un faible taux du cancer du poumon, de l'œsophage, de l'estomac, de la vessie, du larynx et de la prostate. Les courges sont également associées, chez un groupe d'Américains du troisième âge, à une diminution du taux de mortalité due au cancer.

Une étude réalisée par le National Center Institute sur un groupe d'hommes du New Jersey — qui pour la plupart avaient fumé pendant de nombreuses années — a révélé que les courges jaunes comptent parmi les trois légumes (les deux autres étant la carotte et la patate douce) exerçant le plus grand effet préventif contre le cancer pulmonaire. Ceux qui ne consomment pas ces légumes courent presque deux fois plus de risques que les autres de développer un cancer du poumon. Or, ce qui différencie les sujets les plus exposés des sujets les moins exposés, c'est simplement l'absorption quotidienne d'un peu plus d'une demi-tasse de courge, de carotte ou de patate douce.

La carotte et les autres légumes de coloration orangée (comme les courges et les citrouilles) semblent ralentir l'évolution du cancer, lequel peut «couver» durant de nombreuses années dans les cellules atteintes. Il semble aussi que l'absorption régulière de ces cucurbitacées prévienne l'apparition d'un cancer du poumon chez les non-fumeurs exposés à la fumée des autres.

UN CONSEIL

Chaque personne (mais particulièrement les fumeurs, les anciens fumeurs et les non fumeurs qui vivent dans l'entourage de fumeurs) devrait manger davantage de végétaux à cuticule orangée comme la courge d'hiver et la citrouille.

L'ÉPINARD

- Diminue le risque de cancer.
- Réduit le cholestérol sanguin chez l'animal.

Quelle quantité? D'après diverses études, manger l'équivalent de une demi-tasse d'épinards par jour peut diminuer de moitié le risque de cancer, et plus particulièrement le risque d'un cancer du poumon.

LA TRADITION POPULAIRE

Baptisé «roi des légumes», l'épinard est «tout à fait indiqué dans les états d'anémie, de corruption du sang, de troubles cardiaques, de dérangement rénal, de dyspepsie, d'hémorroïdes, ainsi que dans tous les cas de diminution de la vitalité et d'affaiblissement marqué de l'état général», selon un article paru dans l'*American Medicine* daté de 1927.

LES FAITS

De nombreuses recherches prouvent qu'en sa qualité d'aliment aux vertus anticancéreuses, l'épinard est un des légumes qui jouit de la plus haute renommée. Les ex-fumeurs en particulier feraient bien de lui porter intérêt. Avec son feuillage vert, l'épinard vient (au même titre que la carotte) en tête de la liste des aliments que mangent les individus chez qui on enregistre les taux les plus bas de tous les types de cancers. L'épinard est spécialement indiqué dans les cas de cancer du côlon, du rectum, de l'œsophage, de l'estomac, de la prostate, du larynx, du pharynx, de l'endomètre, du col utérin et surtout du poumon. Partout des études ont démontré que chez ceux qui consomment peu de légumes verts riches en bêta-carotène (et à cet égard l'épinard se place dans le groupe de tête), le risque de cancer pulmonaire est à peu près multiplié par deux. Ces études ont également démontré que ceux qui mangent quotidiennement des épinards (ou des légumes aux vertus semblables) — même s'il s'agit d'anciens fumeurs — courent beaucoup moins de risques de contracter un cancer du poumon.

Dix sur onze enquêtes internationales portant sur le cancer pulmonaire ont amplement mis en évidence ce fait. Au cours de l'une de ces enquêtes menées par le Dr Richard Shekelle, épidémiologiste de l'Université du Texas, on a découvert que les aliments contenant du bêta-carotène pouvaient contribuer à sauver les fumeurs. Chez les habitués du tabac qui consomment des aliments pauvres en bêta-carotène, la probabilité d'être atteint d'un cancer pulmonaire est huit fois plus élevée que chez ceux qui se nourrissent de légumes riches en bêta-carotène. De plus, selon les conclusions d'une enquête réalisée par des chercheurs de l'Université Johns Hopkins, les individus qui présentent les plus fortes concentrations sanguines de bêta-carotène sont les moins exposés au cancer du poumon. Il semble donc que les ex-fumeurs peuvent compenser, en partie, les dégradations subies par leurs cellules pulmonaires (c'est-à-dire prévenir un cancer ou enrayer sa progression), en consommant des épinards ou des légumes comparables à l'épinard.

UN LÉGUME POLYVALENT

Si les scientifiques attendent beaucoup de l'épinard dans la lutte contre le cancer pulmonaire, c'est principalement parce que ce légume est très riche en caroténoïdes, y compris en bêta-carotène, substance qui, selon les tests de laboratoire, peut arrêter certains cancers. Une analyse récente effectuée au Département américain de l'Agriculture a démontré que l'épinard cru contient 36 mg de caroténoïdes pour 100 g de poids alors que la carotte en contient 14 mg (la plus grande partie étant constituée de bêta-carotène). Bien que le bêta-carotène soit un antagoniste du cancer, il est possible que les divers autres caroténoïdes contenus dans l'épinard exercent eux aussi une activité anticancéreuse. Il se peut même qu'ils soient davantage responsables que le bêta-carotène des vertus qui placent l'épinard dans le peloton de tête des aliments prévenant le cancer.

L'épinard abonde aussi en chlorophylle, autre inhibiteur potentiel du cancer. Certains attribuent à la chlorophylle le pouvoir d'enrayer les mutations, premières étapes vers le développement d'un cancer. Des scientifiques italiens travaillant en laboratoire ont récemment découvert que l'épinard avait l'étonnante propriété de bloquer la formation des nitrosamines, substances qui comptent parmi les plus puissants carcinogènes connus. Sur cinq aliments testés (les autres étant la carotte, le chou-fleur, la laitue et la fraise), le jus de l'épinard s'est révélé de très loin le plus actif.

Des scientifiques japonais ont également découvert en 1969 que l'épinard réduit le cholestérol sanguin chez l'animal de laboratoire. Des études ultérieures ont démontré que la feuille de ce légume a le pouvoir d'accélérer la transformation du cholestérol en coprostanol, lequel est ensuite évacué avec les selles.

LA FIGUE

LES AVANTAGES THÉRAPEUTIQUES ÉVENTUELS

- Combat le cancer.
- Son jus détruit les bactéries.
- Son jus est vermifuge.
- Facilite la digestion.

LA TRADITION POPULAIRE

L'usage médicinal de la figue est presque aussi ancien que la plante elle-même. L'Ancien Testament nous rapporte qu'un roi d'Israël, Ézéchias, qu'un «clou» avait «mis à l'article de la mort» (il s'agissait probablement d'une excroissance cancéreuse), fut guéri après qu'Isaïe lui eut fait apporter «une poignée de figues».

Pendant des siècles, on a recommandé la figue dans le traitement du cancer, de la constipation, du scorbut, des hémorroïdes, de la gangrène, des affections du foie, des furoncles, des éruptions cutanées, et aussi pour redonner de l'énergie et de la vitalité.

Vers le milieu du premier siècle de notre ère, Pline l'Ancien écrit dans son *Histoire naturelle* que «les figues fortifient, et c'est le meilleur des aliments que peuvent prendre ceux qu'une longue maladie a affaiblis... Jadis les lutteurs et les champions se nourrissaient de figues». En 1551 avant notre ère, le roi égyptien Mithridate proclama que les figues exerçaient une action tonifiante sur la santé. On rapporte qu'Aaron Burr, affligé d'une enflure de la joue, défiguré par des boutons et des furoncles infectés, se fit un jour un cataplasme de figue, et que le lendemain la tuméfaction avait disparu.

LES FAITS

De nos jours, nous sommes en mesure d'expliquer l'importance qu'a la figue, ce vieux remède du peuple hébreu qui avait sauvé le roi Ézéchias du cancer. «Dans le monde entier, on recourt au fruit du figuier pour ses traditionnelles vertus anticancéreuses», font observer les scientifiques japonais de l'Institut de recherches physiques et chimiques du Mitsubishi-Kasei Institute of Life Sciences de Tokyo. Ces derniers ont isolé de la figue une substance anticancéreuse et l'ont ensuite utilisée pour traiter des malades atteints d'un cancer.

Pour ce faire, les chercheurs ont d'abord implanté des adénocarcinomes dans les tissus de souris de laboratoire. Ils leur ont ensuite injecté un distillat homogénéisé fait de figues congelées et d'eau. Ces injections ont réduit la taille des tumeurs de 39 p. 100 en moyenne.

Ils ont finalement établi que l'agent anticancéreux contenu dans la figue était le benzaldéhyde.

Forts de ces découvertes, les scientifiques ont ensuite administré, par voie orale, des doses de ce distillat de figue à des malades souffrant de cancer, et ils ont enregistré certains succès thérapeutiques. Peu après, ils sont passés de la voie orale à la voie parentérale (injections) pour constater que dans 55 p. 100 des cas, des doses de dérivés du benzaldéhyde donnaient des résultats positifs dans le traitement des cancers avancés. Sept guérisons totales et vingt-neuf guérisons partielles furent ainsi enregistrées. On constata aussi que la durée de vie des malades auxquels on avait administré une substance extraite de la figue était accrue. «Cette substance, notèrent les chercheurs, s'est révélée d'une plus grande efficacité sur les tumeurs des humains que sur les tumeurs des souris.»

De la figue, les scientifiques ont également extrait des enzymes, les ficines, qui facilitent la digestion. Divers tests de laboratoire ont révélé que le jus de figue avait une action bactéricide *in vitro*, et antihelminthique (vermifuge) chez le chien.

LA FRAISE

LES AVANTAGES THÉRAPEUTIQUES ÉVENTUELS

- Détruit les virus.
- Est associée à des taux de mortalité due au cancer plus bas que la moyenne.

LA TRADITION POPULAIRE

Dans les premières pharmacopées, la fraise est mentionnée pour ses propriétés légèrement laxatives, diurétiques et astringentes. S'il faut en croire ce qu'affirmait Maud Grieve, en 1931, dans son livre intitulé *A Modern Herbal,* ce serait Linné qui, le premier, aurait découvert et démontré les vertus curatives de la fraise dans le traitement de la goutte. La médecine traditionnelle occidentale a aussi fait de la fraise un remède contre certaines maladies de la peau (dont l'acné), contre les vers et les ulcérations chroniques. «Se frictionner le visage à l'aide de fraises que l'on vient de cueillir, conseille Grieve, blanchit la peau et fait disparaître les légers coups de soleil.»

LES FAITS

La science moderne n'a prêté que peu d'attention à la fraise, de sorte qu'on ne sait à peu près rien de ses pouvoirs. Une chose est cependant certaine: selon des études canadiennes, les fraises (comme divers autres fruits) écrasées et liquéfiées neutralisent, *in vitro,* un certain nombre de virus pathogènes (en particulier le poliovirus, l'échovirus, le réovirus, le virus Coxsackie et celui de l'herpès simplex, qui sont tous des agents infectieux communs). Plus l'extrait de fraise est concentré et plus il agit puissamment.

De l'avis des spécialistes, la fraise serait également bénéfique au système cardio-vasculaire et elle jouerait un rôle de prévention du cancer. Les fruits bien rouges sont particulièrement riches en pectine, cette super-fibre qui réduit considérablement le cholestérol sanguin, comme l'ont révélé de multiples études. Des chercheurs italiens ont récemment constaté que la fraise peut contrecarrer la formation d'agents cancérigènes redoutables appelés nitrosamines. Ces derniers se constituent dans les voies intestinales quand les nitrites et les amines interagissent. Les fraises contiennent en abondance certains polyphénols qui combattent le cancer et qui sont aussi des anti-oxydants.

Une étude menée dans le New Jersey, sur un groupe de mille deux cent soixante et onze Américains du troisième âge, a démontré que la fraise se classe parmi les huit aliments associés aux plus bas taux de décès dûs au cancer. Toujours selon cette étude, ceux qui mangent beaucoup de fraises courent trois fois moins de risques de développer un cancer par rapport à ceux qui en mangent peu ou pas du tout.

LES FRUITS DE MER

LES AVANTAGES THÉRAPEUTIQUES ÉVENTUELS

- Sont excellents pour le cœur et le cerveau.
- Réduisent le cholestérol sanguin.
- Font chuter le taux de triglycérides.
- Stimulent les substances chimiques du cerveau et influencent favorablement les facultés mentales.

Quelle quantité? Quatre-vingts à cent grammes de chair de fruits de mer vous apporteront suffisamment de substances chimiques génératrices d'énergie pour vous donner un coup de fouet et stimuler vos «capacités cérébrales». Pareille quantité sera tout autant bénéfique à votre système cardio-vasculaire.

LA TRADITION POPULAIRE

Depuis des siècles, les gens croient que les huîtres ont des vertus aphrodisiaques.

LES FAITS

Vous avez certainement entendu dire que les fruits de mer — et plus spécialement les huîtres, les palourdes et les crabes — sont nuisibles pour votre système cardio-vasculaire parce qu'ils élèvent le taux du cholestérol sanguin. Empressez-vous de répudier cette idée, car elle est contraire à la réalité. Loin de jouer un rôle néfaste dans la pathologie cardio-vasculaire, ces fruits de mer protègent les artères et les vaisseaux sanguins en réduisant considérablement le taux du cholestérol indésirable. Leur chair est très riche en acides gras de type oméga-3 qui jouent un rôle important dans la prévention des thromboses (formation de caillots dans les vaisseaux). Ces acides gras exercent d'autres effets protecteurs sur le cœur et on les croit capables de jouer un rôle favorable dans le cas de nombreuses maladies, dont la polyarthrite rhumatoïde, l'asthme, les allergies, les maux de tête, le psoriasis et le cancer.

Selon Marian Childs, docteur en sciences et spécialiste du métabolisme des graisses à la faculté de médecine de l'Université de Washington, c'est commettre une grave erreur que de proscrire ou de restreindre la consommation des fruits de mer en prétendant qu'ils présentent un risque pour le cœur.

Aimant tous deux les huîtres, Marian Childs et son mari avaient peur d'en consommer. C'est ce qui poussa Maria à étudier expérimentalement mollusques et crustacés (huîtres, palourdes, crabes, crevettes et calmars). Elle fit absorber à des volontaires de sexe masculin, deux fois par jour et durant trois semaines, une certaine quantité de chacun de ces fruits de mer pour remplacer les aliments — viande, œufs, lait et fromage — dans lesquels ces gens puisaient habituellement leurs protéines. À sa grande joie, elle découvrit que les huîtres «font tout simplement merveille; davantage de gens devraient en manger». Elle constata que les huîtres, les crabes et les palourdes réduisaient d'environ 9 p. 100 le cholestérol sanguin, et aussi qu'ils faisaient tous les trois chuter massivement le taux de triglycérides (les palourdes de 61 p. 100, les huîtres de 51 p. 100 et les crabes de 23 p. 100). Ni les crevettes ni le calmar n'abaissaient le cholestérol mais, contrairement à ce qu'on croit généralement, ils ne le faisaient pas monter non plus. «Pour le cholestérol sanguin, déclare-t-elle, les crevettes et le calmar n'étaient ni meilleurs ni pires que les œufs ou la viande.»

DES ACCUSATIONS NON FONDÉES

Si les fruits de mer ont eu si mauvaise réputation, c'est qu'ils contiennent divers stérols que les analyses ont longtemps confondus avec le cholestérol. Or, on a constaté que seulement 30 à 40 p. 100 de ces stérols sont en réalité du cholestérol et que les autres, les «faux cholestérols», exercent une action bénéfique contrairement à ce qu'on avait cru. À l'aide d'une autre expérience, Marian Childs et ses collaborateurs ont démontré que les stérols contenus dans les fruits de mer inhibent l'absorption du cholestérol. Le test consistait à faire manger pendant trois semaines un mélange d'huîtres et de palourdes, et un autre de crabe et de poulet à des sujets masculins dont la cholestérolémie était normale. À un certain moment, on leur administrait une dose de cholestérol radioactif afin de pouvoir le suivre dans l'organisme. On constata que les mangeurs de poulet et de crabe absorbaient environ 55 p. 100 du cholestérol, alors que les mangeurs d'huîtres et de palourdes n'en absorbaient que 42 p. 100, soit environ 25 p. 100 de moins. Marian Childs affirme que la cholestyramine (une médication réductrice de cholestérol) agit selon le même principe.

Plus encore: les expérimentateurs ont enregistré chez les mangeurs d'huîtres une augmentation du rapport cholestérol HDL-2/cholestérol HDL-3, signe d'une excellente santé cardiaque. Selon Marian Childs, il est maintenant prouvé qu'une proportion élevée de HDL-2 par rapport au HDL-3 constitue *le meilleur facteur de protection contre la maladie coronarienne*. Or, les huîtres et les palourdes ont nettement accru ce rapport lors des tests expérimentaux.

Les analyses les plus récentes de Marian Childs, et celles d'autres chercheurs, ont révélé que les huîtres, les moules, les palourdes et les coquilles Saint-Jacques (pétoncles) contiennent peu de cholestérol. Le crabe et la crevette en contiennent davantage, mais en quantité relativement modeste. En revanche, le calmar est riche en cholestérol.

DES ALIMENTS QUI STIMULENT LE CERVEAU

La recherche scientifique n'a fait que confirmer la croyance selon laquelle les produits de la mer stimulent l'énergie mentale. Le Dr Judith Wurtman, chercheur émérite du Massachusetts Institute of Technology, affirme que mollusques et crustacés (et poissons de mer) sont les aliments qui stimulent le plus rapidement l'humeur et les facultés mentales. La raison en est la suivante: contenant peu de graisses, peu d'hydrates de carbone, et constitués quasiment de protéines pures, les fruits de mer approvisionnent abondamment le cerveau en tyrosine, un acide aminé qui est transformé en deux substances chimiques (dopamine et norépinéphrine), qui stimulent les facultés mentales.

Des recherches poussées, menées sur l'animal et chez l'homme, ont prouvé que lorsque le cerveau produit ces deux neurotransmetteurs (la dopamine et la norépinéphrine), l'humeur et l'énergie cérébrale s'en trouvent aiguillonnées. Les gens ont alors tendance à penser et à réagir plus rapidement, à être plus attentifs, plus motivés, plus vifs d'esprit. Comme le fait remarquer le Dr Wurtman, «quand l'esprit fait des cabrioles, quand vous avez l'impression que tout se met harmonieuse-

ment en place dans vos idées... c'est que la dopamine et la norépinéphrine sont à l'œuvre dans votre cerveau».

Le tests du MIT ont également permis de mesurer, avec une assez
bonne précision, la quantité de protéines nécessaire pour fournir les
acides aminés qu'exige pareille stimulation des fonctions cérébrales.
Chez la plupart des gens, cette quantité varie de 80 à 100 g. Les fruits
de mer comptent parmi les aliments les plus riches en protéines pures.

L'ASPECT PRATIQUE

- La friture des fruits de mer risque de détruire leur action bénéfique
  en les imbibant suffisamment de graisses pour faire monter le
  cholestérol sanguin. Pour le bien des artères il faut consommer les
  fruits de mer grillés, au four, bouillis ou cuits à la vapeur.
- D'une façon générale, la consommation de fruits de mer et d'autres
  denrées riches en protéines et pauvres en hydrates de carbone (seuls
  ou accompagnés d'hydrates de carbone provenant d'aliments
  comme le pain ou la pomme de terre) libère dans le cerveau des
  substances chimiques stimulant l'énergie. Pour que l'effet soit
  rapide, il faut manger les fruits de mer *sans aucun accompagnement*. Cela provoquera une libération de tyrosine dont bénéficiera
  votre cerveau.
- Si vous consommez des fruits de mer en quantités supérieures à la
  dose régulière de 80 à 100 g, ils ne stimuleront pas davantage vos
  facultés mentales. La tyrosine ne stimule qu'au besoin la production
  des substances chimiques activatrices, c'est-à-dire lorsque le
  cerveau a épuisé ses réserves. Les fruits de mer favorisent une activité maximale du cerveau sans lui faire dépasser ses limites.

LE GINGEMBRE

LES AVANTAGES THÉRAPEUTIQUES ÉVENTUELS

- Prévient le mal des transports.
- Fluidifie le sang.
- Réduit le cholestérol sanguin.
- Prévient le cancer chez l'animal.

Quelle quantité? Une demi-cuillerée à thé de racine de gingembre en poudre prévient le mal des transports.

LA TRADITION POPULAIRE

Les traités de médecine chinois vieux de deux mille ans mentionnent le gingembre. Dans les pays de l'Extrême-Orient, ce rhizome figure dans à peu près la moitié des prescriptions délivrées par les médecins qui le tiennent pour un bon remède quand il est consommé frais. Il agit contre les vomissements, la toux, le ballonnement abdominal et les fièvres. Chauffé à la vapeur, puis séché, le gingembre est prescrit dans les cas de douleurs abdominales, de lumbago et de diarrhée. Les Africains font un breuvage avec sa racine qu'ils tiennent pour un aphrodisiaque. En Nouvelle-Guinée, les femmes consomment la racine séchée du gingembre, réputée contraceptive. En Inde, on fait boire aux enfants du thé au gingembre quand ils ont des quintes de toux.

LES FAITS

Le gingembre est doté de nombreuses propriétés médicinales. Comme l'avaient pressenti les Anciens, c'est une médication efficace contre les états nauséeux.

LE SOUVERAIN CONTRE LE «TOURNIS»

Diverses recherches ont prouvé que le gingembre est encore plus efficace que la dramamine (un médicament communément prescrit pour atténuer le mal des transports) pour soulager les nausées provoquées par les déplacements. Pour en faire la démonstration, on a fait asseoir sur des chaises pivotantes des personnes sensibles au mal des transports. On a ensuite fait tourner les chaises à toute vitesse, épreuve qui, comme chacun sait, donne le «tournis» et met l'estomac à l'envers. Les volontaires ont été répartis en trois groupes, et vingt minutes avant le test, on leur a administré soit un placebo (dépourvu d'action pharmacodynamique), soit 940 mg de racine de gingembre en poudre, ou soit 100 mg de dramamine.

Pas un seul des sujets qui avait pris de la dramamine ou un placebo n'a pu tenir plus de six minutes sur la chaise sans souffrir de nausées et de vomissements. Par contre, la moitié des sujets (six sur douze) qui avaient absorbé du gingembre réussirent à supporter l'épreuve de la chaise tournante. Cela confirmait que le gingembre est un meilleur antidote contre le mal du mouvement que le médicament le plus communément prescrit. De plus, contrairement à la dramamine, le gingembre ne provoque aucune somnolence puisqu'il agit sur l'intestin et non sur le cerveau.

Selon Albert Leung, docteur en sciences et conseiller en pharmacologie végétale, les propriétés antinauséeuses du gingembre sont connues en Extrême-Orient depuis des siècles. «Il est tout à fait banal, déclare-t-il, de voir dans le port de Hong-Kong des marins mastiquer du gingembre qu'ils gardent en réserve.» Dans l'étude que nous venons de citer, la posologie était approximativement d'une demi-cuillerée à thé de gingembre moulu.

UN PUISSANT ANTICOAGULANT

Un chercheur danois de l'University's Institute of Community Health à Odense, le Dr K. C. Srivastava, considère que le gingembre, tant dans les expériences *in vitro* que dans l'aorte des rats, a des pouvoirs anticoagulants plus prononcés que l'ail ou l'oignon, bulbes bien connus pour leur rôle de prévention des embolies (caillots). Plus encore que l'ail ou l'oignon, le gingembre inhibe la synthèse par les cellules sanguines d'une substance appelée thromboxane, laquelle stimule l'agglutination des plaquettes, premier stade de la formation des embolies. Plus la quantité de gingembre est importante, plus l'effet observé est prononcé. Cependant, de très faibles doses suffisaient pour enregistrer un résultat significatif. Le Dr Srivastava conclut: «Ou bien le principe actif est très puissant, ou bien il est présent dans le gingembre à forte concentration.»

UNE SURPRENANTE MARMELADE

C'est par accident que le Dr Charles R. Dorso, du Medical College de l'Université Cornell, découvrit que le gingembre a la propriété de faire obstacle à la formation de caillots sanguins chez l'homme. Cette découverte fut l'aboutissement d'une démarche comparable à celle du Dr Dale Hammerschmidt, qui a mis en évidence les propriétés anticoagulantes du champignon chinois communément appelé «oreille d'arbre». En effet, c'est avec leurs propres plaquettes sanguines que ces chercheurs faisaient leurs «contrôles de routine». Or, un jour, le Dr Dorso constata lui aussi que son sang n'avait pas coagulé comme d'habitude.

Il se souvint alors que la veille il avait mangé «une excellente marmelade de gingembre et de pamplemousse importée d'Angleterre dont le principal ingrédient (15 p. 100) était le gingembre». À titre expérimental, le Dr Dorso se procura du gingembre moulu qu'il mélangea, en éprouvette, avec son propre sang et avec celui de plusieurs de ses collaborateurs. Aucun doute: les plaquettes refusaient de s'agglutiner, même quand on doublait la quantité d'une substance ayant la propriété d'activer la coagulation. Pour les chercheurs de l'Université Cornell, le principe qui provoque une fluidification du sang serait le gingerol, substance contenue dans le gingembre (en anglais: *ginger*) et dont la structure moléculaire est étonnamment proche de celle de l'aspirine, anticoagulant notoire.

Des chercheurs indiens ont également découvert qu'à long terme le gingembre «abaisse considérablement» le taux du cholestérol sanguin du rat et que, chez cet animal, l'épice en question compense fortement l'hypercholestérolémie provoquée par un régime alimentaire riche en graisses.

Au Japon, où le gingembre a fait l'objet d'études approfondies, on a constaté que celui-ci soulage la douleur, prévient les vomissements, réduit la sécrétion gastrique, fait chuter la tension artérielle et stimule le cœur. Des études comparatives, réalisées dans ce pays et portant sur différents végétaux, ont également révélé que le gingembre avait toutes les qualités d'un démutagène «remarquablement actif» (il entravait les phénomènes de mutation cellulaire aboutissant au cancer). On a également constaté que le gingembre inhibait le cancer chez les souris.

L'ASPECT PRATIQUE

- Si vous avez des raisons de craindre le mal des transports, prenez du gingembre en gélules. On trouve, dans les magasins de diététique, des capsules de gélatine contenant de la poudre de gingembre. Si vous ne pouvez pas vous en procurer, demandez à votre pharmacien de vous en préparer, dosées à 500 mg de gingembre. Prenez deux capsules une demi-heure avant le départ. Un spécialiste conseille de ne pas absorber directement la cuillerée à thé de poudre de gingembre, car elle peut provoquer des brûlures de l'œsophage.
- Jim Duke, spécialiste des végétaux attaché au Département américain de l'Agriculture, recommande de délayer une demi-cuillerée à thé de poudre de gingembre dans du thé ou dans toute autre boisson. Le D\r Duke fait observer que si on use de racine de gingembre frais, on doit alors doubler la dose (une cuillerée à thé). On peut aussi éplucher, couper ou moudre la racine et la mélanger à une boisson.

LA GROSEILLE

LES AVANTAGES THÉRAPEUTIQUES ÉVENTUELS

- Prévient et guérit la diarrhée.
- Protège les vaisseaux sanguins.
- Prolonge la durée de la vie.

LA TRADITION POPULAIRE

Depuis fort longtemps on recommande la groseille pour ses effets laxatifs, astringents, et aussi contre le rhume. «Si vous avez un mal de gorge, prenez une cuillerée à table de confiture ou de gelée de groseille que vous mélangerez dans un gobelet à de l'eau bouillante. Ce «thé à la groseille», que vous boirez très chaud plusieurs fois par jour, a des vertus émollientes et lénitives», écrivait en 1931 Maud Grieve dans *A Modern Herbal.*

LES FAITS

De nouvelles preuves sont venues corroborer, en partie, les propriétés que l'on a traditionnellement prêtées à la groseille noire. Depuis peu, les Suédois commercialisent un médicament antidiarrhéique extrait de la groseille. On obtient cette préparation en retirant aux fruits leur peau et leur enveloppe extérieure (qui représentent 40 p. 100 du poids total), pour les faire sécher et les réduire en poudre. Ce remède à base de groseilles noires abonde en anthocyanosides, substances chimiques connues pour leur action inhibitrice sur la reproduction des bactéries, en particulier sur l'*Escherichia coli*, l'un des principaux agents de la diarrhée. L'extrait de groseille s'est révélé actif dans les infections gastro-intestinales, tant chez la souris que chez l'homme, et en Suède, comme dans divers autres pays, on le commercialise en pharmacie.

Des expériences sur les animaux ont démontré que ces anthocya-nosides (qui sont répartis en forte concentration dans la myrtille, alors que dans la groseille noire on ne les retrouve que dans la peau) protè-gent les vaisseaux sanguins contre les dégradations causées par un régime alimentaire riche en cholestérol, et exercent une action anti-inflammatoire.

Enfin, un compte rendu de recherche publié en 1982 dans *Experimental Gerontology* rapporte que des chercheurs de Cardiff, dans le pays de Galles, ont découvert, à leur grande surprise, que le concentré de groseille enrichi de flavonoïde prolongeait la vie de la souris femelle. Cet effet était frappant et semblait bien réel, du fait qu'il prolongeait l'existence d'animaux qui déjà étaient génétiquement prédisposés à vivre longtemps. On ne peut déterminer la durée exacte de la prolongation due à la groseille, mais on peut dire que ce fruit potentialise les effets des gênes responsables de la longévité.

LES HARICOTS

Cette appellation générale comprend les haricots noirs, les doliques à œil noir, les garbanzos, les fèves, les haricots bruns, les lentilles, les haricots de lima, les pois cassés, les «pinto», les Great Northern blancs, les petits haricots blancs dits «navy beans» et la plupart des autres légumineuses. (Voir aussi la rubrique Soja, à la page 356.)

LES AVANTAGES THÉRAPEUTIQUES ÉVENTUELS

- Réduisent le cholestérol sanguin indésirable.
- Contiennent des substances chimiques inhibitrices du cancer.
- Stabilisent le taux d'insuline et le taux de sucre sanguin.
- Abaissent la tension artérielle.
- Assurent la régulation des fonctions du côlon.
- Préviennent et guérissent la constipation.
- Préviennent les hémorroïdes et divers troubles intestinaux.

Quelle quantité? L'équivalent d'une tasse par jour de haricots secs consommés après cuisson (un peu moins d'une tasse si vous mangez d'autres aliments qui réduisent le cholestérol) devrait faire chuter votre taux de cholestérol LDL (le nuisible), stabiliser votre insuline et votre sucre sanguin, réduire votre tension artérielle, harmoniser vos fonctions intestinales et vous prémunir contre certains troubles gastrointestinaux comme les hémorroïdes, voire contre un cancer de l'intestin.

LA TRADITION POPULAIRE

Bouillis avec de l'ail, les haricots ont la réputation de guérir «les toux qui ne cèdent à aucun autre remède». On leur prête aussi le pouvoir de soulager les états dépressifs.

LES FAITS

Les légumineuses sont de puissantes médications qui agissent sur le système cardio-vasculaire. Les haricots secs n'étant qu'en partie digérés, les substances indigestes qu'ils contiennent s'accumulent dans le côlon, où elles sont ensuite dégradées par les bactéries responsables de la fermentation. Quantité de corps chimiques sont libérés lors de cette dégradation, et ils agissent à la façon de médications bienfaisantes. Par exemple, ils avisent le foie de cesser de produire du cholestérol, et le sang de se purger de son redoutable cholestérol LDL. C'est une des raisons pour lesquelles, estiment les spécialistes, la consommation de haricots est bénéfique pour le cœur. Ce même phénomène de fermentation peut également générer des substances chimiques inhibitrices du cancer. On pense que l'activité thérapeutique des haricots secs est essentiellement due à une fibre soluble.

À l'Université du Kentucky, le Dr James Anderson prescrit régulièrement des haricots secs (une tasse par jour de «pinto» ou de «navy» cuits) pour réduire la cholestérolémie. Il a pu déterminer que le taux du cholestérol sanguin chute d'environ 19 p. 100 en moyenne — et cela même chez les individus d'âge moyen affligés d'une importante hypercholestérolémie (supérieure à 260 mg par décilitre de sang). Ainsi, simplement en leur faisant manger des haricots, le Dr Anderson a enregistré chez différents malades une réduction spectaculaire du cholestérol total (de 274 à 190 mg dans un cas, de 218 à 167 mg dans un autre). Les haricots ont eu pour effet de purger le sang du cholestérol indésirable (le LDL) et d'augmenter le rapport déterminant HDL/LDL. La consommation régulière de haricots s'est traduite par une augmentation moyenne de 17 p. 100 de ce rapport HDL/LDL.

UNE ASSURANCE ANTIDIABÈTE

Les légumineuses sont de merveilleux régulateurs de l'insuline. En suivant les recommandations du Dr Anderson, des diabétiques de type I (ceux qui doivent recevoir des injections quotidiennes d'insuline) ont pu réduire de 38 p. 100 leur insulinémie. Quant aux diabétiques de type II (des adultes affligés d'un début de diabète, et dont le pancréas ne sécrète pas suffisamment d'insuline), en suivant le même régime, ils ont pratiquement supprimé l'obligation de recourir à des injections quotidiennes parce que les haricots font monter la concentration du sucre sanguin avec une telle lenteur que l'organisme n'a besoin de libérer que de faibles quantités d'insuline pour stabiliser le taux de glucose. Ainsi que d'autres aliments riches en mucilages et en pectines, les haricots multiplient à la surface des cellules les sites de stockage de l'insuline, de sorte que le sang véhicule celle-ci en plus faible quantité, ce qui est excellent pour la santé.

En effet, une faible insulinémie réduit la faim et, par un mécanisme compliqué, peut faciliter l'excrétion du sodium, et par là même faire chuter la tension artérielle. De nombreuses études ont démontré que la consommation d'aliments qui, comme les haricots, contiennent de grandes quantités de fibres abaisse la tension artérielle. Par exemple, on a relevé que des végétariens de même âge et de même sexe que des mangeurs de viande avaient une pression diastolique (la minimale) inférieure de 18 p. 100 à celle de ces derniers. Même les sujets dont la tension artérielle était normale l'ont abaissé de 5 à 6 p. 100 en augmentant leur consommation d'aliments riches en fibres tels que les haricots.

DES INHIBITEURS DU CANCER

Les haricots sont considérés comme un bon moyen de faire échec au cancer, car les légumineuses contiennent de fortes concentrations d'inhibiteurs de protéases, enzymes qui ont la propriété de contrer l'activation dans l'intestin des agents cancérigènes. Après avoir administré à des animaux de laboratoire un composé chimique reconnu pour son pouvoir cancérigène de la cavité buccale, Ann Kennedy, spécialiste de la biologie du cancer, note l'observation suivante: «Quand les inhibiteurs de protéases sont entraînés vers la face interne de la joue du hamster, aucun cancer ne se développe.» On a également constaté que ces mêmes inhibiteurs entravent le développement des cancers du côlon et du sein.

Au cours d'une série de tests, le Dr Walter Troll a nourri des rats avec des haricots (en l'occurrence, il s'agissait de fèves de soja qui contiennent aussi des inhibiteurs de protéases), puis les a exposés à de fortes doses de rayons x qui sont connus pour leur action cancérigène sur le sein. Seulement 44 p. 100 des animaux nourris de soja contractèrent le cancer attendu, alors que cette proportion était de 74 p. 100 chez leurs congénères qui n'avaient pas mangé de fèves de soja. Le Dr Troll considère que les inhibiteurs de protéases peuvent «désamorcer» les oncogènes, ces vecteurs génétiques que l'on trouve dans les cellules normales et qui, lorsqu'ils sont activés, peuvent aboutir à un cancer. Tout «aliment à graines» comme le haricot — le D'Troll en est convaincu — a le pouvoir de prévenir les divisions cellulaires qui démarrent un processus cancéreux, et celui d'enrayer la progression des tumeurs. On comprend l'importance des légumineuses dont l'effet est un peu celui de la chimiothérapie, en ce sens qu'elles jugulent le phénomène de cancérisation. Cependant, dès que les métastases se sont répandues dans l'organisme, l'ingestion d'inhibiteurs de protéases ne semble plus exercer d'effets. On fait quand même des tests avec de fortes doses de légumineuses pour essayer de mettre en évidence leur pouvoir thérapeutique sur les cancers ayant développé des métastases.

Les haricots sont également riches en constituants appelés lignanes. Ces dernières ont des propriétés anticancéreuses qui leur sont propres. Transformées par les bactéries du côlon en substances comparables à des hormones, les lignanes, selon certains scientifiques, pourraient combattre à la fois le cancer du sein et le cancer du côlon.

BIENFAISANT POUR LE CÔLON

Bien qu'il s'agisse là d'un sujet dont seuls débattent avec componction les scientifiques réunis en congrès ou en symposiums, il est parfaitement admis que des «fèces abondantes» (entendons par là des selles généreuses) sont un signe de bonne santé. C'est pourquoi les spécialistes incitent les gens à manger des aliments ayant pour effet d'accroître la masse fécale, persuadés que c'est là un bon moyen de réduire les risques de développer un cancer du côlon ou du rectum, une affection des diverticules, ou encore des hémorroïdes et d'autres troubles intestinaux.

Les haricots vous donneront des selles plus abondantes et plus molles. C'est ce qu'affirme Sharon Fleming, docteur en sciences et doyenne du Nutritional Sciences Department de l'Université de Californie à Berkeley. Elle et ses collaborateurs ont fait absorber à un groupe de jeunes gens, chaque matin pendant trois semaines, une tasse et demie de haricots bruns, dans le but de vérifier si ces légumineuses modifiaient le métabolisme du côlon. Les haricots étaient réduits en une purée que les volontaires mangeaient en même temps qu'une tortilla, le tout nappé de fromage fondu. Certains — ceux qui aimaient particulièrement les haricots — en consommaient au moins 450 g par jour, répartis en trois repas. D'autres n'en mangeaient que très rarement, du bout des dents.

Les expérimentateurs en conclurent que les haricots sont un bienfait pour le côlon. Les légumineuses augmentent radicalement le volume des selles et semblent stimuler les colonies bactériennes, les poussant à éliminer des substances chimiques appelées «acides gras volatiles à chaîne courte», ce qui se traduit par une réduction de la cholestérolémie, de la tension artérielle, et peut-être aussi par une inhibition du cancer du côlon. En raison de ces propriétés, les acides gras de ce type libérés dans le côlon par la fermentation alimentaire (notamment celle des fibres solubles) font actuellement l'objet d'actives recherches. À ceux qui ne souffrent d'aucune affection intestinale, Sharon Fleming recommande vivement les haricots pour prévenir et traiter la constipation.

L'ASPECT PRATIQUE

- Cuits à l'étouffée, ou mis en conserve, les haricots gardent leurs propriétés. Une boîte de 200 g (une tasse de haricots secs) représente la portion qu'il convient d'absorber quotidiennement pour obtenir un effet thérapeutique. Le Dr James Anderson a constaté pour sa part que les fèves au lard en conserve abaissent d'environ 12 p. 100 le taux du cholestérol sanguin.

LES PRÉCAUTIONS À PRENDRE

- Des chercheurs australiens ont récemment remarqué que les haricots en conserve provoquent une glycémie et une insulinémie supérieures à celles que l'on observe avec les haricots bouillis et cuisinés à la maison. Aussi ont-ils conseillé aux diabétiques de s'abstenir de manger des légumineuses en conserve.

LA FLATULENCE

Les humains sont dépourvus d'enzymes capables de digérer certains sucres de structure moléculaire complexe contenus dans les haricots (les alpha-galactosides). L'absence de ces enzymes provoquent des gaz (ou météorismes), qui sont libérés dans la partie terminale de l'intestin, là où les sucres non digérés sont attaqués par des bactéries. Plus vous mangerez de haricots et moins vous connaîtrez ce désagrément (si l'on se fie à l'adaptation physiologique que l'on constate chez les consommateurs habituels de légumineuses). Sharon

Fleming a en effet remarqué que lorsqu'on fait absorber quotidiennement une tasse et demie de haricots bruns à des volontaires, ces derniers se plaignent de flatulence pendant douze à quarante-huit heures, mais qu'ensuite les météorismes disparaissent.

L'ÉLIMINATION DES GAZ

Un trempage approprié permet de détruire, dans les légumineuses, les éléments qui causent le météorisme. Selon Alfred Olson, chimiste et chercheur au Regional Research Center de Californie (organisme rattaché au Département américain de l'Agriculture), on peut éliminer des haricots 90 p. 100 de leurs sucres générateurs de flatulences en procédant ainsi: Rincer les haricots à grande eau. Jeter l'eau. Verser sur les haricots de l'eau bouillante et les faire tremper pendant au moins quatre heures. Jeter de nouveau l'eau, puis la remplacer par de l'eau froide dans laquelle ils vont cuire. Seul inconvénient: cette méthode élimine aussi une partie des vitamines et des sels minéraux.

LÉGUMINEUSES LES PLUS RECOMMANDÉES

Par demi-tasse après cuisson	Fibres solubles (en grammes)
Doliques à œil noir	3,7
Haricots en conserve	2,7
Haricots bruns	2,5
Haricots «pinto»	2,3
Haricots «navy»	2,3
Lentilles	1,7
Pois cassés	1,7

LES RECETTES ANTICHOLESTÉROL DU Dr ANDERSON*

ESTOUFFADE DE HARICOTS

60 ml d'oignons finement hachés
1 gousse d'ail (moyenne) hachée
1 boîte de haricots à la tomate en conserve (450 g)
250 ml de haricots bruns cuits
125 ml de petits haricots de Lima cuits

---

* Ces recettes sont tirées de l'ouvrage du Dr Anderson, *Life-Saving Diet* (Tucson), The Body Press, 1986.

60 ml de ketchup
1 c. à thé de moutarde
un soupçon de poivre

Chauffez le four à 175 °C. Beurrez l'intérieur d'une cocotte d'un litre. Mélangez tous les ingrédients dans la cocotte. Mettez au four pendant 45 minutes, jusqu'à légère ébullition. Remuez. Vous obtiendrez ainsi l'équivalent de 18 tasses d'estouffade que vous pourrez conserver et servir en accompagnement.

«BURRITOS» DE HARICOTS

4 tasses de fricassée de haricots (voir recette ci-dessous)
8 tortillas (de 20 cm de diamètre environ)
125 ml d'oignons émincés
4 c. à thé de sauce taco
60 ml de cheddar râpé
Sauce taco pour garnir

Fricassée de haricots:
2 tranches de bacon maigre (50 g)
250 ml d'oignons hachés
1 kg de haricots «Pinto» ou de haricots rouges en conserve
2 c. à thé de sel d'ail

Pour huit portions:
Dans une grande sauteuse, faites frire le bacon jusqu'à ce qu'il soit croustillant. Retirez-le et faites-le égoutter sur un papier absorbant. Faites revenir les oignons dans la graisse de bacon. Émiettez le bacon dans la sauteuse, puis ajoutez les haricots et le sel d'ail. Mélangez le tout en purée. Faites cuire à feu doux pendant 10 minutes, en remuant fréquemment, pour que la purée prenne de la consistance.
Préparation des «burritos»:
Chauffez le four à 80 °C. Déposez au centre de chaque tortilla 2/3 de tasse de purée de haricots. Nappez d'oignon haché et pressez-le sur la purée. Ajoutez 1/2 cuillerée à thé de sauce taco et parsemez de fromage râpé (1 1/2 cuillerée à thé). Roulez les tortillas pour en faire des «burritos» et disposez-les sur une plaque à pâtisserie non beurrée. Laissez cuire pendant 15 à 20 minutes. Ajoutez au goût un soupçon de sauce taco.

ORGE ET LENTILLES EN CASSEROLE

1 1/2 tasse de jus de tomate
1/4 tasse d'eau
1/4 tasse d'orge
1/4 tasse de lentilles
2 tasses de céleri découpé en dés
1/2 oignon coupé en rondelles
1/4 tasse de carotte coupée en dés
1/2 tasse de pomme de terre coupée en dés
1/8 c. à thé de sariette
1/8 c. à thé de cerfeuil
1/4 c. à thé de thym
1/2 c. à thé d'estragon

Pour deux portions:

Dans un poêlon de taille moyenne, faites mijoter à feu moyen pendant 15 minutes le jus de tomate, l'eau, l'orge et les lentilles. Ajoutez le céleri, l'oignon, la carotte, la pomme de terre et les herbes. Laissez mijoter encore pendant 30 minutes environ.

Si vous voulez éliminer le sodium contenu dans les haricots en conserve, faites-les d'abord égoutter, puis rincez-les à l'eau claire. Cette opération réduit environ de moitié le sel indésirable.

L'HUILE D'OLIVE

On dirait... que les Italiens ne vont jamais mourir. Ils passent leurs journées à consommer de l'huile d'olive... voilà la raison.

William Kennedy, *Ironweed.*

LES AVANTAGES THÉRAPEUTIQUES ÉVENTUELS

* Excellente pour le cœur.
* Réduit le cholestérol LDL (le mauvais).
* Augmente le cholestérol HDL (le bon).
* Fluidifie le sang.
* Contient des substances chimiques qui retardent le cancer et le vieillissement.
* Réduit le risque de mortalité (toutes causes confondues).
* Diminue la tension artérielle.

Quelle quantité? Une simple cuillerée à table d'huile d'olive suffit à faire disparaître l'élévation du taux de cholestérol due à l'absorption de deux œufs. Quatre ou cinq cuillerées par jour améliorent considérablement les résultats des analyses sanguines des malades qui ont subi une crise cardiaque. Et une dose de deux tiers de cuillerée à table par jour abaisse la tension artérielle chez les sujets de sexe masculin.

LA TRADITION POPULAIRE

Depuis quatre mille ans, l'huile d'olive est un véritable élixir de santé tout autour du bassin méditerranéen. On prétend que le roi Ramsès II (v.~1300-~1235) en buvait chaque fois qu'il avait mal quelque part.

LES FAITS

Les Crétois consomment davantage de graisses que n'importe quel autre peuple au monde. Environ 45 p. 100 de leurs calories proviennent de corps gras et 33 p. 100 proviennent de l'huile d'olive, ce qui devrait se traduire par une augmentation du nombre de maladies cardiaques ainsi que du taux de mortalité. Or, il n'en est rien. Les courbes statistiques établissant des corrélations entre maladies cardio-vasculaires et consommation de graisses sont, en Crète, de véritables aberrations. À vrai dire, on remarque dans cette île des taux de pathologies cardiaques et de cancers parmi les plus bas du monde. Un «facteur de longévité» s'impose sans cesse aux chercheurs qui tentent d'expliquer cette situation étonnante: l'huile d'olive. En Crète, celle-ci coule à flot, comme le vin. On en consomme *per capita* beaucoup plus que partout ailleurs. Plus encore qu'en Italie, qu'ailleurs en Grèce et que dans les autres pays méditerranéens.

UNE PLUS GRANDE LONGÉVITÉ POUR LES CONSOMMATEURS D'HUILE D'OLIVE

Une récente étude menée par Ancel Keys, diététicien de l'Université du Minnesota dont les travaux sur les graisses font autorité, a permis de découvrir que chez deux mille trois cents sujets masculins et d'âge moyen vivant dans sept pays différents, le taux de mortalité due aux cardiopathies (et aussi à *toutes les autres causes* réunies) était exceptionnellement bas chez ceux qui puisaient la plus grande partie de leurs graisses dans l'huile d'olive!

Plusieurs études d'une extrême rigueur scientifique ont prouvé que l'huile d'olive contient des composés chimiques véritablement miraculeux pour le sang: ils freinent la tendance à la coagulation, augmentent le taux du cholestérol HDL (le bon) et inhibent dans les artères l'accumulation du dangereux cholestérol LDL. En conséquence, certains spécialistes «prescrivent» aujourd'hui l'huile d'olive, qu'ils tiennent pour un excellent moyen de prévenir une première crise cardiaque, et aussi une rechute.

À Milan, une équipe de médecins ont ajouté au régime thérapeutique des opérés du cœur quatre ou cinq cuillerées à table d'huile d'olive par jour. Dans les six mois suivants, les résultats des analyses sanguines n'ont cessé de s'améliorer. Les malades sont ainsi mieux prémunis contre le risque d'une rechute. Des médecins du Health

Science Center de l'Université du Texas (ce centre de Dallas joue un rôle de pionnier dans le traitement des cardiopathies) ont constaté que les acides gras monoinsaturés contenus dans l'huile d'olive réduisent de façon marquée le cholestérol sanguin. Des tests portant sur des Américains d'âge moyen ont démontré que cette huile abaissait de 13 p. 100 le taux du cholestérol total, et de 21 p. 100 celui du redoutable cholestérol LDL. Un expérimentateur, le Dr William Grundy, en est arrivé à la conclusion que les lipides monoinsaturés combattent l'hypercholestérolémie avec autant d'efficacité qu'un régime alimentaire sans graisses. Aussi conseille-t-il à ses compatriotes de remplacer par de l'huile d'olive toutes les autres huiles et tous les corps gras, afin de prévenir les affections cardio-vasculaires.

Quelle action exerce l'huile d'olive? Disons qu'elle est très riche en acides gras monoinsaturés, lesquels ont sur le sang un effet protecteur plus marqué que les acides polyinsaturés contenus dans d'autres huiles végétales. Non seulement l'huile d'olive réduit le cholestérol total, mais aussi, à la différence des autres huiles végétales, elle ne change pas le taux du cholestérol HDL, ce qui modifie favorablement le rapport cholestérol HDL/cholestérol LDL, alors que les autres huiles végétales ont tendance à réduire *simultanément* le redoutable cholestérol LDL et le bienfaisant cholestérol HDL.

De récentes recherches ont révélé que l'huile d'olive contient aussi de puissants agents ayant la propriété de combattre les cardiopathies et de provoquer des réactions physiologiques salutaires. Par exemple, ils ont une activité anticoagulante (en fluidifiant le sang, ils réduisent le risque de formation de caillots), et ils inhibent partiellement l'absorption du cholestérol excédentaire.

Des scientifiques italiens dirigés par le Dr Bruno Berra, professeur de biochimie à la faculté de pharmacie de Milan, ont identifié plusieurs des quelque mille composés actifs présents dans l'huile d'olive, et ils ont interprété leur cheminement dans le processus du métabolisme. Pour le Dr Berra, ces corps chimiques ont même le pouvoir de contrebalancer un régime riche en graisses et générateur d'hypercholestérolémie. L'un de ces composés, le cyclo-arthanol, neutralise le cholestérol durant le cycle d'absorption, ce qui le maintient à l'écart de la circulation sanguine. Lors de ses expérimentations, le Dr Berra a pu constater qu'une cuillerée à table d'huile d'olive effaçait la poussée de cholestérolémie provoquée par l'ingestion de deux œufs.

Des chercheurs de l'Université du Kentucky ont également découvert que l'huile d'olive abaissait la tension. Chez l'homme, une dose de deux tiers de cuillerée à table par jour a suffi à faire chuter la pression systolique de cinq dixièmes et la pression diastolique de quatre dixièmes.

UN AGENT ANTIVIEILLISSEMENT ET UN ANTICANCÉREUX

Une fois qu'elle a pénétré dans les cellules humaines, l'huile d'olive fortifie leur membrane et atténue le risque de dégradation que représentent pour elles les «radicaux libres» qui circulent dans tout l'organisme. Les antioxydants contenus dans l'huile d'olive pourraient retarder le vieillissement en prolongeant la durée de vie des cellules et en neutralisant les agressions qui les détériorent et les prédisposent davantage au cancer.

L'huile d'olive a aussi un léger effet laxatif.

L'ASPECT PRATIQUE

- La meilleure huile, celle qui contient le plus de corps chimiques combattant les cardiopathies, c'est l'huile extra-vierge de première pression qu'on extrait en écrasant et en pressant à froid des olives de très bonne qualité. «Plus l'huile est proche du fruit dont on la tire, déclare le Dr Berra, plus est élevée sa concentration en substances protectrices du cœur.»
- Pour faire chuter le taux de votre cholestérol, réduisez votre consommation de graisses saturées de provenance animale (viande et produits laitiers) et augmentez votre consommation d'huile d'olive. Cela stimulera vos récepteurs LDL et vous aidera à éliminer ces substances nocives. De généreuses rations d'huile d'olive s'ajoutant à un régime alimentaire riche en graisses saturées ne feront certes pas monter en flèche la cholestérolémie. Mais un excès de ces graisses diminue l'effet bienfaisant de l'huile d'olive.

LES EFFETS SECONDAIRES

- Dans certains cas rares, l'absorption d'une grande quantité d'huile d'olive (surtout si celle-ci est consommée d'un seul coup) peut provoquer temporairement de petites diarrhées.

L'IGNAME (OU PATATE DOUCE)

LES AVANTAGES THÉRAPEUTIQUES ÉVENTUELS

• Réduit le risque de cancer.
• Peut abaisser le taux du cholestérol sanguin.

Quelle quantité? L'équivalent d'une demi-tasse d'igname par jour peut diminuer de moitié les risques de contracter un cancer pulmonaire, même chez ceux qui ont cessé de fumer depuis longtemps. En consommer davantage pourrait peut-être renforcer encore plus les défenses du poumon, mais les chercheurs ignorent à quelle dose ce légume est le plus actif.

LA TRADITION POPULAIRE

«Racine du rhumatisme»... «racine de la colique»... Telles sont les appellations populaires qui désignent parfois ce légume qui a fait la preuve de ses propriétés anti-arthritiques et de son pouvoir de stabiliser les fonctions intestinales. Il procure «peut-être le meilleur soulagement et le mode de guérison le plus rapide des coliques biliaires, et il est particulièrement actif contre les nausées de la femme enceinte», écrit Maud Grieve dans *A Modern Herbal*. Dans certains pays, on considère aussi l'igname comme un antispasmodique et un antidiurétique, et comme un agent capable de rétablir le flux menstruel, de prévenir les fausses couches et de guérir l'asthme.

LES FAITS

Il semble bien que l'igname puisse jouer un certain rôle dans la prophylaxie du cancer, plus spécialement celui du poumon. De nombreuses études indiquent que trois végétaux à téguments orangés

— l'igname, la courge d'hiver et la carotte — ont le pouvoir d'enrayer le long processus évolutif du cancer pulmonaire, et cela même chez les anciens fumeurs. Une étude comparative en a apporté la preuve. Réalisée dans le New Jersey et rendue publique en 1986, cette étude porte sur les habitudes alimentaires de deux groupes d'individus de sexe masculin, les uns affligés d'un cancer pulmonaire, les autres en bonne santé. Les résultats montrent que les trois légumes à téguments orangés que nous venons de citer sont les aliments qui semblent le mieux prévenir la manifestation d'un cancer du poumon. Selon les enquêteurs de l'Institut national du cancer, les individus qui déclarent manger quotidiennement l'équivalent d'une demi-tasse d'igname, de courge d'hiver ou de carotte courent deux fois moins de risques de développer un cancer du poumon que ceux qui n'en consomment pratiquement jamais.

Étant donné que presque tous les sujets interrogés étaient des fumeurs, ou l'avaient été, les enquêteurs en ont conclu que l'igname et les deux autres végétaux à peau orangée devaient depuis longtemps faire obstacle aux processus aboutissant à la cancérisation. Les sujets qui avaient renoncé au tabac au cours des cinq années précédentes s'exposaient beaucoup plus au cancer pulmonaire s'ils ne consommaient pas de légumes (donc pas d'igname), alors que le risque était légèrement atténué chez ceux qui en consommaient régulièrement.

Si vous fumez ou si vous avez fumé, il n'est jamais trop tôt ni trop tard pour réduire la probabilité de contracter un cancer pulmonaire en augmentant votre consommation d'igname et de végétaux à téguments orangés. Des travaux réalisés au Japon ont également permis de découvrir que les *grands* fumeurs peuvent eux aussi augmenter leurs chances d'annihiler l'apparition d'un cancer en mangeant des légumes à téguments orangés ou à feuillage vert foncé. Cependant, ne considérez pas ces végétaux comme des antidotes grâce auxquels vous pourrez *continuer* à fumer en toute impunité. Les fumeurs qui mangent des légumes sont beaucoup plus exposés à contracter un cancer que les non-fumeurs.

Grâce à une consommation accrue d'igname, les non-fumeurs exposés à la fumée de cigarette ou à d'autres menaces liées à l'environnement ou au milieu de travail peuvent également se prémunir contre le cancer. L'Institut national du cancer a récemment présenté de nouvelles preuves qui corroborent le fait que les légumes de couleur orange foncé protègent autant les non-fumeurs que les fumeurs, et particulièrement les femmes.

C'est peut-être essentiellement au bêta-carotène, facteur anticancéreux bien connu, que l'igname doit cette propriété prophylactique, mais il est possible qu'elle soit attribuable à d'autres composés chimiques qui n'ont pas encore été découverts. L'igname contient aussi en abondance des inhibiteurs de protéases, substances chimiques qui inhibent, chez l'animal, le processus de cancérisation et de développement des maladies virales. Et le bêta-carotène, toujours chez l'animal, joue un rôle actif dans la prévention des cancers cutanés autres que les mélanomes.

Fait encore plus intéressant, des enquêteurs japonais ont découvert, en 1984, que l'igname a «une activité anti-oxydante très accusée», ce qui fait de lui un antagoniste potentiel des redoutables «radicaux libres» qui exercent leurs méfaits sur les cellules de l'organisme, provoquant ainsi de multiples perturbations qui seraient la cause du cancer et du vieillissement. Les scientifiques attribuent l'activité anti-oxydante de l'igname à toute une gamme de polyphénos tel l'acide chlorogénique.

Or, il est apparu que l'extrait d'igname avait en lui-même des propriétés anti-oxydantes supérieures à celles des polyphénols, ce qui a amené les expérimentateurs à conclure que ce végétal contient des corps chimiques ayant le pouvoir d'accroître les pouvoirs naturels de ces polyphénols.

Il est également possible que l'igname réduise le taux du cholestérol sanguin. Par des analyses de laboratoire simulant le métabolisme du système digestif de l'homme et portant sur des fibres végétales provenant de vingt-huit variétés de fruits et de légumes, on a récemment découvert que l'igname est presque aussi actif que la cholestyramine, un médicament réducteur de la cholestérolémie.

SON RÔLE DANS LES NAISSANCES GÉMELLAIRES

Divers spécialistes, et en particulier le Dr Percy Nylander, professeur à l'Université d'Ibadan (Nigeria), ont avancé l'hypothèse que l'igname, quand il est consommé en abondance, favorise la mise au monde de jumeaux. Le Dr Nylander a remarqué, dans une tribu yorouba, que le pourcentage des naissances gémellaires est nettement supérieur aux taux observés partout ailleurs dans le monde. Fait intéressant: les Yoroubas mangent une quantité prodigieuse d'igname, tubercule qui constitue leur denrée alimentaire de base. L'explication théorique serait la suivante: l'igname est riche en substances comparables aux hormones qui libèrent dans l'organisme d'autres hormones, et en particulier l'hormone folliculo-stimulante (FSH) que l'on trouve en de très fortes concentrations dans le plasma des femmes yoroubas ayant donné naissance à des jumeaux. On considère que la FSH stimule l'ovaire et que celui-ci n'expulse pas un seul ovule, mais plusieurs, ce qui augmente considérablement la probabilité d'une double conception. Le D' Nylander fait aussi observer que chez les Yoroubas nantis qui vivent à l'occidentale et qui ont renoncé au traditionnel régime alimentaire à base d'igname, le pourcentage des naissances gémellaires est moins élevé.

L'ASPECT PRATIQUE

- Plus la couleur orangée de l'igname est foncée, plus forte est la concentration en caroténoïdes actifs contre la maladie.

MISE EN GARDE

- Consommer de l'igname en très grande quantité ne présente pas en soi les mêmes dangers qu'une absorption excessive de vitamine A de provenance hépatique, par exemple. Mais de fortes concentrations de bêta-carotène peuvent vous colorer légèrement la peau en jaune ou en brun roux. Cette coloration disparaîtra dès que vous cesserez de consommer des ignames (des courges ou des carottes).

LE LAIT

LES AVANTAGES THÉRAPEUTIQUES ÉVENTUELS

- Prévient l'ostéoporose.
- Combat les états infectieux, et plus particulièrement la diarrhée.
- Calme les douleurs stomacales d'origine alimentaire ou médicamenteuse.
- Prévient l'ulcère peptique.
- Prévient les caries dentaires.
- Prévient la bronchite chronique.
- Stimule les facultés mentales.
- Réduit l'hypertension.
- Réduit la cholestérolémie.
- Inhibe certains cancers.

Quelle quantité? Deux ou trois tasses par jour de lait écrémé enrichi de vitamine D peut inhiber un cancer du côlon, et deux tasses de lait entier protège contre les ulcères. Une demi-tasse de lait écrémé ou partiellement écrémé peut stimuler vos facultés mentales.

LA TRADITION POPULAIRE

«Souvent le lait se révèle très actif pour... soulager l'irritation gastro-intestinale, les malaises, l'agitation et l'insomnie.» (Extrait de *King's American Dispensatory*, 1900).

LES FAITS

Ne sous-estimez pas le lait. C'est un élixir de santé dont les pouvoirs sont étonnants, comme l'a récemment révélé la recherche scientifique. On a en effet découvert qu'il contenait des substances chimiques fort actives et, comme chacun sait, du calcium aux vertus pharmacodynamiques curatives et préventives contre de nombreux troubles de toute nature. Si vous n'aviez qu'une seule décision à prendre, la plus mauvaise serait de décider de ne pas boire de lait.

UN ANTIDOTE DU CANCER

Depuis une dizaine d'années, les évidences prouvant que le lait protège contre le cancer, notamment contre celui du côlon, n'ont cessé de s'accumuler. Une étude menée en 1985 par le Dr Cedric Garland à l'Université de Californie de San Diego est venue conforter cette théorie. En analysant sur une période de vingt ans le régime alimentaire de deux mille hommes, le Dr Garland a pu établir que les buveurs de lait (ceux qui en consomment à peu près deux verres et demi par jour) présentent un côlon beaucoup plus sain que ceux qui boudent le lait. Il a aussi établi que chez les premiers le risque de cancer du côlon est *réduit d'environ un tiers*. En conséquence, le Dr Garland préconise, à titre préventif, la consommation quotidienne de deux ou trois verres de lait écrémé enrichi de vitamine D. À ses yeux comme à ceux de beaucoup d'autres chercheurs, le lait doit ses vertus à sa haute concentration en calcium et en vitamine D (sans laquelle le calcium ne serait pas assimilé). Un de ses collaborateurs, le Dr Richard B. Shekelle, estime pour sa part qu'on ne sait pas avec certitude ce qui, dans le lait, réduit le risque d'un cancer du côlon.

En 1987, le compte rendu d'une étude réalisée en Australie — où la fréquence du cancer du côlon est particulièrement élevée — est venu confirmer ces constatations. Les enquêteurs australiens ont eux aussi découvert que les individus des deux sexes qui buvaient moins de 600 ml de lait par semaine (soit l'équivalent de 2 1/2 tasses environ) étaient plus prédisposés que les autres à contracter un cancer du rectum ou du côlon.

Si les scientifiques considèrent que le calcium possède des propriétés protectrices, c'est que des expériences rigoureuses ont démontré que celui-ci enlève leur toxicité aux acides biliaires déversés dans les voies intestinales. Or, ces acides peuvent être à l'origine d'un cancer. D'impressionnantes études réalisées au Memorial Sloan Kettering Cancer Center de New York ont démontré que le calcium diminue le taux de croissance des cellules carcinogènes chez les individus prédisposés à contracter un cancer du côlon.

Le lait acidophile (il s'agit en fait d'un yogourt liquide que les bactéries ont fait fermenter) semble être lui aussi un bon agent anticancéreux, et cela pour des raisons complètement différentes. Des chercheurs de Boston ont en effet découvert qu'il peut inhiber, chez l'être humain, les transformations cellulaires aboutissant à un cancer du côlon. Car les bactéries acidophiles inhibent dans le côlon la conversion de substances naturelles en redoutables agents cancérigènes.

Au Japon, on a également établi une corrélation entre la consommation quotidienne de lait et la réduction du nombre de cancer de l'estomac. Plusieurs enquêtes menées simultanément dans différents pays ont mis en évidence une diminution de la fréquence du cancer pulmonaire chez les buveurs de lait et chez les grands consommateurs d'aliments contenant de la vitamine A, parmi lesquels figure le lait.

AVIS AUX FUMEURS

Des chercheurs de l'Université Johns Hopkins ont récemment fait état d'une découverte passablement étonnante: chez les buveurs de lait, le risque de contracter une bronchite chronique est considérablement réduit. Mais cela n'a rien à voir avec un mode de vie plus sage et plus «naturel», puisque les expérimentateurs (après avoir relevé, chez les sujets, les divers excès avec le tabac, l'alcool et le café) en vinrent à conclure que le lait semble prémunir aussi les *fumeurs* contre la bronchite chronique. Les sujets qui fument un ou deux paquets de cigarettes par jour mais qui ne boivent pas de lait ont environ 60 p. 100 plus de risques de contracter une bronchite chronique que ceux qui en boivent de façon régulière.

Selon les conclusions des auteurs de l'étude, «le lait semble exercer une puissante action». L'explication? Il contient une substance (la vitamine A?) «qui sans doute prémunit jusqu'à un certain point l'épithélium respiratoire (les cellules qui revêtent l'intérieur des voies pulmonaires) contre la bronchite chronique et contre le cancer du poumon».

UNE MÉDICATION CARDIO-VASCULAIRE ET UN ANTIHYPERTENSEUR

À la différence du lait entier, qui contient des graisses, le lait écrémé peut exercer sur vos artères une action bénéfique. Plusieurs études ont en effet établi que le lait écrémé peut abaisser le taux du cholestérol sanguin chez l'être humain. Le Dr George Mann, de l'Université Vanderbilt, a identifié un «facteur lacté» qui selon lui inhibe la production du cholestérol par le foie. Une récente étude japonaise a aussi établi qu'on observait moins de plaques de cholestérol (et moins de dégradation cellulaire) dans l'aorte des lapins nourris au lait écrémé. Les expérimentateurs en ont conclu que «le lait écrémé exerce des effets préventifs sur le développement de l'hypercholestérolémie et de l'athérosclérose (durcissement des artères dû à un «encrassement» par les plaques)».

Selon les chercheurs de l'Université Cornell, le lait pourrait faire baisser l'hypertension. L'explication en serait la suivante: bon nombre de recherches démontrent qu'une carence en calcium favorise une montée en flèche de la tension artérielle chez certains individus, et plus spécialement chez ceux qui sont extrêmement sensibles aux effets hypertenseurs du sel. Une augmentation du calcium alimentaire semble nuire à l'action néfaste du sodium.

Bien que le calcium soit au centre de beaucoup de travaux, le Dʳ John Laragh, chef du service de recherches sur l'hypertension à l'Université Cornell, considère qu'une augmentation de la consommation de lait peut se révéler efficace dans les cas de tension modérément élevée (quand la pression diastolique se situe entre 90 et 104). Une étude entreprise à l'initiative du National Heart, Lung and Blood Institute et portant sur huit mille hommes d'âge moyen, a révélé que les non buveurs de lait étaient deux fois plus exposés à l'hypertension que ceux qui en consommaient un litre par jour.

SI VOUS ÉTIEZ UN RAT, VOUS VOUS ÉPARGNERIEZ UN ULCÈRE EN BUVANT DU LAIT

Des chercheurs du Health Science Center de l'Université de l'État de New York à Brooklyn ont récemment découvert, à leur grande surprise, que les matières grasses contenues dans le lait abondent en substances biologiquement actives, les prostaglandines de type E2. Ils ont aussi découvert qu'en nourrissant de lait entier des rats de laboratoire et en les plaçant ensuite dans des conditions de stress, ces animaux ne contractaient un ulcère que dans une proportion de 50 p. 100, alors que ce chiffre était de 90 p. 100 chez leurs congénères nourris d'une solution saline. Afin de s'assurer que les prostaglandines étaient bien responsables de ce phénomène, les expérimentateurs ont alors nourri un autre groupe de rats avec du lait débarrassé de ces substances hormonales. Résultat: 80 p. 100 des animaux ont développé un ulcère. Le plus intéressant, c'est que ces prostaglandines lactées sont identiques à celles que contient une nouvelle médication anti-ulcéreuse mise sur le marché par G.D. Searle en 1986. Des expérimentations sur l'animal et sur l'homme ont montré qu'à l'état pur la prostaglandine E2 protégeait de façon remarquable la muqueuse de l'estomac et de l'intestin contre les attaques de substances chimiques nocives comme les acides et la fumée du tabac, importants facteurs de l'ulcération. Il semble que les prostaglandines induisent les cellules épithéliales de l'estomac à s'opposer aux agressions de ces substances chimiques. En théorie, les prostaglandines stimuleraient la sécrétion par ces mêmes cellules d'un revêtement muqueux comparable à une couche de vaseline.

Quelle quantité de lait ont absorbé les rats pour obtenir cet effet de protection? Deux ou trois gouttes, pas plus (proportionnellement, cela équivaut à environ deux tasses par jour pour un homme de poids moyen). Ce sont les matières grasses du lait qui recèlent les prostaglandines. Ces dernières sont donc plus particulièrement concentrées dans la crème, et à un moindre titre dans le yogourt au lait entier, dans le lait entier et dans le lait partiellement écrémé. Le lait écrémé n'en contient pratiquement pas.

Voilà qui explique de façon plausible pourquoi les buveurs de lait semblent davantage prémunis contre l'ulcère gastrique. Une vaste étude réalisée en 1974 par Harvard et par le Département de santé de l'État de Californie a révélé que des étudiants de sexe masculin qui consommaient régulièrement du lait étaient moins enclins à contracter un ulcère que ceux qui n'en buvaient pas. Même chez les adultes, que d'autres facteurs exposent plus particulièrement, il semble bien d'après cette étude que la protection anti-ulcéreuse soit proportionnelle à la quantité de lait absorbée. Les hommes qui en buvaient plus de quatre verres par jour étaient deux fois moins souvent atteints d'un ulcère peptique que les autres.

Cependant, le lait ne semble pas constituer un traitement adéquat pour ceux qui ont déjà contracté un ulcère, même s'il atténue leurs souffrances. Durant des années, on a pensé que le lait guérissait l'ulcère, mais cette croyance ne tient plus et on n'en prescrit plus en pareils cas. On a en effet découvert que le lait favorisait l'acidité gastrique, et une récente étude menée en Inde a révélé que le lait entier semblait retarder la guérison de l'ulcère duodénal chez les malades à qui on administrait de la cimétidine (Tagamet). Les individus qui buvaient huit tasses de lait par jour guérissaient moins bien que ceux qui ne buvaient pas de lait, même si chez les premiers la douleur était atténuée. Les expérimentateurs durent reconnaître que le lait stimulait l'acidité gastrique.

Certains spécialistes pensent que les prostaglandines lactées ont suffisamment de pouvoir pour empêcher la formation d'un ulcère, mais pas assez pour le guérir. En fait, une étude réalisée à l'École de médecine de l'UCLA a démontré que si le lait stimule l'acidité gastrique (ce qui aggrave l'ulcère) chez les malades déjà affligés d'un ulcère duodénal, en revanche il n'exerce aucune action de ce genre chez les non-ulcéreux.

LES RÉACTIONS INTESTINALES

Le lait contient des substances anti-infectieuses (des anticorps combattant les virus, et des substances provenant des graisses lactées), dont on ignore la nature, et qui font obstacle aux bactéries pathogènes de l'intestin. Selon le Dr Robert Yolken, professeur de pathologie infectieuse à l'Université Johns Hopkins — à qui l'on doit la découverte des anticorps du lait (substances immunes qui défendent l'organisme contre l'attaque des virus et des bactéries) — si on ne sait pas très bien comment le lait protège l'être humain contre les infections gastro-intestinales, on sait en revanche que cette protection devient réelle à partir du moment où la concentration d'anticorps dépasse un certain seuil. C'est du moins ce qu'on observe chez la souris. Quand on injecte à celle-ci un rétrovirus et qu'on la nourrit de lait, elle ne manifeste aucun symptôme, alors que des souris infectées, mais privées de lait, ont des diarrhées dans 100 p. 100 des cas.

UNE SURPRISE DE PLUS

Les agents anti-infectieux contenus dans les *matières grasses* du lait contribuent à juguler les affections gastro-intestinales, et en particulier les diarrhées chez l'enfant. Une importante étude américaine portant sur mille deux cents enfants âgés d'un à seize ans a mis en évidence le fait que ceux qui ne boivent que du lait partiellement écrémé sont *cinq fois* plus prédisposés aux maladies gastro-intestinales aiguës que ceux qui boivent du lait entier. Le responsable de cette étude, le Dr James S. Koopman (School of Public Health, Université du Michigan), attribue à la consommation de lait partiellement écrémé environ 14 p. 100 de tous les cas d'affections gastro-intestinales. À son avis, ce risque est particulièrement élevé chez l'enfant de un à deux ans.

Mais d'autres travaux montrent que la diarrhée chronique de l'enfant en bas âge à qui l'on ne fait boire que du lait écrémé (souvent dans l'espoir de le prémunir contre une future athérosclérose) se résorbe dès qu'on lui fait absorber du lait entier. Une excellente étude finlandaise répond à ceux qui se demandent s'il est dangereux ou non de faire boire du lait aux nourrissons qui souffrent de diarrhée: «On peut inclure en toute sécurité du lait de vache et des produits laitiers au régime alimentaire des enfants de plus de six mois souffrant de gastro-entérite aiguë.»

«Le facteur antidiarrhéique contenu dans les matières grasses du lait demeure un mystère», déclare le Dr Koopman. Un indice, cependant: des études de laboratoire ont permis de découvrir que les globules graisseux du lait peuvent détruire les toxines d'origine bactérienne, et neutraliser le pouvoir agglutinant des substances qui permettent à l'*Escherichia coli* d'adhérer à la mince muqueuse de l'intestin.

JAMAIS DE LAIT QUAND ON EST INSOMNIAQUE

Une vieille croyance veut qu'un verre de lait chaud apporte le sommeil. Rien n'est plus faux. Pourtant, on a cru que cette assertion ne contredisait en rien le savoir scientifique, puisqu'un acide aminé contenu dans le lait, le tryptophane, aide les insomniaques légers à s'endormir quand on leur en donne de fortes doses, soit 1 g au moins (un verre de lait contient environ 1/10 g de tryptophane). C'est à partir de cela qu'on a fondé l'hypothèse erronée selon laquelle le lait avait des vertus sédatives. En réalité c'est tout le contraire: le lait — partiellement écrémé — active les composés chimiques du cerveau.

Pour les Drs Richard et Judith Wurtman, deux chercheurs du MIT dont les travaux avant-gardistes sont consacrés aux effets du régime alimentaire sur l'activité cérébrale, le fait que la consommation de lait n'augmente pas la quantité de tryptophane dans le cerveau (donc le lait n'exerce aucune activité somnifère) constitue en soi une énigme. Mais le plus étrange c'est que l'absorption de lait s'accompagne d'une *baisse du taux* de tryptophane dans l'encéphale. L'explication en serait la suivante: au cours de la lutte livrée pour pénétrer dans le cerveau, les très faibles quantités de tryptophane lacté seraient éliminées par les autres acides aminés, beaucoup plus abondants, que contient également le lait. Ce serait l'absorption d'un peu de sucre (qui ne contient pas de tryptophane) qui stimulerait davantage les substances sédatives du cerveau, et cela en raison des batailles complexes que se livrent les molécules pour traverser la barrière encéphalique.

Quoi qu'il en soit, le lait, écrémé ou partiellement écrémé, stimule l'énergie mentale et n'exerce aucune action somnifère. Le lait apporte au cerveau de la tyrosine qui déclenche la production de dopamine et de norépinéphrine, substances qui à leur tour stimulent l'esprit et les opérations mentales. Quant au lait entier, eu égard aux matières grasses qu'il contient, il a tendance à ralentir ces mêmes opérations.

Le Dr Judith Wurtman considère qu'une simple demi-tasse de lait écrémé ou partiellement écrémé excite les principes chimiques du cerveau. Par contre, si ce dernier est saturé de substances chimiques énergétiques, une absorption supplémentaire de lait ne stimulera pas davantage les substances responsables de la vivacité d'esprit, mais pourra quand même prolonger l'éveil cérébral.

UN RECONSTITUANT OSSEUX

Grâce au calcium qu'il contient, et par un mécanisme qu'on ne peut totalement expliquer, le lait joue probablement un rôle protecteur contre l'ostéoporose (grave détérioration des os entraînant des malformations, voire des fractures spontanées chez les individus âgés). Depuis longtemps, les scientifiques savent que l'organisme a plus de facilité à tirer parti du calcium (le sel minéral qui fortifie les os) quand celui-ci provient du lait et non pas de préparations pharmaceutiques. Le lait possède un autre avantage sur les produits médicamenteux: Il aide le tissu osseux à se reconstituer. La plupart des hommes de science doutent qu'une augmentation de l'apport calcique puisse prévenir l'ostéoporose chez les individus qui ont dépassé l'âge de trente-cinq ans, sauf peut-être chez les femmes qui prennent des œstrogènes. Il est prouvé que les femmes qui, *depuis l'enfance,* consomment une quantité de lait supérieure à la moyenne ont une ossature plus solide et plus compacte quand elles atteignent la ménopause, probablement parce qu'elles sont prémunies contre les dégradations dues à l'ostéoporose. Outre le calcium, il semble exister un «facteur lacté» qui retarde les maladies osseuses.

LA PRÉVENTION DES CARIES DENTAIRES

Comme si toutes les vertus que nous venons d'énumérer ne suffisaient pas à faire du lait une véritable merveille de la pharmacopée naturelle, il a le pouvoir — ainsi que le fromage — de prévenir les caries dentaires. De multiples études réalisées sur la denture de l'animal l'ont démontré, bien qu'on ne sache pas très bien comment expliquer le phénomène. Peut-être cette prévention est-elle due au calcium, aux phosphates, à la caséine ou à d'autres substances lactées. Dans une récente expérimentation sur l'animal, on a constaté que les sels minéraux du lait, administrés sous forme de concentrés, réduisent la fréquence des caries dentaires dans une proportion pouvant atteindre 30 p. 100. À cet égard, le cheddar, qu'on a testé tant sur l'être humain que sur l'animal, s'est révélé particulièrement efficace. Des chercheurs de l'Université de Toronto ont découvert que l'extrait de cheddar diminuait de 56 p. 100 les caries causées par le sucre de table.

L'ASPECT PRATIQUE

• Le mieux, pour les adultes, c'est de consommer du lait écrémé. Il contient les mêmes substances nutritives (y compris le calcium) que le lait entier. Le lait partiellement écrémé stimule lui aussi les principes chimiques du cerveau, alors que le lait entier les ralentit.

• Pour que le cerveau obtienne le meilleur des «coups de fouet» du lait écrémé ou partiellement écrémé, buvez-en un verre *avant* d'absorber d'autres aliments. Les molécules de protéines lactées feront le reste en traversant la barrière encéphalique et en stimulant le cerveau. Sinon, la concurrence que se livrent les substances chimiques et les autres aliments retarderont l'effet énergisant.

• On ne doit pas imposer aux enfants de moins de deux ans un régime appauvri en graisses, donc il ne faut pas leur faire boire du lait écrémé ou partiellement écrémé. Selon les spécialistes, cela risquerait, pour des raisons qui restent à expliquer, de les priver de protection contre les agressions gastro-intestinales et de perturber leur croissance et leur développement.

• Chez tous les individus, on peut établir une relation entre la consommation de lait et la réduction de la tension artérielle. Une étude a démontré qu'un gramme de calcium par jour, absorbé sous forme de comprimé, a abaissé la tension artérielle de 44 p. 100 des sujets hypertendus. (Un quart de litre de lait contient environ 300 mg de calcium.)

LES EFFETS SECONDAIRES ÉVENTUELS

• Certaines personnes ne peuvent consommer de lait parce qu'elles sont allergiques au lactose et qu'elles souffrent de douleurs gastriques plus ou moins prononcées aussitôt qu'elles en boivent. Le yogourt ne s'accompagne pas des mêmes effets.

- On soupçonne le lait d'être à l'origine de certaines intolérances alimentaires associées à des troubles du transit et à l'irritation intestinale.
- Les acides gras saturés, du type de ceux que contient le lait, sont associés à l'hypercholestérolémie; ils augmentent le risque de maladie du cœur et de certains cancers, notamment celui du sein, de l'intestin, du larynx, de la vessie et de la bouche.
- Il semble exister une corrélation particulière entre le cancer du sein et un régime alimentaire riche en matières grasses. Une étude américaine a démontré qu'il existait un lien direct entre la fréquence du cancer du sein et la consommation *per capita* des produits laitiers. En 1986, une étude menée en France a établi que si une consommation modérée de lait ne semble pas prédisposer au cancer du sein, il existe cependant une relation entre ce cancer et une consommation massive de lait ou de fromages riches en corps gras. Cela laisserait supposer que c'est la graisse du lait — et non pas un facteur lacté quelconque — qui est responsable de la corrélation observée. Ce qui corrobore les conclusions de nombreuses études qui accusent les graisses alimentaires de provoquer le cancer du sein.

UNE PREUVE CONTRADICTOIRE

Une vaste étude menée en Australie a révélé que chez les hommes — mais pas chez les femmes — qui buvaient plus de 2 650 ml de lait par semaine (soit environ 10 tasses) le risque de contracter un cancer du côlon était légèrement supérieur à la moyenne.

LE MAÏS

LES AVANTAGES THÉRAPEUTIQUES ÉVENTUELS

- Contient des corps chimiques qui préviennent le cancer.
- Réduit le risque de certains cancers, de cardiopathies et de caries dentaires.
- L'huile de maïs abaisse le taux du cholestérol sanguin.

LA TRADITION POPULAIRE

Dans certaines régions du Mexique, on fait usage de maïs pour traiter la dysenterie. Dans divers pays, les grains de maïs sont employés dans la lutte contre le diabète. La médecine traditionnelle américaine lui a aussi prêté des vertus diurétiques et légèrement stimulantes.

LES FAITS

Les preuves de l'activité pharmacodynamique du maïs ne sont guère abondantes.

Il semble pourtant qu'il combatte le cancer. Le maïs compte parmi les «graines alimentaires» riches en inhibiteurs de protéases qui, on le sait, préviennent le cancer chez l'animal de laboratoire. En 1981, une étude portant sur des observations recueillies dans le monde entier par Pelayo Correa, chercheur du Medical Center de l'Université d'État de Louisiane, a établi une très forte corrélation entre la basse fréquence des cardiopathies, des cancers du côlon, du sein, de la prostate, et une consommation de maïs (mais également de haricot et de riz) *per capita* supérieure à la moyenne.

Une autre étude réalisée dans quarante-sept pays a montré que là où les gens consomment l'amidon du maïs et non pas celui du blé ou du riz, la fréquence des caries dentaires est inférieure à la moyenne.

L'HUILE DE MAÏS

On sait depuis plus de trente ans que l'huile de maïs réduit plus efficacement le cholestérol sanguin que les autres huiles végétales contenant des lipides polyinsaturés. En revanche, l'huile de maïs abaisse également le taux du cholestérol HDL (celui qui est bénéfique). On tenait jadis cette huile pour un aliment bon pour le cœur, mais aujourd'hui de nombreux spécialistes considèrent qu'à cet égard l'huile d'olive est préférable.

DES EFFETS SECONDAIRES ÉVENTUELS

- Des travaux menés à l'Université de Western Ontario par Kenneth Carrol ont démontré que l'huile de maïs pouvait provoquer un cancer chez l'animal de laboratoire. Cette découverte a amené les autorités à recommander une réduction de la consommation des huiles contenant des lipides polyinsaturés (et donc de l'huile de maïs), afin que celles-ci ne représentent pas plus de 10 p. 100 du total des matières grasses du régime alimentaire.
- De récentes études effectuées avec des souris ont montré que l'huile de maïs affaiblit les défenses immunitaires, de sorte que l'animal est alors moins bien armé pour combattre les maladies infectieuses et le cancer.

LE MELON

LES AVANTAGES THÉRAPEUTIQUES ÉVENTUELS

- Fluidifie le sang (anticoagulant).
- Contient en abondance des substances chimiques qui peuvent prévenir le cancer.

LA TRADITION POPULAIRE

En Chine, on se sert du melon jaune (celui que nous appelons cantaloup), pour traiter les hépatites. Au Guatémala, on broie ses graines et on les mange pour expulser les vers. Aux Philippines, on lui prête le pouvoir de guérir le cancer et de provoquer le flux menstruel. En Inde, on le prescrit pour ses qualités diurétiques et, en Afrique, on l'incorpore à une bouillie que boivent les femmes quand elles veulent avorter.

LES FAITS

Ce qu'on sait aujourd'hui donne au cantaloup encore plus d'importance que ne lui en ont donnée les traditions populaires. Une récente expérimentation menée par des chercheurs argentins et allemands a démontré que ce melon — à l'égal de l'oignon, du champignon noir lignicole et du gingembre — avait des propriétés anticoagulantes. Comparable à la méthode employée par d'autres scientifiques pour étudier les effets des aliments sur le sang, celle des expérimentateurs consistait à mélanger à leurs propres plaquettes sanguines «de la chair de melon tendre et aqueuse homogénéisée au mixer». Selon leurs conclusions, «le melon contient un agent qui inhibe fortement l'agglutination des plaquettes»; autrement dit, il réduit le risque de formation des caillots responsables des cardiopathies et des accidents cérébro-vasculaires.

De plus, dans le sang de ceux qui avaient pris de l'aspirine, les plaquettes avaient encore moins tendance à s'agglomérer, car melon et aspirine œuvrent en synergie pour accroître l'effet anticoagulant. Les expérimentateurs ont pu identifier la substance chimique présente dans le melon et responsable de cette activité anticoagulante. Il s'agit de l'adénosine, constituant que l'on retrouve également dans l'oignon, l'ail et le champignon chinois communément appelé «oreille d'arbre». Le melon vient donc s'ajouter à la liste des aliments qui contribuent à diluer le sang et à réduire le risque de crises cardiaques et d'accidents cérébro-vasculaires.

UN ANTIDOTE CONTRE LE CANCER

Divers travaux indiquent que le melon joue un rôle dans la prévention du cancer. Des études épidémiologiques, menées dans le but d'établir des corrélations entre régime alimentaire et taux de cancer, ont montré que le melon exerçait une activité protectrice, au même titre que d'autres fruits à téguments orangés et que les légumes verts. En 1985, par exemple, une étude portant sur 1 271 personnes âgées de plus de 66 ans et vivant dans le Massachusetts a révélé que le plus faible taux de mortalité par cancer est observé chez les individus qui consomment le plus de fruits et de légumes, jaunes et verts, et en particulier du melon frais. Les gens qui en consomment de grandes quantités ne présentent que 0,3 p. 100 des risques encourus par ceux qui n'en consomment que de très faibles quantités. Beaucoup de scientifiques pensent que le melon et d'autres végétaux doivent leur propriété anticancéreuses à leur forte concentration en caroténoïdes.

De nombreuses études ont montré qu'il y a une relation entre les aliments riches en bêta-carotène, comme le melon jaune, et des pourcentages de cancer du poumon inférieurs à la moyenne.

LE MIEL

LES AVANTAGES THÉRAPEUTIQUES ÉVENTUELS

- Détruit les bactéries.
- Désinfecte les plaies et les lésions cutanées.
- Diminue la douleur.
- Soulage l'asthme.
- Adoucit les maux de gorge.
- Calme les nerfs et exerce un effet soporifique.
- Soulage les diarrhées.

LA TRADITION POPULAIRE

Le miel était, pour les anciens Égyptiens, ce que l'aspirine est pour nous: la médication la plus répandue. Sur les neuf cents remèdes répertoriés dans un texte médical égyptien connu sous le nom de «papyrus de Smith» et composé entre 2600 et 2200 avant notre ère, le mot «miel» revient cinq cents fois. Partout dans le monde, on s'en sert comme onguent pour guérir les blessures, les lésions inflammatoires et les ulcérations de la peau. Dans l'Antiquité, Grecs, Romains, Égyptiens, Assyriens et Chinois utilisaient le miel comme un antiseptique en l'appliquant sur les blessures, ainsi que le firent encore les Allemands durant la Grande Guerre. Pour faire tomber la fièvre, Hippocrate conseillait de mélanger au miel de l'eau et diverses autres substances médicinales.

Dans l'édition de 1811 de *The Edinburgh New Dispensatory*, on dit ceci: «Depuis les âges les plus reculés le miel a servi de médicament (...) il constitue un excellent gargarisme et facilite l'expectoration du flegme visqueux. On en fait parfois un émollient qu'on applique sur les abcès et un détergent pour traiter les ulcères.»

Souvent on le mélange à du jus de citron ou à du vinaigre pour en faire un sirop antitussif. Un médecin du Vermont, D. C. Jarvis, dans

Folk Medicine (ouvrage publié en 1958 et qui connut un immense succès de librairie), recommande le miel pour soulager la toux, les crampes musculaires, les brûlures, l'encombrement nasal, la sinusite, le rhume des foins, l'incontinence urinaire chez l'enfant et l'insomnie. «Une cuillerée à table de miel au repas du soir, affirme-t-il, vous donne envie d'aller dormir.»

LES FAITS

La croyance populaire selon laquelle le miel est doté de pouvoirs antibactériens, antiseptiques et désinfectants est parfaitement fondée. Aujourd'hui, nombreux sont les hommes de science qui ont pu observer que le miel cause la désagrégation des bactéries. Par une fort intéressante expérimentation, Guido Manjo, chirurgien et historien de la médecine (et auteur de *The Healing Hand*), a voulu mettre à l'épreuve la formule recommandée dans le papyrus de Smith pour le traitement des blessures. Il ne suffisait que de mélanger un tiers de miel, ou *byt,* et deux tiers de matières grasses, mais Manjo ne croyait pas vraiment en l'efficacité de ce remède. «J'ai d'abord pensé que c'était là une affreuse façon de traiter une plaie ouverte, écrit-il. Pourtant, les bactéries contenues dans la graisse avaient tendance à disparaître, et quand on y a introduit des bactéries pathogènes telles qu'*Escherichia coli* ou *Staphylococcus aureus,* elles ont été détruites tout aussi rapidement.»

LE MIEL SUR LES BLESSURES

Selon ce que déclare le Dr P. J. Armon, médecin d'Afrique du Sud, ses confrères (et plus particulièrement ceux qui pratiquent la médecine dans les pays en voie de développement), se servent couramment de miel pour faire un onguent qui désinfecte plaies et blessures infectées. Ce praticien rapporte, dans une revue médicale, d'excellents succès thérapeutiques obtenus au Kilimanjaro Christian Medical Center. «Le miel, affirme-t-il, hâte la guérison des blessures et il les stérilise sans qu'il soit besoin de faire appel aux antibiotiques habituels.»

En 1970, un chirurgien britannique de renom a étonné ses confrères en déclarant qu'il appliquait régulièrement du miel sur certaines plaies. Il avait constaté que les plaies ainsi traitées cicatrisaient plus vite (et ne donnaient pas la chance aux colonies bactériennes de proliférer), que lorsqu'il recourait à une antibiothérapie classique. Pour prouver ce qu'il avançait, lui et plusieurs de ses confrères mirent en présence, *in vitro,* du miel et une grande diversité de micro-organismes infectieux, qui tous furent détruits.

UN TRAITEMENT DE LA DIARRHÉE

En outre, des chercheurs sud-africains ont découvert que le miel arrêtait la croissance de nombreux germes pathogènes tels que la *salmonella,* la *shigella,* l'*escherichia coli* et le vibrion cholérique (ces micro-organismes provoquent de graves diarrhées et sont un véritable fléau au le tiers monde). De plus, le miel *absorbé par voie orale* conserve ses pouvoirs antibactériens jusque dans les voies intestinales, où il combat les diarrhées.

À titre expérimental, deux pédiatres de l'Université du Natal à Durban, en Afrique du Sud, les Drs I. E. Hafejee et A. Moosa, ont administré un mellite (sirop à base de miel) et une solution sucrée à deux groupes d'enfants souffrant de gastro-entérite aiguë. Les malades qui avaient mangé du miel guérissaient avec une rapidité accrue de 40 p. 100 par rapport aux autres. Les expérimentateurs ne pouvaient donc en tirer qu'une seule conclusion: c'est l'activité anti diarrhéique exercée dans l'intestin par le miel qui avait permis la guérison.

Par contre, l'unanimité n'est pas faite quand il s'agit de savoir comment le miel combat les bactéries. Pour certains, le sucre contenu dans le miel provoque la dessication des bactéries, donc leur mort. Mais lors d'un test destiné à vérifier les propriétés antibiotiques du miel, on retira à celui-ci son sucre naturel pour constater que le distillat seul détruit les bactéries avec autant d'efficacité que la streptomycine. De surcroît, les germes infectieux ne développent pas de résistance au miel, contrairement à ce qui se produit avec la streptomycine.

UN ANTI-ASTHMATIQUE NATUREL

Que les Anciens aient pu croire que le miel avait des propriétés anti-asthmatiques peut sembler absurde, mais une explication théorique peut justifier cette croyance. En effet, l'ingestion des résidus de pollen que l'on trouve dans le miel pourrait bien provoquer dans l'organisme une désensibilisation comparable à celle que l'on obtient par injection de pollen dans les cas d'allergie. Pourtant, jusqu'à une époque toute récente, on doutait fort que le pollen contenu dans le miel puisse passer dans la circulation sans avoir été dégradé par la digestion.

Or, le Dr U. Wahn, médecin au Children's Clinic de l'Université de Heidelberg, a constaté que les enfants auxquels on faisait boire une solution de pollen manifestaient des symptômes plus discrets quand ils étaient atteints de rhume des foins ou d'asthme d'origine allergique. Sur les soixante-dix enfants allergiques à qui on avait administré quodidiennement une solution de pollen pendant la saison du rhume des foins, et trois fois par semaine pendant l'hiver, 84 p. 100 montrèrent une nette régression des symptômes allergiques. L'écoulement lacrymal et les conjonctivites furent réduits de 70 p. 100, et les accès d'irritation nasale de 50 p. 100. Les chercheurs en conclurent que le pollen n'était pas dégradé par les sucs digestifs et que, passant intact dans la circulation, il exerçait un effet de désensibilisation chez les enfants allergiques et asthmatiques. Autrement dit, l'absorption de miel contenant du pollen peut amener une désensibilisation.

Que penser de la croyance selon laquelle le miel adoucit les maux de gorge? À cette question le Dr Robert I. Henkin, spécialiste des troubles gustatifs et olfactifs au Medical Center de l'Université Georgetown à Washington, répond par l'affirmative, puisque le sucre contenu dans le miel peut activer les substances chimiques du cerveau qui atténuent la douleur.

UNE POTION SOPORIFIQUE

Le miel exerce une action sédative et favorise le sommeil. Il est métabolisé dans l'organisme de la même façon que le sucre de table, et il est reconnu que le sucre augmente la sérotonine, substance chimique qui apaise l'activité cérébrale qui induit la détente et le sommeil, comme l'ont montré des expérimentations menées au Massachusetts Institute of Technology.

MISE EN GARDE

• Les centres d'épidémiologie conseillent de ne pas donner de miel aux enfants âgés de moins d'un an. Le miel contient parfois des spores du bacille botulique, et ces spores peuvent se développer dans l'intestin encore fragile du nourrisson, y sécréter des toxines mortelles. Bien que le botulisme soit très rare chez l'enfant (on en a relevé une centaine de cas à travers le monde en 1986 dont un tiers était probablement causé par le miel), il vaut mieux éliminer ce risque en s'abstenant de donner du miel à de jeunes enfants.

LA RECETTE ANTIDIARRHÉIQUE RECOMMANDÉE PAR L'OMS

À ceux qui seraient appelés à voyager dans certains pays où le risque de contracter des diarrhées est élevé, l'Organisation mondiale de la santé conseille la mesure préventive suivante: «Versez dans un grand verre un quart de litre de jus d'orange, puis ajoutez une pincée de sel et une demi-cuillerée à thé de miel. Dans un autre verre, versez un quart de litre d'eau distillée et ajoutez un quart de cuillerée à thé de bicarbonate de soude. Buvez alternativement un peu de liquide de chaque verre.

LA MYRTILLE
(OU BLEUET)

LES AVANTAGES THÉRAPEUTIQUES ÉVENTUELS

• Combat les diarrhées.
• Détruit les virus infectieux.
• Inhibe la dégradation des vaisseaux sanguins.
• Fait l'effet d'un laxatif chez certaines personnes.

LA TRADITION POPULAIRE

En Suède, les myrtilles passent pour être un excellent remède contre la diarrhée, et un peu partout dans le monde ce fruit a la réputation de combattre l'infection. Le Dr Amr Abdel-Fattah Ismaïl, qui était un spécialiste de la physiologie végétale au Département américain de l'Agriculture avant de devenir vice-président de la Maine Wild Blueberry Company, affirme que dans les vallées alpines la soupe aux myrtilles est considérée comme un antigrippal. Et l'*Encyclopedia of Natural Home Remedies* de Rodale dit que «le traitement de la diarrhée par les myrtilles est très répandu dans le monde occidental». Une Québécoise m'a raconté que son père, qui depuis des années était affligé de diarrhées sanglantes, en fut guéri le jour où quelqu'un lui conseilla les bleuets. «Chaque fois que dans ma famille quelqu'un a la diarrhée, me dit-elle, je le soigne aux bleuets. Et ça marche!»

LES FAITS

En Suède, les médecins recourent depuis bien longtemps à la soupe de myrtilles séchées pour traiter les diarrhées chez l'enfant. Selon Finn Sandberg, professeur de pharmacognosie au Centre biomédical d'Uppsala, la dose moyenne devrait être de 5 à 10 g de baies séchées.

Les myrtilles contiennent indéniablement, et à haute concentration, des corps chimiques ayant la propriété de détruire bactéries et virus. Des chercheurs canadiens ont montré qu'en vingt-quatre heures les myrtilles broyées, même diluées dans dix fois leur quantité d'eau, pouvaient détruire presque à 100 p. 100 les poliovirus. C'est aux tanins contenus dans ces fruits que les chercheurs prêtent des propriétés anti-microbiennes.

Tout comme la groseille noire, la myrtille abonde en substances chimiques dont le pouvoir antidiarrhéique a été mis en évidence par des chercheurs suédois. D'ailleurs, la Suède produit et exporte un médicament antidiarrhéique naturel qui se vend sous forme de poudre extraite de la peau de groseilles noires. De tous les fruits, les myrtilles et les groseilles noires sont les plus riches en agents thérapeutiques appelés «anthocyanosides», lesquels ont fait la preuve de leur pouvoir bactéricide, en particulier sur l'*Escherichia coli,* que l'on trouve souvent associé à des diarrhées infectieuses.

UNE PROTECTION DES VAISSEAUX CÉRÉBRAUX

D'autres scientifiques ont découvert que ces mêmes substances contenues dans la myrtille et la groseille peuvent protéger les vaisseaux sanguins contre les dépôts provoquant l'athérosclérose, maladie qui se traduit par un durcissement des artères. Ces mêmes substances peuvent aussi assurer la prévention des cardiopathies et des accidents cérébro-vasculaires.

Une étude menée conjointement par une équipe de scientifiques de l'Université de Paris et par une équipe de la faculté de médecine Semmelweis de Budapest, a démontré que, lorsqu'on injecte des anthocyanosides à des lapins soumis à un régime riche en cholestérol, les corps chimiques contenus dans la myrtille combattent certains effets pathologiques causés par l'excès de cholestérol. Dans l'aorte et les petits vaisseaux cérébraux des lapins qui avaient absorbé, *simultanément,* des aliments très riches en cholestérol et des substances chimiques extraites des myrtilles, on observa moins de dépôts lipidiques et calciques que chez les animaux simplement nourris d'aliments riches en cholestérol.

Les expérimentateurs ont émis l'hypothèse que ce sont les anthocyanosides qui empêchent le cholestérol d'envahir la tunique vasculaire, principalement au niveau du cerveau, ce qui amoindrit les dommages causés par la maladie. Il semble, à leur avis, qu'un régime riche en cholestérol rend les parois vasculaires plus perméables. Il se pourrait aussi que les substances chimiques contenues dans les myrtilles interagissent avec le collagène, tant dans les gros vaisseaux que dans les petits, pour consolider les parois qui feraient alors obstacle au passage du cholestérol. Donc, ces substances naturelles, en tenant le cholestérol à l'écart du sang, qui peut circuler alors plus aisément dans le cœur et le cerveau, sont peut-être des antidotes contre le «durcissement des artères».

En faisant des expériences avec des anthocyanosides provenant non pas de la myrtille, mais de la groseille noire, des chercheurs français ont mis en évidence le même effet de protection vasculaire chez le singe, animal dont la physiologie est la plus proche de celle de l'homme. Là encore, les substances chimiques extraites des fruits avaient atténué les détériorations causées aux artères et aux petits vaisseaux sanguins par une alimentation trop riche en matières grasses.

Des scientifiques allemands ont également découvert que chez certains individus la myrtille fraîche exerce un effet laxatif prononcé.

LE NAVET

- Réduit le risque de cancer.

LA TRADITION POPULAIRE

Le navet a la réputation d'exercer des effets bénéfiques dans de nombreuses affections cutanées, de purifier le sang et de traiter la tuberculose pulmonaire et osseuse.

LES FAITS

Ce ne sont certes pas les vitamines et les sels minéraux qui abondent dans la navet. Mais il contient d'autres éléments dépourvus de valeur nutritive qui font de lui un légume de grande valeur.

Tant sa racine que ses feuilles viennent aux premiers rangs des aliments prévenant le cancer. Comme le chou et les autres plantes crucifères, le navet contient des composés qui inhibent le processus de cancérisation chez l'animal de laboratoire. Le rutabaga (qui est un gros navet à chair jaune) contient lui aussi beaucoup de substances anticarcinogènes.

Citons à cet égard les plus actives d'entre elles: les glucosinolates, que l'on rencontre chez tous les représentants de la famille des cruciféracées et qui inhibent le développement de cancers provoqués sur des animaux de laboratoire. Diverses analyses ont révélé que le rutabaga cru et le feuillage du navet contiennent de 39 à 166 mg de glucosinolates pour 100 g de poids. Après cuisson, cette proportion n'est plus que de 21 à 94 mg pour 100 g. Cette concentration est exceptionnelle si on la compare à celle d'autres plantes crucifères (de 14 à 208 mg pour 100 g pour le chou-fleur cru, jusqu'à 95 pour le cresson, 109 pour le kohlrabi et de 15 à 40 pour le chou de Bruxelles cuit).

Avec le chou frisé et l'épinard, le feuillage du navet compte parmi les légumes verts figurant dans le peloton de tête des aliments consommés par ceux qui montrent des taux de cancer (et plus spécialement de cancer pulmonaire) inférieurs à la moyenne. Des études menées dans le monde entier ont démontré que les légumes à feuilles vert foncé sont peut-être la meilleure protection que le régime alimentaire puisse offrir pour empêcher le développement de certains cancers. Ces légumes abondent également en caroténoïdes (y compris en bêta-carotène) et en chlorophylle, qui sont tous des anticarcinogènes.

L'ASPECT PRATIQUE

- Mangez crue au moins une partie de vos navets et de vos rutabagas. Les glucosinolates qu'ils contiennent sont partiellement détruits par la cuisson.
- Pour distinguer un navet blanc d'un rutabaga, sachez que la racine du premier est blanche et surmontée d'une collerette rouge violacée entourant la base des feuilles, alors que celle du second varie du jaune au violet et qu'elle est plus volumineuse et plus ferme.

LES NOIX

- Contiennent des composés chimiques qui préviennent le cancer chez l'animal.
- L'huile qu'on en extrait réduit la cholestérolémie.
- Stabilise le sucre sanguin.

LA TRADITION POPULAIRE

Dans la Rome antique, les noix étaient considérées comme des fruits de prédilection garantissant la bonne santé et le bonheur.

LES FAITS

Extrêmement nourrissantes (elles abondent en oligo-éléments), les noix n'ont fait l'objet que de rares expérimentations et on sait relativement peu de chose de leurs propriétés thérapeutiques. Mais toutes (amandes, cacahuètes, noix du Brésil, noix de cajou, pignons et autres) contiennent de grandes quantités de substances appelées «inhibiteurs de protéases» qui, en laboratoire, ont révélé leur pouvoir de faire obstacle au cancer chez l'animal. C'est la raison pour laquelle certains spécialistes tel que le Dr Walter Troll, chercheur de l'Université de New York, considèrent les noix comme un antidote possible contre divers cancers dont elles empêcheraient le déclenchement et l'évolution. De plus, les noix sont riches en polyphénols, autres substances chimiques qui inhibent le cancer chez l'animal.

Quant à l'huile de noix, on la considère excellente pour la santé du fait qu'elle contient des acides gras polyinsaturés et qu'elle a tendance à réduire le taux du cholestérol sanguin.

DES RÉGULATEURS DU SUCRE SANGUIN

Sur l'«index glycémique», les diverses sortes de noix occupent les premières places. Si on les compare à une cinquantaine d'aliments testés, elles ne provoquent qu'une faible montée de la glycémie. Leur consommation entraîne au contraire une élévation régulière du sucre sanguin, ce qui fait d'elles un excellent aliment pour ceux qui ont des raisons de craindre les fluctuations de la glycémie, et plus spéciale-ment pour les diabétiques.

LES EFFETS SECONDAIRES ÉVENTUELS

- À la différence des autres huiles végétales contenant des lipides monoinsaturés et polyinsaturés, l'huile d'arachide provoque une grave athérosclérose (obstruction et dégradation des artères) chez le singe et chez divers animaux de laboratoire. Les cardiologues ne la recommandent donc pas à leurs patients, même si elle a la propriété de réduire la cholestérolémie.
- Les cacahuètes et le beurre de cacahuète sont parfois rendus impropres à la consommation par une moisissure cancérigène, l'afla-toxine, qui dans les pays en voie de développement est responsable de très nombreux cancers du foie. Bien que le gouvernement fédéral fixe de façon très stricte le pourcentage maximum d'aflatoxine auto-risé dans les produits alimentaires, beaucoup de spécialistes consi-dèrent que ces pourcentages sont trop élevés.

L'OIGNON

Quand je suis enrhumé, j'ai pour habitude de me soigner en mangeant un oignon cuit au four immédiatement avant d'aller au lit.

Propos prêté à George Washington.

LES AVANTAGES THÉRAPEUTIQUES ÉVENTUELS

- C'est une médication contre les maladies du cœur et du sang.
- Stimule le cholestérol HDL (le bon).
- Fluidifie le sang.
- Retarde la coagulation.
- Abaisse le cholestérol total.
- Stabilise le sucre sanguin.
- Détruit les bactéries.
- Décongestionne les bronches.
- Inhibe le cancer chez l'animal.

Quelle quantité? Une moitié d'oignon cru par jour suffit à élever de 30 p. 100 en moyenne le taux de votre (bienfaisant) cholestérol HDL. Une simple cuillerée à table d'oignon cuit empêche le sang d'épaissir après un repas riche en matières grasses. Une demi-tasse d'oignons par jour — crus ou cuits — peut être grandement bénéfique à votre sang.

LA TRADITION POPULAIRE

Pour soigner les rhumes, depuis des siècles on mange de l'oignon cru, rôti, cuit dans un sirop ou l'on s'en sert comme ingrédient dans un bouillon. Comme son proche cousin l'ail, l'oignon est cultivé depuis quelque six mille ans. Au cours de l'histoire, il s'est acquis la réputation de prévenir et de soigner à peu près tous les maux. Aujourd'hui encore, on recourt à lui dans le monde entier pour ses propriétés anti-

infectieuses (contre la dysenterie en particulier), diurétiques, hypoten-
sives, expectorantes, toniques pour le cœur, contraceptives et aphrodisiaques. Une revue médicale américaine lui décernait en 1927 les titres
de «purificateur sanguin, sédatif, expectorant... bienfaisant dans les
cas d'insomnie, d'irritabilité du système nerveux, de toux et de troubles
bronchiques».

LES FAITS

L'oignon et son proche cousin l'ail contiennent des substances
thérapeutiques à peu près identiques, mais le premier a des pouvoirs
qui lui sont propres, et on peut le consommer en quantités beaucoup
plus importantes que le second. Bulbe puissamment polyvalent
auquel les Anciens prêtaient d'innombrables vertus curatives,
l'oignon compte parmi les miraculeux produits naturels de la pharmacopée alimentaire qui ont fait l'objet d'un très grand nombre
d'études expérimentales.

L'OIGNON CONTRE LES CARDIOPATHIES

Le Dr Victor Gurewich, professeur de médecine à l'Université
Tufts, prescrit systématiquement à ses patients cardiaques de
l'oignon. Ce bulbe, quand il est fort et qu'on le consomme cru,
élève sensiblement le taux du cholestérol HDL. Posologie con-
seillée: une moitié d'oignon cru de taille moyenne chaque jour (ou
une quantité équivalente de jus). Cette quantité suffit généralement
pour «faire monter de façon spectaculaire» le cholestérol HDL (de
30 p. 100 en moyenne) chez les trois quarts des cardiaques traités.
Dans certains cas, on a même observé que le taux de HDL doublait,
ou même triplait, après l'ingestion d'oignons. Le Dr Gurewich n'a
pas identifié le principe actif qui est responsable de cette poussée
du cholestérol HDL, bien qu'il ait isolé, dans son laboratoire de
recherche vasculaire, environ cent cinquante constituants chimiques
dans le bulbe d'oignon. Il a cependant observé que l'oignon *cru* est
plus efficace, et que la cuisson diminue son pouvoir de faire
augmenter le cholestérol HDL.

L'oignon cuit est cependant bénéfique pour le système cardio-
vasculaire. Ainsi que l'a découvert le Dr Gurewich, son bulbe a une
activité comparable à celle d'un anticoagulant: il stimule fortement
la fonction fibrinolytique de l'organisme humain (fonction par

laquelle la formation de caillots est inhibée). Le corps est pourvu d'un système très élaboré grâce auquel il évalue et équilibre les phénomènes d'agglutination et de dissolution qui affectent le sang. L'obstruction par un caillot des artères coronaires ou d'autres vaisseaux se traduit par une réduction partielle ou totale de l'oxygénation, laquelle entraîne une ischémie (destruction par asphyxie du muscle cardiaque et des cellules cérébrales). L'oignon a la double propriété de favoriser la dissolution des caillots et d'empêcher les cellules sanguines de s'agglutiner les unes aux autres pour constituer des caillots. Divers travaux réalisés par des scientifiques britanniques et indiens ont montré que l'oignon peut réduire de bien des manières les risques de cardiopathies.

Au début des années 60, on commençait tout juste à admettre que la consommation de graisses polluait le sang et entraînait des complications cardio-vasculaires. De nombreux chercheurs avaient testé divers constituants (des produits pharmaceutiques, des substances nutritives, des œstrogènes, des salicylés) pour vérifier si ces derniers modifient ou non la composition sanguine et s'ils exercent une protection cardiaque. Mais la plupart de ces constituants présentent des inconvénients qui interdisent leur utilisation thérapeutique. Jusqu'au jour où le Dr N. N. Gupta, professeur de médecine au K. G. Medical College de Lucknow, en Inde, émit une brillante hypothèse: si on essayait avec quelque chose qui appartient déjà au régime alimentaire? L'oignon, par exemple? Ce fut là une idée clé. Pour la mettre à l'épreuve, il fit absorber à des hommes d'âges divers un repas riche en matières grasses (sur les mille calories absorbées, neuf cents étaient des graisses provenant de beurre, de crème et d'œufs). Le repas était accompagné ou non d'oignons, et le Dr Gupta mesura ensuite les modifications de la composition du sang de ses «convives». Les chercheurs savaient qu'un tel apport de matières grasses s'accompagnerait de modifications sanguines préjudiciables à la santé (élévation du cholestérol et augmentation de la tendance à la coagulation). D'abord, les sujets de l'expérience ne consommèrent que des graisses. Un peu plus tard on leur en donna encore, mais en ajoutant au menu environ 50 g d'oignons entiers enrobés de farine de pois chiche et légèrement frits.

Le Dr Gupta et ses collaborateurs furent stupéfaits en comparant les résultats des analyses sanguines effectuées avant le repas, puis deux heures et quatre heures après. L'oignon avait empêché les modifications que les graisses auraient dû apporter à la composition sanguine. Chaque fois que les matières grasses avaient provoqué une hypercholestérolémie, l'oignon est venu, ultérieurement, neutraliser cette poussée. De plus, les expérimentateurs furent étonnés de constater que l'oignon redonnait au sang son pouvoir de dissoudre les caillots. De multiples études ultérieures sont venues corroborer le fait que l'oignon exerce les mêmes effets s'il est consommé cru, bouilli, frit ou séché.

Il ne faut que très peu d'oignon pour contrebalancer les modifications sanguines dues à la consommation des graisses. Lors d'une étude menée à New Delhi, on a fait absorber pendant quinze jours consécutifs, à quarante-cinq sujets en bonne santé, des aliments représentant un apport quotidien de trois mille calories, dont 45 p. 100 environ venaient de matières grasses. On enregistra ensuite une poussée de la cholestérolémie qui, d'une moyenne de 219, atteignit 263. Mais quand on ajoutait au menu 10 g d'oignon par jour (pas plus d'une cuillerée à table), la cholestérolémie retombait en moyenne à 237. Ce taux est un peu plus élevé que celui enregistré avant l'expérimentation, certes, mais l'écart a été réduit de beaucoup malgré la très faible quantité d'oignon ingéré. En augmentant la consommation d'oignon, la chute du cholestérol sanguin est encore plus accentuée.

PLUS ON EN CONSOMME, MIEUX ÇA VAUT

Les mangeurs d'oignon (et d'ail) affichent d'excellents signes de santé cardio-vasculaire. Une vaste étude réalisée chez des végétariens de religion jaïniste, a démontré que les résultats d'analyse sanguine (cholestérol total, triglycérides et HDL) sont meilleurs chez ceux qui mangent régulièrement oignon et ail que chez ceux qui en mangent peu, ou pas du tout. Cette étude a aussi révélé l'existence d'un *seuil* de réponse physiologique très bas, car dans le sang des individus qui ne mangent qu'*un peu* d'oignon et d'ail, on relève une plus grande quantité de composés inhibiteurs des cardiopathies, que dans le sang de ceux qui n'en mangent jamais. Les résultats les plus favorables ont été enregistrés chez les sujets qui consomment en moyenne 550 g d'oignon par semaine (3 tasses de bulbes cuits, ou 4 tasses de bulbes crus). Mais une seule tasse par semaine suffit à donner au sang de meilleurs moyens de lutter contre les maladies cardio-vasculaires.

L'oignon contient aussi une substance qui réduit la pression sanguine chez l'animal de laboratoire. Il s'agit d'une prostaglandine, la première qu'on ait isolée à partir d'une plante potagère.

UNE MÉDICATION ANTIDIABÉTIQUE

On recourait jadis à l'oignon pour traiter le diabète, et en 1923 des chercheurs ont découvert dans son bulbe des agents hypoglycémiants (réducteurs du sucre sanguin). Puis on a cesé de s'intéresser à cette plante potagère jusqu'aux années 60, époque à laquelle d'autres chercheurs ont découvert une substance antidiabétique identique au tolbutamide (médicament commercialisé en Amérique du Nord et que l'on prescrit pour son action stimulante sur la production et la mise en circulation de l'insuline). Testée sur le lapin, cette substance extraite de l'oignon s'est révélée soixante-dix-sept fois plus active qu'une dose normale de tolbutamide. D'autres expérimentations ont montré que le jus d'oignon abaissait lui aussi le taux du sucre sanguin.

Des chercheurs indiens ont découvert que des patients à qui on avait préalablement administré du glucose ont enregistré une chute de leur glycémie à la suite de l'ingestion d'extraits d'oignon (et aussi l'oignon lui-même, cru ou cuit). Les expérimentateurs conclurent que l'oignon compense l'hyperglycémie provoquée par l'apport de sucre. Récemment, des pharmaciens égyptiens ont isolé une autre substance de l'oignon: la diphénylamine. Ils ont constaté que son action hypoglycémiante était beaucoup plus importante que celle du tolbutamide commercialisé par les laboratoires pharmaceutiques.

UN ANTIBIOTIQUE DE CHOC

L'oignon est un puissant antibiotique naturel. Pasteur, qui fut le premier à en étudier les propriétés au milieu du siècle dernier, le classa parmi les bactéricides. Depuis lors, on a fait la preuve que l'oignon (et ses extraits) avaient le pouvoir de détruire une grande quantité de bactéries pathogènes comme l'*Escherichia coli* et la *Salmonella*. L'oignon (et aussi la ciboulette) s'est également révélé efficace contre le bacille de la tuberculose. (Le compte rendu expérimental rapporte que la ciboulette était presque aussi efficace que la streptomycine.)

Les Soviétiques, qui étudient depuis des années les propriétés pharmacodynamiques de l'oignon et de l'ail, ont constaté que ces deux bulbes venaient en tête d'une liste de cent cinquante végétaux testés pour leurs propriétés antibactériennes. B. Tokin, le scientifique qui dirigeait la recherche, tient l'oignon pour un puissant antiseptique et précise que le fait de le mâcher durant trois à huit minutes stérilise totalement la muqueuse de la cavité buccale. Au cours de la Deuxième Guerre mondiale, les médecins militaires soviétiques exposaient les blessures des combattants aux vapeurs d'oignons réduits en purée, ce qui atténuait considérablement la douleur et hâtait la cicatrisation. Ayant constaté les propriétés antibiotiques de l'oignon, un autre expérimentateur a fait observer que «la consommation d'oignons crus a sans doute un effet curatif sur les maux de gorge consécutifs à un rhume».

Pour des raisons différentes, un éminent spécialiste des voies pulmonaires, le Dr Irwing Ziment, considère également l'oignon comme un bon remède contre la grippe. À cause de sa force et de son acerbité, l'oignon induit, à l'intérieur de l'estomac, une activité qui libère «un flot de larmes» dans la gorge et dans les voies respiratoires, ce qui empêche la congestion des muqueuses. C'est pourquoi l'oignon est considéré comme un expectorant (il chasse le mucus des poumons pour le faire remonter dans la gorge, d'où il est expulsé par la toux). Dans les cas de rhume et de bronchite, le poumon est ainsi soulagé.

UN BULBE ANTICANCÉREUX

Il semble que l'oignon soit un antidote contre le cancer, principalement parce qu'il contient une forte concentration de composés sulfurés qui peuvent faire obstacle aux modifications cellulaires précédant le développement du cancer proprement dit. Des scientifiques du M. D. Anderson Hospital and Tumor Institute ont isolé, à partir de l'oignon, un propylsulfide qui s'est montré capable d'inhiber, en laboratoire, les enzymes nécessaires à l'activation d'une substance puissamment cancérigène. Par ailleurs, des chercheurs de l'école de médecine dentaire de Harvard ont découvert qu'en ajoutant de l'extrait d'oignon à des cultures de cellules cancéreuses prélevées dans la bouche d'animaux, on freinait de façon significative la prolifération de certaines cellules et on en détruisait d'autres. «Du fait que l'extrait d'oignon est un agent naturel dépourvu de toxicité, on devrait étudier systématiquement tous les moyens possibles de l'employer dans les chimiothérapies», ont conclu les expérimentateurs. C'est également sur les sulfides contenus dans l'oignon et dans l'ail que l'Institut national du cancer fonde une part de sa recherche, considérant que ces bulbes pourraient jouer un jour un rôle de premier plan dans la prévention des processus cancéreux.

L'ASPECT PRATIQUE

- Mangez de l'oignon cru si vous voulez augmenter votre taux de cholestérol HDL. Le composé actif responsable de cet effet donne également au bulbe son goût fort et piquant. Aussi enlève-t-on à l'oignon son pouvoir sur le cholestérol HDL quand on le fait cuire pour lui ôter ce goût caractéristique. Choisissez donc de préférence des oignons, jaunes ou blancs, dont le goût est prononcé. Les rouges, ceux qui piquent beaucoup moins, ne sont pas aussi efficaces à cet égard.

- L'oignon ne provoque pas systématiquement l'augmentation du taux de cholestérol HDL. Chez une personne sur quatre, il ne fait que peu d'effet ou pas du tout. Il convient de consommer des oignons pendant deux mois (à raison d'un demi-bulbe de taille moyenne par jour) pour constater une élévation substantielle du HDL.

- Il importe peu que l'oignon soit cru ou cuit pour qu'il exerce ses autres effets protecteurs, tant sur le cœur que sur les mécanismes de la coagulation sanguine.

L'ORANGE

LES AVANTAGES THÉRAPEUTIQUES ÉVENTUELS

- Combat certains virus.
- Abaisse le cholestérol sanguin.
- Lutte contre la sclérose artérielle.
- Réduit le risque de certains cancers.

LA TRADITION POPULAIRE

L'orange exerce des effets bénéfiques dans les cas de bronchite, d'asthme, d'émaciation, et c'est aussi un stimulant cardiaque et un régulateur de la circulation. La consommation quotidienne d'oranges aidera à fortifier tout l'organisme, à purifier le sang et agira à la façon d'un antiseptique interne, d'un tonique et d'un reconstituant.

LES FAITS

Le fait que l'on puisse se procurer des agrumes tout au long de l'année expliquerait la régression du cancer gastrique en Amérique du Nord. C'est du moins ce que pensent les chercheurs de l'Institut national du cancer. L'un des agents inhibiteurs du cancer présents dans l'orange est la vitamine C. Cette vitamine a le pouvoir de neutraliser ces puissants carcinogènes que sont les nitrosamines. En outre, l'orange (et aussi d'autres fruits) compte parmi les aliments que consomment les gens chez qui on observe un taux de cancer plus bas que la moyenne. Une étude comparative a démontré que chez les grands mangeurs d'oranges le risque de contracter un cancer en général, et un cancer de l'œsophage en particulier, est deux fois moins élevé que chez les individus qui n'en mangent pas. Une récente enquête suédoise révèle que les fruits des citrus (c'est-à-dire les agrumes, et donc les oranges), viennent (avec les carottes) dans le groupe de tête des aliments préférés des gens chez qui on enregistre le pourcentage le plus bas de cancer du pancréas.

En Floride, des chercheurs ont également constaté que les oranges et autres fruits des citrus avaient le pouvoir de réduire le cholestérol sanguin. De nombreux travaux expérimentaux ont montré qu'une fibre présente dans la peau et les membranes de l'orange (et du pample-mousse), la pectine, pouvait faire chuter la cholestérolémie chez l'être humain et chez l'animal.

D'autres scientifiques ont avancé l'idée que l'orange et, plus spéci-fiquement, le jus d'orange peuvent combattre les affections virales. Au cours d'une étude fort intéressante se proposant de tester la valeur thérapeutique du jus d'orange chez l'être humain exposé au virus de la rubéole, des chercheurs de l'Université de Floride ont transmis ce virus par voie nasale à des sujets qui furent ensuite répartis en deux groupes: ceux à qui on faisait boire quotidiennement un litre de jus d'orange, et ceux dont le régime alimentaire était totalement dépourvu d'agrumes et d'apport vitaminique complémentaire. Bilan expérimen-tal: on constata que le jus d'orange avait fait échec à la rubéole en atté-nuant les symptômes respiratoires de cette maladie et en précipitant dans l'organisme l'apparition d'anticorps spécifiques. Les chercheurs attribuèrent les effets thérapeutiques du jus d'orange à un constituant antiviral de nature inconnue ajouté à la vitamine C.

D'autres scientifiques ont découvert que certains composés chimi-ques contenus dans l'écorce d'orange détruisaient les bactéries et les champignons, et qu'ils réduisaient le cholestérol sanguin.

L'ASPECT PRATIQUE

• Pour réduire au maximum la cholestérolémie et obtenir ainsi une protection artérielle aussi efficace que possible, il faut absolument consommer les oranges avec leur pulpe et leurs membranes, car ce sont elles qui contiennent la pectine.

UNE PREUVE CONTRADICTOIRE

Des travaux réalisés au Canada ont montré que le jus d'orange commercialisé dans les supermarchés était dépourvu de produits anti-viraux.

L'ORGE

LES AVANTAGES THÉRAPEUTIQUES ÉVENTUELS

- Réduit le cholestérol sanguin.
- Serait inhibiteur du cancer.
- Améliore la fonction intestinale.
- Soulage la constipation.

Quelle quantité? Manger trois fois par jour des aliments à base d'orge (farine, gruau, flocons), abaisse le cholestérol sanguin d'environ 15 p. 100. Consommer quotidiennement trois scones ou trois muffins faits de farine d'orge peut éliminer totalement la constipation.

LA TRADITION POPULAIRE

Voilà environ six mille ans que l'homme vante l'orge pour la puissance et la vigueur qu'elle dispense. Ce n'est pas un hasard si les gladiateurs romains étaient appelés *hordearii* (les mangeurs d'orge). Dans certaines régions du monde (notamment au Moyen-Orient) où l'orge et sa farine constituent des denrées alimentaires de base, la fréquence des cardiopathies est relativement basse. Au Pakistan, par exemple, on entend souvent dire que l'orge est «le remède du cœur».

LES FAITS

Conformément à ce que rapporte la légende, l'orge constitue une entité pharmacodynamique qui se révèle efficace contre les maladies du cœur, la constipation et autres dérèglements du système digestif, et aussi sans doute contre le cancer.

UNE MÉDICATION CARDIO-VASCULAIRE

L'orge agit de différentes façons pour réduire le cholestérol sanguin. Elle exerce des effets identiques à ceux des récentes spécialités pharmaceutiques anticholestérol: elle intervient dans les mécanismes hépatiques de la production du cholestérol. Des chercheurs du Département américain de l'Agriculture à Madison, dans le Wisconsin, ont découvert dans l'orge trois corps chimiques qui freinent la synthèse du cholestérol LDL par le foie. Ce cholestérol provoque dans les vaisseaux sanguins des dégradations pouvant aboutir à des crises cardiaques et à des accidents cérébro-vasculaires. Ces chercheurs ont constaté que chez les porcs nourris d'orge, le taux du cholestérol sanguin chute de 18 p. 100.

Or, l'orge peut exercer le même effet chez l'être humain. Rosemary K. Newman, docteur en sciences de l'Université de l'État du Montana, a constaté une réduction spectaculaire de la cholestérolémie chez des sujets masculins à qui elle avait fait absorber d'importantes quantités de farine d'orge décortiquée, trois fois par jour pendant six semaines, sous forme de bouillies, de galettes, de pain et de gâteaux. La chute de cholestérolémie était en moyenne de 15 p. 100. Plus le taux de cholestérol était élevé, plus le régime à l'orge l'avait abaissé. Par contre, on n'enregistrait aucun effet semblable chez les sujets à qui on avait fait consommer des aliments préparés à partir de farine de blé ou de son. Le Dr Newman attribua en partie cette action hypocholestérolémiante aux bêta-glucanes solubles (des fibres mucilagineuses propres à l'orge et à l'avoine, et que l'on trouve non pas dans leur tégument extérieur, mais dans l'albumen de leur graine). À présent, le Dr Newman poursuit ses recherches en collaboration avec une équipe de scientifiques suédois dans le but de déterminer quelle variété d'orge est dotée des propriétés hypocholestérolémiantes les plus marquées.

Des expérimentations menées à l'École de médecine de l'Université du Wisconsin ont également montré que des capsules d'huile d'orge (contenant des agents inhibiteurs de cholestérol) abaissaient de 9 à 18 p. 100 la cholestérolémie chez les opérés du cœur à qui on avait fait un pontage.

UN ANTIDOTE DU CANCER

Un diététicien de l'Université du Wisconsin, le Dr Charles Elson, considère que les principes chimiques contenus dans le grain d'orge sont des agents anticancéreux, conviction que partage aussi un éminent spécialiste, le Dr Walter Troll. Ce dernier affirme que les inhibiteurs de protéases (composés que l'on trouve dans toutes les graines, donc dans l'orge) neutralisent les agents cancérigènes dans les voies intestinales, jouant ainsi un rôle de prévention contre le cancer.

UN STABILISATEUR DU TRANSIT INTESTINAL

Des scientifiques israéliens ont proposé de tirer parti des résidus d'orge laissés par le brassage de la bière pour soigner la constipation. Après avoir fait absorber quotidiennement trois ou quatre biscuits à la farine d'orge à dix-neuf patients souffrant de constipation chronique — qui prenaient tous de façon régulière des laxatifs —, ces chercheurs ont constaté que chez quinze malades (79 p. 100) la constipation avait totalement disparu. Leur péristaltisme s'était amélioré, les météorismes et les douleurs abdominales avaient diminué, et ils avaient renoncé aux laxatifs. Afin de vérifier la valeur de ces découvertes, on retira du régime alimentaire des sujets les aliments à base d'orge: au cours du mois suivant, ils montraient presque tous des signes de constipation et avaient recommencé à prendre des laxatifs. De son côté, le Dr Newman a également constaté que l'orge stabilisait remarquablement le transit intestinal.

L'ASPECT PRATIQUE

- D'une façon générale, les spécialistes s'accordent pour dire que moins l'orge est transformée industriellement, plus ses effets sur la santé sont bénéfiques. Il est donc préférable de la consommer sous forme de grains entiers ou de farine dont on fera du gruau, ou mélangé en bouillie à d'autres céréales, ou encore en flocons comparables à ceux de l'avoine et que l'on trouve dans tous les magasins de diététique. L'orge écossaise et l'orge perlé que commercialisent les supermarchés ont des effets thérapeutiques moins prononcés et se révèlent moins efficaces contre la constipation.
- L'orge perlé ou l'orge écossaise de qualité exercent, eux aussi, une action bienfaisante pour le cœur. Les scientifiques du Wisconsin préconisent, pour obtenir un effet optimal, d'utiliser de l'orge qui soit la plus naturelle possible (grains entiers, farine de grains entiers), ou d'utiliser de la farine d'orge blutée dont on ne garde que le son (ou péricarpe) et une partie des enveloppes. C'est en effet dans les tégu-

ments que l'on trouve la presque totalité des composés liposolubles dotés de propriétés anticholestérol. Par ailleurs, le Dr Newman a découvert que l'orge perlé traité industriellement, même quand il a été décortiqué (et plus spécialement l'orge qui appartient aux variétés qui donnent le moins de son), contient des bêta-glucanes hypocholestérolémiantes. Il semble donc que les diverses substances contenues dans l'orge font toutes chuter le cholestérol sanguin.

• On peut sans problème remplacer, dans les recettes, la farine de blé par la farine d'orge.

• Ne considérez pas que la consommation de bière constitue en soi un apport d'orge. Les hypocholestérolémiants contenus dans les cent vingt-cinq millions de boisseaux d'orge qui, chaque année aux États-Unis, sont transformés en bière (soit environ le quart de la récolte américaine), sont à peu près tous éliminés avec les résidus du brassage. Il n'en reste plus que des traces dans la bière. Une partie de ce «grain perdu» est moulue en farine d'orge destinée aux magasins de diététique, à l'industrie agro-alimentaire et aux fabricants de pain et de gâteaux secs.

LES RECETTES ANTICHOLESTÉROL DU Dr NEWMAN

TABOULÉ D'ORGE

Pour 8 à 12 portions:

60 ml de gruau d'orge
125 ml d'eau
4 tomates coupées en morceaux
250 ml de persil haché
4 oignons verts émincés
1 petit concombre coupé en dés
30 ml de menthe fraîche hachée (ou 1 c. à table de menthe séchée)
125 ml d'huile d'olive
125 ml de jus de citron
Sel et poivre fraîchement moulu

Faites tremper le gruau dans l'eau pendant une heure. Pressez-le pour l'égoutter et mettez-le de côté. Mélangez les légumes et la menthe, puis ajoutez l'huile et le jus de citron. Salez et poivrez au goût. Laissez reposer au réfrigérateur avant de servir.

PAIN D'ORGE ET DE BANANE

Pour deux pains:

750 ml de farine d'orge
1 c. à thé de sel
3 1/2 c. à thé de levure (poudre à pâte)
3 bananes bien mûres
250 ml de miel
125 ml d'huile
2 gros œufs
1 c. à thé de jus de citron
3/4 c. à thé de zeste de citron

Chauffez le four à 165 °C. Tamisez les ingrédients secs (farine d'orge, sel et levure). Réduisez les bananes en purée à l'aide d'une fourchette. Dans un mixer, mélangez les bananes, le miel et l'huile. Puis ajoutez les œufs, le jus et le zeste de citron. Incorporez au tout les ingrédients secs et laissez tourner à vitesse réduite pendant 5 minutes. Versez la pâte dans des moules beurrés et enfarinés, et laissez cuire au four de 35 à 40 minutes.

MUFFINS À L'ORGE ET AU SON

Pour quatre douzaines de muffins:

500 ml d'eau bouillante
1,5 l de son
250 ml de sucre blanc
250 ml de matière grasse de source végétale
250 ml de sucre brun
250 ml de mélasse
4 œufs
1 l de babeurre
1,25 l de farine d'orge
5 c. à thé de bicarbonate de soude

Versez l'eau bouillante sur 500 ml de son pour le délayer. Laissez refroidir lentement. Dans un mixer, battez en crème à bonne vitesse la matière grasse, le sucre (blanc et brun) et la mélasse. Incorporez les œufs et le babeurre, et tout en continuant à battre, ajoutez les ingrédients secs après les avoir tamisés, puis le son délayé et enfin le litre de son qui reste. Battez jusqu'à ce que le mélange soit parfaitement homogène. (Dans un récipient fermé, on peut conserver la pâte au réfrigérateur pendant quatre semaines et la cuire au besoin.) Remplissez aux deux tiers des moules à muffins bien graissés et mettez-les au four pendant 18 minutes à 190 °C.

RIESKA (GALETTE-MINUTE)

Pour une galette de 20 cm de diamètre:

500 ml de farine d'orge
1/2 c. à thé de sel
1 c. à table de sucre
2 c. à thé de levure (poudre à pâte)
250 ml de lait concentré non dilué
2 c. à table d'huile végétale

Chauffez le four à 220 °C. Dans un bol de moyenne contenance, mélangez soigneusement la farine, le sel, le sucre et la levure. Versez le lait concentré et l'huile. Brassez jusqu'à ce que toute la farine soit délayée et que le mélange forme une pâte onctueuse et consistante. Si celle-ci est trop consistante et si toute la farine n'est pas délayée, ajoutez du lait concentré (une seule cuillerée à table à la fois). Étalez la pâte sur une plaque à pâtisserie préalablement beurrée, puis donnez-lui la forme d'une galette (d'environ 20 cm de diamètre et de 1 cm d'épaisseur) en vous aidant de votre main ou du dos d'une cuiller. Piquez le dessus de la pâte avec une fourchette. Mettez au four de 10 à 15 minutes. La galette doit être dorée. Découpez-la en parts et servez chaud.

FAITES VOUS-MÊME VOTRE FARINE D'ORGE

Si vous utilisez de l'orge entière, commencez par nettoyer soigneusement les grains et par les débarrasser de toutes leurs impuretés. Passez-les ensuite au moulin à farine comme s'il s'agissait de blé, en donnant à la mouture la finesse requise par l'usage ultérieur que vous lui destinez. Si vous songez à préparer du pain ou des muffins, une mouture un peu grossière est appropriée.

Si vous utilisez de l'orge perlé, vous pouvez vous servir d'un moulin à farine ou d'un mixer. Dans ce dernier cas, versez 1/2 tasse de grains dans l'appareil et faites-le tourner à grande vitesse entre une et trois minutes, selon la finesse que vous voulez donner à la mouture (et aussi selon la capacité de pulvérisation de votre mixer).

Conservez la farine dans un endroit frais. L'orge moulue a tendance à rancir.

LE PAMPLEMOUSSE

LES AVANTAGES THÉRAPEUTIQUES ÉVENTUELS

- Excellent pour l'appareil cardio-vasculaire.
- Réduit le cholestérol sanguin.
- Protège les artères contre les affections pathologiques.
- Diminue le risque de cancer.

Quelle quantité? Si l'on consomme quotidiennement deux pamplemousses, la pectine qu'ils contiennent peut faire chuter le cholestérol sanguin dans une proportion allant jusqu'à 19 p. 100 et elle peut améliorer considérablement le rapport critique HDL/cholestérol total. Manger chaque jour des agrumes peut contrer l'apparition de certains cancers, en particulier ceux de l'estomac et du pancréas.

LA TRADITION POPULAIRE

En l'an 310 avant notre ère, l'historien grec Théophraste écrivait à propos du fruit du cédratier: «On pense qu'une décoction de sa pulpe est un antidote contre le poison, et qu'elle aide à mieux respirer.» Plus tard, c'est Pline l'Ancien qui le premier usa du mot «citrus» dans son *Histoire naturelle* et décrivit les vertus curatives des agrumes.

LES FAITS

Le pamplemousse s'est révélé excellent pour le cœur. Il contient de puissants composés qui réduisent le cholestérol sanguin et qui peuvent même «décrasser» les artères en éliminant les plaques qui les obstruent. Il n'est donc pas impossible que cet agrume *inverse* l'évolution de l'athérosclérose. Le principe thérapeutique présent dans le pamplemousse est un polysaccharide (une variété de fibre qu'on a découverte dans sa pectine) propre à ce dernier. Selon le Dr James Cerda, professeur de gastro-entérologie à l'Université de Floride et éminent chercheur, l'action hypocholestérolémiante de la pectine du pamplemousse est tout aussi puissante que celle de la cholestyramine, «médicament le plus souvent prescrit pour abaisser le cholestérol dans le plasma».

L'EXPÉRIMENTATION SUR L'ÊTRE HUMAIN

Le Dr Cerda et ses collaborateurs ont découvert que lorsque les individus ayant une cholestérolémie élevée (autour de 200) consomment quotidiennement 15 g de pectine de pamplemousse en gélules pendant quatre mois, leur taux de cholestérol chute d'environ 8 p. 100 en moyenne, et de 10 à 19 p. 100 dans le tiers des cas. De plus, la pectine extraite du pamplemousse améliore le rapport critique HDL/cholestérol total chez la moitié des sujets. «Si l'on songe que chaque diminution de 1 p. 100 de la cholestérolémie réduit de 2 p. 100 le risque de cardiopathie, déclare le Dr Cerda, ces découvertes sont sensationnelles.» De plus, la pulpe de l'agrume est probablement plus puissante encore que la pectine elle-même, car elle contient d'autres substances chimiques comme la vitamine C, qui potentialise peut-être l'effet de certains composés. (Les pommes, par exemple, abaissent plus le taux de cholestérol que la pectine qu'on en extrait.) Il se peut aussi que la dose thérapeutique soit inférieure aux 15 g ingérés par les individus lors de l'expérimentation. Quant à savoir combien de pamplemousses sont nécessaires pour apporter à l'organisme 15 g de pectine, «aussi bizarre qu'il y paraisse, on n'en sait rien», affirme le Dr Cerda. De récentes analyses ont donné à cet égard des résultats étonnamment différents. Dans un cas, on a trouvé ces 15 g de pectine dans un seul agrume, alors que dans un autre cas il a fallu quinze fruits pour fournir la même quantité. «Manger un pamplemousse par jour ne peut faire que du bien», affirme le Dr Cerda.

Selon lui, il est possible que les substances chimiques contenues dans le pamplemousse provoquent une *régression* de l'athérosclérose — réduisant ainsi le risque de trouble cardio-vasculaire — en dissolvant partiellement des plaques qui obstruent et durcissent les artères. Des tests ont montré que, si l'on fait ingérer de la pectine de pamplemousse à des porcs que l'on soumet simultanément à un régime riche en corps gras, l'autopsie révèle une diminution des cardiopathies et un meilleur état des coronaires et de l'aorte. L'analyse sanguine de ces porcs montra une réduction dc 30 p. 100 du taux de cholestérol. La pectine du pamplemousse annihile donc les effets nocifs d'un régime alimentaire trop riche en corps gras.

L'explication théorique de ce phénomène serait la suivante: l'acide galacturonique contenu dans les composants chimiques du pamplemousse interagit de façon particulière avec le cholestérol LDL nocif, principal constituant des plaques obstruant les artères. Cette interaction a sans doute pour effet de déloger et de chasser les accumulations de cholestérol, ce qui contribue à remettre les vaisseaux sanguins en bon état.

DES POUVOIRS ANTICANCÉREUX

Les agrumes, comme les pamplemousses, ont des propriétés anti-cancéreuses. Les spécialistes font observer que dans les régions du monde où l'on a une très large consommation d'agrumes, la fréquence des cancers est inférieure à la moyenne mondiale. Certains estiment que ce phénomène est dû à l'abondance de la vitamine C (elle s'est révélée un anti-oxydant capable de neutraliser de puissants carcinogènes) contenue dans les agrumes. Mais il est probable que d'autres constituants du pamplemousse entrent en jeu dans ce processus.

Diverses expérimentations sur les animaux ont mis en évidence l'activité antagoniste exercée sur le cancer par le pamplemousse. Des travaux réalisés au Japon ont établi que l'injection d'extrait de pamplemousse à des souris cancéreuses arrêtait la croissance des tumeurs malignes, provoquant une rémission partielle ou totale de la maladie. Les Japonais ont aussi découvert que l'écorce de pamplemousse était un «remarquable antimutagène», c'est-à-dire une substance qui neutralise les dégradations cellulaires aboutissant au cancer.

Il est notoire que les Suédois se livrent à des recherches assidues sur le régime alimentaire et le cancer. En 1986, au cours de l'analyse du régime alimentaire d'un groupe de sujets atteints d'un cancer pancréatique et d'un autre groupe en bonne santé, il est apparu que les agrumes (et aussi les carottes) comptaient parmi les facteurs de protection les plus efficaces: les individus qui mangeaient régulièrement des agrumes étaient beaucoup moins exposés au cancer du pancréas. Les Hollandais ont également découvert que la consommation des fruits du citrus réduisait le risque du cancer de l'estomac.

L'ASPECT PRATIQUE

- Pour accroître la protection cardio-vasculaire offerte par le pamplemousse, consommez-en toute la pulpe, et, si possible, les membranes qui cloisonnent ses quartiers et les séparent de la face intérieure blanche de l'écorce. Ce sont les cloisons intérieures qui contiennent la pectine aux vertus thérapeutiques. Ces parties du fruit qu'il faut mâcher sont riches en composés hypocholestérolémiants. Le jus du pamplemousse est relativement pauvre en pectine et n'abaisse pas le taux du cholestérol sanguin.

LES PETITS POIS

LES AVANTAGES THÉRAPEUTIQUES ÉVENTUELS

- Abondent en agents contraceptifs.
- Contiennent des composés qui préviennent le cancer chez l'animal.
- Préviennent l'appendicite.
- Réduisent le cholestérol sanguin.

LA TRADITION POPULAIRE

Ce qui vaut aux petits pois leur célébrité, c'est la réputation qu'ils ont d'empêcher la fécondation.

LES FAITS

Ô surprise! Les bons vieux petits pois — de nombreuses études l'ont démontré — contiennent bel et bien des agents contraceptifs.

Chose étonnante, on a consacré ces dernières années beaucoup de temps, d'efforts et d'argent à la mise au point de médications contraceptives dérivées des substances chimiques contenues dans les petits pois. «Depuis deux cents ans la population du Tibet est restée stable, et la base du régime alimentaire des Tibétains est constituée d'orge et de pois.» À l'époque où il formula cette observation (1949), le Dr S. N. Sanyal, scientifique de l'institut bactériologique de Calcutta, entreprenait des recherches de longue haleine visant à démontrer que le ralentissement de la croissance démographique tibétaine était dû à une cause accidentelle: une surconsommation de petits pois. Le Dr Sanyal se donnait pour but d'identifier le composé contraceptif contenu dans ces graines et d'en faire une substance anticonceptionnelle dont on puisse faire usage en Inde et dans le monde entier. Il s'en fallut de peu que le Dr Sanyal ne parvînt à ses fins.

Il est vrai que depuis plusieurs années le gouvernement indien attachait une très grande importance à la découverte de cette substance qui conférait au petit pois ses remarquables propriétés contraceptives. Déjà, en 1935, un scientifique indien avait observé qu'on stérilisait le rat de laboratoire, mâle et femelle, si on le nourrissait de «martar». (Les portées étaient réduites quand ce «martar», ou petit pois, représentait 20 p. 100 du régime alimentaire, et inexistantes quand il en représentait 30 p. 100.)

Le Dr Sanyal parvint à identifier le composé stérilisant du petit pois, la m-xylohydroquinone. Il la synthétisa, la concentra en capsules et l'administra à des femmes. Leur taux de fécondation chuta de 50 à 60 p. 100. Chez les hommes, le composé stérilisant extrait du petit pois abaissait de moitié la concentration en spermatozoïdes de la liqueur séminale. Ce composé interagit, d'une certaine façon, avec les hormones sexuelles, progestérone et œstrogènes. Les expérimentations réalisées sur l'être humain par le Dr Sanyal «ont indiscutablement établi les propriétés contraceptives de l'huile de *Pisum sativum* absorbée par voie orale», reconnaît le Dr Normal Farnsworth, professeur à l'Université de l'Illinois et éminent spécialiste du contrôle de la fécondité. Cependant, il fait remarquer que les composés chimiques du petit pois n'ont jamais pu s'imposer en tant que contraceptifs, car leur activité n'a rien de commun avec celle d'autres produits pharmaceutiques comme la pilule anticonceptionnelle.

UNE PROTECTION CARDIO-VASCULAIRE

En tant que membre de la famille des légumineuses, le petit pois est également très bon pour le cœur du fait qu'il abonde en fibres solubles qui amènent l'organisme à éliminer en partie son dangereux cholestérol LDL. À cet égard, les petits pois en conserve disputent la palme aux haricots bruns (2,7 g de fibre soluble pour 1/2 tasse de graines), devançant nettement les lentilles et les pois cassés (1,7 g). Les petits pois peuvent aussi stabiliser le taux du sucre sanguin (ce sont donc d'excellents aliments pour les diabétiques) et abaisser la tension artérielle. Une étude menée en Égypte voilà plusieurs années a démontré que l'extrait de petits pois injecté au chien provoque une chute temporaire de sa pression sanguine .

UN ALIMENT ANTICANCÉREUX ET ANTI-INFECTIEUX

Comme toutes les graines, les petits pois contiennent de fortes concentrations d'inhibiteurs de protéases. On croit que ces substances désactivent, dans l'intestin, certains virus et certains agents carcinogènes. Ces légumineuses peuvent donc jouer un rôle dans la prévention de diverses maladies infectieuses et du cancer. Une étude a établi des corrélations entre la consommation régulière de petits pois et une légère diminution de fréquence du cancer de la prostate.

Pour des raisons encore inexpliquées, les petits pois semblent écarter le risque d'appendicite. Telle est du moins la conclusion d'une enquête menée en 1986 en Angleterre. Lors de cette enquête, les chercheurs ont comparé le nombre d'appendicites enregistrées pendant cinq ans, dans cinquante-neuf régions, en tenant compte des habitudes alimentaires des diverses populations: il existe indéniablement une corrélation entre la consommation de certains légumes — les petits pois, entre autres légumes — et la fréquence des appendicites aiguës. Les scientifiques de l'Université de Southampton furent amenés à penser que les composés chimiques contenus dans les petits pois détruisent sans doute, dans la paroi appendiculaire, les micro-organismes responsables de l'infection et de la crise douloureuse qui en résulte.

L'ASPECT PRATIQUE

- Il va sans dire que personne ne croit aveuglément aux vertus contraceptives des petits pois. Mais les gens qui ont des problèmes de fécondité (hommes ou femmes) devraient réfléchir avant de consommer de grandes quantités de petits pois, car ces derniers contiennent des substances œstrogènes dont l'activité est tenue pour contraceptive par beaucoup de spécialistes.

LE PIMENT

LES AVANTAGES THÉRAPEUTIQUES ÉVENTUELS

- Constitue une excellente médication pour les poumons.
- Agit comme un expectorant.
- Prévient et adoucit la bronchite chronique et l'emphysème.
- Exerce une action décongestionnante.
- Joue un rôle anticoagulant.
- Fait disparaître la douleur.
- Provoque une certaine euphorie.

Quelle quantité? Consommer chaque jour de dix à vingt gouttes de sauce piquante au piment rouge diluée dans un verre d'eau ou manger trois fois par semaine des mets fortement épicés peut décongestionner les voies respiratoires en prévenant ou en guérissant la bronchite chronique et les rhumes. Deux cuillerées à thé de poivre jalapeño peut stimuler les substances sanguines responsables de la dissolution des caillots, renforçant ainsi la protection cardio-vasculaire.

LA TRADITION POPULAIRE

En 1850, une revue médicale publiée à Dublin affirmait qu'une ou deux gouttes d'extrait de piment rouge sur un coton qu'on applique ensuite sur une dent douloureuse fait immédiatement disparaître l'algie. Selon un texte péruvien datant du siècle dernier, le capsicum est un excellent traitement pour soigner la conjonctivite. En Amérique du Sud, on consomme depuis des siècles des piments rouges pour tuer les parasites intestinaux. Aux États-Unis on croit que ce condiment prémunit contre la sénilité; au Japon on pense qu'il accroît la fécondité; en Angleterre les femmes le prennent pour rétablir le flux menstruel, en Indonésie pour provoquer l'avortement, et partout dans le monde on croit en ses vertus aphrodisiaques. On prête aussi au piment rouge le pouvoir de guérir l'arthrite, de prévenir les maladies cardio-vasculaires et de prolonger l'existence.

LES FAITS

Originaires du Mexique et de l'Amérique du Sud, d'où Colomb les rapporta en Europe, les piments rouges consommés aujourd'hui partout dans le monde, plus spécialement en Inde et en Extrême-Orient, sont dotés de très nombreuses propriétés médicinales.

LE PIMENT ET L'HYGIÈNE PULMONAIRE

Selon le Dr Irwin Ziment, spécialiste des voies pulmonaires qui prescrit, sous diverses formes, le piment rouge à ses malades affligés de bronchite chronique et d'emphysème, ce fruit prolonge la durée de l'existence. «Parfois les effets sont très importants», déclare-t-il. Le piment rouge et, d'une façon plus générale, la cuisine épicée ont les mêmes effets expectorants que certains produits pharmaceutiques. Ces effets sont vraisemblablement dus à la capsaïcine qu'ils contiennent (il s'agit d'un composé piquant qui brûle la bouche). Pour le Dr Ziment, le piment n'est rien d'autre qu'un authentique antitussif naturel.

Quand il vous arrive de pleurer parce qu'un excès de piment vous emporte le palais, imaginez le même effet quand il affecte vos bronches et vos poumons. Il se produit alors une soudaine sécrétion de liquides qui diluent les mucosités et les font remonter dans les voies pulmonaires. De l'avis du Dr Ziment, en irritant la muqueuse gastrique le piment exerce automatiquement sur les cellules bronchiques un effet stimulant qui se traduit par une libération d'humeurs ayant pour effet de rendre les sécrétions pulmonaires et laryngées moins poisseuses et moins collantes. Ce clinicien est persuadé que le piment rouge peut prévenir un début de bronchite chronique et faciliter le traitement de cette maladie si elle s'est d'ores et déjà manifestée.

En faisant des expériences sur les animaux, des chercheurs suédois ont découvert que la capsaïcine exerçait sur les poumons une désensibilisation (en atténuant l'engorgement préjudiciable aux cellules des bronches et de la trachée, et aussi la constriction des bronches provoquée par la fumée de cigarette et par d'autres facteurs irritants). D'ailleurs, l'extrait de piment rouge peut lui aussi soulager les asthmatiques et les individus affectés d'une hypersensibilité des voies respiratoires. Le Dr Ziment a remarqué que le piment dégage les sinus (beaucoup de ceux qui en mangent régulièrement vous le confirmeront) et qu'il agit comme un décongestionnant dans les cas de rhume ou de grippe. «Si vous ne souhaitez pas avaler le piment rouge lui-même, diluez une vingtaine de gouttes de Tabasco dans un verre d'eau et faites-en un gargarisme», préconise-t-il. C'est tout aussi efficace contre le rhume.

SES PROPRIÉTÉS ANTALGIQUES

Nos ancêtres avaient raison d'utiliser l'extrait de piment rouge pour anesthésier les dents douloureuses et soigner la conjonctivite. Aujourd'hui, les hommes de science peuvent expliquer précisément les mécanismes neurologiques par lesquels la capsaïcine du piment produit des effets antalgiques: elle inhibe dans les cellules nerveuses la sécrétion d'un neurotransmetteur appelé «substance P», et dont le rôle est d'acheminer vers le système nerveux central la perception douloureuse. Des expériences ont confirmé que l'application de capsaïcine sur les trajets nerveux vide la pulpe dentaire de sa substance P, ce qui atténue la douleur. De la même façon, une application de capsaïcine sur l'œil rend celui-ci moins sensible aux agents irritants, ce qui réduit les phénomènes inflammatoires.

On teste actuellement les propriétés antalgiques globales de l'extrait de piment rouge. Selon Thomas Burks, docteur en sciences et chef du département de pharmacologie au Health Sciences Center de l'Université de l'Arizona à Tucson, une injection de capsaïcine suffit à supprimer pendant plusieurs semaines certains types de douleurs chroniques chez le cobaye. D'autre part, l'application d'un onguent à base de capsaïcine insensibilise localement la peau. Le Dr Burks pense qu'on pourrait faire de la capsaïcine un médicament pouvant réduire la douleur, et plus particulièrement celle d'origine arthritique.

SES PROPRIÉTÉS ANTICOAGULANTES

En Thaïlande, le piment rouge accompagne à peu près tous les plats, de sorte que le sang des Thaïlandais en contient souvent de fortes concentrations. Déjà en 1965, des chercheurs allemands avaient remarqué que le poivre exerçait sur le sang l'action bénéfique et stimulante d'un fibrinolytique (ou anticoagulant). Pour leur part, les médecins thaïlandais attribuent à la consommation habituelle de piment le fait que les thrombophlébites (formation d'un caillot pouvant causer la mort) soient relativement rares dans leur pays, surtout si on compare leur fréquence avec celle observée en Amérique.

Pour mettre à l'épreuve cette interprétation théorique, le Dr Sukon Visudhiphan et ses collaborateurs de l'hôpital Sirijaj de Bangkok procédèrent à l'expérimentation suivante: ils firent manger à seize volontaires des nouilles de farine de riz pimentées (à raison de 2 c. à thé de piment jalapeño frais moulu pour 200 g de pâtes) et, à quatre autres, ils ne firent manger que des nouilles non pimentées. Chez les sujets du premier groupe, on a constaté une augmentation immédiate de l'activité fibrinolytique, alors qu'on n'en releva aucune chez ceux du second groupe. Cependant, la durée de cette activité n'excédait pas une demi-heure. Au cours d'expérimentations ultérieures, les mêmes chercheurs mirent en évidence, chez quatre-vingt-huit sujets thaïlandais, une activité fibrinolytique beaucoup plus importante que chez cinquante-cinq autres sujets de nationalité américaine vivant en Thaïlande. Le sang de ces derniers contenait davantage de fibrinogène (la substance responsable de la coagulation) et son pouvoir anticoagulant était plus réduit, ce qui les exposait davantage à l'embolie.

Bien que l'effet du piment rouge soit bref, le Dr Visudhiphan pense que c'est la *fréquence* avec laquelle celui-ci stimule le mécanisme de la fibrinolyse qui prémunit les Thaïlandais contre la thrombophlébite.

De plus, des études sur le lapin menées par des biochimistes indiens du Central Food Technological Research Institute de Mysore ont permis de découvrir que le piment rouge et la capsaïcine pure faisaient chuter la cholestérolémie, apparemment en inhibant la production du cholestérol par le foie. Des travaux ultérieurs réalisés en 1985 ont montré que la capsaïcine réduit le cholestérol et les triglycérides même chez l'animal nourri d'aliments riches en cholestérol, faisant ainsi obstacle aux dégradations qui accompagnent ordinairement un régime trop abondant en matières grasses.

UN ANALGÉSIQUE ET UN EUPHORISANT

En même temps qu'il brûle la bouche, le piment rouge envoie au cerveau des signaux qui bloquent la douleur. Si vous ressentez un certain «coup de fouet» après en avoir mangé, il y a à cela une bonne raison, selon Paul Rozin, psychologue de l'Université de Pennsylvanie: la brûlure douloureuse perçue par la langue et la gorge excite le cerveau qui sécrète alors de l'endorphine (une morphine naturelle) qui à son tour atténue la sensation douloureuse et provoque une sorte d'euphorie. Les endorphines sont les mêmes substances qui, par leur action sur le cerveau, créent l'état d'euphorie des coureurs. «Avec le temps, déclare Paul Rozin, qui a étudié les épices au Mexique et aux États-Unis, certains individus qui consomment régulièrement du piment rouge en viennent à «se conditionner» et à sécréter des endorphines en quantités de plus en plus grandes.» En d'autres termes, ils finissent par ne plus pouvoir se passer de la sensation de bien-être que leur procure un excès d'endorphine.

L'ASPECT PRATIQUE

- Apprenez à manger épicé. Commencez sans rien brusquer: si vous souhaitez tirer parti des propriétés médicinales du piment rouge, dont pourtant vous supportez mal le goût piquant, n'en absorbez que très peu à la fois au début. Les spécialistes affirment que chaque personne peut apprendre à tolérer et à savourer ces épices qui vous emportent la bouche.
- Pour atténuer la sensation de brûlure, faites comme en Inde: mangez du yogourt frais avec les mets très épicés. Cela vous calmera la langue et l'estomac. Ou faites comme en Thaïlande: buvez de la bière en mangeant, car la capsaïcine et les autres composés chimiques qui donnent au piment son goût piquant sont solubles dans l'alcool. C'est du moins ce qu'affirme Marianne Gillette, spécialiste travaillant pour une grande compagnie qui fabrique des épices. «Ces composés chimiques, explique-t-elle, sont également solubles dans les corps gras, de sorte qu'un peu de lait entier ou de crème glacée vous ôtera le feu de la bouche.» À cet égard, le lait semble plus efficace que l'eau ou les boissons gazeuses. La sensation de brûlure ne persiste que durant le court laps de temps où les substances irritantes sont en contact avec les récepteurs sensoriels de votre bouche et de votre gorge.

LES EFFETS SECONDAIRES ÉVENTUELS

- Rien ne prouve que le piment rouge vous fera mal à l'estomac si vous n'avez pas d'ulcère. Mais il risque de faire augmenter l'acidité gastrique, donc d'aggraver votre ulcère si vous en avez un. Sur ce point, les spécialistes semblent être d'accord. Néanmoins, les résultats de travaux publiés par le *British Medical Journal* ont démontré que l'absorption de piment rouge ne s'accompagne d'aucun signe clinique. Les expérimentateurs avaient réparti leurs sujets ulcéreux en deux groupes: à vingt-cinq d'entre eux, ils avaient prescrit un antiacide au moment des repas; à vingt-cinq autres, ils avaient demandé de faire exactement la même chose (prendre un antiacide), mais aussi de manger un peu de piment rouge à chaque repas. Or, au bout d'un mois de ce régime, chez 80 p. 100 des sujets des deux groupes les signes d'ulcère duodénal avaient également régressé.

• Divers comptes rendus publiés par des revues médicales rapportent qu'un excès de piment provoque chez certaines personnes des brûlures au niveau de l'anus, plus particulièrement au moment de la défécation. Ce phénomène a été découvert au Texas à l'occasion d'un concours de mangeurs de plats épicés, et on lui a même attribué un nom scientifique: le «jaloproctitis». Les piments très forts sont généralement déconseillés à ceux qui souffrent d'hémorroïdes.

• Le piment est-il cancérigène ou au contraire prévient-il le risque de cancer? En 1987, une étude menée en Inde et portant sur des sujets de sexe masculin consommant en abondance du piment rouge en poudre a établi une corrélation entre cette habitude alimentaire et une fréquence supérieure à la moyenne des cancers de la cavité buccale, du pharynx, de l'œsophage et du larynx. Par ailleurs, chez des animaux nourris de très fortes quantités de poudre de piment (1 p. 100 de l'alimentation globale), proportion très supérieure à celle que pourrait tolérer l'être humain, on a remarqué davantage de tumeurs. D'autre part, selon le Dr Terry Lawson, clinicien du Medical Center de l'Université du Nebraska, la capsaïcine administrée à *faibles doses* empêche la dégradation cellulaire en exerçant l'activité d'un antioxydant, ce qui pourrait *prévenir* le cancer. Le Dr Lawson fait remarquer qu'il est inhabituel qu'une même substance chimique exerce des effets diamétralement opposés sur le cancer selon qu'on l'administre à très forte dose ou à très faible dose.

LE POISSON

Là où le hareng abonde, point n'est besoin de beaucoup de méde-cins.

Proverbe néerlandais.

LES AVANTAGES THÉRAPEUTIQUES ÉVENTUELS

- Fluidifie le sang.
- Fait obstacle à la dégradation des artères.
- Inhibe la coagulation (fibrinolytique).
- Réduit les triglycérides.
- Abaisse le taux du cholestérol indésirable.
- Diminue la tension artérielle.
- Réduit le risque de crise cardiaque et d'accident cérébro-vasculaire.
- Allège les symptômes de la polyarthrite rhumatoïde.
- Réduit le risque de lupus.
- Soulage les migraines.
- Exerce des effets anti-inflammatoires.
- Stabilise le système immunitaire.
- Prévient le cancer chez l'animal.
- Soulage l'asthme bronchique.
- Combat les premiers stades de l'insuffisance rénale.
- Stimule l'énergie mentale.

Quelle quantité? Une quantité variant de 25 à 30 g de poisson par jour (soit un ou deux plats par semaine) suffit à diminuer de moitié le risque de cardiopathie. La consomma-tion quotidienne de 80 à 90 g de maquereau en conserve abaisse d'environ 7 p. 100 la tension artérielle. Environ 100 g de poisson stimulent les composés chimiques du cerveau responsables de la vivacité d'esprit.

LA TRADITION POPULAIRE

En 1766, les médecins anglais recommandaient déjà l'huile de foie de morue à leurs malades affligés de rhumatisme chronique et de goutte. L'édition de 1907 du *Dispensary of the United States* rappelle qu'au milieu du siècle dernier on prescrivait couramment cette même huile pour soigner ces deux maux ainsi que d'autres «maladies des articulations et de l'épine dorsale, l'ulcère infecté, le rachitisme, le lupus, les éruptions cutanées et la consomption pulmonaire». Pendant très longtemps, la médecine populaire américaine a prêté à l'huile de foie de morue le pouvoir de «lubrifier les articulations» et de soulager l'arthrite. Depuis une époque très reculée, le poisson a aussi la réputation d'être «un aliment qui fortifie le cerveau».

LES FAITS

Il fut un temps où les autorités médicales tournaient en dérision le poisson et les huiles de poisson, leur déniant toute vertu médicinale; aujourd'hui l'un et l'autre sont en train d'affirmer pleinement les vertus que leur attribuait la médecine populaire. Ils font désormais partie des aliments les plus prometteurs. Le poisson, surtout quand il appartient à une espèce dont la chair est grasse (comme le hareng et le saumon), provoque dans l'organisme des réactions comparables à des effets pharmacodynamiques. Ces réactions peuvent jouer un rôle protecteur contre toute une série d'affections liées aux réponses du système immunitaire ou aux prostaglandines, ces messagères intercellulaires qui régissent une pléthore de fonctions physiologiques sous-jacentes à la maladie.

On pense désormais que le poisson des eaux froides contient de fortes concentrations d'un acide gras appelé oméga-3, lequel freine la surproduction de substances proches des hormones, les prostaglandines et les leucotriènes qui, lorsqu'elles sont sécrétées en excès, induisent dans les cellules de redoutables processus pathologiques tels que les phénomènes inflammatoires et les défaillances du système immunitaire. Les oméga-3 ont une structure moléculaire très particulière. Ils semblent intervenir au niveau cellulaire pour empêcher les processus pathologiques en bloquant la libération des dangereuses prostaglandines.

LES CARDIOPATHIES

Le poisson et les huiles de poisson riches en acides gras de type oméga-3 jouent assurément un rôle de premier plan dans la prévention des maladies cardiaques, en bloquant les réactions qui peuvent conduire aux trois phénomènes responsables des cardiopathies: 1) la formation des redoutables plaques qui rétrécissent la lumière des vaisseaux et qui ralentissent le flot sanguin; 2) l'accumulation de fragments de cellules sanguines, les plaquettes, qui ont la propriété de s'agglutiner et de former des caillots; 3) l'apparition de spasmes et de constrictions qui risquent de provoquer l'arrêt cardiaque et la stase (congestion) du sang dans le cerveau (accidents cérébro-vasculaires).

Diverses expérimentations ont démontré que si l'on provoque une ischémie (par obstruction des artères) chez l'animal nourri d'huile de poisson, on constate que les lésions cérébrales et cardiaques qui en résultent sont beaucoup moins importantes que chez l'animal dont le régime alimentaire ne comporte pas d'huile de poisson. Chez les singes nourris d'huile de poisson, par exemple, les dépôts artériels sont moins importants que chez leurs congénères qui ont absorbé de l'huile de coco contenant des acides gras saturés. De nombreux travaux ont permis de découvrir que le sang des consommateurs d'huiles de poisson est plus fluide, donc moins prédisposé à former des caillots. Les huiles de poisson réduisent la quantité des graisses sanguines appelées triglycérides, ainsi que le cholestérol de basse densité de type lipoprotéinique. Souvent elles abaissent le taux du cholestérol total, mais il arrive qu'elles l'augmentent chez les individus atteints d'une hypercholestérolémie liée à des facteurs héréditaires. Il semble que l'essentiel des effets protecteurs exercés par le poisson contre les cardiopathies soit totalement indépendant de son effet sur le cholestérol sanguin.

Les grands mangeurs de poisson sont mieux protégés que les autres contre les maladies cardiaques. Les crises cardiaques sont quasiment inconnues des Eskimaux, qui consomment en moyenne 350 g par jour d'aliments provenant de la mer et riches en oméga-3. Les habitants des villages de pêcheurs japonais, qui mangent environ 200 g de poisson par jour, sont eux aussi remarquablement épargnés par les troubles coronariens. Une récente enquête norvégienne a montré qu'une consommation quotidienne de 100 g de maquereau fluidifie le sang de façon significative au bout de six semaines. Au terme d'une longue étude, des scientifiques britanniques ont observé, voilà peu de temps, les plus fortes concentrations de cholestérol HDL (le bon) chez les mangeurs de poisson (ces concentrations étaient même supérieures à celles mesurées chez les végétariens). Une autre enquête menée en Suède montre que le poisson provoque dans l'organisme une «réponse proportionnelle à la dose», érigeant ainsi une barrière contre les cardiopathies: *plus* un individu consomme de poisson, *plus faible* est le risque de maladie.

Mais de très faibles quantités de poisson peuvent suffire à écarter les cardiopathies. En 1985, une importante étude menée aux Pays-Bas a révélé que les citadins qui consomment au moins 25 à 30 g de poisson par jour sont deux fois moins exposés à une crise cardiaque que ceux qui n'en mangent pas. À la lumière d'une enquête menée sous la direction de Daan Kromhout, docteur en sciences de l'Université de Leyde, les chercheurs considèrent qu'il est recommandable de manger du poisson, ne serait-ce que une ou deux fois par semaine, afin de réduire le risque de cardiopathie. Le plus intéressant dans cette étude, c'est que les chercheurs n'ont pas conclu que les propriétés protectrices du poisson sont dues exclusivement aux acides gras de type oméga-3. Ils font en effet observer que les citadins interrogés lors de cette enquête (échelonnée sur vingt années) consomment davantage de poisson pauvre en oméga-3 que de poisson à chair grasse (riche en oméga-3), ce qui démontre que le poisson à chair maigre semble lui aussi abaisser le pourcentage des mortalités par cardiopathie. Les enquêteurs ont tiré la conclusion suivante: d'autres constituants du poisson jouent eux aussi un rôle dans la protection cardiaque.

Bien entendu, le poisson et les huiles de poisson réduisent aussi le risque de contracter de nombreuses autres maladies liées aux prostaglandines. Les spécialistes estiment que tout aliment pouvant freiner la production excédentaire de ces messagères inter-cellulaires qui exercent des ravages dans l'organisme constitue un antidote contre de multiples affections.

PROPRIÉTÉS ANTICANCÉREUSES

On croit les prostaglandines responsables du dérèglement cellulaire et des métastases. «Toutes les tumeurs étudiées semblent transformer l'acide arachidonique en une quantité excessive de prostaglandines», déclare le Dr Rashida Karmali, scientifique de l'Université Rutgers dont les travaux de recherche font autorité en la matière. Ses études, et aussi celles d'autres chercheurs, montrent que les huiles de poisson freinent l'apparition, chez l'animal, du cancer du sein, du pancréas, du poumon, de la prostate et du côlon. Ces huiles inhibent probablement cette surproduction de prostaglandines (génératrices potentielles du cancer) que l'on détecte dans le sang et dans les tumeurs des cancéreux. Tout porte à croire que les substances faisant obstacle à la synthèse des prostaglandines inhibent le cancer mammaire. Certains spécialistes croient que la fréquence relativement basse de ce type de cancer chez les Esquimaudes et les Japonaises est liée à la place importante que tiennent les produits de la mer dans leur régime alimentaire respectif.

UNE CROYANCE CONFIRMÉE PAR LA RHUMATOLOGIE MODERNE

Depuis au moins deux siècles, les traités de médecine, tout comme la tradition populaire, recommandent les huiles de poisson pour soigner les maladies inflammatoires comme la polyarthrite rhumatoïde. Or, il apparaît aujourd'hui que ces huiles contenant des acides gras de type oméga-3 ont le pouvoir de soulager les symptômes arthritiques chez l'être humain. Le Dr Joel M. Kremer, professeur au Medical College d'Albany, dans l'État de New York, a observé que les malades qui avaient absorbé quotidiennement, pendant quatorze semaines, des capsules d'huile de poisson (selon une posologie équivalant à une portion de saumon ou à une boîte de sardines), montraient une diminution d'environ 50 p. 100 des intumescences articulaires; ils souffraient moins et se fatiguaient moins vite au cours de la journée que par le passé. L'amélioration de leur état s'est prolongée durant un mois après l'interruption du traitement. Pour le Dr Albert D. Steinberg (National Institute of Arthritis and Musculoskeletal and Skin Diseases), il ne fait aucun doute que les huiles de poisson contenant des oméga-3 sont des «agents anti-inflammatoires». Le Dr Kremer explique pour sa part que les acides gras des huiles de poisson interviennent au cours du métabolisme pour freiner la production du leucotriène B4, substance provoquant des inflammations. «Nous avons observé une corrélation entre la chute du leucotriène B4 et une réduction du nombre d'articulations douloureuses», déclare-t-il.

On a constaté aussi que chez l'animal les huiles de poisson prévenaient une autre maladie inflammatoire du système immunitaire: le lupus érythémateux. Selon un chercheur de Harvard, «jamais encore, en expérimentant sur l'animal, on n'a enregistré un effet plus spectaculaire» contre la maladie inflammatoire.

UN TRAITEMENT CONTRE LA MIGRAINE

Des expérimentateurs de l'Université de Cincinnati ont réussi à faire cesser des migraines et de l'insuffisance rénale à l'aide d'huile de poisson contenant des acides gras de type oméga-3. Dans environ 60 p. 100 des cas, les migraines disparaissaient chez les sujets qui avaient absorbé des capsules d'huile de poisson pendant six semaines. D'une façon générale, la fréquence des crises passait de deux par semaine à deux tous les quinze jours, et les douleurs étaient moins violentes. D'autre part, ce traitement à l'huile de poisson semblait soulager davantage les hommes que les femmes.

Substituer l'huile de poisson à des corps gras d'origine animale freine le phénomène de détérioration du rein chez les sujets atteints d'un début d'insuffisance rénale. Mais cette substitution demeure inefficace quand la maladie est déclarée depuis un certain temps, ou quand le malade est déjà sous hémodialyse. «Il faut administrer l'huile de poisson relativement tôt dans le cours évolutif de la maladie», déclare le Dr Uno Barcelli, professeur de médecine à l'Université de Cincinnati. «Pour une raison ou pour une autre, explique-t-il, dès que les lésions rénales ont pris de l'importance, la maladie se perpétue d'elle-même et le traitement à l'huile de poisson devient inutile.»

UN ANTIDOTE CONTRE L'ASTHME ET LE PSORIASIS

Il semble que l'asthme soit une maladie inflammatoire dans laquelle les leucotriènes se multiplient de façon anarchique provoquant des constrictions bronchiques. On a constaté que dans certains cas l'absorption d'huile de poisson soulage grandement le malade, probablement en inhibant les réactions paroxystiques dues à un excès de leucotriènes.

Une étude a également montré que l'administration d'huile de poisson à des malades atteints de psoriasis donne d'excellents résultats dans les deux tiers des cas. Selon les expérimentateurs, les huiles de poisson sont véhiculées par le sang et mises en circulation dans l'épiderme. Plus les cellules épidermiques s'en imprègnent, plus l'amélioration de leur état est marquée.

UN ANTIHYPERTENSEUR

Manger du maquereau peut réduire la tension. Des scientifiques allemands de l'Institut central de recherche cardio-vasculaire de l'Académie des sciences de Berlin ont réalisé des expériences avec l'aide de vingt-quatre sujets masculins légèrement hypertendus, n'ayant jamais été traités. Pendant deux semaines, la moitié d'entre eux ont mangé, deux fois par jour, 200 g de maquereau en boîte (ce poisson est riche en acides gras de type oméga-3). Pendant les deux mois suivants, ils en ont mangé 200 g trois fois par semaine à titre de «traitement d'entretien». L'analyse de leur sang permit de mesurer une plus grande quantité d'acides gras de type oméga-3. En même temps, leur tension artérielle diminua.

Avant l'expérimentation, alors que ces volontaires se nourrissaient selon leurs habitudes, on mesura chez eux une tension moyenne de 149 sur 99. Au bout de deux semaines, cette dernière passa à 136 sur 88, puis se stabilisa à 140 sur 92 tant que les volontaires continuèrent (pendant deux mois) à consommer trois fois par semaine 200 g de maquereau en boîte. Dans les deux mois suivants, leur tension remonta pour atteindre à peu près les mêmes chiffres qu'avant l'expérimentation. Conclusion: un peu moins de 100 g par jour de maquereau en conserve a fait chuter la tension artérielle d'environ 7 p. 100. Celle-ci était donc passée d'un niveau élevé (qui aurait justifié un traitement médical) à un niveau inférieur (qui ne requérait aucun traitement). D'après les expérimentateurs, on peut «recommander le maquereau dans les cas où l'hypertension n'est pas assez prononcée pour justifier un traitement médical».

Ces chercheurs font remarquer que le maquereau en conserve contient beaucoup de sodium (environ 1 300 mg par boîte) et que, malgré cela, l'effet hypotensif produit par le poisson semble l'avoir emporté sur la tendance hypertensive due à cette concentration saline relativement élevée. Une réduction de l'apport sodé ne pourrait donc qu'accentuer davantage la chute de la tension. Les expérimentateurs considèrent que d'autres poissons à forte teneur en oméga-3 donneraient le même résultat.

UN FORTIFIANT CÉRÉBRAL

Sans doute convient-il de ne pas prendre à la lettre la vieille croyance selon laquelle le poisson rend l'homme plus intelligent. Il se peut cependant que le poisson revigore le potentiel intellectuel quand celui-ci se relâche, comme l'ont révélé des tests réalisés au Massachusetts Institute of Technology (MIT).

Sous la direction du Dr Judith Wurtmann, une équipe du MIT a découvert qu'une protéine contenue dans la chair du poisson (il s'agit d'un acide aminé essentiel nommé «tyrosine») peut donner un remarquable coup de fouet à deux neurotransmetteurs cérébraux, la norépinéphrine et la dopamine (ce qui stimule l'activité mentale et accroît la vivacité d'esprit). La tyrosine est assimilée par le cerveau où elle stimule certains composés chimiques. Cette action ne se produit néanmoins que lorsque la dopamine et la norépinéphrine sont métabolisées rapidement et que le cerveau en tire parti pour «se revigorer». Autrement dit, le poisson n'augmente pas les facultés intellectuelles si le cerveau dispose en quantité suffisante des constituants chimiques responsables de l'activité mentale. Cependant, quand on doit s'acquitter d'une tâche qui demande une participation de toutes les capacités cérébrales et qu'on entend «tourner à plein régime», du poisson au menu ne peut que faciliter les choses.

Le Dr Wurtmann tient le poisson pour l'un des meilleurs stimulants de l'énergie intellectuelle. Elle estime, avec une relative précision, que la quantité requise pour provoquer cette stimulation est de l'ordre de 80 à 100 g pour la plupart des gens. (Mieux vaut consommer le poisson grillé ou cuit au four, car frit ou au court-bouillon, sa chair retient ses graisses, ce qui diminue son effet «coup de fouet».)

La stimulation intellectuelle que procure le poisson tient au mode d'assimilation de la protéine. Elle est totalement étrangère à sa concentration en oméga-3.

L'ASPECT PRATIQUE

• Le poisson n'est pas une panacée ayant le pouvoir d'annihiler les effets pernicieux dus à un régime alimentaire trop riche en matières grasses. Ne le considérez donc pas comme un *supplément* au régime, mais comme un *substitut* des denrées alimentaires contenant des acides gras polyinsaturés (les huiles végétales, par exemple) ou des acides gras saturés (la viande). En fait, moins vous consommerez de graisses et plus vous serez en droit d'attendre du poisson des effets marqués. Les acides gras de type oméga-3 sont beaucoup plus actifs quand le régime alimentaire est maigre, comme l'est celui des Japonais qui ne puisent dans les corps gras que 20 p. 100 de leurs calories, alors que la plupart des gens en retirent environ 38 p. 100.

Les oméga-3 agissent en diluant dans les tissus les autres graisses. C'est dire que plus la concentration de ces graisses est faible, et plus celle des oméga-3 est élevée. Il serait donc sage de remplacer par

du poisson les graisses contenant des acides gras saturés et les habituelles huiles végétales. Ainsi, vous réduirez l'apport de matières
grasses et d'acides gras saturés.

- Sachez que les poissons vendus au marché ne contiennent pas tous
de grandes quantités d'oméga-3. En Amérique du Nord, la plupart
des poissons à chair blanche, pêchés dans les rivières, n'en contiennent que très peu. À cet égard, les plus riches sont les poissons
d'eau froide et salée, comme le hareng et le maquereau.

Les poissons élevés en pisciculture se nourrissent généralement de
végétaux terrestres (soja, graines), ce qui, d'un point de vue diététique, leur donne les caractéristiques physiologiques des créatures
terrestres. Leur chair est pauvre en huiles contenant des oméga-3.
Par exemple, le poisson-chat en est pratiquement dépourvu et sa
consistance adipeuse est assez proche de celle du poulet. Une étude
comparative a montré que la chair des crevettes et des langoustines
élevées en bassin d'eau douce était plus grasse, et d'une certaine
façon plus comparable à celle des animaux terrestres que la chair de
leurs congénères vivant dans la mer.

- De la même façon, n'attendez pas du poisson servi dans les restaurants-minute qu'il vous apporte des oméga-3. Le Dr Norman Salem,
chercheur du National Institute of Alcohol Abuse and Alcoholism
de Bethesda, dans le Maryland, a mesuré les quantités d'oméga-3
contenues dans un certain nombre d'aliments figurant au menu des
restaurants-minute. Il a constaté que le sandwich au poisson en
contenait dix fois moins qu'une boîte de saumon en conserve. Cela
s'explique par le fait que ce genre de sandwich contient du poisson
blanc pauvre en corps gras (donc en oméga-3) et qu'il est frit dans
de la graisse composée d'acides gras saturés, ce qui accroît le
rapport acides gras saturés/acides gras non saturés. Finalement, ce
sandwich a quasiment toutes les caractéristiques d'un hamburger.

LES CONCENTRÉS D'HUILE DE POISSON

Bien que les chercheurs fassent usage d'huile de poisson pure pour
leurs expériences, il y a lieu d'observer certaines précautions quand on
prend des capsules de concentré d'oméga-3, ou encore de l'huile de
foie de morue. Cette dernière contient de la vitamine D et de la vitamine A en abondance. L'une et l'autre sont solubles dans les corps
gras, de sorte qu'elles sont absorbées par le foie où elles peuvent devenir toxiques en s'accumulant en trop grande quantité. Certains spécia-

considèrent qu'une absorption excessive d'oméga-3 en capsules risque de provoquer une surcharge qui ne s'accompagne d'aucun bienfait thérapeutique, mais qui, au contraire, potentialise l'activité néfaste des prostaglandines. Un excès d'oméga-3 peut gêner le processus de la coagulation et être à l'origine de saignements prolongés. De plus, les capsules d'huile de poisson contiennent habituellement de fortes quantités de cholestérol, et celles qui n'en contiennent pas peuvent provoquer une peroxydation des lipides organiques, processus qui porte atteinte à l'intégrité des cellules.

Le Dr John Kinsella, professeur de diététique à l'Institute of Food Science de l'Université Cornell et spécialiste reconnu pour ses travaux sur les oméga-3, estime que la consommation de concentré d'huile de poisson ne devrait pas excéder 5 g par jour.

Ce qu'il convient de garder à l'esprit, c'est que l'action thérapeutique de l'huile pure n'est pas toujours aussi prononcée que celle des produits de la mer consommés frais. Avec les produits frais, il est possible que les oméga-3 interagissent avec d'autres substances contenues dans le poisson, dont la chair constitue peut-être une entité thérapeutique en elle-même. Ainsi que l'ont fait observer des scientifiques hollandais, en optant pour l'huile de poisson, il se pourrait que nous nous privions, sans le savoir, de la protection que nous apportent les produits de la mer   .

AVIS AUX DIABÉTIQUES

Des chercheurs ont découvert que les concentrés d'huile de poisson contenant des acides gras de type oméga-3 peuvent aggraver le diabète en provoquant une recrudescence du sucre sanguin et une chute de la sécrétion d'insuline.

MISE EN GARDE

• Sachez que certains poissons d'eau douce, comme le poisson-chat et la truite de lac, peuvent avoir été empoisonnés par des insecticides au chlore ou des déchets industriels toxiques tels que les BPC, considérés comme extrêmement dangereux pour la femme enceinte.

LA VALEUR PHARMACODYNAMIQUE DE DIVERS POISSONS

Les poissons les plus riches en acides gras de type oméga-3 (plus de 1 g par 100 g de poids) sont les suivants: le maquereau, le saumon (de l'Atlantique, saumon rose, le Chinook, etc.), le thon (thon blanc, thon rouge), l'esturgeon (de l'Atlantique), la morue charbonnière (poisson de la côte du Pacifique), le hareng, l'anchois, la sardine et la truite (de lac).

LA POMME

Mange une pomme en allant te coucher
Et le docteur mendiera son pain.

Vieux dicton.

LES AVANTAGES THÉRAPEUTIQUES ÉVENTUELS

- Excellente pour le cœur.
- Réduit le cholestérol sanguin.
- Abaisse la tension artérielle.
- Stabilise le sucre sanguin.
- Calme l'appétit.
- Contient des composés chimiques inhibant le cancer chez l'animal.
- Son jus détruit les virus infectieux.

Quelle quantité? Deux ou trois pommes par jour peuvent réduire le cholestérol sanguin et augmenter légèrement le taux du cholestérol HDL, ce qui renforce la protection au niveau du cœur. Cette même quantité peut faire baisser la tension artérielle et stabiliser la glycémie. En règle générale, plus la cholestérolémie est élevée, plus l'effet bénéfique est important.

LA TRADITION POPULAIRE

Dans la mythologie grecque, la pomme avait le goût du miel et elle guérissait tous les maux. Baptisée «reine des fruits» par la médecine populaire américaine, la pomme a toujours été considérée, dans le Nouveau Monde, comme un remède capable de neutraliser l'acidité gastrique. Dans un article publié dans *American Medicine* datant de 1927 on la proclame «thérapeutiquement active dans tous les états d'acidose, de goutte, de rhumatisme, de jaunisse, de dérèglements du foie et de la vésicule biliaire, ainsi que dans les maladies nerveuses et cutanées causées par la paresse hépatique, l'hyperacidité et l'auto-intoxication».

LES FAITS

La recherche scientifique moderne a prouvé que ce fruit est un puissant amalgame de médications naturelles, ce qui confirme le vieux dicton selon lequel le fait de manger des pommes éloigne le médecin.

LA PROTECTION CARDIAQUE

La pomme est bénéfique pour l'appareil cardio-vasculaire. Des Italiens, puis des Irlandais et des Français ont confirmé que la consommation de pommes fait diminuer le taux de cholestérol sanguin. Une équipe de chercheurs de l'Institut de physiologie de Toulouse dirigée par R. Sablé-Amplis a découvert avec étonnement que l'absorption de pommes faisait chuter de vingt-huit points le cholestérol total chez un hamster dont la cholestérolémie est normale. Chez des animaux dont la cholestérolémie est élevée, l'effet de la pomme est encore plus important: elle abaisse de cinquante-deux points le taux de cholestérol sanguin.

Ces premiers résultats amenèrent le Dr Sablé-Amplis à demander à un groupe de trente personnes d'âge moyen — des hommes et des femmes qui étaient tous membres du personnel de l'Université de Toulouse — de ne rien changer à leurs habitudes alimentaires, mais de manger *en plus* deux pommes par jour pendant un mois. La première pomme à dix heures, la seconde à seize heures. Au bout d'un mois, les pommes avaient fait chuter le cholestérol sanguin chez vingt-quatre sujets (soit 80 p. 100 des sujets de l'expérience). Chez la moitié des volontaires, la chute enregistrée était supérieure à 10 p. 100 (jusqu'à 30 p. 100 dans un cas). Entre autres effets, les pommes avaient modifié la composition sanguine, augmentant la proportion du cholestérol HDL (le bon) et diminuant celle du cholestérol LDL responsable de l'«encrassement» des artères.

Pour le Dr Sablé-Amplis, la pomme doit son secret à la pectine, cette fibre soluble et mucilagineuse qui fait «prendre» la confiture et la gelée. La pectine pure que l'on extrait des fruits est un agent anticholestérol notoire. Cependant, la pectine n'explique pas à elle seule les propriétés de la pomme, car ce fruit réduit beaucoup plus le taux de cholestérol que ne le ferait toute la pectine qu'on peut en extraire.

Selon le Dr Sablé-Amplis, cette pectine contenue dans la pomme interagit avec d'autres substances contenues dans le fruit (peut-être avec la
vitamine C) dont l'action synergique purge plus efficacement le sang
de son cholestérol excédentaire que si elle est absorbée seule. De
nouveaux travaux entrepris en France se proposent d'expliquer les
mécanismes par lesquels la pomme joue ce rôle protecteur.

LE SUCRE SANGUIN

Bienfaisante aux diabétiques et à ceux qui veulent éviter une poussée d'hyperglycémie, la pomme enregistre un des plus bas «indices de
glycémie» (temps au bout duquel on enregistre une élévation du sucre
sanguin après avoir mangé), tout comme les haricots secs qui eux
aussi comptent parmi les stabilisateurs de la glycémie les plus efficaces. Autrement dit, en dépit du sucre naturel qu'elle contient, la
pomme ne provoque pas d'élévation rapide du sucre sanguin. Ce fruit
régularise la sécrétion de l'insuline, et les aliments qui ont cette
propriété abaissent également la cholestérolémie et la tension artérielle.

Chose étonnante, des chercheurs de Yale ont découvert qu'il suffit
de *sentir* des pommes pour que la tension artérielle baisse. Le Dr Gary
Schwartz, directeur du Centre de psychophysiologie de cette université, a constaté que l'arôme d'une pomme exerce un effet apaisant et
hypotenseur sur bon nombre de gens.

UN ALIMENT DE RÉGIME

Du fait que la pomme élève de façon durable le taux de sucre
sanguin, elle procure aussi une sensation de satiété supérieure à celle
qu'apporte une quantité équivalente d'hydrates de carbone ingérée sous
forme de jus ou de purée de pomme. C'est là un avantage quand on
suit un régime amaigrissant. Le jus stimule plus rapidement la production d'insuline et la chute du sucre sanguin, mais il ne calme pas l'appétit et vous laisse «sur votre faim». Pour qui cherche à perdre du
poids, le fruit entier est donc préférable au jus qu'on en extrait.

DES PROPRIÉTÉS ANTIVIRALES ET ANTIGRIPPALES

Les virus ne vivent pas longtemps quand ils sont mis en présence
de jus de pomme. Des tests *in vitro* menés au Canada ont montré que

le jus provenant tout droit des rayons du supermarché neutralise le virus de la poliomyélite. Testé en même temps que dix-huit autres jus de fruits vendus dans le commerce, celui de la pomme se révèle le plus efficace (avec le jus de raisin et le thé) pour exterminer les virus. Les chercheurs ont également remarqué que chez les grands consommateurs de pommes, la fréquence des grippes et des affections des voies respiratoires supérieures était plus basse que la moyenne.

De plus, des chercheurs de l'Université de l'État du Michigan ont déclaré que la pomme était l'aliment-santé par excellence. En 1961, ces scientifiques ont établi des comparaisons entre les antécédents médicaux de mille trois cents étudiants et leur consommation de pommes. Ils ont constaté que ceux qui, durant les trois années précédentes, avaient le plus mangé de pommes avaient aussi fait appel moins souvent (dans une proportion d'un tiers) aux services médicaux de l'université, qu'ils étaient davantage épargnés par les infections des voies respiratoires et qu'ils étaient moins tendus et, d'une façon générale, moins prédisposés à la maladie.

UN AGENT ANTICANCER

La pomme entière contribue à écarter le cancer grâce à l'acide caféique (ou chlorogénique) qu'elle contient. Cet acide inhibe la formation des tumeurs cancéreuses chez l'animal de laboratoire à qui on administre de puissants carcinogènes.

L'ASPECT PRATIQUE

Plus vous mangerez de pommes et plus vous augmenterez vos chances de faire chuter votre cholestérol sanguin. Mais là encore, il faut s'attendre à des réactions différentes d'un individu à l'autre.
- Pour des raisons inconnues, la pomme semble exercer chez la femme des effets hypocholestérolémiants plus prononcés que chez l'homme.
- Si vous augmentez votre consommation de pommes, il se peut que votre cholestérol total augmente au cours des trois premières semaines. Généralement, celui-ci se stabilise au-dessous de son niveau habituel. Des travaux réalisés en France ont cependant montré que la pomme n'agit pas de la même façon chez toutes les personnes.
- Mangez la pomme avec sa peau, qui est particulièrement riche en fibres de pectine. Le jus de pomme contient peu de pectine; il ne

faut pas lui demander d'abaisser la cholestérolémie ou la tension artérielle ni de stabiliser le sucre sanguin. De plus, dans le jus de pomme, les concentrations de substances chimiques anticancéreuses sont beaucoup moins élevées que dans le fruit.

MISES EN GARDE

- Le cidre, qui provient de la fermentation du jus de pomme, a le pouvoir de détruire les agents fibrinolytiques qui font obstacle à la coagulation, ce qui peut faciliter la formation de caillots sanguins. En revanche, le jus de pomme non fermenté n'exerce aucun effet de ce type.
- Même en faible quantité, le jus de pomme peut aggraver, chez certains enfants, une diarrhée chronique. Deux médecins de l'Université du Connecticut ont constaté lors d'une étude que plusieurs de leurs malades (âgés de treize à vingt ans), qui souffraient de diarrhées, virent leurs symptômes s'aggraver après avoir bu du jus de pomme. On ignore la raison de ce phénomène. Certains scientifiques pensent que l'organisme de certains enfants est peut-être physiologiquement incapable d'assimiler parfaitement les hydrates de carbone contenues dans le jus de pomme.

LA POMME
DE TERRE

LES AVANTAGES THÉRAPEUTIQUES ÉVENTUELS

• Contient des composés chimiques pouvant faire obstacle au cancer.

LA TRADITION POPULAIRE

Chose étonnante, la pomme de terre est considérée comme un bon remède contre le rhumatisme. Il fut un temps où les femmes cousaient dans les vêtements des poches spéciales afin d'y mettre des pommes de terre crues, réputées efficaces contre le rhumatisme. Le jus de la pomme de terre crue ou encore l'eau de cuisson du tubercule sont censés soulager la goutte, le rhumatisme, le lumbago, les entorses et les contusions. Jadis les médecins américains recommandaient à leurs malades de manger des pommes de terre pour se purifier le sang, pour alléger leur dyspepsie et mieux digérer.

LES FAITS

Si l'on considère l'énorme popularité dont jouit la pomme de terre, les arguments scientifiques qui lui dénient toute valeur nutritive et pharmacodynamique semblent peu convaincants.

DES SUBSTANCES ANTICANCÉREUSES

La pomme de terre est sans doute dotée de propriétés anticancéreuses et antivirales. Pourtant elle ne figure pas sur la liste des aliments couramment consommés par ceux qui ont des taux de cancer inférieurs à la moyenne. La pomme de terre blanche, surtout quand elle est crue, contient beaucoup d'inhibiteurs de protéases, et ces composés, on le sait, neutralisent divers virus et diverses substances carcinogènes. Des chercheurs ont même constaté que, par comparaison avec d'autres aliments, la pomme de terre est celui qui recèle les inhibiteurs les plus efficaces contre les virus (plus puissants que ceux du soja, considérés pourtant comme les agents antiviraux les plus féroces).

La pomme de terre, et plus particulièrement ses téguments, est riche en acide chlorogénique, polyphénol ayant la propriété d'inhiber les mutations cellulaires conduisant à la cancérisation. Des expériences menées à l'Université de l'État de Floride, au début des années 60, ont permis de découvrir que la pomme de terre exerce une activité anti-oxydante lui permettant de neutraliser les «radicaux libres». Comme nous l'avons déjà mentionné, ces dernières substances provoquent dans les cellules des dégradations qui entraînent de nombreux troubles pathologiques, y compris le cancer.

MISE EN GARDE

- La pomme de terre compte parmi les aliments qui ont un effet bénéfique sur l'«indice de glycémie», ce qui veut dire qu'elle élève rapidement l'insulinémie et la glycémie, et qu'elle risque, pour cette raison, de provoquer de fâcheux effets sur les diabétiques.

LE PRUNEAU

LES AVANTAGES THÉRAPEUTIQUES ÉVENTUELS

• Exerce une forte action laxative.

Quelle quantité? Chez la plupart des gens, une demi-tasse de pruneau par jour suffit à produire un effet laxatif.

LA TRADITION POPULAIRE

«Les pruneaux sont laxatifs et nourrissants... En transmettant leurs propriétés laxatives à l'eau dans laquelle on les fait pocher, ils constituent un additif utile et agréable aux décoctions purgatives. En trop grande quantité, ils peuvent causés flatulences, coliques et indigestion.» (*Dispensary of the United States*, 1907.)

LES FAITS

Presque tout le monde sait que le pruneau «relâche le ventre». Chose étonnante, en dépit des recherches, on n'a jamais réussi à identifier formellement l'ingrédient actif du pruneau qui exerce cet effet laxatif (alors qu'on commercialise du concentré de pruneau ayant des propriétés laxatives). Cet effet laxatif est peut-être dû aux fibres solubles que ce fruit séché contient en abondance. Mais son jus n'en contient pratiquement pas, et c'est pourtant, lui aussi, un laxatif.

UNE AFFAIRE GOUVERNEMENTALE

Dans les années 50 et 60, le Western Regional Research Center, organisme rattaché au Département américain de l'Agriculture (USDA), mit en œuvre de grands moyens pour dissiper ce mystère. On fit manger à des souris des kilos et des kilos de pruneaux de Californie et les chercheurs constatèrent que les animaux réagissaient comme il fallait s'y attendre. Pas le moindre doute à ce sujet. Selon l'un des expérimentateurs, le Dr Joseph Corse, «la propriété laxative du jus de pruneau est bel et bien réelle».

Malheureusement, le principe actif responsable de cet effet restait impossible à identifier. Après des centaines d'expérimentations infructueuses, les scientifiques de l'USDA avancèrent, faute de mieux, l'explication la plus plausible: le pruneau recelait soit un sucre spécifique, soit du magnésium. Le Dr Sidney Masri, biochimiste de l'USDA qui a participé aux travaux expérimentaux réalisés sur la souris, est persuadé que le principe actif responsable de cet effet laxatif est le magnésium. Si tel est le cas, cet ingrédient exerce des effets bien particuliers, ce qui prouve une fois de plus qu'un composé chimique isolé n'a pas les mêmes effets que lorsqu'il fait partie d'un aliment quelconque. Ainsi, le lait de magnésie (oxyde de magnésium) est un laxatif bien connu, alors que certaines noix, riches en magnésium, n'ont aucune vertu laxative.

Quoi qu'il en soit, ces travaux se révélèrent déconcertants, car lorsque les chercheurs de l'USDA réussirent à débarrasser le pruneau de son phosphate de magnésium, ce fut pour constater que le fruit perdait alors presque toutes ses propriétés laxatives. Par ailleurs, le phosphate de magnésium pur, administré à des souris, n'exerce pas non plus d'effet laxatif. *Tout se passe comme si les fameuses substances chimiques contenues dans le pruneau n'agissent que lorsqu'elles demeurent dans le fruit.* Selon le Dr Masri, le magnésium formerait, avec d'autres substances chimiques présentes dans le pruneau, un «chélate», ce qui potentialise son effet laxatif. Il fait remarquer que le même phénomène s'observe avec la pêche et l'abricot qui sont eux aussi riches en magnésium. Selon le Dr Masri, les constituants chimiques du pruneau agissent de la même façon que le sel d'Epsom (sulfate de magnésium), c'est-à-dire en chassant l'eau de la paroi colique vers les voies intestinales dont elle dilue le contenu. L'USDA abandonna ces études vers la fin des années 60, estimant que ce type de recherche n'en valait pas la peine et ne justifiait pas les sommes investies .

LES POUVOIRS DU PRUNEAU

Ce qu'on sait du pruneau en fait un véritable pactole pour la santé. Il suffit, pour s'en convaincre, de considérer le cas du Centre de gériatrie de Belleville, dans le comté d'Essex. Le médecin (et diététicien) qui dirigeait cet établissement décida un jour, à titre expérimental, de supprimer les laxatifs à ses trois cents pensionnaires, des gens du troisième âge qui étaient sujets à la constipation et qui consommaient régulièrement des comprimés laxatifs.

Le personnel du centre commença par ajouter aux flocons d'avoine servis au petit déjeuner environ 20 g par personne de son riche en fibres. Le résultat fut positif dans 60 p. 100 des cas. Aux malades qui continuaient à souffrir de constipation, on donna une demi-tasse de jus de pruneau par jour mélangée à un peu de compote de pomme ou à du son, ou à l'un et l'autre.

Au bout d'une année, 90 p. 100 des pensionnaires pouvaient se passer de laxatifs et préféraient le régime alimentaire qui leur avait été imposé. Au début, ils s'étaient plaints de flatulences et de malaises intestinaux, mais par la suite ils déclarèrent se sentir mieux. L'expérience s'était traduite pour le centre gérontologique par une économie appréciable: 44 000 $ en moins à débourser pour les laxatifs au cours de la première année.

L'ASPECT PRATIQUE

- Ceux qui consomment peu de pruneaux peuvent tout d'abord éprouver une sensation de réplétion, souffrir de flatulences et d'autres malaises gastro-intestinaux. Mais d'habitude l'appareil digestif s'adapte rapidement — dans les trois semaines suivantes — et les malaises disparaissent.
- Au début, n'abusez pas d'un aliment laxatif. Procédez par paliers, en en augmentant quotidiennement la consommation (de quelques dizaines de grammes) jusqu'à ce que le péristaltisme intestinal se normalise.

LE RAISIN

LES AVANTAGES THÉRAPEUTIQUES ÉVENTUELS

- Inactive les virus.
- Prévient les caries dentaires.
- Contient des composés qui neutralisent le cancer chez l'animal.

LA TRADITION POPULAIRE

«Après la pomme, le raisin est le roi des fruits. Il excelle pour soulager les états dyspepsiques, les dérèglements du foie et du rein, la tuberculose pulmonaire et osseuse, les hémorroïdes, les varices, l'ostéomyélite, la gangrène, le cancer et beaucoup d'autres maladies malignes.» Ainsi s'adressait à ses confrères un médecin new-yorkais, le Dr A. M. Liebstein, en 1927. L'année suivante, une citoyenne d'Afrique du Sud, Johanna Brandt, publiait *The Grape Cure,* livre dans lequel elle affirmait que le raisin l'avait guérie de son cancer abdominal. Les «cures de raisin» connurent aussitôt un immense succès dans plusieurs pays et elles sont toujours en vogue dans certaines parties de l'Europe.

LES FAITS

En dépit des perspectives que semblent ouvrir leurs propriétés antivirales et antitumorales (liées à leur forte concentration en divers polyphénols et tanins), les raisins n'ont malheureusement pas trouvé la place qui leur revient. Deux chercheurs canadiens, Jack Konowalchuk et Joan Speirs, ont démontré que le raisin détruit efficacement, *in vitro,* divers virus pathogènes. Pour ce faire, ils ont utilisé des raisins, du jus de raisin, des raisins secs, et aussi du vin blanc, rouge et rosé, puis ils ont ajouté des virus à l'extrait du raisin frais (pressé avec sa peau), au jus préparé, à une infusion de raisins secs et à chacun des trois vins. Dans chacun des cas, les virus furent inactivés. Le raisin se révéla particulièrement actif contre les deux virus de la poliomyélite et de l'herpès simplex.

On ne sait pas si le raisin a le pouvoir de détruire les virus dans l'organisme, faute d'avoir testé ses propriétés sur l'animal et sur l'être humain. Cependant, le raisin contient un tanin particulier qui est absorbé dans les voies intestinales où il exercerait une activité antivirale. D'autre part, on a pu suivre le cheminement des tanins radioactifs dans l'appareil digestif de la souris, puis dans son système circulatoire. Cela porte à croire que les tanins du raisin, non dégradés par la digestion, sont véhiculés par le sang où ils attaquent peut-être les virus. On sait aussi que le jus de raisin exerce une action bactéricide et que, chez l'animal de laboratoire, il prévient les caries dentaires.

Ce fruit contient également, en très grande quantité, de l'acide caféique, un polyphénol ayant la propriété de prévenir le cancer chez l'animal. Une récente étude portant sur un groupe d'Américains du troisième âge a mis en évidence une corrélation entre la consommation de raisins secs et une fréquence de la mortalité par cancer inférieure à la moyenne.

UN ARGUMENT CONTRAIRE

Plusieurs tests ont cependant montré que le jus du raisin noir exerce des effets mutagènes: il provoque dans les cellules des altérations du matériel génétique qui annoncent l'apparition d'un cancer.

LE RIZ

LES AVANTAGES THÉRAPEUTIQUES ÉVENTUELS

- Fait baisser la tension artérielle.
- Combat la diarrhée.
- Prévient la lithiase rénale.
- Soulage le psoriasis.
- Contient des composés qui préviennent le cancer.

LA TRADITION POPULAIRE

«Pour ceux qui sont sujets à la diarrhée ou à la dysenterie, le riz constitue un aliment léger et digeste... La *Pharmacopœia of India* considère les décoctions de riz — ce qu'on appelle eau de riz — comme étant une excellente boisson émolliente qui soulage les maladies inflammatoires. Cette boisson est aussi efficace contre les dysuries et contre d'autres affections similaires. On peut l'aciduler avec du jus de citron ou l'adoucir avec du sucre.»

Maud Grieve, *A Modern Herbal,* 1931.

LES FAITS

Le rôle joué par le riz dans l'hypertension, les maladies du rein et le diabète est important. De récentes études montrent que cette graminée (si on compare ses effets à ceux que produisent d'autres végétaux riches en amidon chez le diabétique non insulinodépendant) freine la synthèse du cholestérol tout en stabilisant la glycémie et l'insulinémie.

C'est un médecin du Medical Center de l'Université Duke, le Dr Walter Kempner qui, dans les années 40, a été le premier à instituer le «régime à base de riz» dans le traitement de l'hypertension et des affections rénales. De nombreuses preuves sont là pour démontrer l'efficacité de ce régime, à condition que le malade se nourrisse exclusivement, pendant le premier mois, de riz sans sel et de fruits. Le Dr Kempner a toujours dit ignorer le «principe actif» aux vertus thérapeutiques présent dans le riz, et on ne sait pas non plus si cet aliment a d'autres propriétés que celles d'éliminer les calories excédentaires, de réduire le sodium et de faire perdre du poids. Des tests menés en Inde, et portant sur divers végétaux, ont permis de découvrir que le riz avait en lui-même le pouvoir spécifique de réduire la tension artérielle.

Récemment, des personnes se soumettant à une cure d'amaigrissement à base de riz ont constaté que cette graminée provoquait des effets secondaires appréciables. Ainsi, on a constaté une amélioration spectaculaire de certains cas de psoriasis qui, depuis des années, étaient réfractaires à tout traitement.

UNE SUBSTANCE ANTITUMORALE

Comme toutes les graines, le riz contient des inhibiteurs de protéases qui retardent, croit-on, le développement du cancer. De plus, des expériences menées sur les animaux ont montré que la balle de riz diminue le risque d'apparition d'un cancer intestinal (mais beaucoup moins que le son du blé). En 1981, des scientifiques japonais travaillant pour la Brasserie de Sapporo ont déposé un brevet protégeant trois substances antitumorales isolées de la balle du riz. Ces substances, chez la souris, avaient fait disparaître des tumeurs. Par ailleurs, un Américain, professeur d'université, a établi des comparaisons entre la consommation *per capita* de divers aliments et certaines maladies. Il a constaté que les individus qui mangent le plus de riz (et aussi le plus de petits pois et de maïs doux) montrent les plus basses fréquences de cancers du côlon, du sein et de la prostate.

UN TRAITEMENT DE LA DIARRHÉE

Depuis des siècles, on fait boire de l'eau de riz aux enfants qui ont la diarrhée. Cette formule thérapeutique apparaît pour la première fois dans un texte sanscrit vieux de trois mille ans, mais ce n'est que tout récemment que les scientifiques du monde entier ont reconnu ces vertus à l'eau de riz. C'est ainsi qu'au Bangla Desh, le Centre international de recherche sur la diarrhée a mené une vaste campagne d'information pour apprendre aux villageoises à réhydrater les enfants diarrhéiques à l'aide de riz salé. Il suffit de deux poignées de riz, d'une bonne cuillerée à thé de sel et d'un litre d'eau. Dans leur rapport, les enquêteurs ont noté que l'eau de riz salée enraye les diarrhées, réhydrate l'organisme, réduit le volume des selles, et que les mères déclarent leurs enfants «guéris».

UN REMÈDE CONTRE LE CALCUL RÉNAL

Selon des chercheurs japonais, la consommation de son de riz, à raison de 10 g par jour, est un excellent moyen de prévenir une lithiase rénale. Pour le prouver, les chercheurs ont soumis à ce régime soixante-dix malades affectés de calculs rénaux et qui se nourrissaient d'aliments riches en calcium (ce qui favorise la «maladie de la pierre»). Au début de l'expérimentation, on avait relevé chez ces malades une hypercalciurie prononcée (présence de calcium en quantité anormale dans les urines). Or, au bout d'une période variant de un mois à trois ans, on enregistra chez tous les volontaires une diminution significative du calcium urinaire, ainsi qu'une réduction de leurs calculs. Les chercheurs japonais estiment que le riz est aussi efficace que divers produits pharmaceutiques, mais qu'en revanche elle n'entraîne pas d'effets antagonistes. C'est probablement l'acide phytique et les phytates contenus dans le riz qui empêchent l'intestin d'absorber le calcium indésirable, de sorte que celui-ci ne passe pas dans les urines pour y former des concrétions. Il va sans dire que si l'on désire absorber du calcium pour une quelconque raison de santé, mieux vaut éviter de consommer du son de riz en grande quantité.

UNE PREUVE CONTRADICTOIRE

Une étude menée au Japon, en 1981, a révélé que chez les plus grands mangeurs de riz (de légumes macérés dans du vinaigre et de poisson séché et salé) on enregistre un pourcentage de cancer de l'estomac supérieur à la moyenne.

LE SOJA

- Excellente médication cardio-vasculaire.
- Réduit le cholestérol sanguin.
- Prévient et dissout les calculs biliaires.
- Réduit les triglycérides.
- Stabilise le transit intestinal.
- Soulage la constipation.
- Stabilise le sucre sanguin.
- Diminue le risque de cancer.
- Régularise les œstrogènes.
- Favorise la contraception.

Quelle quantité? Un bol quotidien de soupe de miso *(pâte de soja) abaisse de 30 p. 100 le risque de cancer gastrique chez les Japonais. Manger six fois par semaine du soja sous n'importe quelle forme peut réduire de 20 p. 100 l'hypercholestérolémie.*

LES FAITS

Le soja est bénéfique de bien des façons, et les mangeurs de viande auraient intérêt à l'inclure dans leurs menus. La consommation régulière de soja peut corriger les déséquilibres sanguins que l'analyse met en évidence chez ceux qui sont affectés d'hypercholestérolémie, et peut peut-être inverser le cours des dégradations déjà infligées aux artères. Tout porte à croire que le soja contribue à stabiliser l'insulinémie, la glycémie, les fonctions intestinales, et à prévenir certains cancers, plus particulièrement celui de l'estomac.

UN ALIMENT EXCELLENT POUR LE CŒUR

C'est en 1972 que des scientifiques italiens du Centre d'étude des hyperlipidémies de l'Université de Milan ont commencé à étudier les propriétés du soja. Ils ne devaient guère tarder à découvrir que cette légumineuse accomplissait des miracles chez les malades atteints d'une sévère hypercholestérolémie (supérieure à 300 en règle générale), liée à des facteurs héréditaires. Le fait de combler leurs besoins protéiques en remplaçant la viande et les produits laitiers par du soja réduisait de 15 à 20 p. 100 leur taux de cholestérol LDL (le mauvais). Les mêmes effets ont été observés chez l'enfant.

Mieux: la consommation régulière de soja contrebalance les effets néfastes d'un régime riche en matières grasses. En effet, quand les chercheurs, sous la direction du Dr C. R. Sirtori, ajoutèrent 500 mg de cholestérol (la quantité contenue dans deux œufs) au régime alimentaire, il apparut que le soja neutralisait le pouvoir hypercholestérolémiant des œufs. Le plus remarquable c'est qu'ensuite, lorsque les malades reprirent leur régime habituel (tout en continuant à manger six fois par semaine des protéines dérivées du soja), leur taux de cholestérol demeura bas pendant les deux années que dura l'expérimentation.

De plus, le Dr Sirtori affirme que ce régime à base de soja a élevé, au bout d'un certain temps, le cholestérol HDL (le bon). Ce régime a non seulement arrêté la progression de la maladie cardio-vasculaire, mais il en a *inversé* le processus. Après trois années de ce régime, le Dr Sirtori a observé chez une femme une chute spectaculaire du cholestérol sanguin (de 332 à 206 mg par décilitre), une chute des triglycérides (de 68 à 59 mg par décilitre), ainsi qu'une amélioration de la circulation intra-cardiaque attestée par des électrocardiogrammes.

Le soja semble particulièrement efficace chez ceux qui souffrent d'une hypercholestérolémie très marquée, liée à des facteurs héréditaires. Il est moins efficace chez les individus affectés d'une cholestérolémie normale ou un peu supérieure à la normale. Cependant, ajouter du soja à un régime pauvre en graisses et riche en hydrates de carbone et en fibres peut être bienfaisant. Dans une étude réalisée en 1985, un chercheur de l'Université de l'État de Washington, Andrew P. Goldberg, a fait absorber des biscuits à la fibre de soja à des volontaires qui suivaient un régime sans graisses afin de réduire leur cholestérol. Ces biscuits accentuèrent encore plus la réduction de ce produit.

Ils facilitèrent l'assimilation du glucose tout en maintenant la glycémie à un niveau très bas, ce qui amena l'auteur de l'étude à recommander la fibre de soja aux diabétiques.

Pour stabiliser le sucre sanguin, rien ne vaut le soja. Il vient au second rang, immédiatement après la cacahuète, dans la liste des aliments stabilisateurs de la glycémie, liste dressée par un spécialiste de l'Université de Toronto, le Dr David Jenkins. D'une façon générale, les graines des légumineuses (les haricots par exemple) sont d'excellents régulateurs du sucre sanguin, mais, sur l'«indice de glycémie» du Dr Jenkins, les pousses de soja surpassent à cet égard les autres graines de cette famille de végétaux.

DES ARTÈRES DE VÉGÉTARIEN

David Klurfeld et David Kritchevsky, éminents chercheurs de l'Institut Wistar de Philadelphie, ont découvert qu'il n'est pas indispensable d'adopter un régime totalement végétarien pour rajeunir les artères. Ils ont en effet constaté qu'en ajoutant des germes de soja au régime alimentaire habituel du lapin, on donnait à cet animal des artères de végétarien. Dans un premier temps, les lapins tiraient la totalité de leurs protéines du soja: les chercheurs constatèrent une réduction de 50 p. 100 du cholestérol et de la fréquence de l'athérosclérose. Dans un second temps les chercheurs nourrirent les lapins de soja et de produits laitiers, afin que ces derniers puisent la moitié de leurs protéines dans chacun des deux groupes d'aliments (légumineuses et produits laitiers): on constata là encore une chute de 50 p. 100 du taux de cholestérol et de la fréquence de l'athérosclérose!

Ce qui indique, selon le Dr Klurfeld, que le fait de tirer la moitié de vos protéines d'aliments à base de soja peut revitaliser vos artères et mieux les prémunir contre les cardiopathies et les accidents cérébrovasculaires. Plutôt que de manger de la viande et du fromage, consommez du tofu, du lait de soja, du *tempeh,* ou tout simplement des pousses de soja cuisinées.

LA PRÉVENTION DES CALCULS BILIAIRES

Le soja peut également vous prémunir contre la lithiase biliaire. Après avoir soumis des hamsters à un régime contenant soit des protéines de soja soit de la caséine (une protéine dérivée du lait), les Drs Klurfeld et Kritchevsky ont constaté que 58 p. 100 des animaux nourris avec de la caséine avaient des calculs biliaires, alors que leurs congénères (ceux qui s'étaient alimentés de protéines de soja) n'en présentaient que dans une proportion de 14 p. 100. Lors d'un test ultérieur, on sacrifia au bout de quarante jours un tiers des animaux nourris avec de la caséine: la moitié d'entre eux souffraient d'une lithiase de la vésicule. Les expérimentateurs répartirent ensuite les animaux non sacrifiés en deux groupes (les deux tiers restants) et l'un des deux groupes fut alors nourri exclusivement de protéines de soja. Il apparut plus tard que dans ce groupe, seulement 32 p. 100 des animaux présentaient des concrétions biliaires, alors que cette proportion atteignait 58 p. 100 dans l'autre groupe, celui des hamsters qui ne consommaient que de la caséine. Il semble donc que le soja avait en partie inversé le processus menant à la formation des calculs. Le soja a peut-être même provoqué leur dissolution!

UNE SOUPE ANTICANCÉREUSE

En cherchant des aliments susceptibles de prévenir le cancer, des scientifiques japonais ont trouvé: le *miso*, ou soupe à la pâte de soja. Ils ont constaté que la probabilité de contracter un cancer de l'estomac était moindre (dans une proportion de un tiers) chez leurs compatriotes qui mangeaient quotidiennement un bol de *miso*, que chez ceux qui n'en consommaient jamais. Le fait de se nourrir occasionnellement d'un potage à base de soja suffisait à réduire ce même risque dans une proportion de 17 p. 100 chez les hommes et de 19 p. 100 chez les femmes.

Comme les autres légumineuses, le soja est riche en inhibiteurs de protéases, ces substances anticancéreuses. Si l'on expose des rats à des doses de rayons x suffisantes pour provoquer un cancer mammaire, et si ensuite on donne du soja à certains de ces animaux et pas à d'autres, on constate que 44 p. 100 de ceux qui consomment du soja contractent ce cancer, contre 74 p. 100 pour ceux qui n'en ont pas consommé.

L'HARMONISATION DU TRANSIT INTESTINAL

Toutes les légumineuses sont bénéfiques pour la santé du côlon et les fonctions intestinales. Le soja a, lui aussi, la propriété d'amollir les selles et d'accroître leur masse. Selon les scientifiques, cette propriété aide à prévenir la constipation, les affections diverticulaires, les hémorroïdes et certains autres dérèglements intestinaux (peut-être même le cancer du côlon).

UN CONTRACEPTIF NATUREL?

Comme les petits pois et les autres légumineuses, le soja est riche en œstrogènes naturels (hormones femelles), et il se peut qu'il inhibe la fécondité ou qu'il se substitue aux œstrogènes après la ménopause. Pour vérifier cette hypothèse, l'Institut national de la santé a subventionné une étude menée par des médecins de deux universités, Harvard et Duke. Les chercheurs ont fait absorber quotidiennement de faibles doses de soja à un groupe de femmes ménopausées, dans le but de vérifier si cela faisait augmenter ou non leur taux d'hormones.

L'idée que les hormones naturelles contenues dans le soja puissent agir comme des contraceptifs s'est manifestée pour la première fois à l'occasion d'une étude sur des chats exotiques réalisée au zoo de Cincinnati. En essayant d'expliquer pourquoi ces animaux sont souvent stériles, les chercheurs découvrirent que la nourriture qu'on donnait à ces bêtes était en partie constituée de produits dérivés du soja et qu'elle contenait de fortes quantités d'œstrogènes d'origine végétale. Après qu'on eut remplacé le soja par du poulet, les chats présentèrent des signes accrus de fécondité, ainsi que d'autres activités liées aux hormones.

Bien qu'on ait établi une corrélation entre un excès d'œstrogènes et une augmentation des cancers du sein et de l'endomètre, on ignore quels effets produit la consommation des légumineuses à cet égard. Un chercheur considère que de *faibles doses* d'œstrogènes d'origine alimentaire, administrées pendant un certain temps, neutralisent peut-être les effets dangereux d'un excès d'œstrogènes capable de donner naissance à un cancer mammaire. L'explication théorique de ce phénomène serait la suivante: de faibles doses d'œstrogènes d'origine alimentaires auraient le pouvoir de rendre le tissu mammaire insensible aux dégradations que peut provoquer un excès d'œstrogènes, un peu comme des doses infimes d'allergènes désensibilisent un individu sujet à des réactions allergiques. De l'avis du chercheur, la consommation régulière de soja expliquerait pourquoi la fréquence du cancer du sein est inférieure à la moyenne chez les végétariennes.

Cette question est loin d'être résolue, mais aujourd'hui les scientifiques s'accordent pour penser que les hormones contenues dans le soja et dans quelque trois cents autres plantes peuvent exercer de profonds effets biologiques. Ils ont d'ores et déjà entrepris des recherches pour en savoir plus long.

L'ASPECT PRATIQUE

- Ne négligez aucun de ces dérivés du soja: huile de soja, farine de soja, poudre de soja, lait de soja (jus de cuisson des germes), gruau de soja, germes de soja (graines de la plante que l'on peut consommer grillées), tofu (lait caillé du soja), *tempeh* (germes fermentés), pousses de soja, protéines végétales extraites de la plante, flocons de soja que l'on peut ajouter à un plat ou encore substituer à de nombreux produits alimentaires et consommer sous diverses formes (imitations de lard fumé, de saucisses et de pâté).

LE SON

- Soulage la constipation.
- Prévient les affections diverticulaires, les varices, les hémorroïdes et les hernies.
- Améliore la fonction intestinale.
- Est associé à une fréquence du cancer du côlon inférieure à la moyenne.

Quelle quantité? Si on le consomme pour ses propriétés laxatives, il suffit d'absorber du son de blé pur à raison de trois cuillerées à table par jour (soit l'équivalent d'un tiers de tasse) pour remédier à une constipation chronique. L'ingestion de plus de trois cuillerées à table provoque parfois des diarrhées chez certaines personnes. En fait, les recherches montrent que les réactions au son varient énormément d'un individu à l'autre.

LA TRADITION POPULAIRE

Déjà Hippocrate faisait remarquer que le pain de froment avait des vertus laxatives. Cette idée s'est répandue aux États-Unis au début du siècle dernier, en même temps qu'un vigoureux mouvement en faveur d'une alimentation végétarienne et qu'un retour à la nature prêché par Sylvester Graham. Quoi qu'il en soit, dans les années 30, bon nombre de médecins considéraient le son comme un aliment surévalué, dépourvu de toute valeur, et beaucoup d'entre eux le proscrivaient à leurs malades, estimant que les «issues» du blé étaient néfastes et irritaient le côlon.

LES FAITS

Le son de froment est le meilleur remède contre la constipation que nous prodigue la nature. Beaucoup de spécialistes considèrent qu'éviter la constipation c'est réduire le risque de contracter des hémorroïdes, des affections diverticulaires, des varices, des hernies, et peut-être un cancer du côlon. Contrairement à une opinion très répandue, le son n'abaisse pas le cholestérol sanguin ni la tension artérielle et on ne sait pas non plus s'il prémunit l'organisme contre les maladies cardio-vasculaires.

C'est à ses fibres très abondantes que le son doit ses pouvoirs. Le son, en fait, est le péricarpe (l'enveloppe extérieure) entourant le grain du blé. Il est la plus grande source de fibres non solubles que l'on connaisse. Chez la plupart des gens il accroît la masse fécale, ce qui, de l'avis des spécialistes, est déterminant pour faire obstacle à la constipation, aux autres troubles de l'appareil digestif, et pour réduire la prédisposition au cancer colique.

UN PUISSANT LAXATIF

Le son a la solide réputation de guérir la constipation. Rien ne peut l'égaler quand il s'agit d'accroître et d'amollir le volume fécal, d'évacuer rapidement le côlon et de faire bénéficier le système digestif de divers effets métaboliques bienfaisants. Pour prouver que les végétaux peuvent pourvoir l'organisme en fibres résiduelles, une équipe britannique, composée de spécialistes et dirigée par le Dr John H. Cummings (Dunn Clinical Nutrition Centre de l'Université de Cambridge), a fait ingérer à dix-neuf sujets masculins en parfaite santé des fibres provenant de son de froment, de carottes, de choux et de pommes. Ces chercheurs constatèrent que ces végétaux exerçaient d'indéniables effets, mais beaucoup plus discrets que ceux obtenus avec le son. Ils conclurent que, d'une façon générale, 50 g de son brut par jour (à peu près l'équivalent de trois quarts de tasse) doublaient le poids de la masse fécale. Pour obtenir le même effet, il faudrait absorber environ quatorze tartines de pain de froment, quatre tasses et demie de carottes bouillies, cinq tasses de chou bouilli, ou onze pommes. Le son réussit à merveille ce que les autres fruits et légumes réussissent bien!

Selon le Dr Denis Burkitt, médecin britannique à qui on doit la théorie de la fibre de son, les populations des pays occidentaux devraient multiplier par deux le volume de leurs selles. À ce propos, il fait remarquer que dans les zones rurales de l'Afrique et de l'Inde, là où la consommation de fibres est élevée et les affections intestinales à peu près inexistantes, la masse fécale expulsée des voies digestives (environ 30 à 35 heures après l'ingestion) est en moyenne de 300 à 500 g. Dans les pays occidentaux, cette masse dépasse tout juste 100 g, et la durée totale du transit, de la bouche à l'anus, est d'environ trois jours chez le jeune adulte en bonne santé, et elle peut dépasser deux semaines chez les personnes âgées.

UN LAXATIF ÉPROUVÉ

Les cliniques, établissements hospitaliers et maisons de convalescence qui ont remplacé les habituels laxatifs par du son ont tout lieu de s'en féliciter. Lors d'un test mené à l'hôpital central de Brighton, en Angleterre, des médecins ont ajouté 15 g de son au menu quotidien (composé de céréales, de lait, de potage, de pommes de terre, de desserts et de divers aliments) de malades du troisième âge et d'handicapés physiques souffrant depuis longtemps de constipation. Le résultat fut probant, particulièrement chez les hommes. De la même façon, on a observé dans une maison de santé du New Jersey qu'une quinzaine de grammes par jour de son pur mélangé à des flocons d'avoine guérissait la constipation dans environ 60 p. 100 des cas.

L'HYPOTHÈSE CANCER

La croyance est la suivante: plus on consomme de fibres provenant de céréales, comme celles que l'on trouve dans le son, et plus on réduit le risque de contracter un cancer de l'intestin ou du rectum. Le Dr John Weisburger et ses confrères de l'American Health Foundation ont montré que les agriculteurs finlandais, bien qu'ils absorbent énormément de graisses provenant des produits laitiers, semblent immunisés contre le cancer du côlon du fait qu'ils consomment de grandes quantités de blé entier et de pain complet. Le même phénomène a été observé dans le nord de la Suède, où le blé fait manifestement obstacle au cancer du côlon, que favorise un régime riche en matières grasses. Selon les chercheurs, cet effet protecteur tiendrait au volume des selles. Pour le Dr Weisburger, la fréquence du cancer du côlon est inversement proportionnelle à la masse fécale.

Quel rapport existe-t-il entre des selles plus abondantes résultant de la consommation de son et les tumeurs malignes? Les choses s'expliquent théoriquement ainsi: le côlon est inondé d'acides biliaires provenant des processus normaux du métabolisme. Ces acides sont considérés comme des substances cancérigènes. Transitent également dans le côlon d'autres produits carcinogènes qui, par exemple, peuvent provenir de traces d'insecticides laissées sur les aliments. À partir du moment où les selles sont plus volumineuses, ces carcinogènes ont moins de chances de venir en contact avec la paroi colique. De plus, des selles abondantes transitent plus rapidement dans le côlon, ce qui précipite l'expulsion des carcinogènes hors du tube digestif, de sorte qu'ils n'ont pas le temps de s'y attarder et de dégrader les cellules. Le son modifie également la composition des mucosités du côlon, ce qui aide probablement l'organisme à lutter contre les tumeurs naissantes. En effet, le son fermente et libère dans le côlon des composés qui peuvent neutraliser l'activité cancéreuse en enrayant la transformation de certains acides biliaires en carcinogènes.

Sur quarante études épidémiologiques menées dans le monde entier, trente-deux ont démontré que la consommation d'aliments riches en fibres (comme le son) est reliée à des fréquences de cancer colique inférieures à la moyenne. Chez l'animal de laboratoire, le son enraye le développement du cancer du côlon plus efficacement que ne le fait n'importe quelle autre fibre. Dans certains cas, le son fait obstacle à l'apparition d'une tumeur maligne (même si les expérimentateurs ont injecté dans le côlon de l'animal des acides biliaires carcinogènes).

Il se peut que le secret du blé tienne à une substance particulière contenue dans sa fibre. Un jour, un médecin britannique releva que, chez les Écossais, la mortalité due au cancer du côlon était trois fois plus élevée que celle enregistrée dans le sud-est de l'Angleterre. Pour en trouver les raisons, il compara les quantités de fibres ingérées, mais au nord comme au sud les chiffres étaient sensiblement les mêmes. Il nota cependant que les Écossais consommaient nettement moins de pentose, un sucre que l'on trouve principalement dans la fibre du blé. Par ailleurs, une enquête de l'International Agency for Research on Cancer a révélé que les citadins de Copenhague — dont le taux de cancer colique est trois fois supérieur à celui enregistré chez les ruraux de Kuopio, un village de Finlande — consomment deux fois moins de pentose que les Finlandais. C'est principalement au pentose que le son doit son pouvoir d'accroître la masse fécale.

L'ASPECT PRATIQUE

- Diverses études ont montré que si vous êtes sujet à la constipation, il vous faudra, pour améliorer et stabiliser votre transit intestinal, consommer plus de son qu'un individu dont les selles sont plus abondantes que les vôtres. Les études menées par le Dr Cumming ont révélé qu'à cet égard les réactions individuelles face aux fibres végétales varient grandement. Certains doivent absorber six fois plus de fibres que d'autres pour accroître le volume de leurs selles.
- D'une façon générale, plus le son est brut, plus important est son effet.
- Plutôt que d'absorber une forte quantité de son d'un seul coup et d'attendre le résultat, allez-y graduellement, en n'ajoutant à votre régime alimentaire que de petites doses à la fois.

LES EFFETS SECONDAIRES ÉVENTUELS

- Une consommation excessive de son peut provoquer la diarrhée.
- Dans tous les cas d'affections diverticulaires, il est indispensable de consulter un médecin avant de se mettre à consommer du son de façon régulière. Un excès de fibres peut parfois être cause d'embarras intestinal.
- Les aliments très riches en fibres végétales, comme le son, ne sont pas conseillés aux personnes atteintes de la maladie de Crohn, affection inflammatoire de l'intestin.

LE SUCRE

Dans les moments d'angoisse, sucre ton thé.

Proverbe chinois.

LES AVANTAGES THÉRAPEUTIQUES ÉVENTUELS

- Agit comme un tranquillisant.
- Soulage l'angoisse et la tension nerveuse.
- Aide à relaxer et à trouver le sommeil.
- Renforce chez certains la concentration.
- Agit comme un antidépresseur.
- Détruit les bactéries.
- Guérit les blessures.

Quelle quantité? Deux à trois cuillerées à table de sucre blanc, ou 50 à 60 g de chocolat en tablette, ou encore 30 g de bonbons au sucre pur suffisent à soulager l'angoisse ou la tension nerveuse, et procurent détente et assoupissement.

LES FAITS

Seuls les anciens, semble-t-il, connaissaient les vertus apaisantes du sucre. Alors que la plupart des gens sont persuadés que le sucre donne un coup de fouet, ou encore plonge les enfants dans un état de surexcitation, c'est d'ordinaire l'effet opposé qu'il produit: il agit sur la plupart des organismes comme un tranquillisant, un anxiolytique, il augmente la faculté de concentration et assoupit. De plus, il a comme le miel le pouvoir de cicatriser les blessures.

LES EFFETS DU SUCRE SUR LE CERVEAU

Manger des sucreries, affirme une croyance tenace, c'est s'injecter du sucre dans le sang et se donner un regain d'énergie. Mais la vérité est tout autre, car la quantité de sucre qu'on peut avoir dans le sang, quelle qu'elle soit, n'influence nullement ni l'humeur ni la vitalité. C'est ce que nous démontrent des centaines d'expérimentations réalisées au Massachusetts Institute of Technology. L'état d'esprit est réglé non pas par la concentration du sucre sanguin, mais par la chimie du cerveau. Et manger des sucreries amorce une suite de changements physiologiques qui libèrent une substance chimique tranquillisante et non pas génératrice d'énergie.

La consommation de sucre ou d'autres hydrates de carbone provoque le déversement d'insuline dans le sang, ce qui accroît la concentration d'un composé chimique appelé tryptophane. Ce composé est véhiculé par le sang vers le cerveau, où il stimule la production de sérotonine, un neurotransmetteur connu pour ses propriétés apaisantes. Plus l'apport de tryptophane est important, plus la sérotonine est sécrétée en abondance. «On se sent alors moins stressé, moins angoissé, plus concentré et plus détendu», déclare le Dr Judith Wurtman, éminente chercheuse du MIT.

«La dose de sucre requise, explique-t-elle, est assez précise.» Pour éprouver un sentiment d'apaisement, la plupart des gens de poids moyen ont besoin d'absorber environ 30 g d'hydrate de carbone pur, soit l'équivalent de deux à trois cuillerées à table de sucre de canne pur ou de 50 à 60 g de sucreries. Les personnes qui ont un excès de poids de 20 p. 100 en ont besoin d'un peu plus, soit un tiers ou une demie-cuillerée à table de plus que les sujets de poids moyen. Les tests montrent qu'une consommation supérieure n'entraîne pas nécessairement de meilleurs résultats. Ce qui compte pour augmenter le taux de la sérotonine, ce sont les premières bouchées de sucre ingérées.

Chez certaines personnes, le sucre fait l'effet d'un médicament antidépresseur. Des spécialistes ont découvert que chez les individus dont le cerveau ne synthétise que peu de sérotonine après absorption de sucre, les tendances à la dépression, voire au suicide, sont plus accentuées. Le Dr Norman Rosenthal, scientifique du National Institute of Mental Health, a étudié un groupe de sujets souffrant d'états dépressifs intermittents (qui se produisent surtout l'hiver, dus peut-être au raccourcissement des jours). Selon le Dr Rosenthal, la privation de lumière fait chuter le taux de la sérotonine dans le cerveau des gens sujets à ces états dépressifs. Il explique que pour stimuler la sécrétion de sérotonine et faire obstacle à la dépression, beaucoup d'entre eux s'adonnent à une forme d'«automédication» qui consiste à se «bourrer» d'hydrates de carbone lors des jours maussades.

Le Dr Wurtman fait également remarquer que le mécanisme réglant le métabolisme des sucres dans l'organisme est comparable à l'effet produit par les médicaments antidépresseurs: «Les hydrates de carbone amplifient sans doute la neurotransmission de la sérotonine, exactement comme le font les antidépresseurs.» Chez certaines populations, le pourcentage des suicides baisse quand la consommation de sucres augmente. D'ailleurs, l'autopsie des suicidés met souvent en évidence une faible concentration de sérotonine dans le cerveau.

Contrairement à une croyance très répandue, rien ne prouve que le sucre provoque chez l'enfant la surexcitation ou quelque autre effet fâcheux. Des études menées par des chercheurs des National Institutes of Health ont démenti ces préjugés. Les sucreries ont plutôt tendance à calmer les jeunes. Et on ne peut non plus accorder la moindre crédibilité à l'idée que les sucreries sont à l'origine de conduites criminelles.

DES RÉACTIONS PHYSIOLOGIQUES INVERSES

Néanmoins, certains individus — le Dr Wurtman se considère comme faisant partie du nombre — naissent avec une chimie cérébrale qui les prédispose à réagir de façon complètement différente face au sucre. Le sucre et les hydrates de carbone ne leur procurent aucun assoupissement, mais au contraire accroissent leur concentration et leur vivacité d'esprit. Selon le Dr Wurtman, ces personnes éprouvent souvent un sentiment de fatigue, d'énervement et d'ennui dans les moments qui précèdent «l'offensive des hydrates de carbone». Après avoir mangé un peu de sucre, elles se sentent moins distraites, davantage en état de se concentrer et plus calmes. En outre, quand on leur administre un médicament qui stimule leur sérotonine cérébrale, leur besoin d'hydrates de carbone disparaît comme par enchantement, ce qui prouve que pour une raison inexpliquée leur chimie cérébrale est différente.

LE SUCRE ET LES BLESSURES

Comme le miel, le sucre est un fantastique baume cicatrisant. Le Dr Richard A. Knutson, chirurgien du Delta Medical Center de Greenville, dans le Mississippi, a enregistré «un pourcentage de réussites presque absolu» en traitant au sucre quelques malades hospitalisés à la suite de brûlures, de lacérations, de blessures par balles, de fractures ouvertes, ou après une amputation. Dans beaucoup de cas le sucre a agi là où les antibiotiques n'exerçaient aucun effet, et plus particulièrement sur les brûlures. Au début, le Dr Knutson craignait que le sucre favorisât le développement des bactéries, mais c'est tout le contraire qui s'est produit: le sucre a jugulé l'infection.

En Grande-Bretagne, en Israël, en Allemagne et plus encore en Argentine, la médecine moderne fait couramment appel au sucre pour accélérer la cicatrisation. C'est ainsi qu'à Buenos Aires, une équipe dirigée par le Dr Leon Herszage a enregistré 99 p. 100 de succès thérapeutiques en traitant au sucre blanc les blessures de malades après que les médications classiques se furent révélées inefficaces.

Pour que le sucre adhère aux blessures, le Dr Knutson mélange grossièrement quatre parts de sucre blanc en poudre à une part d'un onguent iodé que l'on trouve dans toutes les pharmacies. Le mélange ainsi obtenu a la consistance du beurre d'arachide.

L'ASPECT PRATIQUE

Nous reproduisons ici ces quelques conseils du Dr Wurtman:

- Pour obtenir un effet calmant qui soit prononcé, prenez des hydrates de carbone purs (c'est-à-dire en ne consommant pas simultanément des protéines), et le moins possible de corps gras (protéines et corps gras ralentissent ou inhibent la sécrétion cérébrale de la sérotonine).
- Le sucre des fruits n'a pas la propriété de stimuler la production de substances cérébrales sédatives.
- En règle générale, il faut une vingtaine de minutes pour que la digestion s'effectue et que les effets se fassent sentir dans le cerveau, mais certains se sentent l'esprit «soulagé» dans les cinq minutes qui suivent l'ingestion de sucre, et d'autres au bout d'une heure seulement. Si vous appartenez à cette dernière catégorie, essayez de hâter les choses en absorbant une boisson décaféinée et sucrée, une infusion de thé contenant deux cuillerées à table de sucre, ou encore une tasse de chocolat soluble dilué dans de l'eau.
- Pour vaincre vos insomnies, essayez de prendre, avant de vous coucher, entre 30 et 50 g de sucreries ou d'un aliment féculent. Chez la plupart des gens, cela aura le même effet qu'un somnifère, sans toutefois s'accompagner d'effets secondaires désagréables (sensation d'abrutissement et jambes molles au lever) et sans créer d'accoutumance.

MISES EN GARDE

- Le sucre apporte des calories et de l'énergie, mais il n'a aucune valeur nutritive. Un excès de sucreries peut faire grossir, ou priver l'organisme de substances alimentaires indispensables, comme cela se produit surtout chez les enfants qui *substituent* des produits frelatés à de la nourriture saine.
- Le sucre favorise les caries dentaires.
- Le sucre peut faire monter en flèche l'insulinémie et la glycémie. À cet égard le saccharose, ou sucre de table, exerce des effets moins prononcés que certains légumes tels que la pomme de terre, la carotte et le riz.
- Toute blessure doit être soignée par un médecin. Il est dangereux d'appliquer du sucre sur une plaie qui saigne encore ou qui n'a pas été désinfectée.

DES ACCUSATIONS FANTAISISTES

On a rendu le sucre responsable de bien des maux. Souvent à tort. Il faut savoir que le sucre ne rend pas les enfants nerveux, qu'il n'est pour rien dans la délinquance et la criminalité, qu'il ne provoque pas le diabète, ni les cardiopathies, ni l'acné, ni l'obésité (il y contribue, certes, mais ce sont les aliments riches en corps gras — lesquels sont souvent sucrés — qui en sont les principaux responsables).

LE THÉ

LES AVANTAGES THÉRAPEUTIQUES ÉVENTUELS

- Freine le développement des caries dentaires.
- Détruit bactéries et virus.
- Combat l'infection.
- Contient des composés chimiques qui préviennent le cancer chez l'animal.
- Fait baisser la tension artérielle.
- Fortifie les capillaires.
- Freine l'athérosclérose (durcissement des artères).
- Exerce des effets soporifiques légers (s'il est décaféiné).

LA TRADITION POPULAIRE

Comment résumer les titres de gloire du thé que les Chinois consomment depuis quatre mille ans pour ses vertus médicinales? Dans la Grèce antique, le thé était considéré comme la «feuille divine». On la considérait bienfaisante contre l'asthme, les refroidissements et les bronchites (d'où le nom de «théophylline» donné à un dilatateur de bronches dérivé du thé). Le médecin de Louis XIV prescrivait du thé à son royal patient quand celui-ci souffrait de maux de tête. Au XIXe siècle, les savants russes avaient baptisé le thé «élixir de vie», considérant qu'il avait des effets bienfaisants sur «la digestion», le système nerveux et les vaisseaux sanguins, la fonction cardio-vasculaire, la tension artérielle et l'énergie vitale de l'homme.

LES FAITS

Il peut sembler passablement ridicule de faire une potion avec une plante si commune, si banale et si peu coûteuse. Car comment quelques parcelles, noires ou vertes, provenant d'une feuille (ou d'une racine) et que l'on trempe dans de l'eau brûlante peuvent-elles bien se métamorphoser en une miraculeuse infusion, ainsi qu'on l'a claironné partout dans le monde antique, une infusion qui aujourd'hui fait l'objet d'études dans les laboratoires de multiples pays? Pourtant, les scientifiques qui analysent cette boisson qu'est le thé (leurs études portent également sur le ginseng et les thés communs, verts et noirs, qui nous viennent de l'Inde et de la Chine) nous confirment qu'il a bel et bien d'extraordinaires pouvoirs qui passent souvent inaperçus aux yeux de ceux qui le consomment. Il n'y a donc pas lieu de s'étonner si depuis des siècles le thé est la boisson la plus répandue sur une bonne partie de la planète. Il contient divers composés chimiques capables de protéger l'organisme contre les offensives virales et bactériennes, de neutraliser les agents cancérigènes, de réduire la tension artérielle et le cholestérol sanguin, de provoquer la constriction des vaisseaux sanguins et de les protéger, et aussi d'apaiser l'esprit. Dans l'univers scientifique, le thé fait l'objet d'une considération attentive.

UN AGENT ANTIVIRAL

Le thé exerce indéniablement une action antibactérienne et antivirale vraisemblablement liée aux tanins qu'il contient et qui lui donnent son goût astringent. Dans les années 40, des scientifiques américains ont découvert que le tanin avait la propriété de neutraliser l'un des virus de la grippe. Récemment, des chercheurs indiens ont constaté que le thé infusé et son tanin «inhibaient fortement» le virus de l'herpès simplex, alors que seul le thé désactivait un poliovirus. Des tests *in vitro* réalisés au Canada ont également montré que le thé désactivait un certain nombre de virus pathogènes.

En Union soviétique, on recourt communément au thé vert pour traiter diverses maladies infectieuses, et plus spécialement la dysenterie. Des médecins russes font également état de succès thérapeutiques obtenus grâce au thé vert dans le traitement de l'hépatite virale chronique.

UN BAIN DE BOUCHE ANTICARIE

Parce qu'il contient des tanins et du fluor en abondance, le thé est un puissant antagoniste de la carie dentaire. Le Dr Shelby Kashket, scientifique rattaché au Forsyth Dental Center de Boston, rappelle que l'idée selon laquelle le thé préviendrait les caries n'est pas neuve. Des travaux menés au Japon ont montré que les enfants qui boivent du thé préparé à partir des feuilles les plus riches en fluor sont également ceux qui présentent le moins de caries. Au Japon, on commercialise d'ailleurs un dentifrice à base de tanin.

Les meilleures preuves de l'activité anticarie du thé nous sont apportées par diverses études menées sur les animaux. Des chercheurs de Taïwan ont constaté que «l'activité cariante» diminue considérablement (la proportion varie de la moitié aux trois quarts) quand on baigne régulièrement de thé la cavité buccale du rat. En 1983, des scientifiques de l'Université de l'État de l'Ohio et de l'École de médecine dentaire de l'Université de l'État de Washington ont procédé à une expérience qui consiste à inoculer à des rats des bactéries génératrices de caries, puis à nourrir les animaux de sucre tout en les laissant boire à volonté, pendant cinq semaines, quatre sortes d'infusions de feuilles de thé (des thés verts de Chine et des thés noirs de l'Inde). À la fin de l'expérimentation, ces rats présentaient des lésions au niveau de l'émail et de l'ivoire, mais beaucoup moins importantes que celles observées chez leurs congénères qui n'avaient bu que de l'eau. L'un des thés utilisés avait même réduit de moitié la fréquence des caries.

Les chercheurs du Forsyth Dental Center ont observé que de tous les aliments anticarie testés (dans la liste figuraient le café et les jus de fruits), le thé est de loin le plus efficace (il s'agissait de marques de thé en sachets bien connues). Lors de ces tests, le thé inhibait dans une proportion de 95 p. 100 les interactions sucre/bactéries qui produisent une substance poisseuse appelée dextrane, laquelle «colle» aux dents et amorce le processus de dégradation aboutissant à la carie.

UN INHIBITEUR DU CANCER

Les scientifiques se rallient de plus en plus à l'idée que le thé a le pouvoir de combattre le cancer. Ces mêmes tanins qui détruisent les virus et les bactéries peuvent peut-être enrayer le développement de certains cancers. Réalisés à la demande du gouvernement japonais, des recherches ont révélé que le thé (plus particulièrement le thé vert dit «Oriental») vient en tête de la liste des antidotes naturels contre le cancer. En 1985, d'éminents scientifiques de l'Institut national japonais de génétique ont proclamé que l'«épigallo-catéchine-gallate» (variété de tanin qu'on retrouve communément dans le thé vert consommé au Japon) est un puissant antimutagène exerçant des effets antagonistes sur le cancer. Sur plusieurs centaines de végétaux passés au crible par les Japonais dans le cadre de recherches visant à identifier les «antimutagènes», le thé vert *(Camellia sinensis)* consommé dans ce pays s'est révélé le plus puissant lors des tests en laboratoire. Selon les chercheurs, les composés chimiques contenus dans ce thé font également disparaître, chez la souris, des tumeurs sarcomateuses. De plus, au Japon, on enregistre chez les consommateurs de thé vert une fréquence étonnamment basse de cancers gastriques.

Des enquêteurs canadiens du Cancer Research Center de la Colombie-Britannique ont mis en évidence le fait que le thé enraye la formation des nitrosamines (famille de puissants carcinogènes capables de provoquer, chez l'animal de laboratoire, à peu près tous les types de cancers). Les constituants du thé, dont le tanin, neutralisent les nitrosamines encore plus radicalement que l'acide ascorbique (vitamine C) couramment utilisé à cet effet. Des expérimentations ont également montré que de faibles doses de thé infusé (du Japon, de Chine ou de Ceylan) ont le pouvoir de désactiver l'agent qui cause le cancer.

Le Dr Hans Stich, chef du Center's Environmental Carcinogenesis Unit, considère que «le thé — et aussi le café — contient en abondance des acides phénoliques qui sont des anticarcinogènes et des anti-oxydants». L'une des études dirigées par le Dr Stich a démontré que des doses normales de thé enrayent l'action des agents carcinogènes contenus dans un poisson japonais (le *pak wik*) fermenté dans la saumure, et que l'on tient pour une bonne part responsable de la fréquence très élevée du cancer des voies nasales observé à Hong-Kong, en Chine méridionale, aux Philippines et en Indonésie.

Faut-il boire du thé pour combattre le cancer?

«Assurément. Nos études sur l'animal et sur les cultures de tissus l'ont démontré», affirme le Dr Stich. Il est frappant de constater que le thé (comme le café) inhibe la formation des nitrosamines, même chez l'être humain. Le Dr Stich est si convaincu des propriétés anticancérigènes du thé qu'il utilise des capsules de catéchine extraite du feuillage de la plante pour combattre, dans divers pays du monde, le développement du cancer buccal chez les individus qui prisent et chiquent du tabac.

De plus, des tests réalisés en Union soviétique, en Inde et au Japon montrent que le thé protège (à long terme) contre les lésions dues aux radiations. Des chercheurs japonais ont révélé que les catéchines du thé éliminent de l'organisme le strontium 90 avant même que celui-ci ait pu atteindre la moelle osseuse.

LES MALADIES CARDIO-VASCULAIRES

Dans certains pays, les médecins n'ont pas peur de prescrire du thé dans les cas de cardiopathies. Au terme de très nombreuses études cliniques menées en Union soviétique, les scientifiques n'ont pu que louanger le thé, qui s'est révélé capable (essentiellement parce qu'il contient des catéchines) de retarder l'athérosclérose, de fortifier les capillaires, de fluidifier le sang, d'abaisser la tension artérielle, et d'«exercer un effet régulateur favorable sur toutes les composantes vitales du métabolisme humain». Mikhail A. Bokuchava, chercheur du Bakh Institute of Biochemistry de Moscou, a rapporté des cas où le thé avait soulagé l'hypertension et la céphalée, prévenu la thrombose et donné du tonus aux vaisseaux sanguins. Les catéchines du thé, affirme-t-il, sont «plus efficaces que n'importe quel autre médicament connu pour son action fortifiante sur les capillaires».

D'autres preuves sont venues confirmer le rôle de protection cardio-vasculaire joué par le thé. Vers la fin des années 60, des scientifiques du laboratoire Lawrence Livermore (Université de Californie) ont procédé pendant quatorze ans à des autopsies ayant pour but de mesurer le degré de sclérose des coronaires et des artères cérébrales de trois cents individus de race blanche, buveurs de café, et de cent Chinois buveurs de thé. Résultat: chez les buveurs de thé, les artères coronaires et cérébrales sont beaucoup moins dégradées par l'athérosclérose que chez les buveurs de café (66 p. 100 de moins pour les artères coronaires, et 33 p. 100 de moins pour les artères cérébrales). Pour vérifier expérimentalement ces données, les chercheurs firent absorber à des lapins des aliments riches en corps gras, ainsi que diverses boissons. Résultat: l'aorte des animaux qui avaient bu du thé étaient beaucoup moins endommagées que celle de leurs congénères qui avaient bu de l'eau. «C'est bien la preuve que le thé semble empêcher la formation d'athéromes (plaques) dans l'aorte», conclurent les expérimentateurs. De plus, le thé combat plus efficacement l'athérosclérose si l'animal le consommait en même temps (ou peu après) que ses rations alimentaires riches en graisses.

Plusieurs études menées au Japon, dans les années 80, confirment le fait que le thé réduit fortement le cholestérol et les triglycérides chez les gens dont le régime alimentaire comporte un excès de corps gras, ce qui laisse supposer «que les tanins du thé vert jouent peut-être un rôle dans la stabilisation du taux de cholestérol autour du taux normal». De récentes recherches attribuent aussi aux tanins du thé un pouvoir protecteur sur le foie.

UN SÉDATIF ET UN HYPOTENSEUR

Des chercheurs californiens ont annoncé, en 1984, que le thé vert décaféiné avait un effet sédatif chez la souris. Selon le Dr James P. Henry, professeur de psychiatrie à la faculté de médecine de l'université Loma Linda, le thé décaféiné semble exercer un pouvoir apaisant sur le système nerveux central et sur le système neuro-endocrinien de l'animal. Ce chercheur a également constaté (toujours chez l'animal) que le thé abaissait la tension artérielle. Mieux: si l'on donne régulièrement du thé à des souris, on accroît leur longévité. Le Dr Henry attribue ces effets à des composés spécifiques, les bioflavonoïdes, contenus dans la plante. Des scientifiques français ont fait les mêmes constatations en administrant à des rats deux flavonoïdes bien particuliers: la tension artérielle des animaux a chuté de façon significative. Ces expérimentateurs en ont conclu que les bioflavonoïdes baissent la tension en agissant comme le font les médicaments hypotenseurs comme les bêta-bloquants.

Par ailleurs, des chercheurs japonais ont extrait du thé (vert et noir) une substance ayant la propriété de faire chuter le sucre sanguin chez le lapin.

Au Japon, les multiples vertus thérapeutiques du thé s'imposent de plus en plus aux scientifiques. «On a rapporté différents types d'effets pharmacodynamiques comme la protection des vaisseaux sanguins, l'élimination du cancer et la prolongation de la vie, ce qui laisse croire que ces effets résultent d'une «potentialisation». Il est difficile d'attribuer tant d'efficacité à un seul et unique ingrédient», peut-on lire dans un compte rendu de recherche publié par une équipe de scientifiques. Pour eux, les propriétés du thé sont liées à quatre catéchines différentes qu'ils ont isolées de la plante et qui sont toutes des antioxydants. Ces catéchines sont également présentes dans le thé infusé. En Union soviétique et au Canada, des scientifiques ont soutenu eux aussi que le thé avait des propriétés anti-oxydantes.

C'est peut-être sur ces propriétés qu'on pourrait fonder une théorie générale expliquant pourquoi la tradition populaire et la science contemporaine s'accordent pour faire du thé un protecteur de l'organisme. En sa qualité d'anti-oxydant, le thé produit sans doute toute une gamme d'effets physiologiques protégeant le corps contre de nombreuses affections chroniques comme les cardiopathies et le cancer, et contre ces dégradations quotidiennes et cumulatives que nous appelons le vieillissement. Les anti-oxydants accomplissent en nous un travail d'épuration: ils neutralisent les «radicaux libres» qui dégradent nos cellules et nous prédisposent à la maladie.

L'ASPECT PRATIQUE

- Le thé testé en laboratoire est un thé tout à fait ordinaire, *naturel*. Il s'agit du *Camellia sinensis* originaire d'Extrême-Orient. Il existe aussi d'autres thés dits «médicinaux» qui exercent eux aussi une action pharmacodynamique. Mais cette action varie grandement d'un produit à l'autre, car tous sont composés d'un mélange de plantes, et la plupart du temps on ignore leur teneur en substances thérapeutiques.
- Il semble que l'effet protecteur du *thé vert* soit beaucoup plus prononcé que celui du thé noir. Ce dernier a subi une oxydation qui l'a dépossédé en partie de ses polyphénols (en particulier de ses tanins). Les feuilles du thé vert recèlent deux fois plus de catéchine que celles du thé noir, et environ trois fois plus quand elles sont prêtes à être consommées. Plus le thé est fort, plus importants sont les effets bénéfiques qu'on peut en attendre.
- Si la caféine (ou théine) ne vous convient pas, achetez du thé décaféiné. Extraire du thé sa caféine ne lui enlève rien de ses autres propriétés thérapeutiques.
- Ne buvez pas votre thé brûlant. Il semble que boire du thé très chaud (ou n'importe quel autre liquide) risque d'endommager la muqueuse de la gorge et de l'œsophage et de prédisposer au cancer. Une étude récente menée en Inde a montré que les grands buveurs de thé étaient plus prédisposés que d'autres à contracter un cancer de l'œsophage. Les spécialistes ont d'abord attribué ce phénomène aux substances contenues dans le thé, pour constater ensuite que ce n'était pas l'infusion en elle-même, mais sa haute température qui était responsable de cette augmentation du nombre de cancers œsophagiens. Au Japon, le gouvernement avise les citoyens des dangers que présente le thé brûlant.

LES EFFETS SECONDAIRES ÉVENTUELS

- Le thé tache les dents.
- Il contient des substances (par exemple la caféine) qu'on soupçonne de favoriser, chez certaines femmes, le développement de kystes

mammaires, bien que cette question soit très controversée et encore loin d'être résolue. La quantité de caféine contenue dans la feuille de thé est relativement importante, mais une tasse d'infusion en contient habituellement trois fois moins qu'une tasse de café. La caféine est un stimulant du système nerveux central.

- Le thé stimule la sécrétion d'acide gastrique (il est déconseillé à ceux qui souffrent d'un ulcère à l'estomac), mais cet effet peut être atténué si on ajoute à la boisson un peu de lait et de sucre. Cependant, l'ajout de lait neutralise divers composés bénéfiques à l'organisme (les tanins par exemple), ce qui réduit l'effet protecteur.
- Une consommation excessive de thé risque d'empêcher l'organisme d'assimiler parfaitement le fer provenant des aliments végétaux, ce qui peut provoquer de l'anémie. C'est ainsi qu'en Israël les services de la santé publique, s'appuyant sur des statistiques mettant en évidence un pourcentage important d'anémie chez les grands buveurs de thé, recommandent de ne pas trop en faire boire aux enfants.
- Une trop grande consommation de thé (2 l par jour) peut entraîner la constipation.

POURQUOI LES ANGLAIS METTENT DU LAIT DANS LEUR THÉ?

Le traditionnel «nuage de lait» que les Britanniques versent dans leur thé est né d'une précaution sanitaire. Jusqu'en 1660 au moins, le thé fut considéré comme une drogue exotique très forte, recélant de redoutables substances connues seulement des apothicaires. Il ne se répandit en Angleterre qu'à partir du moment où la Faculté déclara qu'on pouvait en boire régulièrement, sans danger, à condition d'y ajouter du lait. En effet, les protéines lactées neutralisent les tanins du thé, prétendument toxiques.

On trouve encore des gens qui sont persuadés que si le cancer de l'œsophage a épargné les Britanniques, c'est parce que ces derniers mettent du lait dans leur thé. Pourtant, rien ne corrobore cette hypothèse. En réalité, l'ajout de lait risque de neutraliser certains effets bénéfiques du thé, en particulier les effets anticancéreux dus à ses tanins et les effets anticarie dus à son fluor. Blanchir son thé n'est pas une mauvaise idée quand on souffre d'un ulcère, étant donné que le lait (entier ou écrémé) inhibe l'activité stimulante exercée par les tanins sur la sécrétion des acides gastriques.

LE GINSENG: LE PLUS THÉRAPEUTIQUE DES THÉS

Le croiriez-vous? Les Russes ont réalisé plus de quatre cents études sur une seule et unique variété de ginseng! Les scientifiques soviétiques affirment que les buveurs d'infusions à base de ginseng sibérien sont généralement en meilleure santé, s'accommodent mieux du stress, disposent de plus d'énergie et de vitalité intellectuelle, ce qui favorise la concentration. Une sommité internationale en matière de plantes médicinales, le Dr Norman Farnsworth, a traduit du russe une bonne partie des études menées sur le ginseng et en a conclu que celles-ci confirmaient la réputation d'«élixir de vie» dont jouit l'infusion de cette plante.

Le Dr Farnsworth (comme le Dr I. I. Brekhman, éminent membre de l'Académie des sciences d'Union soviétique) formule l'hypothèse selon laquelle le ginseng agit comme un «adaptogène», concept médical tout à fait étranger aux Occidentaux. Un adaptogène est une substance inoffensive n'ayant pour seule fonction que de remettre les choses en ordre, de corriger tout ce qui, dans l'organisme, s'écarte de la normale. Si votre tension artérielle est trop élevée, un adaptogène va la faire chuter; trop basse, l'adaptogène la fera remonter. Les substances alimentaires adaptogènes peuvent accomplir toute une serie de corrections physiologiques, exactement comme le font les anti-oxydants. (En fait, le ginseng contient des anti-oxydants, ce qui explique peut-être ses pouvoirs adaptogènes.)

Si cette notion d'adaptogène vous semble quelque peu saugrenue, sachez que des scientifiques du Département américain de l'agriculture ont découvert, il y a peu de temps, qu'un sel minéral, le chrome, agit de deux façons, selon qu'il fait monter ou chuter le taux de sucre sanguin pour ramener sa concentration à la normale. Tout laisse croire que bon nombre de substances alimentaires ont, elles aussi, la propriété de maintenir cet équilibre biologique du yin et du yang. Cette idée éclaire d'un jour nouveau les pouvoirs inexplicables exercés sur la santé par le ginseng et par d'autres plantes potagères.

LA TOMATE

LES AVANTAGES THÉRAPEUTIQUES ÉVENTUELS

- Diminue le risque de cancer.
- Prévient l'appendicite.

LA TRADITION POPULAIRE

Selon les Américains, la tomate est efficace contre la dyspepsie, les affections hépatiques et les maladies rénales. S'il faut en croire un médecin du début du siècle, elle est également «le meilleur des remèdes naturels pour ceux qui ont une tendance à la constipation». Au XVIIIe siècle, les Européens prêtaient à ce magnifique fruit, écarlate et sphérique, des vertus aphrodisiaques.

LES FAITS

La tomate n'était pas très remarquée par la science moderne jusqu'au jour où elle est apparue sur la liste des aliments de prédilection des gens les moins touchés par le cancer. Elle figure en bonne place dans le menu des insulaires hawaïens les mieux prémunis contre le risque de cancer gastrique, dans le menu des Norvégiens les mieux prémunis contre le cancer pulmonaire, dans le menu des Américains les moins touchés par le cancer de la prostate, et aussi dans le menu des Américains du troisième âge qui montrent le plus bas taux de mortalité par cancer. L'étude d'un groupe de gens du troisième âge a révélé que chez les grands consommateurs de tomates, le risque de mourir d'un cancer est deux fois moindre que chez ceux qui en consomment très peu.

L'idée que la tomate puisse prémunir contre le cancer du poumon fit l'effet d'une bombe. Lors d'une enquête portant sur quatorze mille Américains et trois mille Norvégiens de sexe masculin, des scientifiques ont découvert que le risque de cancer pulmonaire est considérablement diminué chez les individus qui mangent des tomates (et aussi des carottes et du chou) plus de quatorze fois par mois, par rapport aux risques que courent ceux qui en mangent moins d'une fois par mois. Les tomates ne sont pas très riches en bêta-carotène, chef de file des agents anticancéreux de provenance végétale. Mais ce fruit se distingue par sa forte concentration en lycopène (un autre carotène), ce qui laisse croire que le bêta-carotène n'est pas le seul de la famille des caroténoïdes à prémunir contre le cancer.

Par ailleurs, une vaste étude réalisée au pays de Galles a démontré que la tomate se classe dans le groupe de tête des végétaux exerçant un effet protecteur contre l'appendicite aiguë.

LE VRAI ET LE FAUX

- Beaucoup de gens croient que la tomate aggrave l'arthrite, mais cette croyance n'est étayée par aucune preuve ni par la moindre explication logique. De la même façon, c'est souvent elle qu'on rend responsable des allergies d'origine alimentaire. Quant aux vertus aphrodisiaques qu'on lui prête, c'est là le résultat d'une lointaine erreur de traduction.

UN SYMBOLE DE LA PASSION AMOUREUSE RÉSULTANT D'UN MALENTENDU LINGUISTIQUE

Pourquoi la tomate a-t-elle reçu, en français, l'appellation de «pomme d'amour»?

Quelqu'un a-t-il jamais été pris d'une ardente passion amoureuse après avoir mangé une tomate?

Le pouvoir qu'aurait ce fruit d'augmenter la libido ne repose sur aucune preuve scientifique. Cette croyance résulte probablement d'une erreur de traduction, comme l'explique Peter Taberner dans son livre intitulé *Aphrodisiacs: The Science and the Myth*. La tomate possède d'ailleurs les attributs propres à nourrir cette croyance: elle est d'un rouge éclatant, symbole de la passion amoureuse, et il fut un temps où sa rareté faisait d'elle un met coûteux, ce qui a contribué à entretenir sa réputation d'aphrodisiaque. Mais ses prétendus pouvoirs ne viennent que d'une confusion linguistique. En latin classique, la tomate avait pour appellation *«mala œthopica»*, la «pomme des Maures», que les Italiens ont traduit par *«pomi dei Mori»*, et qui par une corruption de langage est devenu en français *«pomme d'amour»*. Les Anglais ont adapté littéralement cette expression et en ont fait *«love apple»*. Au XIXe siècle, quand les tomates se sont répandues et sont devenues peu coûteuses, elles ont perdu leur aura aphrodisiaque. De la pomme d'amour il ne reste plus qu'un fruit banal dans la sauce accompagnant les spaghettis.

LE VIN

La plus saine et la plus hygiénique des boissons.

Louis Pasteur.

*Bois un verre de vin après ta soupe
Et tu voleras un rouble au médecin.*

Vieux proverbe russe.

LES AVANTAGES THÉRAPEUTIQUES ÉVENTUELS

- Détruit les bactéries et les virus.
- Prévient les maladies cardiaques.
- Augmente le taux du cholestérol HDL (le bon).
- Abonde en substances chimiques qui préviennent le cancer chez l'animal.

Quelle quantité? Un verre par jour élèvera probablement votre cholestérol HDL (celui qui vous est bénéfique), de 7 p. 100 en moyenne.

LA TRADITION POPULAIRE

Administré par voie externe ou interne, seul ou associé à d'autres drogues naturelles, le vin est l'une des plus anciennes boissons médicinales. Les Grecs faisaient de lui un antiseptique dont ils se servaient sur les champs de bataille pour nettoyer les plaies. Dans l'Égypte ancienne, le vin mélangé à du miel et à de l'oignon entrait dans la composition des injections vaginales. Jadis, on buvait du vin pour «faire uriner, purger, tuer les vers, soulager l'anorexie, l'insomnie et toutes les maladies qui font tousser». On s'en servait également comme anesthésique, particulièrement durant l'accouchement.

LES FAITS

Les Anciens avaient raison. Le vin a fait la preuve qu'il est un antiseptique puissant, mais dont l'effet ne dure que peu de temps. À faible concentration, il détruit rapidement la plupart des bactéries ainsi que certains virus. Il peut donc stériliser l'eau en quelques minutes ou en quelques heures. Il élève le taux du cholestérol HDL, ce qui, selon les spécialistes, fait obstacle aux maladies cardio-vasculaires. Pour des raisons encore inexpliquées, la consommation de vin est associée à une fréquence relativement basse de cardiopathies, peut-être parce que le grain de raisin contient des composés actifs qui nous sont inconnus, ou peut-être parce que ces composés proviennent de la fermentation du moût.

UN DESTRUCTEUR DE MICROBES

La bactériologie moderne a confirmé les vertus antiseptiques que depuis très longtemps les hommes prêtent au vin. La première démonstration de ces vertus date de 1892, au lendemain d'une épidémie de choléra qui a sévi à Paris. Ayant observé que les buveurs de vin avaient mieux résisté au fléau que les autres, un médecin conseilla d'ajouter du vin à l'eau potable. Pour vérifier cette hypothèse, un médecin militaire autrichien, Aloïs Pick, introduisit des germes du choléra et de la typhoïde dans des flacons contenant soit de l'eau, soit du vin (blanc ou rouge), soit un mélange de vin et d'eau. Il constata que dans l'eau pure, le vibrion cholérique prolifère, alors que dans le vin pur ou coupé d'eau, le bacille est détruit au bout de dix à quinze minutes. En vingt-quatre heures, tous les bacilles typhiques avaient également été tués par le vin. Le Dr Pick estima donc fort judicieux de boire du vin coupé d'eau dans les périodes d'épidémie de choléra ou de typhoïde.

Tous les autres tests de ce genre ont abouti à des résultats identiques: le vin détruit le vibrion cholérique (entre trente secondes et dix minutes), l'*Escherichia coli* (entre vingt-cinq et soixante minutes), et le bacille typhique (entre cinq minutes et quatre heures).

Pendant longtemps on a attribué ce pouvoir bactéricide à l'alcool. Mais si l'on retire tout l'alcool contenu dans le vin, celui-ci n'en continue pas moins de détruire les germes infectieux. C'est un scientifique français qui en a fait la démonstration. Professeur de pharmacologie à la Faculté de médecine et de pharmacie de Bordeaux, J. Masquelier a réalisé dans les années 50 toute une série d'études qui lui ont permi de découvrir que certains constituants du vin, les polyphénols (plus précisément un sous-groupe du nom d'anthocyanes, et dans ce sous-groupe un composé particulier, le malvoside), exercent sur les bactéries la même action destructrice que la pénicilline. Le Dr Masquelier a relevé que le vin rouge dilué dans de l'eau (une part de vin pour quatre parts d'eau) exerce le même effet au bout de quinze minutes que la pénicilline à une concentration de cinq unités par millilitre. Dilué dans de l'eau (à une concentration de 2 p. 100), le vin garde encore ses propriétés bactéricides.

Le Dr Guido Manjo, chirurgien et historien de la médecine qui a fait lui aussi des expériences sur ces propriétés, déclare que les Grecs avaient «parfaitement raison de répandre du vin sur les blessures et les pansements», même si le vin ne conserve ses pouvoirs que pendant peu de temps. Cela explique pourquoi on ne trouve pas de vin dans les trousses de premiers soins. À l'appui de sa démonstration, le Dr Manjo fait observer que les Grecs, «en nettoyant les blessures avec du vin, ne faisaient rien d'autre que les désinfecter avec un polyphénol, substance plus complexe que le phénol de Lister, premier antiseptique utilisé en chirurgie». *Or, le polyphénol du vin,* le malvoside, *testé sur l'*Escherichia coli, *est trente-trois fois plus puissant que le phénol!*

Les travaux du Dr Masquelier ont montré que si le vin est plus actif que le jus de raisin non fermenté, c'est que les agents antibactériens qu'il contient (essentiellement dans le pigment de la peau des grains) n'acquièrent pleinement leurs propriétés bactéricides qu'à partir du moment où ils sont libérés par la fermentation. Un chercheur canadien, le Dr Jack Konowalchuk, a constaté que le vin, principalement le rouge, désactive beaucoup mieux les virus que le grain de raisin ou que le jus qu'on en extrait.

UN TONICARDIAQUE?

Les boissons alcooliques, le vin en particulier, peuvent donner du tonus au système cardio-vasculaire. D'une façon générale, les épidémiologistes constatent qu'il existe une corrélation entre une fréquence relativement basse des maladies cardiaques et une consommation élevée d'alcool. Cependant, un pathologiste canadien de l'Université d'Ottawa, le Dr Amin A. Nanji, a récemment mis en évidence un curieux phénomène en procédant à une étude sur la consommation nationale d'alcool exprimée en pourcentages par *types* de boissons consommées. Son enquête a démontré que le vin vient en tête des boissons associées aux plus bas taux de mortalité par cardiopathie. En effet, partout où le vin représente la plus grande part de la consommation d'alcool, la fréquence des décès par cardiopathies est basse. (La bière produit un effet contraire, encore que, comme le note l'auteur, cette constatation soit démentie par diverses autres études.) Ce qui est certain, c'est que dans les pays où le vin compte pour plus de 90 p. 100 de la consommation globale d'alcool, les fréquences de mortalité par cardiopathie sont les plus basses. Selon le Dr Nanji, le vin ne doit pas ses vertus tonifiantes à l'alcool qu'il contient, mais à d'autres constituants dont on ignore la nature.

En dépit de preuves contradictoires, il semble bien que la consommation de boissons alcooliques élève le taux du cholestérol HDL (le bon). Une étude britannique portant sur cent personnes a démontré que l'ingestion quotidienne d'au moins un verre de boisson alcoolisée (les volontaires buvaient soit du vin, soit du sherry) élevait de 7 p. 100 le cholestérol HDL. Celui-ci retombait quand les sujets s'abstenaient de boire.

UN ANTIDOTE CONTRE LE CANCER?

Il se pourrait aussi que les composés antimicrobiens contenus dans le vin empêchent le développement du cancer. «Le vin, notamment le rouge, abonde en acide gallique, l'un des acides tanniques qui lui donnent son bouquet», déclare le Dr Hans Stich, éminent spécialiste de la cancérologie. «Or, l'acide gallique est également un anticarcinogène. Dans les tests que nous avons effectués, il empêche différents carcinogènes de provoquer des aberrations chromosomiques.» L'acide gallique inhibe donc les mutations annonçant le cancer. «Ce qui revient à dire que le vin lui-même est peut-être anticancérigène», conclut le Dr Stich.

Par ailleurs, une analyse comparative a montré que de toutes les boissons testées, le vin rouge était celle qui contenait le plus d'acide gallique.

L'ASPECT PRATIQUE

• Le vin ouvre l'appétit, ce qui est une bonne chose quand celui-ci fait défaut. On a constaté par exemple qu'un verre de vin avant le repas stimulait l'appétit de personnes âgées ayant tendance à s'alimenter très peu. Il faut donc se demander si l'alcool du vin ne contrevient pas aux impératifs d'un régime alimentaire. De nouvelles données apportent une mauvaise nouvelle: s'il faut en croire des tests réalisés à la clinique Mayo, des animaux soumis à un régime pauvre en calories mangent davantage quand on leur fait préalablement consommer de l'alcool. Ce n'est pas parce que l'alcool inhibe leur volonté, mais plutôt parce qu'il provoque, dans l'organisme, certains changements physiologiques de nature inconnue. Ceux et celles qui suivent un régime devraient donc s'abstenir de boire un apéritif ou une quelconque boisson alcoolisée avant de se mettre à table.

- Les données récentes apportent également une bonne nouvelle, un peu ahurissante: il semble que les calories excédentaires apportées par l'alcool ne sont pas aussi rapidement transformées en graisses que les autres calories. Des chercheurs de l'Université Stanford ont fait absorber à des hommes d'âge moyen souffrant d'embonpoint, en plus de leurs repas, une moyenne de deux verres d'alcool par jour. En plus des calories additionnelles provenant de l'alcool, les sujets mangèrent un peu plus de nourriture. Mais chose étonnante, leur métabolisme basal augmentait nettement quand ils buvaient un verre par jour, ce qui indique que leur organisme «brûlait» en partie les calories excédentaires. Cela revient à dire que chez les gens qui absorbent entre un et trois verres par jour, le métabolisme compense plus rapidement le surplus de calories d'origine alcoolique que ne le fait le métabolisme des abstèmes ou des buveurs occasionnels. Incapables d'expliquer ce paradoxe, les chercheurs ne peuvent tirer de leur expérimentation qu'une seule conclusion: «L'usage modéré de l'alcool ne semble pas faire grossir autant qu'on le croyait.»
- Ceux qui sont appelés à voyager ou à séjourner dans certaines parties du monde où l'eau est douteuse peuvent assainir celle-ci en la mélangeant avec une égale quantité de vin. Le pouvoir bactéricide du vin rouge et celui du vin blanc semblent à peu près les mêmes, mais les vins plus «lourds», le porto par exemple, présentent un léger avantage.
- On peut porter à ébullition un peu de vin rouge pour le faire évaporer, puis se servir du résidu pour l'appliquer sur une écorchure ou sur une excoriation. Selon le Dr Konowalchuk, cette application nettoie la plaie et fait disparaître la douleur en un rien de temps.

MISES EN GARDE

- Si vous êtes sujet aux migraines, n'abusez pas du vin rouge. Les spécialistes vous diront tous que le vin rouge provoque la migraine.
- Le vin et les boissons alcooliques en général sont déconseillés à ceux qui ont tendance à souffrir d'attaques de goutte.
- On a établi des corrélations entre la consommation, même modérée, de boissons alcooliques, et des fréquences anormalement élevées de certains types de cancer (du sein, du côlon, du rectum et du poumon).
- L'usage des boissons fortes fait courir d'autres risques: alcoolisme, cirrhose du foie, hypertension, pancréatite, arythmie cardiaque et syndrome d'alcoolisme fœtal chez le nouveau-né.
- Bien que le vin consommé avec modération semble bénéfique à la santé, il serait déraisonnable de vous mettre à boire si vous n'avez jamais pris cette habitude.

UNE PREUVE CONTRADICTOIRE

D'après les conclusions d'une récente étude menée en Grande-Bretagne, une consommation modérée de boissons alcooliques ne prémunit en rien l'homme d'âge moyen contre l'éventualité d'une crise cardiaque non mortelle.

LE YOGOURT

On le connaît aussi sous les appellations de yaourt, yoghourt, kéfir, koumis, yakoult, l'ben et lait acidophile.

LES AVANTAGES THÉRAPEUTIQUES ÉVENTUELS

- Détruit les bactéries.
- Prévient et traite les affections intestinales et les diarrhées.
- Réduit le cholestérol sanguin.
- Stimule le système immunitaire.
- Harmonise la fonction intestinale.
- Contient des composés chimiques ayant la propriété de prévenir les ulcères.
- Exerce une activité anticancérigène.

Quelle quantité? Trois pots de yogourt par jour font chuter le cholestérol sanguin. Un tiers de pot ou un demi-pot par jour suffit pour enrayer les diarrhées graves du nourrisson.

LA TRADITION POPULAIRE

On raconte qu'un ange aurait révélé au patriarche Abraham les propriétés régénératrices du yogourt (ce qui expliquerait son exceptionnelle longévité). Ce lait que font cailler des bacilles particuliers a toujours fait figure d'aliment singulier. Dans les pays méditerranéens, on l'utilise depuis des siècles pour enrayer les diarrhées et soigner d'autres infections intestinales. S'il a fait sensation au siècle dernier en s'imposant dans les habitudes alimentaires, c'est en grande partie parce qu'un microbiologiste de l'institut Pasteur, le Dr Elias Metchnikoff, a déclaré que le yogourt est une véritable panacée ayant le pouvoir de combattre les maladies du cœur, la sénilité et, d'une façon plus générale, la dégradation de l'organisme.

LES FAITS

Au cours du xxe siècle, le yogourt a fait l'objet d'une intense curiosité scientifique qui a dévoilé la grande diversité de ses pouvoirs thérapeutiques. Une grande partie des bienfaits qu'il dispense proviennent de la prodigieuse activité qu'il provoque dans les voies digestives. Le yogourt est le produit de la fermentation du lait sous l'action d'une bactérie naturelle appartenant à la famille des lactobacilles. C'est cette bactérie qui lui donne son goût si particulier. Les propriétés thérapeutiques du yogourt dépendent du type de bactérie utilisé pour faire cailler le lait.

COMMENT LE YOGOURT COMBAT LA DIARRHÉE?

Le tube digestif est un véritable champ de bataille où s'affrontent les colonies bactériennes. Selon que telle ou telle souche remporte la victoire, toute la fonction digestive et excrétoire s'en trouve affectée, ainsi que l'état général de l'organisme. Chez le nourrisson, tout dérèglement de l'écosystème intestinal résultant d'une prolifération excessive de certaines bactéries, en particulier d'*Escherichia coli,* risque de provoquer la diarrhée. Un apport supplémentaire de lactobacilles provenant du yogourt peut alors fournir à l'intestin des microorganismes en quantité suffisante pour neutraliser ceux qui exercent des effets nocifs (donc pour rétablir l'harmonie de l'activité digestive).

Voilà pourquoi le yogourt peut s'acquitter de deux fonctions apparemment antagonistes: enrayer la diarrhée et agir comme un laxatif. En fait, le yogourt rétablit dans les voies intestinales un équilibre microbien normal. Bon nombre de chercheurs ont constaté qu'une faible quantité de yogourt contribue à guérir les perturbations gastrointestinales généralisées consécutives à l'ingestion d'aliments toxiques ou à l'action d'agents pathogènes.

L'activité antibactérienne du yogourt s'est révélée particulièrement efficace contre l'*Escherichia coli,* bacille qui est souvent à l'origine de diarrhées chez les personnes qui voyagent ou qui séjournent dans les pays tropicaux. Le yogourt soulage également les diarrhées dues au foisonnement microbien que provoque habituellement l'administration d'antibiotiques. Certains médecins qui prescrivent de la pénicilline conseillent également au malade de manger du yogourt.

UN ANTIBIOTIQUE NATUREL

De nombreuses recherches ont révélé que les bactéries actives et les dérivés libérés dans les voies intestinales par le yogourt sont des antibiotiques naturels. Les scientifiques ont isolé pas moins de *sept* antibiotiques naturels provenant du yogourt et d'autres laits fermentés. Parmi ces antibiotiques, certains ont un pouvoir bactéricide égal ou supérieur à celui de la terramycine. Les antibiotiques provenant des ferments couramment utilisés aux États-Unis pour fabriquer le yogourt *(Lactobacillus bulgaricus)* et le lait acidophile (acidophiline) peuvent neutraliser diverses bactéries communes, par exemple celles qui sont à l'origine du botulisme, des salmonelloses et des intoxications par staphylocoques. De plus, les micro-organismes du yogourt libèrent dans l'intestin d'autres corps chimiques qui neutralisent les bactéries susceptibles de causer des problèmes gastriques ou des réactions infectieuses.

Des études très poussées menées dans les pays d'Europe centrale, au Japon et aux États-Unis montrent que le yogourt peut prévenir et parfois même guérir la dysenterie et les diarrhées, spécialement celles du nourrisson. Dans les hôpitaux italiens et soviétiques, il est de pratique courante de faire absorber du yogourt aux enfants en bas âge pour les prémunir contre la diarrhée. Une étude réalisée en 1963 dans un hôpital new-yorkais a révélé que des nourrissons souffrant de diarrhées graves guérissaient deux fois plus vite quand on leur faisait ingérer un pot et demi de yogourt que quand on leur administrait un antidiarrhéique classique.

C'est principalement dans la prophylaxie des affections intestinales que le yogourt semble particulièrement efficace. Au Japon, par exemple, on a totalement écarté le risque de dysenterie chez cinq cents militaires en leur faisant absorber quotidiennement du yakoult, une boisson fermentée sous l'action d'une culture de *Lactobacillus casei*. Dans un autre groupe de militaires qui n'avaient pas consommé de yogourt, 10 p. 100 des individus contractèrent une dysenterie dans les six mois suivant le début de l'expérimentation.

En Pologne, les enfants qui mangent du yogourt résistent beaucoup mieux aux affections grippales que les autres, et des tests réalisés par le Département américain de l'agriculture ont montré que chez les souris nourries de yogourt le risque de succomber à une salmonellose infectieuse est considérablement diminué. De plus, ces animaux ont une durée de vie supérieure à la moyenne.

Les cultures d'*acidophilus* utilisées parfois en Pologne pour fabriquer le yogourt semblent particulièrement efficaces contre les bactéries pathogènes. Des études réalisées dans ce pays ont montré que le yogourt préparé à l'aide de ce ferment pouvait à la fois prévenir et guérir la diarrhée. Un spécialiste de l'Université du Nebraska mondialement connu pour ses travaux sur les laits fermentés, le Dr Khem Shahani, considère cependant que le yogourt exerce une activité plus préventive que curative dans les cas de diarrhée et de dysenterie. «En ingérant du lactobacille au cours des repas, déclare-t-il, après un épisode diarrhéique (mais de préférence *avant*), on peut diminuer l'incidence de la diarrhée.»

Depuis de nombreuses années, on sait que le yogourt a le pouvoir de détruire les microbes, mais des travaux récents réalisés au Japon, en Italie, en Suisse et aux États-Unis ont également démontré qu'il stimulait les défenses immunitaires en stimulant la production d'anticorps et d'autres substances aux vertus thérapeutiques. En résumé, le yogourt combat les maladies infectieuses par deux mécanismes distincts: en détruisant les bactéries et en stimulant le système immunitaire.

UN AGENT ANTICANCÉREUX?

La preuve semble faite que le yogourt peut jouer un rôle dans la prévention du cancer, plus précisément dans la prévention du cancer du côlon. Dans les vingt-cinq années qui viennent de s'écouler, les scientifiques ont découvert que le yogourt était doté de plusieurs propriétés anticancéreuses. Il semble bien que chez les grands consommateurs de yogourt, la prédisposition au cancer soit notablement réduite. Telle est la conclusion qui s'impose si l'on considère les études portant sur les voies intestinales menées par une équipe de chercheurs de Boston. Ces études montrent que des cultures d'*acidophilus* ont le pouvoir de neutraliser l'activité des enzymes qui, dans le côlon, convertissent d'inoffensives substances chimiques en redoutables agents cancérigènes. De passionnants travaux français dont le compte rendu a été publié en 1986 dans le *Journal of the National Cancer Institute* ont révélé que, parmi les femmes qui absorbent quotidiennement de grandes quantités de corps gras (du fromage, par exemple), le risque de contracter un cancer mammaire est sensiblement réduit si elles consomment du yogourt. L'équipe du Dr Shahani a également découvert que le yogourt ou le lait fermenté à partir d'*acidophilus* inhibait le développement du cancer chez la souris. D'autres chercheurs ont constaté la même chose chez le rat.

UN BAUME POUR L'ESTOMAC

Le yogourt contient des traces de substances naturelles lipidiques de nature hormonale: les prostaglandines E. Ces substances, on le sait, combattent l'ulcère et protègent la muqueuse de l'estomac contre les agents toxiques comme la fumée de cigarette et l'alcool. On a récemment obtenu par synthèse une prostaglandine E qui entre dans la composition d'un anti-ulcéreux commercialisé en pharmacie. «Le yogourt dérivé du lait entier contient de plus faibles concentrations de ces prostaglandines E», déclare le Dr Samuel Money, scientifique du New York Health Science Center de Brooklyn (Université de l'État de New York) qui fait partie des chercheurs à qui nous devons la découverte de la substance médicamenteuse contenue dans le yogourt et dans le lait. Étant donné que c'est la *crème* du lait qui contient les prostaglandines, le yogourt dérivé du lait semi-écrémé ou écrémé contient moins d'agents thérapeutiques que celui fait avec du lait entier.

Le yogourt a également le pouvoir, comme l'ont démontré certains tests, de faire considérablement chuter le cholestérol sanguin (de 5 à 10 p. 100 au bout d'une semaine, à raison de trois pots de yogourt par jour, pasteurisé ou non) chez des sujets dont la cholestérolémie est normale. On a également constaté que le yogourt augmentait le taux du cholestérol HDL (le bon).

Bien que divers comptes rendus d'expériences aient attribué au yogourt (du fait qu'il contient du tryptophane) des propriétés légèrement sédatives, des études menées au Massachusetts Institute of Technology ont permis de constater, au contraire, qu'il stimulait la production de composés chimiques entretenant la vivacité d'esprit. Donc, ne consommez pas de yogourt au lait écrémé ou semi-écrémé dans l'espoir de vous endormir, mais plutôt pour rester bien éveillé.

L'ASPECT PRATIQUE

• Tous les yogourts n'ont pas le même pouvoir thérapeutique. C'est la nature et la quantité des bactéries qu'ils contiennent qui déterminent leurs effets sur l'organisme. Les laits fermentés (donc les yogourts) sont fabriqués par addition d'un ou de plusieurs types de bactéries appartenant à la famille des lactobacilles. Les cultures de *L. acido-*

philus, par exemple, sont considérées comme particulièrement efficaces et polyvalentes. Aux États-Unis, quelques marques de yogourts contiennent des bactéries du genre *acidophilus* et, dans certains supermarchés, on trouve aussi du lait dit «acidophile», que l'on a fait cailler à l'aide de ce lactobacille particulier.

- Vérifiez l'étiquette pour être bien certain que le yogourt que vous achetez contient des «cultures actives», preuve qu'il s'agit d'un vrai yogourt. Si les cultures bactériennes ont été pasteurisées après fermentation, le yogourt perd ses propriétés thérapeutiques, notamment son pouvoir bactéricide. Il arrive en effet que certains fabricants donnent au lait un goût aigrelet simulant celui du yogourt, puis l'épaississent artificiellement pour compléter l'illusion. Ces «yogourts acidifiés», comme les appelle le Dr Shahani, n'ont évidemment pas les propriétés thérapeutiques des yogourts fermentés par des cultures de bacilles.

- Si vous êtes allergique au lait, essayez le yogourt. La plupart des gens qui ne tolèrent pas le lait (parce que l'enzyme qui dégrade le lactose fait défaut dans leur organisme) peuvent consommer des yogourts sans craindre d'être incommodés.

MISE EN GARDE

- Il arrive que certaines personnes allergiques au lactose ne puissent consommer de yogourt sans ressentir de malaises gastriques. Quiconque mange du yogourt, ou encore en fait consommer à des enfants en bas âge, doit garder présente à l'esprit cette éventualité.

UN ARGUMENT CONTRADICTOIRE

Plusieurs études statistiques n'ont pas réussi à mettre en évidence un quelconque effet du yogourt sur le cholestérol sanguin. Par ailleurs, des chercheurs ont récemment découvert davantage de petites tumeurs dans le côlon de rats nourris de yogourt que chez leurs congénères nourris de lait pur.

LA RECETTE DU Dr SHAHANI

Portez à ébullition un litre de lait, laissez frémir pendant quelques minutes et laissez refroidir à la température de la pièce. Ajoutez ensuite deux ou trois cuillerées à table de vieux yogourt contenant des cultures de *Lactobacillus bulgaricus* et de *streptococcus thermophilus*. Ajoutez un peu d'*acidophilus* en poudre que vous trouverez dans n'importe quel magasin de produits naturels. (Une enquête a cependant permis au Dr Shanani de constater que 70 p. 100 des cultures d'*acido-philus* commercialisées ne répondent pas aux caractéristiques mention-nées sur l'étiquette.) Mélangez parfaitement le tout. Couvrez et mettez au four non allumé. Retirez quand le lait s'est épaissi.

Salez, poivrez et ajoutez au besoin des graines de carvi (cumin).

QUATRIÈME PARTIE

Maladie et régime

PRÉVENIR ET GUÉRIR: UN MINI-GUIDE

Un homme peut s'estimer heureux quand ce dont il se nourrit est aussi ce qui le soigne.

David H. Thoreau.

ACCIDENT CÉRÉBRO-VASCULAIRE

Les fruits et les légumes frais — même s'ils ne font que s'ajouter au régime alimentaire habituel — peuvent réduire de 40 p. 100 le risque de décès par apoplexie (accident cérébro-vasculaire). Des expériences réalisées sur des animaux ont révélé que les substances chimiques contenues dans la groseille noire et la myrtille jouent un rôle dans la prévention des ruptures vasculaires à l'intérieur du cerveau. On a également constaté que les algues brunes préviennent les accidents cérébro-vasculaires chez les rongeurs.

AFFECTIONS DIVERTICULAIRES

Le plus radical, c'est le son. Viennent ensuite divers aliments riches en fibres qui accroissent le volume des selles. Les légumineuses, l'avoine, le chou, la carotte et la pomme sont de ceux-là. Si d'ores et déjà vous souffrez d'une diverticulite, consultez votre médecin avant d'opter pour un régime riche en fibres végétales.

APPENDICITE

Les plus efficaces sont les aliments riches en fibres (le son par exemple), qui amollissent et augmentent la masse fécale. Des chercheurs britanniques prêtent aux petits pois, au chou-fleur, aux haricots verts, au chou de Bruxelles et à la tomate le pouvoir de combattre l'appendicite.

ARTHRITE

Les poissons de mer comme le saumon, la sardine, le maquereau, et certaines espèces d'eau douce comme la truite de lac sont riches en acides gras de type oméga-3. Ces aliments peuvent prévenir ou soulager la douleur et les phénomènes inflammatoires accompagnant la polyarthrite rhumatoïde. Les huiles de poisson prémunissent l'animal contre le lupus.

ASTHME

Deux tasses de café fort peuvent enrayer une crise d'asthme. Le piment, l'ail, l'oignon, la moutarde et le raifort sont également de bons dilatateurs de bronches. On a également constaté que les huiles de poisson soulagent l'asthme bronchique de façon convaincante.

CANCER*

Les légumes à feuillage vert, et en particulier le brocoli, l'épinard, le chou, le chou frisé et le chou de Bruxelles. Citons d'autres végétaux riches en fibres, comme les fruits, les graines et les légumineuses. Il y a aussi le lait, la tomate, les agrumes, les fruits secs (abricot, pruneau, raisin), les fraises et les poissons contenant beaucoup d'acides gras de type oméga-3, qui tous peuvent jouer un rôle dans la prévention de divers cancers. L'ail, l'oignon, le varech, l'huile d'olive, le thé (plus spécialement le thé vert), ainsi que les aliments à gousses ou à graines dont les noix, le riz et les céréales abondent en composés chimiques anticancérigènes.

Vessie: carotte, lait, brocoli, chou de Bruxelles, chou, chou-fleur, chou frisé (et d'une façon générale toutes les salades de chou cru), panais, navet.

---

* Des enquêtes épidémiologiques sur les corrélations entre le régime alimentaire et le pourcentage de cancer ont montré que tous les aliments énumérés ici sont associés à des taux de cancérisation spécifiques inférieurs à la moyenne. Ces aliments provoquent, dans l'organisme, des modifications physiologiques qui accroissent la protection contre le cancer, comme l'ont montré des études menées sur l'être humain.

Sein: yogourt, fruits et légumes riches en caroténoïdes.

Côlon: légumes à feuillage vert, notamment le chou, le brocoli, le chou de Bruxelles et le chou-fleur. Le lait acidophile ou yogourt (provenant de préférence d'une culture acidophile), le lait écrémé et enrichi de vitamine D. Son de blé.

Œsophage: légumes verts et jaunes, pomme, cerise, raisin, melon, oignon, petits pois, haricot, prune, citrouille.

Larynx: légumes verts et jaunes.

Poumon: carotte, chou frisé, épinard, brocoli, courge, citrouille, igname, abricot. Tous les légumes à téguments vert foncé et orange foncé, ainsi que tous les fruits jaunes et rouges riches en caroténoïdes. Si vous avez été un grand fumeur, mangez beaucoup de ces végétaux. Cela peut vous éviter un cancer pulmonaire.

Pancréas: agrumes, carotte.

Prostate: légumes jaunes et verts. Carotte, tomate, chou, petits pois, brocoli, chou de Bruxelles, chou-fleur.

Estomac: carotte crue, salade de chou cru, laitue, chou, tomate, maïs, aubergine, lait, oignon, igname, courge.

Les régimes carnés et riches en graisses prédisposent au cancer.

CARIES DENTAIRES

Le thé est le meilleur anticariogène que nous offre la nature. Le raisin, le jus de cerise noire, le lait, le café, le fromage (le cheddar «fort», le bleu, le brie, le gouda, le cheddar doux, la mozzarella et les pâtes suisses) combattent remarquablement bien les bactéries responsables de la carie dentaire.

CHOLESTÉROL

POUR ABAISSER LE REDOUTABLE LDL

Le plus efficace est le son d'avoine. Viennent ensuite les aliments à base d'avoine et les haricots, secs ou en conserve. Les germes de soja sont excellents pour les adultes affectés d'une hypercholestérolémie de type héréditaire. Le pamplemousse (ses quartiers et ses membranes mais pas son jus) fait chuter le cholestérol. L'orange fraîche, la pomme, le yogourt, le lait écrémé, la carotte, l'ail, l'oignon, l'orge, le gingembre, l'aubergine, l'artichaut, la banane verte (plantain), le champignon *shiitake* et l'huile d'olive produisent le même effet. Substituez à la viande et aux volailles les coquillages et les fruits de mer. Tous les fruits riches en pectine comme la fraise et la banane.

POUR ÉLEVER LE SALUTAIRE HDL

Meilleur aliment: l'oignon cru, à raison d'au moins un demi-bulbe de taille moyenne par jour. Remplacez par de l'huile d'olive les autres huiles végétales ou les corps gras saturés. La consommation modérée (un verre ou deux par jour) de boissons alcooliques comme le vin, la bière, les apéritifs et les digestifs stimule également le HDL.

Un conseil supplémentaire: réduisez votre consommation globale de graisses (plus spécialement celles qui abondent en acides gras saturés, comme c'est le cas du beurre et du saindoux d'origine animale, et de l'huile de coco ou de palme). Cette mesure ne fera que potentialiser les effets anticholestérolémiants des aliments que nous venons d'énumére r.

ACTION DE DIVERSES DENRÉES ALIMENTAIRES SUR LE CHOLESTÉROL*

Dose quotidienne	Chute moyenne du cholestérol LDL (en %)	Élévation moyenne du cholestérol HDL (en %)
Ail cru (9 gousses)	10	
Ail (jus d') (1/8 de tasse)	30	
Avoine (et son d'avoine)	20	15
(1/2 tasse de son sec)		
Bière (1/4 litre)		7
Carotte (2 à 3 racines)	11	
Champignon *(shiitake)*	12	
(80 à 100 g)		
Haricots secs	19	
(1 tasse après cuisson)		
Huile d'olive	13	
(2 à 5 c. à table)		
Lait écrémé (1 litre)	8	

* À titre comparatif, rappelons que l'hypocholestérolémie provoquée par un traitement médicamenteux est de 15 à 20 p. 100 pour la cholestyramine et le colestipol, de 5 à 15 p. 100 pour le gemfibrozil, de 10 à 15 p. 100 pour le probucol et de 30 à 40 p. 100 pour la lovastatine, dernière née des médications prescrites pour soigner l'hypercholestérolémie. Le gemfibrozil élève le taux de cholestérol HDL d'environ 10 p. 100.

Oignon cru (1/2 bulbe)		30
Orge (3 portions)	15	
Pomme (2 ou 3)	10	
Soja	20	
(1 ration de protéines de soja)		
Vin (1 verre)		7
Yogourt (3 pots)	10	

CONSTIPATION

Le son de blé est le plus puissant des laxatifs naturels. De plus, il accroît la masse fécale. Si le son ne fait aucun effet, ajoutez-lui du jus de pruneau. Chez certaines personnes, les haricots secs font merveille. La plupart des fruits et légumes riches en fibres (carotte, chou, pomme) exercent eux aussi des effets laxatifs et augmentent le volume des selles, mais à peu près quatre fois moins que le son. Les végétaux contenant des fibres solubles (l'orge, l'avoine) peuvent eux aussi soulager la constipation. De même que les algues marines.

Une précision: la rhubarbe cultivée en Extrême-Orient a des propriétés laxatives, alors que celle qu'on cultive en Amérique du Nord en est dépourvue.

DIABÈTE

Consommez de préférence des aliments qui provoquent une élévation lente et progressive de la concentration du sucre dans le sang. À cet égard, les plus efficaces sont les cacahuètes, les germes de soja, les lentilles, les haricots bruns, les fèves «œil noir», le lait, les pois chiches, le yogourt, la crème glacée, la pomme et, d'une façon générale, tous les haricots cuisinés.

DIARRHÉE

Essayez le yogourt fermenté à l'aide de cultures vivantes (surtout si la diarrhée a pour cause un traitement aux antibiotiques, comme la pénicilline par exemple). Sont également efficaces les myrtilles (bleuets), les groseilles noires et le miel (qu'on évitera cependant de faire absorber aux nourrissons, car il peut être à l'origine du botulisme).

Chez les enfants et les adolescents (dont le régime alimentaire pauvre en corps gras peut leur causer des diarrhées et certaines autres réactions infectieuses des voies digestives), le *lait entier* peut amener la guérison. Il semble que les germes et le lait de soja combattent les bactéries causant la diarrhée.

EMPHYSÈME ET BRONCHITE CHRONIQUE

Piment, ail, oignon, moutarde, raifort, et d'une façon générale tous les aliments qui piquent et «emportent la bouche». Ces aliments provoquent une excrétion accrue des mucosités et une dilatation des bronches. On a également constaté qu'il existe une corrélation entre la consommation de lait et une fréquence de la bronchite chronique inférieure à la moyenne.

ÉNERGIE MENTALE

Les boissons à base de caféine stimulent les facultés mentales. Au premier rang vient le café, suivi par le thé, les boissons au cola et le chocolat. Les aliments riches en protéines et pauvres en graisses (fruits de mer, poissons maigres, lait écrémé, yogourt) exercent des effets comparables.

ÉTATS INFECTIEUX

Le yogourt et l'ail sont considérés comme les rois des antibiotiques naturels. L'orange, le raisin et son jus, la pomme et son jus, le thé, le miel, le vin, la myrtille (bleuet), la canneberge, la prune, la framboise, la fraise, la pêche et la figue ont aussi le pouvoir de neutraliser les virus et les bactéries.

HÉMORROÏDES

Consommez des aliments qui amollissent les selles, qui les rendent plus abondantes et qui apaisent le péristaltisme intestinal. À cet égard, le son de blé est particulièrement efficace. Les fruits et les légumes riches en fibres produisent le même effet.

HYPERTENSION

Le maquereau (deux boîtes par semaine) peut faire chuter la tension artérielle, de même que le son de blé et tous les fruits et les légumes riches en fibres. L'huile d'olive, l'ail, les algues, le yogourt, le thé vert, les légumineuses et le lait exercent également une action hypotensive. Chose étonnante, le café ne semble pas faire monter la tension artérielle, sauf, semble-t-il, chez les fumeurs.

INSOMNIE

Les aliments les plus efficaces: le sucre ou le miel.

Il est erroné de croire que le lait endort. Au contraire, il tient éveillé.

MIGRAINE

Dans certains cas, les huiles de poisson (riches en oméga-3) peuvent prévenir les migraines ou les atténuer.

MAL DES TRANSPORTS

Une demi-heure avant de monter en avion, en bateau ou en voiture, ajoutez de la racine de gingembre en poudre (une demi-cuillerée à thé) à du thé ou à toute autre boisson.

OSTÉOPOROSE

La consommation de lait pendant l'enfance fortifie le squelette et protège l'organisme contre l'ostéoporose qui pourrait survenir ultérieurement. En cela, le lait est plus efficace que le calcium pur.

PSORIASIS ET AFFECTIONS CUTANÉES

Les produits de la mer riches en acides gras de type oméga-3 — saumon, sardine, hareng, maquereau, etc. — peuvent soulager le psoriasis. D'autre part, les aliments à base d'avoine atténuent les affections cutanées.

SYSTÈME CARDIO-VASCULAIRE

Pour éviter la formation de caillots sanguins, essayez les poissons à chair grasse, l'ail, le gingembre, le melon, le champignon dit «oreille d'arbre», l'huile d'olive, l'oignon et les algues. Le thé vert, la bière, la groseille, la myrtille, l'aubergine et les poissons riches en acides gras de type oméga-3 (saumon, sardine) semblent avoir la propriété de fortifier les artères et les capillaires, de les prémunir contre les dégradations dues à l'athérosclérose, et de réduire le risque de crise cardiaque.

TROUBLES DES VOIES URINAIRES

La canneberge sous toutes ses formes (entière, pressée ou en mélange) retire à l'urine son odeur et contribue à prévenir la lithiase rénale et la cystite. Dose pharmacodynamique: une à deux tasses de mélange par jour. Il semble que les huiles de poisson riches en acides gras de type oméga-3 peuvent prévenir les affections rénales. La balle de riz, à raison d'une vingtaine de grammes par jour, prévient les calculs rénaux.

ULCÈRE

Le plantain ou banane verte combat l'ulcère (surtout quand on le consomme sous forme de poudre concentrée). Le lait entier et le yogourt préparé à partir de lait entier (dont la crème contient des prostaglandines aux effets pharmacodynamiques comparables à ceux des médications contre les ulcères) peuvent prévenir l'ulcère, mais ne peuvent pas le guérir. Il semble que le jus de chou joue dans certains cas un rôle préventif ou curatif.

TABLE DES MATIÈRES

ANIMAUX

Vous et votre **boxer,** Herriot, Sylvain
Vous et votre **braque allemand,**
Eylat, Martin
Vous et votre **caniche,** Shira, Sav
Vous et votre **chat de gouttière,**
Mamzer, Annie
Vous et votre **chat tigré,** Eylat, Odette
Vous et votre **chihuahua,** Eylat, Martin
Vous et votre **chow-chow,**
Pierre Boistel
Vous et votre **cocker américain,**
Eylat, Martin
Vous et votre **collie,** Éthier, Léon
Vous et votre **dalmatien,** Eylat, Martin
Vous et votre **danois,** Eylat, Martin
Vous et votre **doberman,** Denis, Paula
Vous et votre **fox-terrier,** Eylat, Martin
Vous et votre **golden retriever,**
Denis, Paula
Vous et votre **husky,** Eylat, Martin

Vous et votre **labrador,**
Van Der Heyden, Pierre
Vous et votre **lévrier afghan,**
Eylat, Martin
Vous et votre **lhassa apso,**
Van Der Heyden, Pierre
Vous et votre **persan,** Gadi, Sol
Vous et votre **petit rongeur,**
Eylat, Martin
Vous et votre **schnauzer,** Eylat, Martin
Vous et votre **serpent,** Deland, Guy
Vous et votre **setter anglais,**
Eylat, Martin
Vous et votre **shih-tzu,** Eylat, Martin
Vous et votre **siamois,** Eylat, Odette
Vous et votre **teckel,** Boistel, Pierre
Vous et votre **terre-neuve,**
Pacreau, Marie-Edmée
Vous et votre **yorkshire,**
Larochelle, Sandra

ARTISANAT/BRICOLAGE

Art du pliage du papier, L',
Harbin, Robert
* **Artisanat québécois, T.1,** Simard, Cyril
* **Artisanat québécois, T.2,** Simard, Cyril
* **Artisanat québécois, T.3,** Simard, Cyril
* **Artisanat québécois, T.4,** Simard, Cyril
et Bouchard, Jean-Louis
* **Construire des cabanes d'oiseaux,**
Dion, André

* **Encyclopédie de la maison québécoise,**
Lessard, Michel et Villandré, Gilles
* **Encyclopédie des antiquités,**
Lessard, Michel et Marquis, Huguette
* **J'apprends à dessiner,** Nassh, Joanna
Taxidermie moderne, La, Labrie, Jean
* **Tissage, Le,** Grisé-Allard, Jeanne et
Galarneau, Germaine
Vitrail, Le, Bettinger, Claude

BIOGRAPHIES

* **Brian Orser - Maître du triple axel,**
Orser, Brian et Milton, Steve
* **Dans la fosse aux lions,** Chrétien, Jean
* **Dans la tempête,** Lachance, Micheline
* **Duplessis, T.1 - L'ascension,**
Black, Conrad
* **Duplessis, T.2 - Le pouvoir,**
Black, Conrad
* **Ed Broadbent - La conquête obstinée**
du pouvoir, Steed, Judy
* **Establishment canadien, L',**
Newman, Peter C.
* **Larry Robinson,** Robinson, Larry et
Goyens, Chrystian
* **Michel Robichaud - Monsieur Mode,**
Charest, Nicole

* **Monopole, Le,** Francis, Diane
* **Nouveaux riches, Les,**
Newman, Peter C.
* **Paul Desmarais - Un homme et son em-**
pire, Greber, Dave
* **Plamondon - Un cœur de rockeur,**
Godbout, Jacques
* **Prince de l'Église, Le,** Lachance, Micheline
* **Québec Inc.,** Fraser, M.
* **Rick Hansen - Vivre sans frontières,**
Hansen, Rick et Taylor, Jim
* **Saga des Molson, La,** Woods, Shirley
* **Sous les arches de McDonald's,**
Love, John F.
* **Trétiak, entre Moscou et Montréal,**
Trétiak, Vladislav

BIOGRAPHIES

* **Une femme au sommet - Son excellence Jeanne Sauvé,** Woods, Shirley E.

CARRIÈRE/VIE PROFESSIONNELLE

* **Choix de carrières, T.1,** Milot, Guy
* **Choix de carrières, T.2,** Milot, Guy
* **Choix de carrières, T.3,** Milot, Guy
  Comment rédiger son curriculum vitae, Brazeau, Julie
  Guide du succès, Le, Hopkins, Tom
* **Je cherche un emploi,** Brazeau, Julie
  Parlez pour qu'on vous écoute, Brien, Michèle

Relations publiques, Les, Doin, Richard et Lamarre, Daniel
Techniques de vente par téléphone, Porterfield, J.-D.
* **Test d'aptitude pour choisir sa carrière,** Barry, Linda et Gale
  Une carrière sur mesure, Lemyre-Desautels, Denise
  Vente, La, Hopkins, Tom

CUISINE

* **À table avec Sœur Angèle,** Sœur Angèle
* **Art d'apprêter les restes, L',** Lapointe, Suzanne
  Barbecue, Le, Dard, Patrice
* **Biscuits, brioches et beignes,** Saint-Pierre, A.
* **Boîte à lunch, La,** Lambert-Lagacé, Louise
  Brunches et petits déjeuners en fête, Bergeron, Yolande
  100 recettes de pain faciles à réaliser, Saint-Pierre, Angéline
* **Confitures, Les,** Godard, Misette
  Congélation de A à Z, La, Hood, Joan
  Congélation des aliments, La, Lapointe, Suzanne
  Conserves, Les, Sœur Berthe
  Crème glacée et sorbets, Lebuis, Yves et Pauzé, Gilbert
  Crêpes, Les, Letellier, Julien
  Cuisine au wok, Solomon, Charmaine
  Cuisine aux micro-ondes 1 et 2 portions, Marchand, Marie-Paul
* **Cuisine chinoise traditionnelle, La,** Chen, Jean
* **Cuisine créative Campbell, La,** Cie Campbell
  Cuisine facile aux micro-ondes, Saint-Amour, Pauline
* **Cuisine joyeuse de Sœur Angèle, La,** Sœur Angèle
  Cuisine micro-ondes, La, Benoît, Jehane

* **Cuisine santé pour les aînés,** Hunter, Denyse
  Cuisiner avec le four à convection, Benoît, Jehane
* **Cuisiner avec les champignons sauvages du Québec,** Leclerc, Claire L.
  Faire son pain soi-même, Murray Gill, Janice
* **Faire son vin soi-même,** Beaucage, André
  Fine cuisine aux micro-ondes, La, Dard, Patrice
  Fondues et flambées de maman Lapointe, Lapointe, Suzanne
  Fondues, Les, Dard, Patrice
  Je me débrouille en cuisine, Richard, Diane
  Livre du café, Le, Letellier, Julien
  Menus pour recevoir, Letellier, Julien
  Muffins, Les, Clubb, Angela
  Nouvelle cuisine micro-ondes I, La, Marchand, Marie-Paul et Grenier, Nicole
  Nouvelles cuisine micro-ondes II, La, Marchand, Marie-Paul et Grenier, Nicole
  Omelettes, Les, Letellier, Julien
  Pâtes, Les, Letellier, Julien
* **Pâtisserie, La,** Bellot, Maurice-Marie
* **Recettes au blender,** Huot, Juliette
* **Recettes de gibier,** Lapointe, Suzanne
* **Robot culinaire, Le,** Martin, Pol

DIÉTÉTIQUE

Combler ses besoins en calcium,
Hunter, Denyse
* Compte-calories, Le, Brault-Dubuc, M.
et Caron Lahaie, L.
* Cuisine du monde entier avec Weight
Watchers, Weight Watchers
Cuisine sage, Une, Lambert-Lagacé,
Louise
Défi alimentaire de la femme, Le,
Lambert-Lagacé, Louise
* Diète Rotation, La, Katahn, Dr Martin
* Diététique dans la vie quotidienne,
Lambert-Lagacé, Louise
Livre des vitamines, Le, Mervyn, Leonard
Menu de santé, Lambert-Lagacé, Louise
Oubliez vos allergies, et... bon appétit,
Association de l'information sur les
allergies

* Petite et grande cuisine végétarienne,
Bédard, Manon
* Plan d'attaque Weight Watchers, Le,
Nidetch, Jean
* Plan d'attaque Plus Weight Watchers,
Le, Nidetch, Jean
* Régimes pour maigrir,
Beaudoin, Marie-Josée
Sage bouffe de 2 à 6 ans, La,
Lambert-Lagacé, Louise
* Weight Watchers - Cuisine rapide et
savoureuse, Weight Watchers
* Weight Watchers - Agenda 85 -
Français, Weight Watchers
* Weight Watchers - Agenda 85 -
Anglais, Weight Watchers
* Weight Watchers - Programme -
Succès Rapide, Weight Watchers

ENFANCE

* Aider son enfant en maternelle,
Pedneault-Pontbriand, Louise
Années clés de mon enfant, Les,
Caplan, Frank et Thérèsa
Art de l'allaitement maternel, L',
Ligue internationale La Leche
Avoir un enfant après 35 ans,
Robert, Isabelle
Bientôt maman, Whalley, J., Simkin, P.
et Keppler, A.
Comment nourrir son enfant,
Lambert-Lagacé, Louise
Deuxième année de mon enfant, La,
Caplan, Frank et Thérèsa
Développement psychomoteur du
bébé, Calvet, Didier
Douze premiers mois de mon enfant,
Les, Caplan, Frank
* En attendant notre enfant,
Pratte-Marchessault, Yvette
* Enfant unique, L', Peck, Ellen
Évoluer avec ses enfants,
Gagné, Pierre-Paul
Exercices aquatiques pour les futures
mamans, Dussault, J. et Demers, C.
* Femme enceinte, La,
Bradley, Robert A.

* Futur père, Pratte-Marchessault, Yvette
Jouons avec les lettres,
Doyon-Richard, Louise
Langage de votre enfant, Le,
Langevin, Claude
Mal des mots, Le, Thériault, Denise
Manuel Johnson et Johnson des
premiers soins, Le, Rosenberg,
Dr Stephen N.
Massage des bébés, Le,
Auckette, Amédia D.
Mon enfant naîtra-t-il en bonne santé?
Scher, Jonathan et Dix, Carol
* Pour bébé, le sein ou le biberon?
Pratte-Marchessault, Yvette
* Pour vous future maman, Sekely, Trude
Préparez votre enfant à l'école,
Doyon-Richard, Louise
Psychologie de l'enfant de 0 à 10 ans,
Cholette-Pérusse, Françoise
Respirations et positions
d'accouchement, Dussault, Joanne
Soins de la première année de bébé,
Les, Kelly, Paula
Tout se joue avant la maternelle,
Ibuka, Masaru

ÉSOTÉRISME

Avenir dans les feuilles de thé, L,
Fenton, Sasha
Graphologie, La, Santoy, Claude
Interprétez vos rêves, Stanké, Louis
Lignes de la main, Stanké, Louis

Lire dans les lignes de la main,
Morin, Michel
Vos rêves sont des miroirs, Cayla, Henri
Votre avenir par les cartes,
Stanké, Louis

HISTOIRE

* **Arrivants, Les,** Collectif
* **Civilisation chinoise, La,** Guay, Michel
* **Or des cavaliers thraces, L',**
  Palais de la civilisation

* **Samuel de Champlain,**
  Armstrong, Joe C.W.

JARDINAGE

* **Chasse-insectes pour jardins, Le,**
  Michaud, O.
* **Comment cultiver un jardin potager,**
  Trait, J.-C.
* **Encyclopédie du jardinier,**
  Perron, W. H.
* **Guide complet du jardinage,**
  Wilson, Charles
  J'aime les azalées, Deschênes, Josée
  J'aime les cactées, Lamarche, Claude
  J'aime les rosiers, Pronovost, René
  J'aime les tomates, Berti, Victor

J'aime les violettes africaines,
Davidson, Robert
Jardin d'herbes, Le, Prenis, John
* **Je me débrouille en aménagement
  extérieur,** Bouillon, Daniel et
  Boisvert, Claude
* **Petite ferme, T.2- Jardin potager,**
  Trait, Jean-Claude
* **Plantes d'intérieur, Les,** Pouliot, Paul
* **Techniques de jardinage, Les,**
  Pouliot, Paul
  Terrariums, Les, Kayatta, Ken

JEUX/DIVERTISSEMENTS

* **Améliorons notre bridge,**
  Durand, Charles
* **Bridge, Le,** Beaulieu, Viviane
* **Clés du scrabble, Les,** Sigal, Pierre A.
  **Dictionnaire des mots croisés, noms
  communs,** Lasnier, Paul
  **Dictionnaire des mots croisés, noms
  propres,** Piquette, Robert
  Dictionnaire raisonné des mots croisés,
  Charron, Jacqueline

* **Jouons ensemble,** Provost, Pierre
  Livre des patiences, Le, Bezanovska, M.
  et Kitchevats, P.
  Monopoly, Orbanes, Philip
* **Ouverture aux échecs,** Coudari, Camille
* **Scrabble, Le,** Gallez, Daniel
  Techniques du billard, Morin, Pierre

LINGUISTIQUE

Anglais par la méthode choc, L',
Morgan, Jean-Louis
J'apprends l'anglais, Sillicani, Gino et
Grisé-Allard, Jeanne

* **Secrétaire bilingue, La,** Lebel, Wilfrid

LIVRES PRATIQUES

* **Acheter ou vendre sa maison,**
  Brisebois, Lucille
* **Assemblées délibérantes, Les,**
  Girard, Francine
  Chasse-insectes dans la maison, Le,
  Michaud, O.
  Chasse-taches, Le, Cassimatis, Jack
* **Comment réduire votre impôt,**
  Leduc-Dallaire, Johanne
* **Guide de la haute-fidélité, Le,**
  Prin, Michel
  Je me débrouille en aménagement
  intérieur, Bouillon, Daniel et
  Boisvert, Claude
  Livre de l'étiquette, Le, du Coffre,
  Marguerite
* **Loi et vos droits, La,**
  Marchand, Me Paul-Émile
* **Maîtriser son doigté sur un clavier,**
  Lemire, Jean-Paul
* **Mécanique de mon auto, La,** Time-Life
* **Mon automobile,** Collège Marie-Victorin
  et Gouv. du Québec

Notre mariage (étiquette et
planification),
du Coffre, Marguerite
* **Petits appareils électriques,**
  Collaboration
  Petit guide des grands vins, Le,
  Orhon, Jacques
* **Piscines, barbecues et patio,**
  Collaboration
* **Roulez sans vous faire rouler, T.3,**
  Edmonston, Philippe
  Séjour dans les auberges du Québec,
  Cazelais, Normand et
  Coulon, Jacques
  Se protéger contre le vol,
  Kabundi, Marcel et
  Normandeau, André
* **Tout ce que vous devez savoir sur le**
  condominium, Dubois, Robert
  Univers de l'astronomie, L',
  Tocquet, Robert
  Week-end à New York, Tavernier-
  Cartier, Lise

MUSIQUE

Chant sans professeur, Le,
Hewitt, Graham
Guitare, La, Collins, Peter
Guitare sans professeur, La,
Evans, Roger

Piano sans professeur, Le, Evans, Roger
Solfège sans professeur, Le,
Evans, Roger

NOTRE TRADITION

* **Encyclopédie du Québec, T.2,**
  Landry, Louis
  Généalogie, La, Faribeault-Beauregard,
  M. et Beauregard Malak, E.
* **Maison traditionnelle au Québec, La,**
  Lessard, Michel

* **Moulins à eau de la vallée du Saint-**
  Laurent, Les, Villeneuve, Adam
* **Sculpture ancienne au Québec, La,**
  Porter, John R. et Bélisle, Jean
* **Temps des fêtes au Québec, Le,**
  Montpetit, Raymond

PHOTOGRAPHIE

Apprenez la photographie avec
Antoine Désilets, Désilets, Antoine
8/Super 8/16, Lafrance, André
Fabuleuse lumière canadienne,
Hines, Sherman
* **Initiation à la photographie,**
  London, Barbara

* **Initiation à la photographie-Canon,**
  London, Barbara
* **Initiation à la photographie-Minolta,**
  London, Barbara
* **Initiation à la photographie-Nikon,**
  London, Barbara

PHOTOGRAPHIE

* **Initiation à la photographie-Olympus,**
  London, Barbara
* **Initiation à la photographie-Pentax,**
  London, Barbara

Photo à la portée de tous, La,
Désilets, Antoine

PSYCHOLOGIE

Aider mon patron à m'aider,
Houde, Eugène
* **Amour de l'exigence à la préférence,**
  L', Auger, Lucien
Apprivoiser l'ennemi intérieur,
Bach, Dr G. et Torbet, L.
Art d'aider, L', Carkhuff, Robert R.
Auto-développement, L', Garneau, Jean
* **Bonheur au travail, Le,** Houde, Eugène
Bonheur possible, Le, Blondin, Robert
Ces hommes qui méprisent les
  femmes... et les femmes qui les
  aiment, Forward, Dr S. et
  Torres, J.
Changer ensemble, les étapes du
  couple, Campbell, Suzan M.
Chimie de l'amour, La,
Liebowitz, Michael
Comment animer un groupe,
Office Catéchèse
Comment déborder d'énergie,
Simard, Jean-Paul
Communication dans le couple, La,
Granger, Luc
Communication et épanouissement
  personnel, Auger, Lucien
Contact, Zunin, L. et N.
Découvrir un sens à sa vie avec la logo-
  thérapie, Frankl, D^r V.
* **Dynamique des groupes,** Aubry, J.-M.
  et Saint-Arnaud, Y.
Élever des enfants sans perdre la
  boule, Auger, Lucien
Enfants de l'autre, Les, Paris, Erna
Être soi-même, Corkille Briggs, D.
Facteur chance, Le, Gunther, Max
Infidélité, L', Leigh, Wendy
Intuition, L', Goldberg, Philip
* **J'aime,** Saint-Arnaud, Yves
Journal intime intensif, Le, Progoff, Ira
Mensonge amoureux, Le,
Blondin, Robert
Parce que je crois aux enfants,
Ruffo, Andrée

Parle-moi... j'ai des choses à te dire,
Salomé, Jacques
Perdant / Gagnant - Réussissez vos
  échecs, Hyatt, Carole et
  Gottlieb, Linda
* **Personne humaine, La ,**
  Saint-Arnaud, Yves
* **Plaisirs du stress, Les,**
  Hanson, Dr Peter, G.
Pourquoi l'autre et pas moi? - Le droit
  à la jalousie, Auger, Dr Louise
Prévenir et surmonter la déprime,
Auger, Lucien
* **Prévoir les belles années de la retraite,**
  D. Gordon, Michael
* **Psychologie de l'amour romantique,**
  Branden, D^r N.
Puissance de l'intention, La,
Leider, R.-J.
S'affirmer et communiquer, Beaudry,
Madeleine et Boisvert, J.R.
S'aider soi-même, Auger, Lucien
S'aider soi-même d'avantage,
Auger, Lucien
* **S'aimer pour la vie,** Wanderer, Dr Zev
Savoir organiser, savoir décider,
Lefebvre, Gérald
Savoir relaxer pour combattre le
  stress, Jacobson, Dr Edmund
Se changer, Mahoney, Michael
Se comprendre soi-même par les tests,
Collectif
Se connaître soi-même, Artaud, Gérard
Se créer par la Gestalt, Zinker, Joseph
* **Se guérir de la sottise,** Auger, Lucien
Si seulement je pouvais changer!
Lynes, P.
Tendresse, La, Wolfl, N.
Vaincre ses peurs, Auger, Lucien
Vivre avec sa tête ou avec son cœur,
Auger, Lucien

ROMANS/ESSAIS/DOCUMENTS

* **Baie d'Hudson, La,** Newman, Peter, C.
* **Conquérants des grands espaces, Les,** Newman, Peter, C.
* **Des Canadiens dans l'espace,** Dotto, Lydia
* **Dieu ne joue pas aux dés,** Laborit, Henri
* **Frères divorcés, Les,** Godin, Pierre
* **Insolences du Frère Untel, Les,** Desbiens, Jean-Paul
* **J'parle tout seul,** Coderre, Émile

Option Québec, Lévesque, René
* **Oui,** Lévesque, René
* **Provigo,** Provost, René et Chartrand, Maurice
Sur les ailes du temps (Air Canada), Smith, Philip
* **Telle est ma position,** Mulroney, Brian
* **Trois semaines dans le hall du Sénat,** Hébert, Jacques
* **Un second souffle,** Hébert, Diane

SANTÉ/BEAUTÉ

* **Ablation de la vésicule biliaire, L',** Paquet, Jean-Claude
* **Ablation des calculs urinaires, L',** Paquet, Jean-Claude
* **Ablation du sein, L',** Paquet, Jean-claude
* **Allergies, Les,** Delorme, Dr Pierre
Bien vivre sa ménopause, Gendron, Dr Lionel
Charme et sex-appeal au masculin, Lemelin, Mireille
Chasse-rides, Leprince, C.
* **Chirurgie vasculaire, La,** Paquet, Jean-Claude
Comment devenir et rester mince, Mirkin, Dr Gabe
De belles jambes à tout âge, Lanctôt, D^r G.
* **Dialyse et la greffe du rein, La,** Paquet, Jean-Claude
Être belle pour la vie, Bronwen, Meredith
Glaucomes et les cataractes, Les, Paquet, Jean-Claude
* **Grandir en 100 exercices,** Berthelet, Pierre
* **Hernies discales, Les,** Paquet, Jean-Claude
Hystérectomie, L', Alix, Suzanne
Maigrir: La fin de l'obsession, Orbach, Susie
* **Malformations cardiaques congénitales, Les,** Paquet, Jean-Claude
Maux de tête et migraines, Meloche, Dr J. , Dorion, J.
Perdre son ventre en 30 jours H-F, Burstein, Nancy et Roy, Matthews

* **Pontage coronarien, Le,** Paquet, Jean-Claude
* **Prothèses d'articulation,** Paquet, Jean-Claude
* **Redressements de la colonne,** Paquet, Jean-Claude
* **Remplacements valvulaires, Les,** Paquet, Jean-Claude
Ronfleurs, réveillez-vous, Piché, Dr J. et Delage, J.
Syndrome prémenstruel, Le, Shreeve, Dr Caroline
Travailler devant un écran, Feeley, Dr Helen
30 jours pour avoir de beaux cheveux, Davis, Julie
30 jours pour avoir de beaux ongles, Bozic, Patricia
30 jours pour avoir de beaux seins, Larkin, Régina
30 jours pour avoir de belles fesses, Cox, D. et Davis, Julie
30 jours pour avoir un beau teint, Zizmon, Dr Jonathan
30 jours pour cesser de fumer, Holland, Gary et Weiss, Herman
30 jours pour mieux s'organiser, Holland, Gary
30 jours pour redevenir un couple amoureux, Nida, Patricia et Cooney, Kevin
30 jours pour un plus grand épanouissement sexuel, Schneider, A.
Vos dents, Kandelman, Dr Daniel
Vos yeux, Chartrand, Marie et Lepage-Durand, Micheline

SEXUALITÉ

Contacts sexuels sans risques,
  I.A.S.H.S.
* Guide illustré du plaisir sexuel,
  Corey, Dr Robert et Helg, E.
Ma sexualité de 0 à 6 ans,
  Robert, Jocelyne
Ma sexualité de 6 à 9 ans,
  Robert, Jocelyne
Ma sexualité de 9 à 12 ans,
  Robert, Jocelyne
Mille et une bonnes raisons pour le
  convaincre d'enfiler un condom et
  pourquoi c'est important pour
  vous..., Bretman, Patti,
  Knutson, Kim et Reed, Paul

* Nous on en parle, Lamarche, M. et
  Danheux, P.
Pour jeunes seulement, photoroman
  d'éducation à la sexualité,
  Robert, Jocelyne
Sexe au féminin, Le, Kerr, Carmen
Sexualité du jeune adolescent, La,
  Gendron, Lionel
Shiatsu et sensualité, Rioux, Yuki
* 100 trucs de billard, Morin, Pierre

SPORTS

Apprenez à patiner, Marcotte, Gaston
Arc et la chasse, L', Guardo, Greg
Armes de chasse, Les,
  Petit-Martinon, Charles
Badminton, Le, Corbeil, Jean
* Canadiens de 1910 à nos jours, Les,
  Turowetz, Allan et Goyens, C.
Carte et boussole, Kjellstrom, Bjorn
Comment se sortir du trou au golf,
  Brien, Luc
Comment vivre dans la nature,
  Rivière, Bill
Corrigez vos défauts au golf,
  Bergeron, Yves
* Curling, Le, Lukowich, E.
De la hanche aux doigts de pieds,
  Schneider, Myles J. et
  Sussman, Mark D.
Devenir gardien de but au hockey,
  Allaire, François
Golf au féminin, Le, Bergeron, Yves
Grand livre des sports, Le,
  Groupe Diagram
Guide complet de la pêche à la
  mouche, Le, Blais, J.-Y.
Guide complet du judo, Le, Arpin, Louis
Guide complet du self-defense, Le,
  Arpin, Louis
Guide de l'alpinisme, Le,
  Cappon, Massimo
Guide de la survie de l'armée
  américaine, Le, Collectif
Guide des jeux scouts, Association des
  scouts
Guide du trappeur, Le, Provencher, Paul
Initiation à la planche à voile, Wulff, D.
  et Morch, K.

J'apprends à nager, Lacoursière, Réjean
Je me débrouille à la chasse,
  Richard, Gilles et Vincent, Serge
Je me débrouille à la pêche,
  Vincent, Serge
Je me débrouille à vélo,
  Labrecque, Michel et Boivin, Robert
Je me débrouille dans une
  embarcation, Choquette, Robert
Jogging, Le, Chevalier, Richard
* Jouez gagnant au golf, Brien, Luc
* Larry Robinson, le jeu défensif,
  Robinson, Larry
Manuel de pilotage, Transport Canada
Marathon pour tous, Le, Anctil, Pierre
Maxi-performance, Garfield, Charles A.
  et Bennett, Hal Zina
Mon coup de patin, Wild, John
Musculation pour tous, La,
  Laferrière, Serge
* Partons en camping, Satterfield, Archie
  et Bauer, Eddie
Partons sac au dos, Satterfield, Archie
  et Bauer, Eddie
Passes au hockey, Chapleau, Claude
Pêche à la mouche, La, Marleau, Serge
Pêche à la mouche, Vincent, Serge
Planche à voile, La, Maillefer, Gérard
Programme XBX, Aviation Royale du
  Canada
Racquetball, Corbeil, Jean
Racquetball plus, Corbeil, Jean
Rivières et lacs canotables, Fédération
  québécoise du canot-camping
S'améliorer au tennis, Chevalier Richard
Saumon, Le, Dubé, J.-P.

SPORTS

Secrets du baseball, Les,
    Raymond, Claude
Ski de randonnée, Le, Corbeil, Jean
Taxidermie, La, Labrie, Jean
Taxidermie moderne, La, Labrie, Jean
Techniques du billard, Morin, Pierre
Techniques du golf, Brien, Luc
Techniques du hockey en URSS,
    Dyotte, Guy

Techniques du ski alpin, Campbell, S.,
    Lundberg, M.
Techniques du tennis, Ellwanger
Tennis, Le, Roch, Denis
* **Viens jouer,** Villeneuve, Michel José
Vivre en forêt, Provencher, Paul
Volley-ball, Le, Fédération de volley-ball

**le jour,
éditeur**

ÉSOTÉRISME

Astrologie pratique, L',
Reinicke, Wolfgang
Grand livre de la cartomancie, Le,
Von Lentner, G.
Grand livre des horoscopes chinois, Le,
Lau, Theodora

* **Horoscope chinois,** Del Sol, Paula
Lu dans les cartes, Jones, Marthy
Synastrie, La, Thornton, Penny
Traité d'astrologie, Hirsig, H.

GUIDES PRATIQUES/JEUX/LOISIRS

* **1,500 prénoms et significations,**
Grisé-Allard, J.

* **Backgammon,** Lesage, D.

NOTRE TRADITION

* **Lettre à un Français qui veut émigrer
au Québec,** Dubuc, Carl

PSYCHOLOGIE/VIE AFFECTIVE ET PROFESSIONNELLE

Adieu, Halpern, Dr Howard
Adieu Tarzan, Franks, Helen
Aimer son prochain comme soi-même,
Murphy, Dr Joseph
* **Anti-stress, L',** Eylat, Odette
Apprendre à vivre et à aimer,
Buscaglia, L.
**Art d'engager la conversation et de se
faire des amis, L',** Gabor, Don
Art de convaincre, L', Heinz, Ryborz
* **Art d'être égoïste, L',** Kirschner, Joseph
Autre femme, L', Sévigny, Hélène
Bains flottants, Les, Hutchison, Michael
**Ces hommes qui ne communiquent
pas,** Naifeh S. et White, S.G.
Ces vérités vont changer votre vie,
Murphy, Dr Joseph
Comment aimer vivre seul,
Shanon, Lynn
**Comment dominer et influencer les
autres,** Gabriel, H.W.
**Comment faire l'amour à la même per-
sonne pour le reste de votre vie!,**
O'Connor, D.
Comment faire l'amour à une femme,
Morgenstern, M.
Comment faire l'amour à un homme,
Penney, A.
Comment faire l'amour ensemble,
Penney, A.

Contacts en or avec votre clientèle,
Sapin Gold, Carol
Contrôle de soi par la relaxation, Le,
Marcotte, Claude
Dire oui à l'amour, Buscaglia, Léo
* **Famille moderne et son avenir, La,**
Richards, Lyn
Femme de demain, Keeton, K.
Gestalt, La, Polster, Erving
Homme au dessert, Un,
Friedman, Sonya
Homme nouveau, L',
Bodymind, Dychtwald Ken
Influence de la couleur, L',
Wood, Betty
Jeux de nuit, Bruchez, C.
Maigrir sans obsession, Orbach, Susie
Maîtriser son destin, Kirschner, Joseph
Massage en profondeur, Le, Painter, J.,
Bélair, M.
Mémoire, La, Loftus, Élizabeth
* **Mémoire à tout âge, La,**
Dereskey, Ladislaus
Miracle de votre esprit, Le,
Murphy, Dr Joseph
Négocier entre vaincre et convaincre,
Warschaw, Dr Tessa
On n'a rien pour rien, Vincent, Raymond
Oracle de votre subconscient, L',
Murphy, Dr Joseph

PSYCHOLOGIE/VIE AFFECTIVE ET PROFESSIONNELLE

Passion du succès, La, Vincent, R.
Pensée constructive et bon sens, La,
Vincent, Raymond
* **Personnalité, La,** Buscaglia, Léo
Petit répertoire des excuses, Le,
Charbonneau, C., Caron, N.
Pourquoi remettre à plus tard?,
Burka, Jane B., Yuen, L.M.
Pouvoir de votre cerveau, Le,
Brown, Barbara
Puissance de votre subconscient, La,
Murphy, Dr Joseph
Réfléchissez et devenez riche,
Hill, Napoleon
**S'aimer ou le défi des relations
humaines,** Buscaglia, Léo

**Sexualité expliquée aux adolescents,
La,** Boudreau, Y.
Succès par la pensée constructive, Le,
Hill, Napoleon et Stone, W.-C.
Transformez vos faiblesses en force,
Bloomfield, Dr Harold
**Triomphez de vous-même et des
autres,** Murphy, Dr Joseph
Univers de mon subconscient, L',
Vincent, Raymond
**Vaincre la dépression par la volonté et
l'action,** Marcotte, Claude
Vieillir en beauté, Oberleder, Muriel
**Vivre avec les imperfections de
l'autre,** Janda, Dr Louis H.
Vivre c'est vendre, Chaput, Jean-Marc

ROMANS/ESSAIS

* **Affrontement, L',** Lamoureux, Henri
* **C't'a ton tour Laura Cadieux,**
Tremblay, Michel
* **Cœur de la baleine bleue, Le,**
Poulin, Jacques
* **Coffret petit jour,** Martucci, Abbé Jean
* **Contes pour buveurs attardés,**
Tremblay, Michel
* **De Z à A,** Losique, Serge
* **Femmes et politique,** Cohen, Yolande

* **Il est par là le soleil,** Carrier, Roch
* **Jean-Paul ou les hasards de la vie,**
Bellier, Marcel
* **Neige et le feu, La,** Baillargeon, Pierre
* **Objectif camouflé,** Porter, Anna
* **Oslovik fait la bombe,** Oslovik
* **Train de Maxwell, Le,** Hyde, Christopher
* **Vatican -Le trésor de St-Pierre,**
Malachi, Martin

SANTÉ

Tao de longue vie, Le,
Soo, Chee

Vaincre l'insomnie, Filion, Michel et
Boisvert, Jean-Marie

SPORT

* **Guide des rivières du Québec,**
Fédération cano-kayac

* **Ski nordique de randonnée,**
Brady, Michael

TÉMOIGNAGES

Merci pour mon cancer,
De Villemarie, Michelle

Quinze

COLLECTIFS DE NOUVELLES

* **Aimer,** Beaulieu, V.-L., Berthiaume, A.,
  Carpentier, A., Daviau, D.-M.,
  Major, A., Provencher, M., Proulx,
  M., Robert, S. et Vonarburg, E.
* **Crever l'écran,** Baillargeon, P.,
  Éthier-Blais, J., Blouin, C.-R.,
  Jacob, S., Jean, M., Laberge, M.,
  Lanctôt, M., Lefebvre, J.-P.,
  Petrowski, N. et Poupart, J.-M.
* **Dix contes et nouvelles fantastiques,**
  April, J.-P., Barcelo, F., Bélil, M.,
  Belleau, A., Brossard, J.,
  Brulotte, G., Carpentier, A.,
  Major, A., Soucy, J.-Y. et
  Thériault, M.-J.
* **Dix nouvelles de science-fiction
  québécoise,** April, J.-P., Barbe, J.,
  Provencher, M., Côté, D., Dion, J.,
  Pettigrew, J., Pelletier, F.,
  Rochon, E., Sernine, D., Sévigny, M.
  et Vonarburg, E.

* **Dix nouvelles humoristiques,** Audet, N.,
  Barcelo, F., Beaulieu, V.-L.,
  Belleau, A., Carpentier, A.,
  Ferron, M., Harvey, P., Pellerin, G.,
  Poupart, J.-M. et Villemaire, Y.
* **Fuites et poursuites,** Archambault, G.,
  Beauchemin, Y., Bouyoucas, P.,
  Brouillet, C., Carpentier, A.,
  Hébert, F., Jasmin, C., Major, A.,
  Monette, M. et Poupart, J.-M.
* **L'aventure, la mésaventure,**
  Andrès, B., Beaumier, J.-P.,
  Bergeron, B., Brulotte, G.,
  Gagnon, D., Karch, P., LaRue, M.,
  Monette, M. et Rochon, E.

DIVERS

* **Beauté tragique,** Robertson, Heat
* **Canada — Les débuts héroïques,**
  Creighton, Donald
* **Défi québécois, Le,**
  Monnet, François-Marie
* **Difficiles lettres d'amour,**
  Garneau, Jacques

* **Esprit libre, L',** Powell, Robert
* **Grand branle-bas, Le,** Hébert, Jacques
  et Strong, Maurice F.
* **Histoire des femmes au Québec, L',**
  Collectif, CLIO
* **Mémoires de J. E. Bernier, Les,**
  Therrien, Paul

DIVERS

* **Mythe de Nelligan, Le,** Larose, Jean
* **Nouveau Canada à notre mesure,**
  Matte, René
* **Papineau,** De Lamirande, Claire
* **Personne ne voudrait savoir,**
  Schirm, François
* **Philosophe chat, Le,** Savoie, Roger
* **Pour une économie du bon sens,**
  Bailey, Arthur
* **Québec sans le Canada, Le,**
  Harbron, John D.

* **Qui a tué Blanche Garneau?,**
  Bertrand, Réal
* **Réformiste, Le,** Godbout, Jacques
* **Relations du travail,** Centre des
  dirigeants d'entreprise
* **Sauver le monde,** Sanger, Clyde
* **Silences à voix haute,**
  Harel, Jean-Pierre

LIVRES DE POCHES 10 /10

* **37 1/2 AA,** Leblanc, Louise
* **Aaron,** Thériault, Yves
* **Agaguk,** Thériault, Yves
* **Blocs erratiques,** Aquin, Hubert
* **Bousille et les justes,** Gélinas, Gratien
* **Chère voisine,** Brouillet, Chrystine
* **Cul-de-sac,** Thériault, Yves
* **Demi-civilisés, Les,** Harvey, Jean-Charles
* **Dernier havre, Le,** Thériault, Yves
* **Double suspect, Le,** Monette, Madeleine

* **Faire sa mort comme faire l'amour,**
  Turgeon, Pierre
* **Fille laide, La,** Thériault, Yves
* **Fuites et poursuites,** Collectif
* **Première personne, La,** Turgeon, Pierre
* **Scouine, La,** Laberge, Albert
* **Simple soldat, Un,** Dubé, Marcel
* **Souffle de l'Harmattan, Le,**
  Trudel, Sylvain
* **Tayaout,** Thériault, Yves

LIVRES JEUNESSE

* **Marcus, fils de la louve,** Guay, Michel et
  Bernier, Jean

MÉMOIRES D'HOMME

* **À diable-vent,** Gauthier Chassé, Hélène
* **Barbes-bleues, Les,** Bergeron, Bertrand
* **C'était la plus jolie des filles,**
  Deschênes, Donald
* **Bête à sept têtes et autres contes de
  la Mauricie, La,** Legaré, Clément
* **Contes de bûcherons,**
  Dupont, Jean-Claude
* **Corbeau du Mont-de-la-Jeunesse, Le,**
  Desjardins, Philémon et
  Lamontagne, Gilles

* **Guide raisonné des jurons,**
  Pichette, Jean
* **Menteries drôles et merveilleuses,**
  Laforte, Conrad
* **Oiseau de la vérité, L',** Aucoin, Gérard
* **Pierre La Fève et autres contes de la
  Mauricie,** Legaré, Clément

ROMANS/THÉÂTRE

Achevé   Imprimerie
d'imprimer Gagné Ltée
au Canada Louiseville